Der Mauerfall
Ein Volk
nimmt sich
die Freiheit

Lars-Broder Keil
Sven Felix Kellerhoff

Der Mauerfall
Ein Volk nimmt sich die Freiheit

Inhalt

Vorwort 8

Herbst '87
Die scheinbare Normalität bekommt erste Risse   12
   „Na, vielleicht wächst der Erich noch" 16
   „Im Ton außerordentlich hart" 24
   „Ein ganz normaler Vorgang" 26
   „Die Menschen haben Gesicht gezeigt" 29

Winter '87/88
Die DDR-Führung gibt sich unnachgiebig   34
   „Freiheit für Andersdenkende" 38
   „Rückmarsch in die Heimat" 46
   „Wollt ihr auch weggehen?" 48

Frühling '88
Immer mehr Ausreisewillige setzen die SED unter Druck   52
   „Haltet euch fest!" 56
   „Keine für alle Zeit gültige Größe" 58
   „Gerhard hat eine offene Antwort bekommen" 61

Sommer '88
Die Bevölkerung verzweifelt an der Führung   64
   „Eine Nation ohne eigenen Willen zum Staat ist ein Unding" 68
   „Spürbare Wirkungen und Folgeschäden" 71
   „In dieser Hinsicht sind wir Weltniveau" 75

Herbst '88
Rumänien und die DDR lehnen Perestroika ab   78
   „Das Risiko, eine eigene Meinung zu haben" 82
   „Stalins Geist wird bei uns hochgehalten" 87
   „Ohne rot zu werden" 90

Inhalt

Winter '88/89

Viele DDR-Bürger vertrauen auf Gorbatschow 94

„Walten Sie Ihres Amtes" 98
„Das souveräne Recht jedes Staates" 100
„Ein tragischer Unglücksfall" 103

Frühling '89

Die SED übt sich in Bürgerkriegsrhetorik 106

„Trennung von Partei, Staat und Gesellschaft" 110
„Lieber einen Menschen abhauen lassen" 112
„Wir müssen zur äußeren Welt auch die Türen öffnen" 115
„Verwählt!" 118
„Bringt Glasnost nach Ost-Berlin" 121

Sommer '89

Polen und Ungarn stellen sich gegen die SED 124

„Kaufen Sie mal ein Brett, eine Fliese oder eine Fahrradspeiche!" 128
„Demokratisierung unserer Gesellschaft" 131
„Wegen Überfüllung geschlossen" 133
„Ich möchte auch manchmal den Fernseher zerschlagen" 136

Inhalt

Frühherbst '89

Die Menschen verlieren die Furcht vor dem Regime   140

"Mehr haben Sie nicht zu sagen?" 144
"Die Zeit ist reif" 147
"Liebe Landsleute, wir sind zu Ihnen gekommen …" 151
"Schluss mit der Humanität" 155
"Wir sind das Volk" 158
"Erich, du musst gehen" 162

Spätherbst '89

Die Grenzöffnung ist der Wendepunkt   166

"Helmut, kauf' uns auf, ehe es zu spät ist" 170
"Helft euch selbst" 173
"Rücktritt ist Fortschritt" 176
"Tor auf! Tor auf!" 180
"Kirche, Kunst und Chaos" 190
"Die Angst ist weg" 193

Inhalt

Winter '89/90

Die DDR lernt im Eiltempo Demokratie 196

„Legitimieren kann uns nur der Erfolg" 200
„Jetzt greifen wir an" 203
„Das läuft" 206
„Wo ist meine Akte?" 209
„SED wählen heißt Koffer packen" 212
„Nie wieder Sozialismus" 215

Frühling '90

Das Ziel heißt Wiedervereinigung 218

„So etwas hat es noch nie gegeben" 222
„Plebiszit für die Einheit" 225
„So, bitte mal mir zuhören" 228
„Der Zug ist abgefahren" 231

Sommer '90

Der Beitritt wird zur reinen Terminfrage 234

„Beton vergoldet" 238
„Money, Money, Money" 241
„Eine beachtliche Leistung" 245

Herbst '90

Ein Staat löst sich geordnet auf 248

„Meine Akte gehört mir" 252
„Tafelsilber der Deutschen Einheit" 257
„Deutschland einig Vaterland" 262

Anhang (Quellen / Literatur) 268
Bildnachweis / Impressum 272

Vorwort

Nur wenige Ereignisse sind an Symbolik nicht zu überbieten. Der 7. September 1987 gehört ohne Zweifel dazu. An diesem Tag stehen Bundeskanzler Helmut Kohl und der Staats- und SED-Chef Erich Honecker in Bonn nebeneinander auf dem Roten Teppich. Die Flaggen der beiden deutschen Staaten wehen einträchtig im Wind, beide Nationalhymnen erklingen: die dritte Strophe des Deutschlandliedes „Einigkeit und Recht und Freiheit" und Hans Eislers Melodie zu „Auferstanden aus Ruinen". Das Bild der zwei Staatsmänner geht um die Welt. Es vermittelt den Eindruck, dass die Teilung der deutschen Nation wohl dauerhaft sein wird. Das sehen die Politiker so, die Kommentatoren, aber auch große Teile der Bevölkerung: Für fast zwei Drittel der Bundesbürger ist die DDR zu diesem Zeitpunkt praktisch Ausland. Glauben an die Wiedervereinigung: Fehlanzeige. Nur neun Prozent der Westdeutschen würden Honecker danach fragen, wenn sie ihn persönlich treffen könnten. Auch in der DDR ist die Einheit für die Mehrheit kein Thema. Angesichts solcher Stimmung ist im Herbst 1987 viel von Realismus die Rede.

Im Herbst 1990 sieht die Realität ganz anders aus: Das gerade vereinigte Deutschland steht vor den ersten freien und gesamtdeutschen Wahlen seit November 1932. Gerade drei Jahre und ein Monat liegt Honeckers Besuch zurück, in der Geschichte ist das ein Wimpernschlag. Was ist in dieser Zeit passiert? Wie hat sich ein solch fundamentaler Wandel vollziehen können, an den viele offenkundig nicht mehr glaubten, den viele nicht für möglich hielten? Auf keinen Fall so schnell. Und vor allem: Wer sind die Akteure, die das bewerkstelligt haben? Darum geht es uns in diesem Band.

Dies ist natürlich ein Buch über die Öffnung der innerdeutschen Grenze im Herbst 1989. Jedenfalls auch. Immerhin hat der Mauerfall am 9. November die jüngste deutsche Geschichte geprägt und die europäische Ordnung grundlegend verändert – friedlich und hochemotional zugleich. Derlei kann gar nicht oft genug beschrieben werden. Zumal es sich lohnt, nach einem Vierteljahrhundert neu hinzusehen. Die Friedliche Revolution hat sich, Fernsehsendern und Fotografen sei Dank, vor den Augen der Deutschen und der Welt abgespielt, wenigstens zu großen Teilen. An diesem Fundament hat sich in den vergangenen 25 Jahren nichts wesentlich geändert. Dennoch ist es unserer Überzeugung nach angebracht, die gängigen Sichtweisen zu überdenken – aus mehreren Gründen.

Erstens prägen neben der geschichtswissenschaftlichen Fachliteratur, die selten breite öffent-

Eine schier endlose Schlange von DDR-Fahrzeugen bildet sich am 5. November 1989 vor dem Grenzübergang bei Schirnding (Bayern) an der deutsch-tschechoslowakischen Grenze. Wenige Tage später ist es soweit: Die DDR öffnet ihre Grenzen.

Vorwort

In der Nacht vom 9. auf den 10. November verwandelt sich der Kurfürstendamm in eine riesige Fußgängerzone.

liche Beachtung findet, Erinnerungen von prominenten Beteiligten die Sicht auf das Geschehen in der DDR Ende der 1980er-Jahre. Diese Memoiren, etwa von Michail Gorbatschow, Helmut Kohl, Wolfgang Schäuble oder Lothar de Maizière, rücken das eigene Erleben ihrer Urheber in den Vordergrund. Das ist menschlich verständlich und auch nicht anders zu erwarten. Doch bleibt es ein höchst subjektiver Ausschnitt. Zweitens lässt sich in öffentlichen Diskussionen, seit Längerem und verstärkt im laufenden Jahr, ein merkwürdig verklärter Blick auf die DDR feststellen – nun auch im Westen Deutschlands, wo man in der Vergangenheit derartiges Verhalten als Nostalgie des Ostens abgetan und abgelehnt hatte. Ausdrücklich wird betont, dass es in dem anderen Deutschland, Stacheldraht und Unfreiheit zum Trotz, doch auch ein normales Leben gegeben habe. Das wirkt so, als wolle man nach der intensiven Beschreibung der DDR als SED-Diktatur jetzt, nach einem Vierteljahrhundert, etwas geraderücken oder nachholen.

Dabei ist nichts geradezurücken. Die DDR war ein von Bevormundung, Misswirtschaft und Zerfall geprägter Staat, der bis in den Alltag des Einzelnen hineinwirkte. Auch in die Nischen, in die sich jene flüchteten, die zur aktiven Mitarbeit im SED-Staat nicht bereit waren, offene Opposition aber scheuten. Hinzu kommt: An Formen milder Betrachtung fehlte es schon bisher nicht. Es gibt Museen über den DDR-Alltag, Buchreihen zum Thema „Wir in der DDR" und Fernsehsendungen mit Titeln wie „DDR privat".

Die Dominanz der Erinnerungen von fast immer politischen Akteuren und der zunehmend milde Blick haben in den vergangenen Jahren verblassen lassen, wer eigentlich die Akteure des Mauerfalls waren. In den Hintergrund ist gerückt, dass die deutsche Politik zwar einen wesentlichen Anteil daran hatte, den Prozess der Wiedervereinigung bis zum Herbst 1990 schnell und weitgehend reibungslos über die Bühne zu bringen, die Politiker selbst aber bis

Vorwort

Bereits am Tag nach dem 9. November 1989 klettern Berliner auf die Mauer am Brandenburger Tor und meißeln Stücke aus ihr heraus.

weit ins Jahr 1990 hinein Getriebene waren. Themen und Tempo des Umsturzes wurden vom Willen wie vom Unmut der DDR-Bevölkerung bestimmt, die ihr Leben verändert sehen wollte und, auch das soll nicht vergessen werden, sich durch die Reformpolitik des sowjetischen Generalsekretärs Gorbatschow ermutigt fühlten. Am Ende managten Profis, meist aus dem Westen, den Beitritt der DDR zur Bundesrepublik, aber Ostdeutsche, viele von ihnen politische Novizen, hatten mit Demonstrationen und Bürgerkomitees, mit neuen Institutionen wie den Runden Tischen und in erstmals demokratisch zusammengesetzten Parlamenten Einfluss auf den Übergang genommen.

Letztlich kam der 9. November überraschend, war aber kein Produkt des Zufalls. In 14 Kapiteln, die dem Vorbild des Schlagwortes „Herbst 1989" entsprechend in Jahreszeiten gegliedert sind, erinnert dieser Bildband an die Breite der Bewegung, die zum Mauerfall und schließlich zur Wiedervereinigung führte. Dazu gehört die kleine, aber unbeirrbare Opposition in der DDR, die sich offen gegen die Diktatur stellte – etwa im Winter 1987/88 bei der Luxemburg-Demonstration oder im Frühling 1989 anlässlich der verfälschten Kommunalwahl – und die im Herbst 1989 gegen den Widerstand des Staatsapparates neue Bewegungen und Parteien gründete. Dazu gehört auch die wachsende Solidarisierung mit jenen, die widerstanden, etwa nach dem Übergriff auf die Umweltbibliothek, gleichfalls im Winter 1987/88. Ebenso die zunehmende Gleichgültigkeit der Jugend gegenüber den vermeintlich hehren Zielen des Sozialismus, die sich im Musiksommer 1988 zeigte, oder die Betroffenheit über die Relegation von vier Schülern im Herbst 1988, die zu einer breiteren Debatte über das SED-Bildungssystem führte. Der Frust über die Versorgungsmängel in der DDR wurde erkennbar in der wachsenden Zahl von Eingaben, die immer stärker den SED-Herrschaftsanspruch infrage stellten, aber auch an der Flucht von Ärzten und medizinischem Personal angesichts verheerend schlechter Zustände im Gesundheitswesen. Das Buch zeigt, wie bis dahin passive Teile der Bevölkerung ihre innere Emigration überwanden, etwa nach dem Verbot der sowjetischen Zeitschrift *Sputnik* im Herbst 1988 und dass der Wunsch nach grundlegenden Veränderungen immer stärker das Denken der Menschen bestimmte. Entscheidend aber war die Massenbewegung derjenigen, die dem Druck des Regimes durch Flucht oder Ausreise zu entgehen trachteten. Ihre Rolle ist bisher in der Wahrnehmung der breiten Öffentlichkeit zu kurz gekommen – man kennt zwar die Bilder vom „Paneuropäischen Frühstück" im Sommer 1989 oder aus der Botschaft in Prag im Frühherbst desselben Jahres. Aber die zentrale Bedeutung dieser „Abstimmung mit den Füßen" kommt bei den meisten Darstellungen über die Friedliche Revolution zu kurz. Sie führt schließlich zum spektakulären Geschehen am 9. November, an dem zu später Stunde Zehntausende ausprobieren, was die gerade verkündete neue Reiseregelung wert ist. Menschen, die bislang verschlossene Tore zur Welt öffnen, in den Westen strömen und zurückkehren. Darunter auch Angela Merkel, die heutige Bundeskanzlerin, nachdem sie aus der Sauna gekommen ist.

An Beispielen wie der Besetzung der Stasi-Zentrale in Berlin und einer symbolischen „Massenflucht" im Eichsfeld, beides im Winter 1989/90, oder der Diskussion über die Währungsunion im Frühjahr 1990 und den Verhandlungen zum Einigungsvertrag durch demokratisch legitimierte Vertreter im Sommer 1990 ist

Vorwort

schließlich zu sehen, wie die Bevölkerung der DDR auch nach dem Mauerfall nicht nachgelassen hat, ihre Interessen zu vertreten und die Errungenschaften des gesellschaftlichen Umsturzes bewahren zu wollen.

Ein Volk nimmt sich die Freiheit: Dieser Untertitel ist bewusst gewählt. Das Buch erzählt die Geschichte der Friedlichen Revolution in der DDR und der Wiedervereinigung in Geschichten – am Beispiel einzelner Personen oder Ereignisse. Weil Menschen Geschichte machen, Frauen und Männer, nicht irgendwelche „Strukturen" oder politischen Ideen. Jedem Kapitel voran steht eine Chronik, die auf weitere wichtige Etappen und Ereignisse hinweist. Enzyklopädische Vollständigkeit ist dabei weder gewollt und möglich.

Aber wann begann der Weg zum Mauerfall? Nicht erst im Jahr 1989, das war und ist klar. Aber wo dann ansetzen? Gab es ein Ereignis, das den Start der Wiedervereinigung markiert? Wir beginnen dieses Buch mit der Visite Erich Honeckers in der Bundesrepublik 1987, der die deutsch-deutsche Teilung in den Augen vieler Beobachter zementierte. Doch zugleich läutete der erste offizielle Besuch des obersten Machthabers der DDR das Ende des SED-Regimes ein. Denn die Bevölkerung nahm das zur Schau gestellte friedliche Miteinander durchaus ernst. Vor allem die Aufforderung des Westens, namentlich von Helmut Kohl, durch gegenseitiges Kennenlernen ließen sich Vorurteile abbauen – was Honecker nicht kommentierte. Als sich die Hoffnung auf bessere Reisemöglichkeiten und etwas mehr Freiheit aber bald zerschlugen, wuchs der Unmut in der Bevölkerung über die persönlichen Beschränkungen und das politische System in ungeahnte Dimensionen. Das Regime versuchte, mit Einschüchterung und Gewalt dagegen vorzugehen, was die Ablehnung nur verstärkte. Daraus entstand eine unerwartete Dynamik, die den SED-Apparat, die Stasi und die „bewaffneten Organe" erst hilflos und am Ende handlungsunfähig machte. Das Volk nahm sich die Freiheit, sein Schicksal selbst zu bestimmen.

Berlin, Sommer 2014
Lars-Broder Keil   Sven Felix Kellerhoff

Ausgelassen feiern die Berliner am 31. Dezember 1989 Silvester auf der Mauer vor dem Brandenburger Tor. Mehrere Hunderttausend Menschen aus Ost und West sind hier zur ersten deutsch-deutschen Silvesterfeier zusammengekommen.

Herbst '87

Die scheinbare Normalität bekommt erste Risse

Live-Diskussion im Fernsehen der DDR zum „SED-SPD-Grundsatzpapier" mit dem SPD-Politiker Erhard Eppler (2.v.r.), Otto Reinhold, Rektor der Akademie für Gesellschaftswissenschaften beim ZK der SED (Mitte) und dem SED-Politökonom Rolf Reißig (linkes Pult).

1. September: In Stralsund beginnt der offiziell genehmigte Olof-Palme-Friedensmarsch in der DDR. Beteiligt sind auch kirchliche und unabhängige Friedensgruppen.

1. September: Im DDR-Fernsehen diskutieren live die SED-Ideologen Otto Reinhold und Rolf Reißig sowie die SPD-Politiker Erhard Eppler und Thomas Meyer. Thema ist das gerade vorgestellte Papier beider Parteien mit dem Titel „Der Streit der Ideologien und die gemeinsame Sicherheit". Die zentrale Passage lautet: „Beide Seiten müssen sich auf einen langen Zeitraum einrichten, während dessen sie nebeneinander bestehen und miteinander auskommen müssen." Keine Seite dürfe der anderen die Existenzberechtigung absprechen. Es komme darauf an, dass beide Systeme reformfähig seien und „der Wettbewerb der Systeme den Willen zur Reform auf beiden Seiten stärkt". Die TV-Debatte ist eine Sensation, zumal Eppler gegen die Kernaussage des Strategiepapiers die Deutsche Frage „offen" nennt.

5. September: In Ost-Berlin demonstrieren etwa tausend Mitglieder unabhängiger Friedensgruppen für die Reformen von Michail Gorbatschow. Sie fordern bessere Reisemöglichkeiten und sprechen sich gegen Atomwaffen in Ost wie West aus.

7. bis 11. September: SED-Generalsekretär Erich Honecker besucht die Bundesrepublik und wird mit beinahe allen Ehren eines Staatsoberhauptes empfangen.

11. September: Die Initiative Kirche von unten gründet sich in der DDR. Ziel ist selbstverwaltete Gemeindearbeit ohne hierarchische Strukturen.

12. September: In Görlitz fordert die Synode des Bundes der Evangelischen Kirchen in der DDR „eine Erweiterung und durchschaubare rechtliche Regelung von Reisemöglichkeiten für alle DDR-Bürger", auch für Reisen ins nichtsozialistische Ausland. So sollen die Genehmigungsentscheidungen überprüfbar werden.

17. September: Im Treptower Park in Ost-Berlin gibt der US-Sänger Bob Dylan vor mehr als 80.000 Zuhörern sein erstes Konzert in der DDR.

22. September: In den Räumen der Berliner Umweltbibliothek gründet sich die Arbeits-

Chronik Herbst '87

Etwa 1000 Mitglieder unabhängiger Friedensgruppen aus der gesamten DDR versammeln sich am 5. September 1987 unangemeldet in Ost-Berlin und demonstrieren gegen die Atomraketen in der DDR, der ČSSR und der Bundesrepublik. Der für DDR-Verhältnisse ungewöhnliche Marsch zwei Tage vor dem Honecker-Besuch in der Bundesrepublik Deutschland wird von der Staatsmacht beobachtet, jedoch nicht behindert.

gruppe für Staatsbürgerschaftsrecht in der DDR. Sie setzt sich dafür ein, die rechtliche Situation von Ausreisewilligen zu verbessern und sie über gesetzliche Möglichkeiten zu informieren.

12. Oktober: Das ZDF strahlt die *Tele-Illustrierte* aus Weimar aus, in Zusammenarbeit mit dem DDR-Fernsehen. Ein vorher aufgenommenes Interview mit dem Schauspieler Martin Hellberg als „Goethe" sorgt für eine deutsch-deutsche Krise.

12. Oktober: In einer Privatwohnung in Ost-Berlin treffen sich Mitglieder der Initiative Frieden und Menschenrechte um Gerd Poppe sowie der Samaritergemeinde um Rainer Eppelmann mit Bundestagsabgeordneten der CDU/CSU-Fraktion sowie mit US-Politikern, die in Europa Informationen für die Wiener KSZE-Nachfolgekonferenz sammeln. Erstmals sprechen Oppositionelle mit Vertretern westlicher Regierungskoalitionen. Die

Erstmalig: Der amerikanische Rockpoet Bob Dylan begeistert am 17. September 1987 beim Friedenskonzert des DDR-Jugendverbandes „Freie Deutsche Jugend" auf der Treptower Festwiese mit seinen Songs.

Chronik Herbst '87

Grünen im Bundestag hatten nach der Debatte über den Honecker-Besuch Union und SPD aufgefordert, mehr solche Kontakte herbeizuführen. Doch wie schon die Regierung von Helmut Schmidt (SPD) setzt auch Kanzler Helmut Kohl (CDU) eher auf Gespräche mit den Entscheidungsträgern in der DDR. Auch Teile der DDR-Opposition lehnen die Treffen ab.

13. Oktober: Das sowjetische Staatsfernsehen und das *ZDF* senden erstmals live aus Leningrad und Mainz Gespräche zwischen Sowjet- und Bundesbürgern. Ein Leningrader wünscht, dass Deutschland so schnell wie möglich wiedervereint wird und sagt: „Wir glauben, dass der Tag der Wiedervereinigung kommt." Erich Honecker ist über den Aufruf zur Wiedervereinigung empört und fährt beim nächsten Treffen Gorbatschow an: „Das ist ein Skandal."

14. Oktober: Im nordrhein-westfälischen Freudenberg findet ein Podiumsgespräch mit den Verfassern des SED/SPD-Papiers, Thomas Meyer (SPD) und Rolf Reißig (SED), statt. Geladen sind zudem ein CDU- und ein Grünen-Politiker sowie der DDR-Dissident Jürgen Fuchs, der offen mit Reißig diskutiert. Mitgebracht hat Fuchs seinen Freund Roland Jahn, der Reißig auffordert, mit der Opposition in der DDR einen Dialog zu beginnen. Jahn, der 1983 gewaltsam ausgebürgert wurde, bietet an, in Ost-Berlin öffentlich oder im DDR-Fernsehen mit Vertretern der SED zu debattieren.

17. Oktober: In der Ost-Berliner Zionskirche findet ein Rockkonzert mit den Gruppen *Firma* aus Ost- und *Element of Crime* aus West-Berlin statt. Nach dem inoffiziellen Auftritt überfallen Skinheads die Konzertbesucher. Die Volkspolizei greift nicht ein. Sie leitet erst Ermittlungen gegen die Neonazis ein, als der Vorfall im Westen auf scharfe Kritik stößt.

20. Oktober: Das SED-Politbüro beschließt, die Reden sowjetischer Politiker nur noch zensiert zu veröffentlichen. Hintergrund ist, dass man

Der DDR-Staats- und Parteichef Erich Honecker während seiner Rede am 23. Oktober 1987 im Palast der Republik in Ost-Berlin anlässlich der 750-Jahr-Feier der Stadt.

sich von den Prinzipien Glasnost und Perestroika der neuen Politik Gorbatschows distanziert.

23. Oktober: Die DDR begeht das 750. Jubiläum von Berlin mit einem offiziellen Staatsakt im Palast der Republik.

30. Oktober: Die Bundesrepublik und die DDR tauschen mehr als 400 Kunstwerke aus, die während des Zweiten Weltkriegs aus Museen ausgelagert worden waren und nun in ihre angestammten Institutionen zurückkehren können.

31. Oktober: DDR-Devisenbeschaffer Alexander Schalck-Golodkowski und Kanzleramtsminister Wolfgang Schäuble treffen sich. Schalck trägt vor, warum die Grenzübergangsstelle Staaken nach Eröffnung der neuen Autobahn Richtung Hamburg für den Transitverkehr geschlossen werden soll. Schäuble erwidert: Grenzübergänge zu schließen sei „immer ein schlechtes Zeichen". Er erinnert an die 1988 anstehenden Verhandlungen über die für die DDR so wichtige Transitpauschale.

9. November: Im Rahmen des deutsch-deutschen Kulturabkommens verständigen sich DDR und Bundesrepublik auf etwa hundert Vorhaben in den beiden kommenden Jahren. Vorgesehen sind Musikgastspiele und Autorengespräche, Kunstausstellungen und gemeinsame Kolloquien.

16. November: In der Gethsemanekirche im Ost-Berliner Bezirk Prenzlauer Berg findet ein „Dialog zur Mündigkeit des Staatsbürgers" mit rund 700 Teilnehmern statt. Vertreter des Staates oder der SED beteiligen sich nicht.

17. November: Das SED-Politbüro berät eine brisante Prognose der Plankommission. Ihr zufolge werde die Verschuldung der DDR im Westen 1988 nicht sinken, sondern um drei Milliarden Valutamark steigen. Ein solches Anwachsen der Schulden sei nicht mehr zu finanzieren. Schon Wochen zuvor war beschlossen worden, die avisierte Halbierung der DDR-Schulden im Westen um weitere fünf Jahre, nämlich bis 1995, zu strecken. „So kann man nicht wirtschaften", schimpft Erich Honecker: „Das ist doch unverantwortlich gegenüber unserer Republik und völlig unverständlich." Auch Verteidigungsminister Heinz Keßler versteht die Welt nicht mehr: „Wenn es so wäre", dass man die Sache für nicht mehr beherrschbar hielte, so wirft er militärisch knapp ein, „müssten wir aufhören".

24. / 25. November: Die Staatssicherheit durchsucht die Räume der Umweltbibliothek in der Ost-Berliner Zionskirchengemeinde. Mehrere Mitarbeiter werden festgenommen. In den folgenden Tagen werden Mahnwachen und Solidaritätsgottesdienste veranstaltet. Die Verhafteten kommen daraufhin frei.

24. bis 26. November: Auf dem X. Schriftstellerkongress der DDR wird in Gegenwart von Erich Honecker und sechs weiteren SED-Politbüromitgliedern offen Kritik an den Arbeitsbedingungen von Autoren geübt. Christoph Hein fordert

Der Schriftsteller Günter de Bruyn („Buridans Esel", „Neue Herrlichkeit") fordert am 26. November 1987 beim zehnten DDR-Schriftstellerkongress in Ost-Berlin die Aufhebung der Zensur.

die Abschaffung der Zensur, die er überlebt, nutzlos und paradox, aber auch menschenfeindlich, ungesetzlich und strafbar nennt. Günter de Bruyn schließt sich Hein an und verlangt ein Ende der „Druckgenehmigungspraxis". Mitglied der Delegation des bundesdeutschen Schriftstellerverbands ist Erich Loest, der die DDR 1981 verlassen hat.

27. November: SED und SPD versuchen, ihre Kontakte zu erweitern. Beide Parteien beginnen im Rahmen eines Abrüstungsdialogs mit Verhandlungen über eine gemeinsame Arbeitsgruppe „strukturelle Nichtangriffsfähigkeit".

Herbst '87

„Na, vielleicht wächst der Erich noch"
Der SED-Chef Honecker besucht die Bundesrepublik

Alles ist für den Gast vorbereitet: Das Wachbataillon ist angetreten und roter Teppich liegt auf dem Backstein-Pflaster vor dem Bonner Kanzleramt. Flaggen sind aufgezogen: acht schwarz-rot-goldene und noch einmal so viele in den gleichen Farben, aber doch anders, denn in ihrer Mitte prangen Hammer, Zirkel und Ährenkranz. Helmut Kohl wartet. Auf eine dunkle Limousine vom Typ Mercedes 600 Pullmann, die wenig später sanft vor ihm ausrollt. Und auf Erich Honecker, der zügig aus dem Auto steigt und mit ausgestreckter Hand auf den Bundeskanzler zuläuft, jedoch kurz, bevor er ihn erreicht, stehenbleibt. Zögert der SED-Generalsekretär und Staatsratsvorsitzende der DDR, weil er unsicher wird, oder will er nur den Augenblick auskosten, der jetzt kommt?

„Herzlich willkommen": Kohl hält die Begrüßung knapp. Es folgt das Zeremoniell: Die beiden Nationalhymnen erklingen, die dritte Strophe des Deutschlandliedes „Einigkeit und Recht und Freiheit" und Hans Eislers Melodie zu „Auferstanden aus Ruinen". Dann schreiten Gastgeber und Gast die Ehrenformation der Bundeswehr ab, verbeugen sich vor der Truppenfahne des Wachbataillons. Auf den ersten Blick unterscheidet sich die Szene nicht von anderen Politikerbesuchen in Bonn. Und doch ist dieser 7. September 1987 ein ganz besonderer Tag: Zum ersten Mal in der Geschichte der beiden deutschen Staaten kommt der oberste Machthaber der DDR offiziell in die Bundesrepublik zu einem Arbeitsbesuch und wird dabei fast wie ein normaler Staatsgast empfangen.

Bereits zu Beginn haftet dem Treffen daher das Siegel „historisch" an. Vor allem aber ist es für Erich Honecker der Höhepunkt seiner politischen Karriere. Auch wenn der Kanzler ihn um Haupteslänge überragt – als die DDR-Hymne erklingt, signalisiert das aller Welt, dass sich hier zwei deutsche Staatsmänner auf Augenhöhe begegnen. Sie stehen für zwei souveräne Staaten, fest gefügt in ihre Bündnisse. Der offizielle Besuch zeigt, dass die Teilung der deutschen Nation wohl dauerhaft sein wird. Im September 1987 scheint die SED-Herrschaft stabiler denn je zu sein. „Realismus" wird in den Kommentaren zum Besuch ein häufig verwendeter Begriff sein.

Jahrelang hat Honecker, gerade 75 Jahre alt geworden, um die internationale Anerkennung der DDR gerungen, vor allem durch die Bundesrepublik. Den Besuch sieht er als wichtigen Schritt, um die bundesdeutsche Akzeptanz der DDR als Staat komplett zu machen. Noch steht die Erfüllung von drei seiner vier sogenannten Geraer Forderungen aus: Die Bundesregierung muss noch die DDR-Staatsbürgerschaft anerkennen, die Zentrale

Bundeskanzler Helmut Kohl und der Staatsratsvorsitzende der DDR, Erich Honecker, schreiten die Ehrenformation der Bundeswehr ab. Die Folgen dieses Staatsbesuchs sind für beide Seiten nur schwer kalkulierbar.

„Na, vielleicht wächst der Erich noch"

Erfassungsstelle der Landesjustizverwaltungen in Salzgitter schließen, die Menschenrechtsverletzungen in der DDR dokumentiert, und die Ständigen Vertretungen in vollwertige Botschaften umwandeln. Hier erhofft sich Honecker Fortschritte. Zugleich soll die Reise dem SED-Regime innenpolitisch helfen und der DDR-Bevölkerung signalisieren: Schaut her, unsere Politik wird im Westen akzeptiert. Honeckers Überlegungen zielen klar auf den Machterhalt.

Helmut Kohl mag seinem Gast einen solchen Triumph nicht gönnen – das ist bereits beim Begrüßungszeremoniell spürbar: Der Kanzler lässt es mit ernster Miene über sich ergehen. Ihm scheint bewusst, steht geradezu ins Gesicht geschrieben, welchen Eindruck dieser gemeinsame Auftritt vermittelt. Noch kurz vor Honeckers Ankunft hat Kohl seinem Kanzleramtschef Wolfgang Schäuble gegenüber geklagt, dies würden wohl die bittersten Stunden seiner bisherigen politischen Laufbahn.

Doch auch Honecker wirkt keineswegs fröhlich und gelöst. Falls er Genugtuung verspürt, lässt er sich das nicht anmerken. Möglicherweise geht er noch einmal den prallen Terminplan der folgenden fünf Tage durch. Vielleicht beschäftigt ihn der Gedanke an den persönlichen Eindruck, den er hinterlassen will. Oder er erinnert sich an die Hürden, die er für diesen Augenblick überwinden musste. Die Kreml-Chefs hatten ihm nach der DDR-Visite des damaligen Bundeskanzlers Helmut Schmidt 1981 den längst überfälligen Gegenbesuch immer wieder untersagt, der greise Konstantin Tschernenko ebenso wie der eloquente Michail Gorbatschow. Doch schließlich hat er sich gegen alle Widerstände und Bedenken durchgesetzt.

Moskau ist Nähe zwischen DDR und Bundesrepublik stets suspekt. Gorbatschow, der zudem eigene Pläne verfolgt, geht es nicht anders. Moskau hat die Bundesrepublik wegen deren Bündnistreue im Rüstungswettlauf lange ignoriert. Nun aber hat sich der neue Kreml-Chef vorgenommen, wieder aktiv auf Bonn zuzugehen – auch aus wirtschaftlichen Gründen. Der Augenblick scheint günstig: Das weltpolitische Klima ist durch Abrüstungsverhandlungen zwischen den Weltmächten und Gorbatschows Andeutungen über ein „gemeinsames europäisches Haus" in Bewegung geraten. In seinem Umfeld heißt es daher, man dürfe die Bundesrepublik nicht Honecker überlassen.

Dem SED-Chef wird das selbstverständlich anders verkauft. Nachdem es am Rande des XI. Parteitages der SED im April 1986 zu einem erregten Vier-Augen-Gespräch gekommen war, in dem Honecker kategorisch erklärt hatte, dass er nach Bonn fahren werde, argumentierte Gorbatschow

Während seines Besuchs trifft Erich Honecker mit Bundespräsident Richard von Weizsäcker zusammen.

danach in größerer Runde im SED-Politbüro: Beziehungen zur Bundesrepublik seien wünschenswert, doch man dürfe sie nicht aus dem Kontext der internationalen Lage herauslösen. Und Moskau sei zu dem Schluss gekommen, es sei jetzt nicht der Zeitpunkt, die Beziehungen zu verbessern. „Wie soll ich es meinem Volk erklären, wenn Du, Erich, in dieser Situation die Bundesrepublik besuchst?", fragt er Honecker. Dieser antwortet mit einer Gegenfrage: „Und was sagen wir unserem Volk, das in tiefer Sorge um den Frieden ist und deshalb will, dass ich reise?"

Im März 1987 hat Honecker, der sich als zuständig für Kontakte zur Bundesrepublik betrachtet, ohne Absprache mit Moskau die Entscheidung für den Besuch getroffen. Davon haben ihn auch Äußerungen Kohls nicht abhalten können, der im Bundestagswahlkampf an die politischen Gefangenen in der DDR erinnert hat, die das SED-Regime

Herbst '87

Keine leichte Aufgabe für die Redenschreiber: Erich Honecker während seiner Ansprache beim Gala-Dinner in der Godesberger Redoute in Bonn, links im Bild Bundestagspräsident Philipp Jenninger.

„in Gefängnissen und Konzentrationslagern hält". Am 30. April geht er in West-Berlin beim Festakt zur 750-Jahr-Feier der Stadt in seiner Ansprache noch weiter und sagt: „Berlin war eins und muss wieder eins werden. Die Mauer muss weg."

Moskau fügt sich. Auch wenn die Sowjets den Besuch noch immer für problematisch halten und das Misstrauen gegenüber den Genossen in Ost-Berlin weiter gewachsen ist, nachdem sich SED-Chefideologe Kurt Hager am 9. April 1987 in einem Interview der westdeutschen Illustrierten Stern offen von der Reformpolitik Gorbatschows distanziert hat – in Form einer rhetorischen Frage: „Würden Sie, nebenbei gesagt, wenn Ihr Nachbar seine Wohnung tapeziert, sich verpflichtet fühlen, Ihre Wohnung ebenfalls neu zu tapezieren?" Das Gespräch, am folgenden Tag auch im SED-Zentralorgan Neues Deutschland veröffentlicht, signalisiert, wie wenig die Führung von Reformen hält. Für die Reise nach Westdeutschland hat Honecker mächtige „Stolpersteine" aus dem Weg räumen lassen: Die DDR schafft die Todesstrafe ab, kündigt eine Amnestie von Gefangenen an, richtet eine Berufungsinstanz für Entscheidungen des Obersten Gerichts ein und lässt zu, dass sich Anfang September unabhängige Friedensgruppen an Demonstrationen gegen atomare Rüstung in Ost und West beteiligen, zum Beispiel am Olof-Palme-Friedensmarsch.

Das nährt innerhalb der ostdeutschen Bevölkerung Hoffnungen auf weitere Zugeständnisse, wie Umfragen westdeutscher Journalisten in der DDR deutlich machen, die anlässlich des Besuchs genehmigt werden. Ganz oben stehen Reiseerleichterungen auf der Wunschliste. Ein junger Mann hofft, dass er bald auch ins westliche Ausland fahren kann, nach Spanien, Italien oder in die Bundesrepublik. Er sei zwar noch jung, aber „vielleicht erlebe ich das noch". Ein anderer meint: „Wir kommen ja auch wieder." Und eine junge Frau wünscht sich: „Ich möchte doch reisen, auch wenn ich keine Verwandten dort habe." Tatsächlich reisen in den ersten acht Monaten des Jahres 1987 etwa 866.000 DDR-Bürger unterhalb des Rentenalters in die Bundesrepublik. Ein Rekord.

Ansonsten halten sich etwa die Menschen vor dem Schaufenster des Leipziger Kaufhauses „Centrum", die sich das Begrüßungszeremoniell auf Fernsehern ansehen, mit Kommentaren zurück. Lediglich der Größenunterschied zwischen Kohl und Honecker ist ein Thema. „Na, vielleicht wächst der Erich noch", sagt einer unter dem Gelächter der Umstehenden.

Die Staatssicherheit stellt in ihren Stimmungsberichten fest, dass die Erwartungen deutlich über Erleichterungen für Besuchsreisen hinausgehen. Wer einen dauerhaften Ausreiseantrag gestellt hat, äußert sich zuversichtlich, ihn rasch bewilligt zu bekommen. Erhofft werden zudem eine bessere Versorgung mit Konsumgütern durch wirtschaftliche Kooperationen, aber auch bessere kulturelle und wissenschaftliche Beziehungen.

Zeitpunkt, Reiseroute und Vorleistungen des Honecker-Besuchs lösen freilich auch Kritik aus, zum Erstaunen der Stasi vor allem bei „progressiven" Kräften, womit SED-Kader, Stasi-Mitarbeiter und andere Träger des Systems gemeint sind. Dort wundere man sich über den Besuch, wo doch Bonn bislang nicht auf die Geraer Forderungen reagiert habe, und befürchte, Honecker werde Zugeständnisse machen. Propaganda-Apparat und Außenministerium monieren, dass die DDR-Bevölkerung ideologisch nicht ausreichend auf die Reise vorbereitet sei. Unverständnis herrsche bei den DDR-Medien über die Anweisung, vor dem Besuch nichts Kritisches über die Bundesrepublik zu berichten. Bereits vorbereitete

Programme hätten mit großem Arbeitsaufwand verändert werden müssen. Das werde als unnötiger Kotau vor dem Klassenfeind gesehen.

Als problematisch gilt auch Honeckers Station in seiner alten Heimat, dem Saarland. Die Kritiker befürchten, dass sein Bild als souveräner Staatslenker durch zu viele Emotionen verwässert werde. Der Gegner könne das propagandistisch ausnutzen, etwa in Hinsicht auf die These von der fortbestehenden Einheit der Nation. Viele Funktionäre, so die Schlussfolgerung der Stasi, zweifelten am Nutzen der Reise. Die Zweifel scheinen sich bereits am ersten Abend des Honecker-Besuchs beim Bankett in der Redoute in Bonn-Bad Godesberg zu bewahrheiten.

Auch in Kohls Partei hat es Bedenken gegen den Empfang gegeben. Wertet man damit nicht ein Regime auf, das seine Menschen einsperre, ihnen fundamentale Rechte und ein selbstbestimmtes Leben verweigere? Der Kanzler will jedoch die Beziehungen zur DDR stabil halten, „im Interesse der Menschen dort", wie er sagt. Aber auch in seinem eigenen, denn Kohl braucht nach seiner Wiederwahl Anfang 1987 zum einen den Besuch, um deutschlandpolitische Akzente mit Tragweite zu setzen und sich nicht permanent mit dem Vorwurf konfrontiert zu sehen, er überlasse das Thema der Schwesterpartei CSU mit Franz Josef Strauß oder ruhe sich auf den Meriten der Vorgängerregierungen unter SPD-Leitung aus. Dafür ist er sogar bereit, Honecker in der Bundeshauptstadt Bonn zu empfangen. Das hatte er 1984, als der Honecker-Besuch schon einmal geplant gewesen war, noch abgelehnt.

Zum anderen haben die Sozialdemokraten kurz vor dem Honecker-Besuch zusammen mit der SED das Strategiepapier „Der Streit der Ideologien und die gemeinsame Sicherheit" veröffentlicht, in dem es unter anderem heißt: „Beide Seiten müssen sich auf einen langen Zeitraum einrichten, währenddessen sie nebeneinander bestehen und miteinander auskommen müssen. Keine Seite darf der anderen die Existenzberechtigung absprechen."

Das entspricht ungefähr der Stimmung in der westdeutschen Bevölkerung. Anfang September 1987 begrüßen 54 Prozent der Bundesbürger in einer Emnid-Umfrage den Besuch Honeckers, 39 Prozent ist er gleichgültig. Für fast zwei Drittel ist die DDR praktisch Ausland, nur 39 Prozent denken beim Begriff „Deutschland" an Bundesrepublik und DDR. Jeder dritte Bundesbürger findet Honecker eher sympathisch und vertrauenswürdig, 58 Prozent halten ihn für friedliebend, nur 21 Prozent empfinden seine Politik als aggressiv. Auf die Frage, worauf sie Honecker persönlich ansprechen würden, nennen lediglich 13 Prozent Freiheit und Menschenrechte in der DDR und gar nur 9 Prozent die Wiedervereinigung. An der Spitze stehen das Thema „Berlin" und „Reiseerleichterungen für DDR-Bürger".

Am ersten Abend des Honecker-Empfangs will Kohl aber jeden Eindruck vermeiden, er begebe sich auf einen Schmusekurs mit der SED. Deshalb hat er seine Redenschreiber angewiesen, für die Begrüßungsansprache einen besonders scharfen Text zu verfassen. Kohl weiß um das mediale Interesse. Rund 2500 Journalisten sind akkreditiert, alle Reden werden auch im DDR-Fernsehen übertragen und in den Zeitungen wörtlich abgedruckt. Nicht nur das ist bemerkenswert: Die *ARD* produziert sogar eine Live-Sendung, in der acht Orte der DDR und neun der Bundesrepublik miteinander verbunden werden.

Kohl lässt an seiner grundsätzlichen Haltung keinen Zweifel. „Die Präambel unseres Grundgesetzes steht nicht zur Disposition. Sie will das vereinigte Europa, und sie fordert das gesamte deutsche Volk auf, in freier Selbstbestimmung die Einheit und Freiheit Deutschlands zu vollenden. Das ist unser Ziel", betont der Bundeskanzler in aller Deutlichkeit. Die Menschen in Deutschland wüssten zwar, dass zwei deutsche Staaten bestehen, die miteinander auskommen müssten, aber das Bewusstsein für die Einheit der Nation sei wach wie eh und je. „Diese Einheit findet Ausdruck in gemeinsamer Sprache, im gemeinsamen kulturellen Erbe, in einer langen, fort-

Helmut Kohl findet in seiner Begrüßungsansprache klare Worte – der Begriff „Wiedervereinigung" geht ihm aber nicht über die Lippen.

dauernden gemeinsamen Geschichte." Weiter betont Kohl: „Die Menschen in Deutschland leiden unter der Trennung. Sie leiden an einer Mauer, die ihnen buchstäblich im Wege steht und die sie abstößt. Wenn wir abbauen, was Menschen trennt, tragen wir dem unüberhörbaren Verlangen der Deutschen Rechnung: Sie wollen zueinander kommen können, weil sie zusammengehören."

Einen ersten Schritt dorthin sieht er in der Ausweitung der Reisemöglichkeiten für DDR-Bürger – vor allem für Menschen unterhalb des Rentenalters. Kohl, das wird er auch am folgenden Tag noch einmal betonen, hält einen Ausbau der persönlichen, sportlichen und kulturellen Beziehungen für enorm wichtig. Durch gegenseitiges Kennenlernen ließen sich Vorurteile abbauen.

Scharf kritisiert der Bundeskanzler schließlich das unnatürliche Grenzregime. Der Friede, den die DDR-Führung ja auch wolle, beginne „mit der unbedingten und absoluten Würde des einzelnen Menschen in allen Bereichen seines Lebens". Dazu gehöre, dass jeder Mensch über sich selbst bestimmen könne. Gewalt dagegen, die den Wehrlosen treffe, schade dem Frieden. Deshalb müssten „an der Grenze Waffen auf Dauer zum Schweigen gebracht werden". Zusammengefasst setzt Helmut Kohl auf eine Kooperation vor allem im Interesse der Menschen und vor dem Hintergrund der gemeinsamen Nation und Geschichte.

Honecker dagegen betrachtet die deutschdeutsche Zusammenarbeit vor dem Hintergrund von Frieden, Abrüstung und Entspannung – des großen Ganzen also. Daher geht er in seiner Rede auf viele Forderungen Kohls gar nicht ein. Vor Reiseantritt hat der SED-Chef bei einer abschließenden Besprechung der Delegation noch einmal gefragt, ob man für die Antwortrede neben der „gemäßigten" Variante auch eine „scharfe" vorbereiten sollte, dann aber selbst entschieden: „Wir bleiben bei unserer konstruktiven Linie, ganz gleich, was Kohl sagt." Honecker hat doch erreicht, was er will: Empfang mit ganz großem Bahnhof – und zwar vor dem Reformer Gorbatschow. Demnach könne seine Politik so falsch nicht sein.

Also antwortet der SED-Chef mit einer der üblichen Abhandlungen über die gemeinsame Verantwortung der beiden deutschen Staaten für den Weltfrieden. Lediglich an einer Stelle weicht er vom Manuskript ab: Die Entwicklungen der beiderseitigen Beziehungen seien von den Realitäten dieser Welt gekennzeichnet, „und sie bedeuten, dass Sozialismus und Kapitalismus sich ebensowenig vereinigen lassen wie Feuer und Wasser". Zusammen mit der demonstrativen Distanz Kohls ist dieser eingeschobene Satz ein schlagkräftiges Argument gegen die Kritiker der deutsch-deutschen Annäherung im SED-Politbüro und im Kreml. Und trotz aller klaren Worte hat der Kanzler das Wort Wiedervereinigung vermieden und eingeschränkt: „Die Deutsche Frage bleibt offen, doch die Lösung steht zurzeit nicht auf der Tagesordnung der Weltgeschichte."

Auf Honeckers Tagesordnung stehen nach dem Begrüßungsempfang vier weitere Tage voller Termine. Er besucht offiziell Bundespräsident Richard von Weizsäcker und privat Herbert Wehner, den SPD-Veteranen mit KPD-Vergangenheit. Auf Schloss Gymnich, dem Gästehaus der Bundesregierung nordwestlich von Bonn und seiner zeitweiligen „Residenz", empfängt er Ministerpräsidenten, Fraktionschefs und Wirtschaftsvertreter. Anschließend bereist er die SPD-regierten Bundesländer Nordrhein-Westfalen und das Saarland sowie die unionsgeführten Länder Rheinland-Pfalz, wo er Karl Marx' Geburtshaus in Trier aufsucht, und Bayern. Begleiter und Gesprächspartner erleben einen stets höflichen, aufmerksamen, sachlichen, wenn auch etwas

Die Reise durch die Bundesländer verläuft für Erich Honecker reibungslos: Gemeinsam winken der saarländische Ministerpräsident Oskar Lafontaine (r.) und sein Gast nach der Besichtigung der barocken Ludwigskirche in Saarbrücken den rund 100 Zuschauern zu.

Der Staatsgast auf Heimatbesuch: Die Limousine mit dem Staatsratsvorsitzenden der DDR passiert dessen Geburtsort im Saarland.

steifen SED-Generalsekretär, der die körperlichen Anstrengungen trotz seiner 75 Jahre scheinbar mühelos wegsteckt. Selbst heikle Begegnungen, etwa mit dem Rock-Sänger Udo Lindenberg oder dem SED-Dissidenten Wolfgang Leonhard absolviert er ohne erkennbaren Ärger. Alles läuft reibungslos ab; die Mitarbeiter bis hin zu den Sicherheitsbeamten beider Seiten loben immer wieder die Zusammenarbeit. Demonstrationen gegen den Besuch und das SED-Regime bleiben Ausnahmen und sind zudem kaum wahrnehmbar.

Gleichwohl ist die Stimmung zu Hause nicht ungetrübt. Werner Krolikowski, Mitglied im SED-Politbüro, der Honecker schon mehrfach in Moskau mit der Behauptung denunziert hat, dieser mache sich mit seiner Anbiederung abhängig und erpressbar vom Westen, beschwert sich schon am zweiten Besuchstag über die sowjetische Botschaft bei Michail Gorbatschow. Vor allem die von Honecker stolz präsentierte Zunahme der Reisezahlen von DDR-Bürgern stören die Hardliner. Honecker und Wirtschaftsexperte Günter Mittag würden „ohne jeden Skrupel" die Ziele der BRD vollstrecken. Der Besuch verdrehe immer mehr DDR-Bürgern den Kopf und verbreite gefährlichen ideologischen Westdrall. Offen spricht Krolikowski von Verrat.

Im Saarland kommt es zu den befürchteten „Heimatgefühlen", etwa bei Honeckers Treffen mit alten Bekannten und einstigen Kampfgefährten. Der Gast besucht in Neunkirchen im Elternhaus in der Kuchenbergstraße 88 seine Schwester und sein Geburtshaus in der Max-Braun-Straße. Westdeutsche Zeitungen berichten, wie sich der ansonsten so emotionslos wirkende Honecker und seine Schwester in einem unbeobachtet geglaubten Augenblick umarmen. In Wiebelskirchen verbringen beide allein einige Zeit auf dem Friedhof, am Grab der Eltern.

Im Saarland lässt sich der SED-Chef auch zu einer bemerkenswerten Äußerung hinreißen. Nachdem Neunkirchens Oberbürgermeister Peter Neuber bei seiner Begrüßung sagt, man müsse den Grenzen ihren trennenden und unmenschlichen Charakter nehmen, erwidert Honecker: Es sei verständlich, dass unter diesen Bedingungen die Grenzen zwischen beiden Staaten „nicht so sind, wie sie sein sollten". Wenn sich beide Seiten bemühten, entsprechend den im Abschlusskommuniqué formulierten Absichten zu handeln, werde „auch der Tag kommen, an dem die Grenzen uns nicht mehr trennen, sondern uns vereinen, so wie uns die Grenze zwischen der DDR und Polen eint". Ost wie West sind verblüfft. Was meint Honecker? Sind ihm die Emotionen durchgegangen? Oder hat er ein politisches Ziel formuliert? Sein Umfeld vermutet, der SED-Chef, genervt von den ständigen Hinweisen auf das DDR-Grenzregime, habe dem Thema etwas Druck nehmen und auf die Zukunft vertrösten wollen.

Bild links: Am Grabe seiner Eltern in Wiebelskirchen legt Honecker Blumen nieder. Die Parteigranden fürchten indes die Zurschaustellung der „Heimatgefühle" des SED-Generalsekretärs.

Bild rechts: Die Sinnhaftigkeit der seit Jahrzehnten währenden gewaltsamen Trennung ganzer Familien in West und Ost ist vor allem den DDR-Bürgern angesichts solcher Bilder schwer zu vermitteln: Erich Honecker mit seiner Schwester im Garten ihres Hauses in Wiebelskirchen.

Zum Abschluss der Reise holt Bayerns Ministerpräsident Franz Josef Strauß in München nach, was Kanzler Kohl in Bonn Honecker noch verwehrt hat: Er lässt das ganze diplomatische Protokoll für einen Staatsbesuch abspulen – inklusive fünfzehn Motorrädern als Eskorte statt wie in der Bundeshauptstadt nur sieben.

Vollauf zufrieden fliegt Honecker nach Ost-Berlin zurück, auch wenn das Ergebnis auf den ersten Blick mager aussieht. Ein paar unterschriebene Abkommen über Umweltschutz, Strahlenschutz und wissenschaftlich-technische Zusammenarbeit hat die DDR-Delegation im Gepäck. Außerdem hat die Bundesrepublik ihre Bereitschaft zu verstärkten wirtschaftlichen Kooperationen erklärt, die dringend notwendig sind. Persönlich hat der SED-Chef einige Zusagen für Erleichterungen im Transitverkehr gegeben und angedeutet, weitere Städtepartnerschaften prüfen zu wollen – immerhin haben fast 400 westdeutsche Städte ihr Interesse an einer Partnerstadt im Osten bekundet. Vor allem aber hat Erich Honecker die politisch erwünschten Bilder bekommen.

Die DDR-Bevölkerung reagiert auf den Besuch allerdings anders, als sich die Machthaber das gewünscht haben dürften. Die Stasi konstatiert einen stärkeren Wunsch der Bürger, in den Westen zu reisen, um sich persönlich ein Bild zu machen, selbst in SED-Kreisen und bei Angehörigen solcher Berufe, die aufgrund ihrer „Staatsnähe" Westreisen nicht zulassen. Einige Lehrer hätten deshalb bereits mit Kündigung gedroht, vermerkt ein Stasi-Bericht. Allgemein steigt die Zahl der Anträge auf dauerhafte Ausreise signifikant. Sogar Geheimnisträger hätten um Entpflichtung gebeten, um auf Besuch in den Westen reisen zu können – ein fatales Zeichen, denn Armee und Polizei haben Probleme, Nachwuchs zu gewinnen, weil der Abbruch sämtlicher Westkontakte der Familie eine Bedingung ist. Zudem beginnt nahezu jeder DDR-Bürger nach Honeckers Westbesuch und angesichts des Widerspruchs zwischen der antiwestlichen Propaganda der SED-Führung und der erlebten Realität über sein eigenes Leben zu grübeln.

Offenkundig regt der Honecker-Besuch Diskussionen zu unerwünschten Themen an. Pädagogen berichten über Fragen der Schüler, ob die DDR noch ein Feindbild brauche und ob die Mauer notwendig sei, wenn auch die westlichen Politiker Frieden wollten. Und sie verlangen „überzeugende Gegenargumentationen". In Funktionärskreisen grummelt es. Honecker sei im Bemühen um internationale Anerkennung zu weit gegangen. Besorgt wird gefragt, ob die vereinbarten Schritte zur Normalisierung der Beziehungen „ohne ideologische Einbrüche unter Teilen der Bevölkerung verwirklicht werden können". Längerfristig seien durch mehr persönliche Kontakte „negative ideologische Auswirkungen zu erwarten". Positive Stimmen wie die von Günter Herlt, einem führenden Journalisten beim DDR-Fernsehen, bleiben selten. Der Leiter der Reihe „Alltag im Westen" formuliert begeistert: „Es war eine große Genugtuung, dass dieser Bonner Staat endlich Sie zu uns sagen muss."

„Na, vielleicht wächst der Erich noch"

Einen plakativeren Abschluss seiner Reise hätte sich Honecker kaum wünschen können: Er wird auf dem Flughafen München-Riem vom bayrischen Ministerpräsidenten Franz Josef Strauß mit höchsten diplomatischen Ehren empfangen.

Wenig Illusionen machen sich DDR-Oppositionelle. Aktivisten wie Ulrike Poppe sehen in dem Besuch eine Aufwertung des Systems. Auch Bärbel Bohley hört in ihrem Umfeld niemanden, der an Honeckers Visite irgendwelche innenpolitischen Hoffnungen knüpft. Allerdings spürt sie, dass sich mehr Menschen einmischen und sich trauen, ihre Meinung zu äußern. Ein Großteil der Bevölkerung ist jedoch schlicht frustriert und müde von den alltäglichen Kämpfen im Mangel-Staat. Ein wenig hofft die Opposition, dass die SED-Diktatur nach den ersten genehmigten Demonstrationen nicht mehr zu ihrer alten Politik zurückgehen könne. Ein Irrtum.

Die SED-Führung sieht nämlich keinen Anlass für einen Kurswechsel der aus ihrer Sicht so erfolgreichen Linie. Am 15. September 1987 wird der Honecker-Besuch im Politbüro ausgewertet. Egon Krenz hebt in seinen Notizen die Themen Friedenssicherung und Geraer Forderungen hervor. Von einer Ausweitung der individuellen Beziehungen und der Reisemöglichkeiten zwischen beiden deutschen Staaten ist nicht die Rede. Mit neuen Regelungen, etwa zu einem Rechtsanspruch der DDR-Bürger auf Reisen in den Westen oder der Errichtung von Beschwerdeinstanzen bei Ablehnung, lassen sich die Machthaber Zeit. Wie hat doch Kanzler Helmut Kohl gesagt: „Konzentrieren wir uns in diesen Tagen auf das Machbare." Und was machbar ist, bestimmt das Politbüro.

Fortgesetzt werden die politischen Kontakte auf hoher Ebene, vor allem durch Besuche von westlichen Politikern im Osten. Dafür gibt es in der Bundesrepublik breite Rückendeckung. Selbst die SPD, die Kohls Verhalten beim Honecker-Besuch erwartbar kritisch sieht, stellt in Person des Abgeordneten Jürgen Schmude bei der anschließenden Bundestagsdebatte fest, „dass kein Weg zur Hilfe für die Menschen und zur Sicherung des Friedens an den Regierungen – vor allem an der Regierung der Deutschen Demokratischen Republik – vorbeiführt". Prägnant bringt den Gedanken der Schweizer Schriftsteller Friedrich Dürrenmatt auf den Punkt: Man habe der „inszenierten Beerdigung der deutschen Wiedervereinigung beigewohnt".

Und im Osten? Erich Honecker und seine Genossen fühlen sich bestätigt und sind sicher, die Lage im Griff zu haben. Die Hoffnungen vieler Ostdeutscher, die vor und noch mehr nach dem Besuch offen artikuliert werden, prallen an ihnen ab. Niemand in der SED-Führung rechnet damit, dass der Erfolg der Reise ins Gegenteil umschlagen könnte. Und doch wird der Besuch der Beginn des Endes der DDR.

Herbst '87

„Im Ton außerordentlich hart"

Für die Übertragung der *Tele-Illustrierten* aus Weimar führt das *ZDF* ein Interview mit Goethe

Dichtermund tut Wahrheit kund – jedenfalls manchmal. „Ich habe oft einen bitteren Schmerz empfunden in Gedanken an das deutsche Volk, das im Einzelnen so achtbar und im Ganzen miserabel ist", antwortet Johann Wolfgang von Goethe, als sein Gast von ihm wissen will: „Was halten Sie von unserem deutschen Volk und der deutschen Frage?" Und auf die Nachfrage: „Uns Journalisten heute wird oft vorgeworfen in Ost und West, dass wir nur Negatives, Schädliches berichten..." gibt der Dichterfürst zurück: „Schädliche Wahrheit, ich ziehe sie vor dem nützlichen Irrtum, denn Wahrheit heilet am Ende den Schmerz, den sie vielleicht uns erregt." Natürlich ist das Gespräch inszeniert. Die Antworten, die der DDR-Schauspielstar Martin Hellberg vor laufender Fernsehkamera gibt, stammen wortwörtlich von Goethe, der sie in einem Gespräch mit dem Historiker Heinrich Luden Ende 1813 und in seinem Gedicht „Vier Jahreszeiten" von 1796 formuliert hat. Die Fragen an Hellberg allerdings stellt Werner Brüssau, der Ost-Berlin-Korrespondent des *ZDF*, und sie geben den Originalzitaten eine ganz andere, eine aktuelle Bedeutung, machen sie zur allgemein verständlichen Kritik an der deutschen Teilung und der Politik der DDR.

Der hochdekorierte Martin Hellberg als Goethe, hier in einer Szene mit Lilli Palmer als Lotte, bei den Dreharbeiten zum DEFA-Film „Lotte in Weimar", der 1974/75 an Originalschauplätzen in der Klassikerstadt Weimar gedreht worden ist.

Brüssau, ein Lieblingsfeind des SED-Apparats, den man lieber heute als morgen zurück nach Mainz schicken möchte, hat die Idee zu dem ungewöhnlichen Interview gehabt. Sein Ziel ist klar: Er will die Kontrolleure von der Abteilung Agitation und Propaganda vorführen, aber so, dass sie sich dagegen nicht wehren können. Brüssau kennt aus seiner alltäglichen Arbeit im Osten der geteilten Stadt die Methoden des SED-Regimes. Für die Sonderausgabe des *ZDF*-Magazins *Tele-Illustrierte*, die am 12. Oktober 1987 live aus Weimar ausgestrahlt wird, hat er deshalb nach einem Thema gesucht, mit dem er die beinahe ständige Überwachung austricksen kann – und ist auf Goethe verfallen. Denn er kennt den hochdekorierten Schauspieler Martin Hellberg, der den Dichter schon in der DDR-Literaturverfilmung „Lotte in Weimar" verkörpert hat. Als Träger unter anderem des „Vaterländischen Verdienstordens in Gold" scheint er sakrosankt zu sein. Gegen einen der kulturellen Vorzeigebürger wird die SED wohl nicht ernsthaft vorgehen.

Die Aufnahme des Interviews findet am Gartenhaus Goethes im Weimarer Stadtpark statt. Der schon 82-jährige Darsteller, gewandet in einen braunen Gehrock, legt in seine Rolle all die Gravität, zu der er fähig ist. Doch schon während der Aufzeichnung bekommt Peter Voß, Chef des *ZDF*-Teams in Weimar, angesichts einiger Andeutungen eines der „Beobachter" von der SED ein „mulmiges Gefühl". Der Unmut der DDR-Funktionäre verschärft sich, als die Stasi in den Besitz des „Interview"-Manuskripts kommt. Brüssau hat den kompletten Text für sein ostdeutsches Kamerateam aufgeschrieben, und eine Kopie des kleinen Drehbuchs gelangt natürlich an den Geheimdienst, der es prompt an die SED Weimar weiterleitet. Auf einmal ist klar: Brüssau macht aus dem Dichterfürsten Goethe, auf den sich die

DDR so gern beruft, einen „Landesverräter". Dass die Zitate aus ganz anderen Zusammenhängen stammen, ändert nichts: Eine „öffentliche Herabwürdigung" der „staatlichen Ordnung" ist die Rezitation des Schauspielers auf jeden Fall. Derlei kann nach Paragraf 220 des DDR-Strafgesetzbuchs mit bis zu zwei Jahren Haft, Geldstrafe oder öffentlichem Tadel bestraft werden.

So ein Verhalten will man in der DDR-Elite nicht hinnehmen: Martin Hellberg wird fortan von der Stasi „bearbeitet", der Überwachungsvorgang bekommt den Decknamen „Prominenz". Auf den Schauspieler wird Druck ausgeübt – er soll das fertig aufgezeichnete Interview nachträglich zurückziehen. Wahrscheinlich habe das ZDF ihn doch gezwungen, an dem kleinen Schauspiel mitzuwirken, denn er könne ja nicht gewollt haben, was bei dem Gespräch herausgekommen sei. Hellberg wird ins elegante Weimarer Hotel „Elephant" zitiert und muss dort Stasi-Leuten Rede und Antwort stehen. Als der Schauspieler aber zu erkennen gibt, dass er sich vom westdeutschen Sender weder missbraucht fühlt noch auf die Forderungen der SED einzugehen gedenkt, zeigen die Geheimdienstler die Folterinstrumente: Wenn er sich weigere, dann wisse er ja, was das für seine Frau und seine beiden Töchter bedeute. Alle drei Frauen sind im DDR-Kunstbetrieb beschäftigt, als Dozentin an der Weimarer Musikhochschule und als Sängerinnen. Widersetzt sich Hellberg, so werden sie die Folgen zu tragen haben – das ist unmissverständlich. Doch so lässt der alte Mann nicht mit seiner Familie und sich umgehen. Er macht deutlich, dass er nicht einlenken werde – und dass er den Vorgang im Westen öffentlich machen könne.

Also schaltet die SED um. Nun wird Druck auf das ZDF ausgeübt, den Beitrag mit dem Gespräch zwischen Brüssau und „Goethe" alias Hellberg aus der geplanten Livesendung zu streichen; die Videokassette mit der Aufzeichnung müsse zurückgegeben oder gelöscht werden. Abermals im Hotel „Elephant" kommt es zur nächtlichen Konfrontation zwischen dem ZDF-Team und DDR-Vertretern. Für die Staatspartei argumentiert Lothar Ehrlich, einer der wichtigsten Goethe-Experten der DDR. Das ZDF missachte, ja schände das nationale und kulturelle Erbe der DDR. Nach dem Eindruck von Peter Voß sind Ehrlichs Argumente nicht sehr stark, „allerdings im Ton außerordentlich hart und hartnäckig". Der Literaturwissenschaftler ist in einer unangenehmen Position: Er weiß, dass er eine unhaltbare Position vertreten muss. Zumal Brüssau, aus Erfahrung klug, vorgesorgt hat: Als es zur internen Konfrontation zwischen SED und ZDF kommt, befindet sich die Aufzeichnung seines Gesprächs mit Hellberg längst in der Bundesrepublik, geschmuggelt in der Handtasche einer Cutterin. Verhindern kann die DDR die Sendung nun nicht mehr.

Und so zeigt das ZDF Werner Brüssaus entlarvendes Interview mit „Johann Wolfgang von Goethe" wie geplant – als Einspielung in der Livesendung der Tele-Illustrierten aus Weimar am 12. Oktober 1987, aus Anlass des traditionellen „Zwiebelmarktes", des wichtigsten Volksfestes in Thüringen. Die DDR kann nichts dagegen tun, denn aus Weimar kommen nur die Moderationen, alles andere wird in der ZDF-Sendezentrale in Mainz gesteuert. Für nennenswerte Überraschung, gar Aufsehen sorgt Brüssaus Idee in der Bundesrepublik allerdings nicht. Einige wenige Zeitungen erwähnen das inszenierte Gespräch mit dem Dichterfürsten zwar, aber das war es. Eine nette Idee, jedoch kaum mehr. Jedenfalls erkennt kein Kritiker die Brisanz der Zitate, von der die SED so überzeugt war, dass sie die gesamte Zusammenarbeit mit dem ZDF riskierte.

Aus Sicht der DDR-Führung hat die Livesendung immerhin einen Vorteil: Vom deutsch-deutschen Streit über das „Goethe-Interview" im Vorfeld erfährt das Fernsehpublikum in Ost und West kein Wort. So weit gehen die Moderatoren nicht, denn der westdeutsche Sender will die grenzüberschreitende Kooperation eigentlich fortsetzen. Für eine weitere Zusammenarbeit allerdings fühlt sich die SED offenbar zu sehr gedemütigt, außerdem sind die Genossen nachtragend. Jedenfalls ist die Tele-Illustrierte aus Weimar die letzte ZDF-Livesendung aus der DDR. Und auch Hellbergs Familie muss büßen für seine Standhaftigkeit: Mutter Sigrid verliert ihren Lehrauftrag an der Musikhochschule „Franz Liszt" in Weimar, ihren Töchtern Kerstin und Margrid werden bereits genehmigte Konzertreisen in den Westen gestrichen. Repressalien gegen die eigenen Bürger kann der DDR-Staatspartei niemand untersagen.

Werner Brüssau, hier auf einer Aufnahme von 1993, war als Ost-Berlin-Korrespondent des ZDF stets im Visier der Staatssicherheit.

„Ein ganz normaler Vorgang"

Anlässlich des doppelten Stadtjubiläums von Berlin treffen sich Eberhard Diepgen und Erhard Krack

Jede Großstadt hat einen Bürgermeister. Die Titel mögen unterschiedlich sein, doch das Prinzip gilt überall in der Welt – außer in Berlin. Denn die deutsche Metropole hat zwei Stadtoberhäupter. Was zwangsläufig zu diplomatischen Verwicklungen führt, falls sich die beiden begegnen. Am 21. Oktober 1987 ist es soweit: In der Marienkirche in Berlin-Mitte schütteln Eberhard Diepgen, Regierender Bürgermeister von West-Berlin, und Erhard Krack, Oberbürgermeister von Ost-Berlin, einander die Hand. Viel mehr als ein paar nette Worte und ein freundliches Lächeln werden nicht ausgetauscht – das aber immerhin von einem Fotografen festgehalten wird. „Politische Gespräche hat es nicht gegeben", versichert unmittelbar nach der Begegnung der Sprecher des West-Berliner Senats. Und beide Bürgermeister bemühen sich, ihr Treffen klein zu reden: „Für mich ist das ein Stück Selbstverständlichkeit, nicht mehr und nicht weniger", sagt Eberhard Diepgen. Und Krack lässt mitteilen: „Ein ganz normaler Vorgang."

Diese Beschreibung ist mindestens eigenwillig. Denn nirgends ist die Teilung Deutschlands so spürbar wie in Berlin, an keinem anderen Ort gibt es so häufig kleinliche Auseinandersetzungen um Statusfragen. Denn die rechtliche Lage der von der Mauer zerrissenen Stadt ist kompliziert. Offiziell sind alle vier Siegermächte des Zweiten Weltkriegs gemeinsam verantwortlich für die Verwaltung der vormaligen Reichshauptstadt. Doch damit war es schon vor der Blockade der Zugangswege zu West-Berlin 1948/49 durch Sowjets und SED zu Ende. Seither ist auch die Kommunalverwaltung einschließlich Verkehrsbetrieben, Feuerwehr und natürlich Polizei gespalten – und ihre jeweiligen Chefs haben keinen Kontakt zueinander, gehen einander konsequent aus dem Weg, treffen sich jahrzehntelang weder offiziell noch informell. Weder die drei SED-Amtsinhaber seit 1948 noch die insgesamt zehn gewählten Regierenden Bürgermeister in derselben Zeit haben in die Situation kommen wollen, zueinander höflich sein zu müssen. All das lastet auf dem Zusammentreffen Diepgen-Krack in der Marienkirche.

Es ist keineswegs zufällig zustande gekommen. Dass Ost-Berlins SED-Oberbürgermeister am evangelischen Abschlussgottesdienst für die kirchlichen Veranstaltungen aus Anlass der 750-Jahr-Feier Berlins teilnehmen will, ist vorher bekannt gegeben worden. Und Diepgen hat seine Fahrt wie üblich offiziell beim Staatsrat der DDR angekündigt. Darum hat das Büro von Erich Honecker eigens gebeten; von „unangemeldeten Privatbesuchen" bitte man „Abstand zu nehmen", ist der Senatskanzlei mitgeteilt worden. Das Verhältnis zwischen dem DDR-Parteichef und dem Regierenden Bürgermeister ist angespannt. Das hat mit dem 1987 gleich doppelt gefeierten Stadtjubiläum zu tun. Seit Jahren schon haben sich beide Stadthälften darauf vorbereitet – und beide Sei-

Seit 1948 ist dies das erste Treffen zweier Berliner Bürgermeister aus Ost und West. Der Regierende Bürgermeister von Berlin, Eberhard Diepgen (r.), trifft im Oktober 1987 in der Marienkirche in Ost-Berlin bei der Veranstaltung „750 Jahre Kirche in Berlin" auf den Ost-Berliner Bürgermeister Erhard Krack (l.).

„Ein ganz normaler Vorgang"

Selbstbewusst präsentiert sich Oberbürgermeister Erhard Krack anlässlich der 750-Jahr-Feier Berlins am 4. Juli 1987 an der Spitze der Stadtverordneten beim Festumzug durch das Stadtzentrum.

ten benutzen die Feiern zur Selbstdarstellung nach innen wie außen.

West-Berlin präsentiert sich als weltoffenes, wenn auch von einer tödlich gefährlichen Grenze umgebenes „Fenster zur Freiheit": selbstbewusst, bunt, demokratisch. Die Bewohner und mehrere Millionen Touristen freuen sich an einem reichlichen Kulturprogramm, Festen in allen Bezirken, Konzerten, einem gewaltigen Feuerwerk auf dem Flughafen Tempelhof, dem Hauptstützpunkt der US-Streitkräfte in West-Berlin, und anderen Veranstaltungen. Die Tour de France startet hier, und allein zum Deutschen Turnfest strömen 120.000 Besucher in die Stadt: Sämtliche Hotelbetten und Turnhallen sind belegt, viele Gäste kommen in Privatwohnungen unter. Höhepunkte des Programms sind die Staatsbesuche des französischen Präsidenten François Mitterrand, der britischen Queen und vor allem von US-Präsident Ronald Reagan, der publikumswirksam am verrammelten Brandenburger Tor seinen sowjetischen Gesprächspartner Michail Gorbatschow auffordert, die „Mauer niederzureißen".

Ganz anders Ost-Berlin. Hier steht die Legitimierung der SED-Herrschaft im Mittelpunkt. Zwar gibt es auch in der Hauptstadt der DDR unzählige fröhliche Feste für die Menschen und ein Treffen der Staatschefs des Ostblocks mit Michail Gorbatschow an der Spitze, doch darüber schwebt immer mühsam kaschiert die Angst der kommunistischen Staatspartei. Deshalb bekommt der sowjetische Parteichef keine Gelegenheit, mit ganz normalen Menschen in Kontakt zu treten – zu groß ist die Sorge der SED, seine Reformpolitik könnte offen gefeiert werden. Partei und Staatssicherheit wollen lieber alles kontrollieren. Auch den großen historischen Festumzug am 4. Juli 1987, einen der beiden Höhepunkte des Ost-Berliner Festprogramms. Fast tausend Fahrzeuge und knapp 35.000 kostümierte Teilnehmer lobpreisen in geradezu grotesker Weise das sozialistische Regime. Das beginnt bei den mittelalterlichen Wurzeln einiger slawischer Fischerdörfer, die als Ursprung der deutsch-sowjetischen Freundschaft gedeutet werden, und gipfelt in einem Festwagen, auf dem der Mauerbau am 13. August 1961 verherrlicht wird. Nicht nur West-Berliner Beobachter fühlen sich erinnert an Joseph Goebbels' ähnlich inszeniertes Fest zum 700. Stadtjubiläum 1937. Das vorwiegend Ost-Berliner Publikum, fast eine Dreiviertelmillion Menschen, ist trotzdem begeistert, denn der teure Umzug ist eine farbenfrohe Abwechslung im alltäglichen Grau.

Schon früh ist absehbar gewesen, dass die SED das gesamte Jubiläumsjahr zu instrumentalisieren versuchen würde. Das Ziel: Der Westen

Herbst '87

Vom Reichstagsgebäude aus blicken der amerikanische Präsident Ronald Reagan (M.), Bundeskanzler Helmut Kohl und der Regierende Bürgermeister Eberhard Diepgen am 12. Juni 1987 über die Berliner Mauer in den Ostteil der Stadt. Reagan hält sich anlässlich des 750-jährigen Bestehens der Stadt für einige Stunden in Berlin auf.

soll zur vollständigen völkerrechtlichen Anerkennung der DDR und damit der Teilung Deutschlands gezwungen werden. Deshalb hat es viele warnende Stimmen gegeben, als Honecker schon im Oktober 1986, also mit einem Jahr Vorlauf, das West-Berliner Stadtoberhaupt zum „Staatsakt" der DDR eingeladen hat. Diepgen hat sich jedoch vorgenommen, diesen Termin wahrzunehmen, und revanchiert sich fristgerecht Anfang März 1987 mit einer Einladung an Honecker zum „Festakt" in West-Berlin – allerdings, so viel Rücksicht muss auf Statusfragen genommen werden, nicht in seiner Funktion als DDR-Staatsoberhaupt, sondern als Vorsitzender des Ost-Berliner Festkomitees zum Stadtjubiläum. Honecker lehnt ab. Formal wegen der Bitte Diepgens an die Ministerpräsidenten der anderen Bundesländer, am DDR-„Staatsakt" nicht teilzunehmen, in Wirklichkeit wohl eher auf Druck aus Moskau und wegen der Befürchtung, die West-Berliner Bevölkerung könnte gegen den Honecker-Besuch protestieren. In der Tat ist das zu erwarten, denn die Wunde der Grenze quer durch die Stadt ist auch nach 26 Jahren noch längst nicht vernarbt. Kurz darauf zieht die DDR die Einladung an Diepgen zum „Staatsakt" offiziell zurück. Ein diplomatischer Affront, der allerdings gemildert wird durch den Hinweis, der Regierende Bürgermeister sei zu Kulturveranstaltungen in der „Hauptstadt der DDR" willkommen – nach voheriger Anmeldung.

So ist die Lage im Oktober 1987, als es zu dem nicht zufälligen, aber auch nicht organisierten Zusammentreffen der beiden Stadtoberhäupter in der Marienkirche kommt. Es ist der ansatzweise versöhnliche Abschluss eines Festjahres, das der Entspannung zwischen den beiden Stadthälften hätte dienen sollen, aber in dieser Hinsicht verloren ist: Mehr als ein kaschierter Austausch unvereinbarer Interpretationen des Status quo hat es auf politischer Ebene nicht gegeben. Ansonsten herrscht der Eindruck von Stabilität vor: Im Westen kann sich niemand vorstellen, dass sich die Lage in der DDR bald entscheidend ändern werde. Dass es in Ost-Berlin und Ostdeutschland längst brodelt, nehmen nur wenige Beobachter wahr.

„Die Menschen haben Gesicht gezeigt"

Der Sturm auf die Umweltbibliothek wird zum Fiasko für die Staatsmacht

Kaum jemand dürfte es sich entgehen lassen, zwei Fliegen mit einer Klappe zu schlagen, also mit einer Sache gleich noch eine weitere zu erledigen. Auch für die Staatssicherheit der DDR ergibt sich im Herbst 1987 eine verlockende Gelegenheit zum Doppelschlag, als sie von einem Spitzel zugetragen bekommt, dass die Umweltbibliothek in Ost-Berlin in der Nacht vom 24. zum 25. November den *Grenzfall* drucken will, eine Untergrundzeitung der Initiative Frieden und Menschenrechte (IFM). Die Druckmaschine steht in den Kellerräumen des Gemeindehauses der Zionskirche in der Griebenowstraße 16.

Dass dort seit mehr als einem Jahr Oppositionelle einen Anlaufpunkt für „staatsfeindliche Aktivitäten" geschaffen haben, wie das im Stasi-Jargon genannt wird, ist dem Geheimdienst schon lange ebenso ein Dorn im Auge wie das Wirken der kirchenunabhängigen IFM, die offenkundig von den Aktivisten der Umweltbibliothek unterstützt wird. Könnte man die „Staatsfeinde" bei einer illegalen Tätigkeit ertappen, wären beide mit einem Mal zu erledigen. Soweit der Plan, der bei der Stasi unter dem Decknamen „Falle" läuft.

Oppositionell denkende Menschen, die mit dem herrschenden System nicht einverstanden sind und deshalb verfolgt werden, hat es seit Gründung der DDR gegeben. Oft haben persönlich erfahrene Repressionen den Anstoß zum Widerstand gegeben. Seit Beginn der

Mitglieder der Umweltbibliothek werden bei ihrer Verhaftung am 25. November 1987 von der Staatssicherheit fotografiert: (v.l.n.r.) Bodo Wolff, Till Böttcher, Bert Schlegel, Wolfgang Rüddenklau und Tim Eisenlohr.

Herbst '87

Totalüberwachung und akribische Vorbereitungen können das Voranschreiten der Opposition nicht aufhalten. Links ein von der Staatssicherheit im März 1987 angefertigter Lageplan der Räume der Umweltbibliothek, rechts oben Überwachungsbilder der Staatssicherheit des Gemeindehauses der Zionskirche. Der fehlgeschlagene Überfall der Staatssicherheit verschafft der Umweltbibliothek eine breite nationale und internationale Aufmerksamkeit. Besonders Medien aus der Bundesrepublik interessieren sich für die Hintergründe der Ereignisse vom 24. und 25. November 1987. So observiert die Stasi am 26. November auch ein westliches Kamerateam auf dem Weg zur Zionskirche (r.u.).

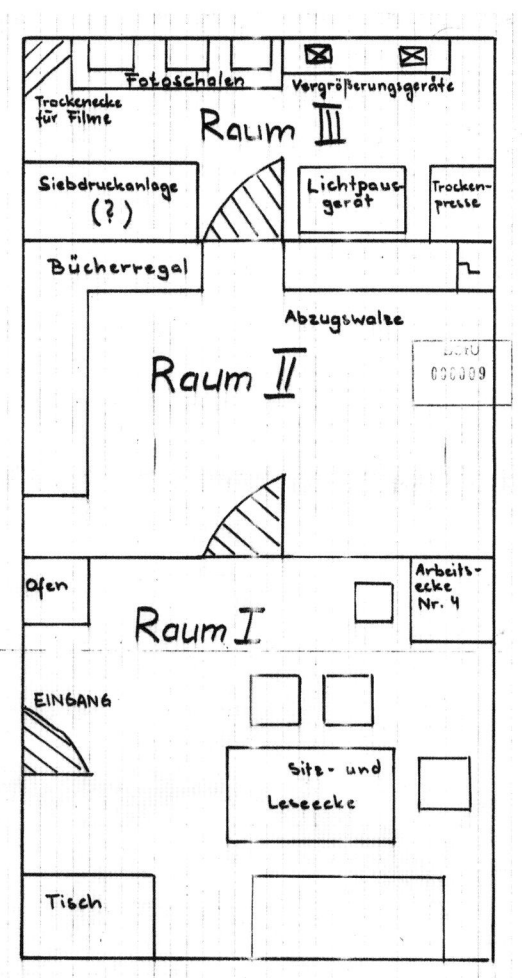

1980er-Jahre hat die Opposition jedoch einen politischen Reifeprozess durchlaufen. Es sind neue Gruppen entstanden, die sich speziellen Themen zuwenden, beispielsweise dem Umgang mit der Natur und der Umwelt. Dass die DDR ein ernstes Problem mit Umweltbelastung und -schäden hat, ist längst nicht mehr zu übersehen und zu „überriechen". Daran ändert auch nichts, dass die SED-Führung 1982 alle Umweltdaten zur Verschlusssache erklärt. Im Gegenteil: Mit der Informationssperre und den folgenden Desinformationen in den staatlichen Medien dokumentiert sie nur ihre Praxis, die Realität zu verleugnen.

Umweltgruppen wollen genau dieses Monopol aufbrechen. Sie fassen den Begriff „umweltbewusst" weiter und verstehen darunter auch individuelle Menschenrechte wie das Recht auf persönliche Unversehrtheit. Nun ist es im SED-Staat nahezu unmöglich, unabhängige Informationen zu erhalten und seine kritische Sicht öffentlich zu äußern – zumindest nicht auf Dauer und schon gar nicht organisiert. Es sei denn, es gelingt, unter das Dach der evangelischen Kirche zu schlüpfen, die über einen gewissen Freiraum verfügt und Gruppen außerhalb von Privatwohnungen Räume zur Verfügung stellen kann. So kommt eine Ost-Berliner Umweltgruppe um Carlo Jordan, Wolfgang Rüddenklau und Christian Halbrock in den Kellerräumen der Zionskirchengemeinde unter, dank Pfarrer Hans Simon. Die Existenz der Gruppe spricht sich herum, und als 1986 nach dem Reaktorunfall in Tschernobyl immer mehr DDR-Bürger beunruhigt nachfragen, springt die Gruppe mit einem Themenabend ein, weil Pfarrer Simon inhaltlich überfordert ist. Zu diesem Zeitpunkt trägt sich die Gruppe bereits mit der Idee für ein alternatives Infozentrum zu Umwelt-, Friedens- und Dritte-Welt-Themen: eine Bibliothek in der Tradition der „fliegenden Universitäten" in Polen, die schwer zugängliche, unerwünschte oder gar verbotene Publikationen sammeln und Interessierten zur Benutzung anbieten. Am 2. September 1986 wird die Umweltbibliothek (UB) gegründet.

Ein Jahr später verfügt sie in zwei Räumen über eine ansehnliche Sammlung von Büchern, Broschüren, Info-Heften und Zeitschriften. Darunter sind Veröffentlichungen anderer Umwelt-, Friedens- und Menschenrechtsgruppen aus der DDR, aber auch Schriften aus dem Westen über Themen, die in der DDR unter die Zensur fallen. Sie werden über ausgereiste Freunde oder Kontakte zu den westdeutschen Grünen nach Ost-Berlin geschmuggelt. Ein Postverteiler ermöglicht auch auswärtigen Gruppen den Zugang zu neuen Publikationen. Zum Angebot der UB gehören Vorträge zu tabuisierten Themen – von Aids bis Umweltschäden – sowie Lesungen. Außerdem werden in einer kleinen Galerie staatlich unterdrückte Künstler ausgestellt.

Eine mit Westtechnik ausgestattete kleine Druckerei stellt unter anderem die Untergrundzeitung *Umweltblätter* her. Um sie der staatlichen Zensur zu entziehen, sind sie als kircheninterne Informationen deklariert und mit dem Aufdruck „Nur für den innerkirchlichen Gebrauch" versehen. Auch wenn die Auflage nur wenige hundert Exemplare beträgt, finden die *Umweltblätter* relativ weite Verbreitung. Und weil man schon mal über die entsprechende Technik verfügt, werden heimlich auch Publikationen anderer Oppositionsgruppen gedruckt, etwa das Blatt *Grenzfall* der IFM, die unter anderem von Bärbel Bohley, Wolfgang Templin sowie Gerd und Ulrike Poppe gegründet worden ist.

Mit all ihren Angeboten und Aktivitäten ist die UB rasch ein beliebter Treffpunkt oppositioneller Kreise geworden. Die Bibliothek nutzen aber auch Studenten, Wissenschaftler und – wenn auch selten – „normale" Bürger, die sich unabhängig informieren wollen. Unangepasste junge Leute fühlen sich von der UB und den basisdemokratisch agierenden Betreibern besonders angezogen. Zu Uta Ihlow, die die Büchersammlung betreut, kommen sogar 15-, 16-jährige Schüler. Auch die UB-Mitarbeiter selbst sind jung: Till Böttcher, der als Drucker

mithilft, ist erst 17 Jahre, Uta Ihlow selbst zählt 22 Jahre.

Die Bibliothekarin an der Humboldt-Universität ist bei einem Jazz-Konzert von Mitstreitern der Umweltbewegung gefragt worden, ob sie eine Dokumentation aufbauen würde. Sie hat zunächst gezögert. Einerseits ist sie froh über die Möglichkeit, sich zu engagieren und nicht nur über die Zustände in der DDR zu meckern. Andererseits spürt sie das Misstrauen ihr gegenüber, was in der Szene „normal" scheint, denn die Furcht vor Spitzeln ist groß. Zu Recht, wie sich in der Nacht zum 25. November 1987 zeigen soll.

Die Aktivitäten der UB werden seit Längerem beobachtet und die Betreiber unter Druck gesetzt. Immer wieder werden sie „zur Klärung eines Sachverhaltes" mitgenommen und wegen „Störung des sozialistischen Lebens" mit Ordnungsstrafen belegt. Das ist Teil der neuen Einschüchterungs- und Zermürbungstaktik der Stasi, die seit Sommer 1987 angewendet wird. Dazu gehört es, die Herstellung „antisozialistischer Pamphlete" zu beenden, um die Öffentlichkeitsarbeit der Opposition zu unterbinden.

Es ist 15 Minuten nach Mitternacht, der 25. November 1987 hat gerade begonnen. Im Keller der Umweltbibliothek werden die Exemplare der nächsten Ausgabe der *Umweltblätter* gedruckt, als plötzlich die Tür aufliegt und etwa zehn Per-

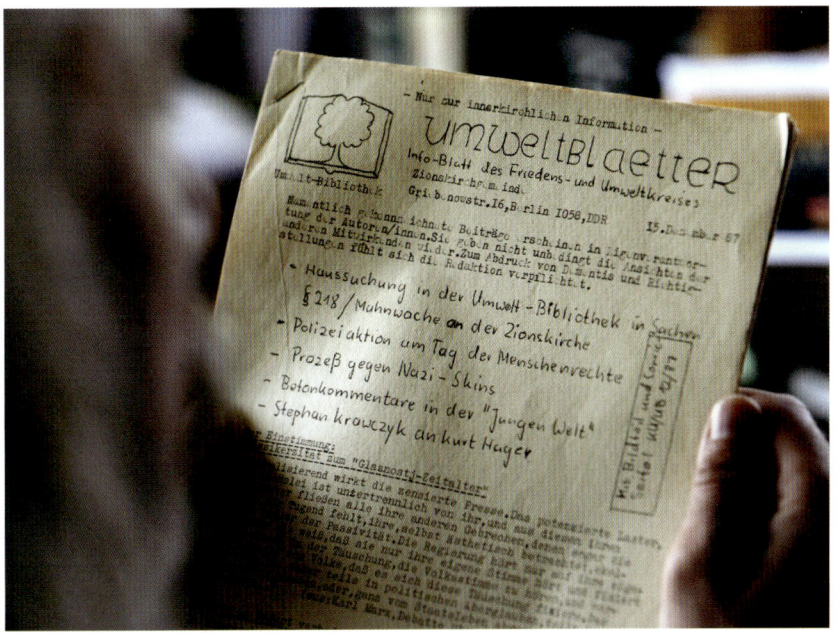

Nicht „nur zur innerkirchlichen Information": Ein Exemplar der Umweltblätter vom 15. Dezember 1987. Einschüchterungsversuche und Festnahmen bewirken das Gegenteil, bisher passive Bürger solidarisieren sich mit der Opposition, die Arbeit der Umweltbibliothek geht weiter.

sonen in den Raum poltern. Die jungen Leute springen erschrocken auf. Aus einem Kassettenrekorder klingt Westmusik; später kursiert in der Szene die Legende, es sei der Song „Keine Macht für niemand" der Band *Ton Steine Scherben* gewesen. Das fällt den ungebeten erschienenen Stasi-Leuten und dem Staatsanwalt nicht weiter auf, als sie hektisch die UB-Mitarbeiter aus dem Raum treiben, um ihn nach Druckunterlagen für den *Grenzfall* zu durchsuchen.

Der Tipp des Spitzels, der zu dieser Zeit mit der *Grenzfall*-Redaktion in einer Kneipe zusammensitzt, war richtig, doch die Stasi ist zu früh gekommen: Wegen einer Verzögerung hat seine Vervielfältigung noch gar nicht begonnen. Unter anderem, weil einige der Helfer über die nach DDR-Recht eindeutig illegale Aktion nicht informiert sind und erst verschwinden sollen. Obwohl die Stasi keinen einzigen Beleg für verbotene Tätigkeiten findet, werden sieben UB-Mitstreiter festgenommen, auch die Bibliothekarin Ihlow, die an diesem Abend Galerie-Dienst hat und gerade mit Kaffee in die Druckerei will. Sie wird noch auf der Treppe von drei Stasi-Leuten aufgehalten. Konfisziert werden auch Druckmaterialien und die Technik.

Am nächsten Tag finden bei den Festgenommenen Hausdurchsuchungen statt. Uta Ihlows Vater fährt, nachdem die Chefin seiner Tochter angerufen hat, weil sie nicht zur Arbeit erschienen ist, geistesgegenwärtig zu ihrer Wohnung und nimmt alles Schriftliche an sich, das er findet, bevor die Stasi auftaucht. Darunter Tagebücher mit politischem Inhalt, die für eine Anklage gereicht hätten, wie seine Tochter vermutet.

Die Aktion „Falle" wird für die Stasi selbst zur Falle. Eigentlich ist es ihr Ziel gewesen, die Opposition zu kriminalisieren und ihre Schlagkraft zu schwächen. Mit der Razzia verschwindet die UB jedoch nicht von der Bildfläche, sondern wird in der DDR – und über ihre Grenzen hinaus – erst richtig bekannt. Ab dem auf den Zugriff folgenden Morgen nämlich entwickelt sich eine landesweite Solidaritätskampagne für die Verhafteten und gegen diesen Überfall, die internationale Beachtung findet, weil Oppositionelle die West-Medien informieren.

Bereits am Nachmittag des 25. November findet vor der Zionskirche ein spontanes Protesttreffen statt. Man einigt sich auf das Einrichten einer ständigen Mahnwache, die um 22.30 Uhr erstmals aufzieht. Oppositionsgruppen, die ansonsten wenig miteinander zu tun haben oder gar zerstritten sind, etwa in der Frage, ob westliche Medien für Aktionen angesprochen werden sollten, beraten über die angemessene Reaktion. Eine gemeinsame Erklärung wird von zahlreichen Gruppen unterzeichnet. Darin fordern die Unter-

Mahnwache vor der Ost-Berliner Zionskirche mit Kerzen und Blumen am 29. November 1987 als Protest gegen die Durchsuchung in der Umweltbibliothek nahe der evangelischen Kirche.

zeichner die sofortige Freilassung der UB-Mitarbeiter, die vollständige Wiederherstellung der Arbeitsfähigkeit der Umweltbibliothek sowie das Einstellen jeglicher Repression gegen „politisch Engagierte".

Obwohl Stasi-Chef Erich Mielke noch am selben Tag seine Bezirksverwaltungen über die Aktion informiert und anweist, Reisen bekannter „feindlicher Personen" nach Ost-Berlin zu verhindern, schaffen es Unterstützer der Mahnwache in die DDR-Hauptstadt. Am 26. November gehen die ersten Solidaritätserklärungen aus dem In- und Ausland ein. Andachten und Fürbittgottesdienste finden in mehreren Kirchen der DDR statt. Auch bisher passive Bürger solidarisieren sich mit der Opposition, Anwohner des Gemeindehauses versorgen die Mahnwache mit Brötchen und heißem Tee. Ende November berichtet *Radio Glasnost*, eine von dem ausgebürgerten Dissidenten und Journalisten Roland Jahn mitinitiierte einstündige Sendung bei *Radio 100* in West-Berlin, über den Überfall auf die Umweltbibliothek. Ausgestrahlt wird ein Interview mit den UB-Begründern Wolfgang Rüddenklau und Carlo Jordan.

Die Staatsmacht reagiert zunächst mit den üblichen Methoden. Die Teilnehmer der ersten Mahnwache werden festgenommen, ebenso mehrere Mitglieder der IFM. Bärbel Bohley, Ulrike Poppe und Regina Templin stehen unter Hausarrest. In Wismar, Weimar, Halle, Erfurt oder Dresden kommt es zur kurzzeitigen Festnahme von Sympathisanten, zu Belehrungen und Einschüchterungsversuchen. Aufgrund des öffentlichen Drucks sind die Verhafteten relativ schnell wieder frei, auch wenn die Behörden es ein paar Tage danach noch mit Psychoterror probieren und etwa Uta Ihlow jede Nacht zur Befragung ins Polizeirevier holen. So kann die Staatsmacht aber weder die Aktivitäten der UB einschränken noch den Druck der Untergrundzeitungen unterbinden. In einigen Städten übernehmen andere Gruppen das Konzept der Bibliothek. Nicht weniger wichtig ist, dass die UB und ihre Aktivitäten über die Oppositionskreise hinaus bekannt werden.

Uta Ihlow hat nach der Stasi-Aktion das Gefühl, dass sich die Gesellschaft öffnet, dass sich etwas bewegt. Der scheinbar allmächtige Sicherheitsapparat erscheint auf einmal nicht mehr unbezwingbar. Für Till Böttcher haben die Menschen, die zu den Mahnwachen gekommen sind, „Gesicht gezeigt". Es sei offensichtlich geworden, dass noch mehr Menschen in der DDR-Bevölkerung Sehnsucht nach Veränderung haben.

Blick an der Umweltbibliothek (l.) vorbei zur Zionskirche. Die Mahnwache in der Ost-Berliner Kirche ist ein mutiges Zeichen des Protestes gegen die Durchsuchung der Umweltbibliothek und die Ende November 1987 erfolgten Festnahmen.

Winter '87/88

Die DDR-Führung gibt sich unnachgiebig

Ein erster Schritt zur Abrüstung: US-Präsident Ronald Reagan (r.) und der sowjetische Parteichef Michail Gorbatschow unterzeichnen am 8. Dezember 1987 in Washington den INF-Vertrag zur Vernichtung der atomaren Mittelstreckenraketen.

8. Dezember: In Washington unterzeichnen Ronald Reagan und Michail Gorbatschow den INF-Vertrag. Damit vereinbaren die USA und die Sowjetunion die Abschaffung der Mittelstreckenraketen in Europa. Es ist die erste echte Abrüstungsvereinbarung; bis dahin hatte es stets nur Abkommen zur Rüstungsbegrenzung gegeben.

11. Dezember: Gorbatschow unterrichtet in Ost-Berlin hochrangige Vertreter der Staaten des Warschauer Pakts über die Vereinbarung mit den USA.

12. Dezember: Im Rahmen einer Amnestie, die der Ministerrat aus Anlass des 38. Jahrestages der DDR verfügt hat, sind seit Ende Oktober insgesamt 24.621 Gefangene aus dem Strafvollzug entlassen worden.

12./13. Dezember: Der Chefredakteur des FDJ-Organs *Junge Welt*, Hans-Dieter Schütt, stellt in einem Kommentar Neonazi-Schläger und die

Chronik Winter '87/88

politische Opposition in der DDR auf dieselbe Stufe: „Der Feind, ob er nun mit missionarischem Eifer junge Literaten gegen uns losschickt, ob er nun in der Pose des Mahnwächters, stets pünktlich auf Bestellung mit Fernsehkameras, vor Kirchentore zieht, oder ob er Rowdys mit faschistischem Vokabular und Schlagwaffen ausrüstet – er hat bei uns keine Chance."

15. Dezember: Erich Honecker wendet sich per Brief an Bundeskanzler Helmut Kohl. Er schlägt vor, „Verhandlungen über wirksame konventionelle Abrüstung sowie neue Vertrauens- und sicherheitsbildende Maßnahmen in Gang" zu bringen.

18. Dezember: Die Volkskammer streicht die Todesstrafe aus dem Strafgesetzbuch der DDR und vollzieht damit einen Beschluss des Staatsrates von Juli 1987. Die letzte Hinrichtung fand 1981 statt. An der innerdeutschen Grenze und der Berliner Mauer aber wird weiterhin geschossen.

18. Dezember: Immerhin 1362 Bürger der DDR haben eine Eingabe an Honecker in seiner Funktion als Staatsratsvorsitzender unterzeichnet, in dem die Abschaffung der vormilitärischen Ausbildung an Schulen und die Einführung eines Zivildienstes für Kriegsdienst-Verweigerer gefordert wird. Auch der Schießbefehl müsse aufgehoben werden. Initiator der Eingabe ist der Liedermacher Stephan Krawczyk.

18. Dezember: Berlins SED-Chef Günter Schabowski beschwert sich bei dem für Medien zuständigen Politbüromitglied Joachim Herrmann über zunehmende Forderungen aus der Bevölkerung, „staatliche Mittel für die Gewährleistung des Empfangs des Hetzsenders *Sat.1* einzusetzen", nämlich neue Antennen zu installieren. Dass die DDR bereits Empfangsmöglichkeiten für Westsender geschaffen habe, könne nicht bedeuten, tobt Schabowski, „dass wir bei jedem Drecksender, den der Gegner neu installiert, ihm noch die Wirkung seiner Hetze bei uns finanzieren". Dann versteigt er sich zu der Behauptung: „Wir stehen ja in puncto Weltoffenheit auf diesem Gebiet in Europa einzigartig da."

30. Dezember: Laut dem Bundesministerium für innerdeutsche Fragen sind 1987 rund 6000 DDR-Bürger in die Bundesrepublik geflüchtet oder nach Besuchen ohne Genehmigung dort geblieben, meldet die *Bild-Zeitung*.

6. Januar: Am Theologischen Seminar in Leipzig konstituiert sich der Arbeitskreis Gerechtigkeit. Die Gruppe versteht sich als unabhängig: Sie nutzt zwar die Möglichkeiten der Evangeli-

Tobias Hollitzer, Leiter der Gedenkstätte „Runde Ecke" in Leipzig, in der letzten zentralen Hinrichtungsstätte der DDR. Hier sind bis 1981 Todesstrafen vollzogen worden, zuletzt per Genickschuss. Am 18. Dezember 1987 wird die Todesstrafe formal abgeschafft.

Chronik Winter '87/88

Erich Honecker empfängt den Regierenden Bürgermeister von West-Berlin, Eberhard Diepgen, am 11. Februar 1988 im Schloss Niederschönhausen im Ost-Berliner Bezirk Pankow zu einem Gespräch.

schen Kirche, will aber keine ihrer Einrichtungen sein.

8. Januar: Vertreter unabhängiger Umweltgruppen beschließen in Ost-Berlin die Gründung des Grün-ökologischen Netzwerkes Arche in der Evangelischen Kirche.

10. Januar: Der frühere DDR-Auswahlspieler Jürgen Sparwasser setzt sich im Westen ab. Der Torschütze des entscheidenden 1:0 gegen die Bundesrepublik bei der Fußball-WM 1974 kehrt von einem Freundschaftsspiel der Altherrenmannschaft seines Vereins 1. FC Magdeburg in Saarbrücken nicht zurück. Seine Frau hält sich gleichzeitig zu einem Verwandtenbesuch in der Bundesrepublik auf und bleibt ebenfalls.

16. Januar: Die AG Menschenrechte richtet eine Eingabe an die Volkskammer, in der sie die Einführung eines Sozialen Friedensdienstes als Wehrersatz fordert.

14. Januar: Der Ministerpräsident von Nordrhein-Westfalen, Johannes Rau (SPD), besucht Honecker in Ost-Berlin. Er sehe keinen Hinweis, dass die DDR Westreisen ihrer Bürger im neuen Jahr reduzieren werde, stellt Rau fest. In Wirklichkeit bereitet die SED genau diesen Schritt vor.

17. Januar: Hunderte Oppositionelle und Ausreiseantragsteller wollen sich der alljährlich stattfindenden Demonstration zum Gedenken an die 1919 ermordeten Sozialistenführer Rosa Luxemburg und Karl Liebknecht in Ost-Berlin anschließen. Einige haben Plakate mit dem Luxemburg-Zitat: „Freiheit ist immer die Freiheit des Andersdenkenden" bei sich. Die Stasi nimmt mehr als 150 von ihnen fest; Fernsehteams werden mit Planen an ihrer Arbeit gehindert.

19. Januar: Karsten Voigt (SPD) erklärt im *Deutschlandfunk*, dass die DDR durch die Abschiebung der inhaftierten Ausreisewilligen eine „einheitliche deutsche Staatsbürgerschaft" praktiziert.

25. Januar: Die Staatssicherheit nimmt Lotte und Wolfgang Templin fest. Zeitgleich werden Freya Klier, Bärbel Bohley, Werner Fischer und Ralf Hirsch verhaftet. Wenige Tage später werden alle zur Ausreise in die Bundesrepublik genötigt.

2. Februar: Die Stasi beziffert in einem internen Bericht die Zahl rechtsextremer Skinheads in der DDR auf rund 800. Offiziell wird die Existenz von Neonazis allerdings geleugnet.

4. Februar: Vor der Berliner Gethsemanekirche zeigt spätabends ein junger Mann ein Transparent mit der Aufschrift: „Als mündiger Bürger fordere ich meine Ausreise." Er wird wenig später verhaftet und am 12. Februar in einem beschleunigten Verfahren wegen „Beeinträchtigung staatlicher oder gesellschaftlicher Tätigkeit" zu einem Jahr Gefängnis verurteilt. Doch bereits am 15. Februar wird seine Entlassung für den nächsten Tag verfügt, bei zweijähriger Bewährung. Kurze Zeit später kann er die DDR verlassen.

5. Februar: Der Oppositionelle Jürgen Tallig malt mit Freunden verschiedene Perestroika-Losungen an die Wände einer Fußgängerunterführung in Leipzig. Am 15. Februar wird Tallig beim Verteilen von Flugblättern über die Aktion verhaftet und zu einer Ordnungsstrafe von 6000 DDR-Mark verurteilt. Mehrere Gemeinden sammeln für Tallig, was zu Konflikten mit der Kirchenleitung führt.

11. Februar: Bei einem offiziellen Treffen in Schloss Niederschönhausen verabreden West-Berlins Regierender Bürgermeister Eberhard Diepgen und Erich Honecker Reiseerleichterungen: Fortan sollen zum Beispiel West-Berliner bei Tagesbesuchen in Ost-Berlin einmal übernachten dürfen.

13. Februar: Am Rande der offiziellen Gedenkfeiern für die Opfer des Bombardements Dresdens 1945 verhaften Volkspolizei und Staatssicherheit Demonstranten. Sie haben die Einhaltung der Menschenrechte gefordert.

15. Februar: Der Bischof der Evangelischen Kirche von Berlin-Brandenburg, Gottfried Forck, appelliert nach den Protesten ausreisewilliger DDR-Bürger in Dresden an die SED-Führung, Rechtssicherheit zu schaffen. Zu den Wünschen der Kirchen in der DDR zählen laut Forck auch „Dialog und Öffnung für den Andersdenkenden". Allerdings sei es eine „Hypothek", dass die Kirchen in der DDR immer politischer würden.

17. Februar: Die Sowjetunion beginnt mit dem Abzug atomarer Raketen aus der DDR. Zuerst sind die veralteten Kurzstreckenraketen aus den Stützpunkten Waren und Wokuhl (beide in Mecklenburg) und Königsbrück (Sachsen) an der Reihe.

19. Februar: In der Leipziger Nikolaikirche hält Pfarrer Christian Führer einen Vortrag zum Thema „Leben und Bleiben in der DDR". Mehr als 500 Menschen nehmen teil. Damit wird Ausreisewilligen zum ersten Mal ein großes öffentliches Forum geboten.

19. Februar: Das Militärobergericht in Ost-Berlin verurteilt den Bundesbürger Claus Weirauch wegen Spionage gegen die DDR zu acht Jahren Freiheitsentzug. Er soll als „geworbener, instruierter und bezahlter Agent des Bundesverfassungsschutzes" und eines Nato-Geheimdienstes mehrere Jahre Informationen zum Nachteil der Interessen der DDR ausspioniert haben.

23. Februar: Das SED-Politbüro beschließt, die Genehmigung von Reisen in die Bundesrepublik und das westliche Ausland wieder restriktiver zu handhaben. Zwar hat nur ein winziger Bruchteil der offiziell genehmigten Westbesucher die Gelegenheit zur Flucht genutzt, doch handelt es sich dabei meist um hochqualifizierte Menschen.

Am Rande einer Gedenkveranstaltung zur Zerstörung Dresdens versammeln sich am Abend des 13. Februar 1988 rund 300 Menschen auf der Freitreppe des Verkehrsmuseums in Dresden, um für Menschenrechte zu demonstrieren.

Winter '87/88

„Freiheit für Andersdenkende"

Bei der Liebknecht-Luxemburg-Demonstration eskalieren Stasi und SED die Lage

Mit einer Großdemonstration am 17. Januar 1988 will die SED an die KPD-Mitbegründer Rosa Luxemburg und Karl Liebknecht erinnern. Doch die „Freiheit der Andersdenkenden" hat sich an diesem Tag die Opposition auf die Fahnen geschrieben.

Gute Vorbereitung ist alles – und reicht manchmal doch nicht. Auf jeden Fall hat sich die Stasi-Bezirksverwaltung Berlin bestens präpariert für den 17. Januar 1988: Schon um ein Uhr morgens rücken erste „Vorsicherungstrupps" aus, 60 Mann und zwei Offiziere. Um 6.30 Uhr melden dann am Frankfurter Tor im Bezirk Friedrichshain ein „zeitweiliger Führungspunkt", eine „operative Lagegruppe" und die Leiter der sieben vorbereiteten Abschnitte ihre Einsatzbereitschaft. Eine halbe Stunde später stehen auch die Haupteinsatzkräfte einschließlich Reserven bereit – insgesamt 350 Stasi-Leute, außerdem 70 Volkspolizisten, 300 „gesellschaftliche Kräfte" der SED und 22 „Genossen aus dem Bereich Innere Angelegenheiten". Noch sieht es aus, als werde das Kalkül der Staatssicherheit aufgehen: „Der Einsatz beginnt planmäßig und in einer hohen Disziplin aller Kräfte sowie Partner des politisch-operativen Zusammenwirkens." Die Nerven der Stasi-Leute sind angespannt.

Denn an diesem nasskalten Wintersonntag erinnert die SED, dem leichten Schneefall zum Trotz, mit einer Großdemonstration an Rosa Luxemburg und Karl Liebknecht. Der organisierte Massenaufzug findet jedes Jahr kurz vor oder kurz nach dem 15. Januar statt, jenem Datum, an dem die beiden KPD-Mitbegründer 1919 während der Niederschlagung ihres Staatsstreichversuchs von Freikorps-Soldaten getötet wurden. Für deutsche Kommunisten einer der höchsten Feiertage, denn der Lynchmord hat „Rosa und Karl", wie sie liebevoll genannt werden, zu Partei-Heiligen gemacht. Ähnlich wichtig wie der alljährliche Marsch zum Friedhof der Sozialisten in Friedrichsfelde sind für die SED nur noch die Jubelveranstaltungen zum Tag der Arbeit am 1. und zum Kriegsende 1945 am 8. Mai sowie die Erinnerung an die Gründung der DDR am 7. Oktober 1949.

Ausgerechnet den Gedenktag an Luxemburg und Liebknecht wollen Oppositionelle für einen Protest nutzen; das hat die Stasi von mehreren Spitzeln erfahren. Die Geheimdienstler sind alarmiert. Die Bedeutung des Einsatzes zeigt sich an seinem Leiter: Generaloberst Rudi Mittig, der erste Stellvertreter von Stasi-Chef Erich Mielke, koordiniert die umgehend eingeleitete „Aktion Störenfried". Höher geht es nicht im MfS-Imperium. Zwar ist die Liebknecht-Luxemburg-Demonstration jedes Jahr gut geschützt, denn fast das gesamte SED-Politbüro wagt sich in die Öffentlichkeit. Das reicht aber 1988 nicht mehr. Innerhalb weniger Tage nach den Spitzelberichten vervielfacht die Staatssicherheit die üblichen Vorbereitungen wegen der befürchteten „staatsfeindlichen Provokation". Hunderte zusätzliche Einsatzkräfte werden bereitgestellt und 14 „mobile Zuführungspunkte" gebildet, die entlang der etwa vier Kilometer langen Demonstrationsstrecke vom Frankfurter Tor bis zum Zentralfriedhof Friedrichsfelde stationiert werden.

Am Sonntagmorgen machen sich die ersten Oppositionellen auf den Weg, im Stasi-Jargon die „Störenfriede". Einer von ihnen ist der Liedermacher Stephan Krawczyk, der einige Monate zuvor zusammen mit seiner Ehefrau Freya Klier wohl als erster die Idee hatte, bei der Liebknecht-Luxemburg-Demonstration öffentlich auf ihre Situation aufmerksam zu machen. Die beiden haben in der DDR faktisch Berufsverbot: Die Regisseurin Klier darf seit 1985 nicht mehr inszenieren, der Sänger Krawczyk nicht mehr auftreten. Dagegen wollen die beiden Künstler am Rande der SED-Veranstaltung demonstrieren. Der Gedanke ist ebenso einleuchtend wie provokant, denn immerhin hatte die SED das Auftrittsverbot für den Sänger mit einem im Konzert verlesenen Zitat von Rosa Luxemburg begründet. „Freiheit ist auch immer die Freiheit der Andersdenkenden": Das ist ein Satz der Parteiheiligen, den SED-Funktionäre gar nicht gern hören. Freiheit für Andersdenkende nämlich untergräbt automatisch den Allwissenheitsanspruch der Staatspartei und damit das Fundament ihrer angemaßten Macht.

Krawczyk hat sich in den Wochen seit der Besetzung der Umweltbibliothek in der Zionskirche durch die Stasi mit vielen Oppositionellen unterhalten und für seine Idee geworben. Es gibt eine Fülle unterschiedlicher Zirkel von DDR-Kritikern, die alle etwas unterschiedliche Ziele formulieren, sich aber in der Grundforderung einig sind: Die DDR muss demokratisch werden, die Einparteienherrschaft der SED verschwinden. In verschiedenen Gruppen, etwa der Initiative Frieden und Menschenrechte, der Kirche von unten und einigen mehr, werben Krawczyk und der Bürgerrechtler Wolfgang Templin für die Teilnahme an der Demonstration am 17. Januar.

Gleichzeitig beginnt ein anderer Flügel der DDR-Opposition, an der Idee Gefallen zu finden. In der Arbeitsgruppe Staatsbürgerschaftsrecht der DDR haben sich im September 1987 Ausrei-

Stasi-Leute behindern die Arbeit eines *ARD*-Kamerateams am Rande der Liebknecht-Luxemburg-Demonstration am 17. Januar 1988.

sewillige zusammengeschlossen – natürlich informell, denn alles andere hätte als „Fraktionsbildung" oder „Beeinträchtigung staatlicher oder gesellschaftlicher Tätigkeit" mit Gefängnis von bis zu zwei Jahren bestraft werden können. Die Ausreisewilligen, die fast immer schon mehrere entsprechende Anträge gestellt haben und damit gescheitert sind, bestehen auf ihrem Begehren, die DDR zu verlassen. In der Erwartung, als Gruppe von Gleichgesinnten nicht mehr so leicht ignoriert werden zu können, sind sie in Kontakt geblieben und haben sogar die kirchliche Öffentlichkeit gesucht. Da die Stasi inzwischen dazu übergegangen ist, allzu penetrante Oppositionelle in die Bundesrepublik abzuschieben, dürfen die Ausreisewilligen zudem erwarten, wegen ihrer Mitarbeit in der Arbeitsgruppe die DDR schneller verlassen zu können. Tatsächlich hat die SED am 10. Dezember 1987 Günter Jeschonnek, einen Wortführer der Gruppe, kurzfristig über den S-Bahnhof Friedrichstraße nach West-Berlin abgeschoben; ausdrücklich mit dem Ziel, die Verlesung einer Erklärung an die DDR-Regierung an diesem Tag der Menschenrechte bei einem Gottesdienst in der Gethsemanekirche zu verhindern. Gerade so wollen die Ausreisewilligen aber nicht behandelt werden – als Spielbälle der SED und ihrer Stasi. Im Gegenteil verlangen sie, in Würde und selbstbestimmt ihren Weg aus der Diktatur gehen zu können. Im Gegensatz zu vielen Mitgliedern der Arbeits-

Winter '87/88

Vor allem die Arbeitsgruppe Staatsbürgerschaftsrecht möchte auf den Plakaten keine direkte Anspielung auf ihre konkreten Ziele wie die Ausreise.

gruppe Staatsbürgerschaftsrecht haben Krawczyk und Klier allerdings vor, in der DDR zu bleiben und Veränderungen im zweiten deutschen Staat zu erzwingen.

Trotz unterschiedlicher Ziele sind sich Templin, Krawczyk und viele der engagierten Ausreisewilligen einig, bei der SED-Jubelveranstaltung ein Zeichen der Unangepasstheit setzen zu wollen. Am 9. Januar versammeln sich rund 150 Ausreisewillige in der Umweltbibliothek und diskutieren dieses Vorhaben; gleichzeitig trifft sich die Initiative Frieden und Menschenrechte. Krawczyk, der Rosa Luxemburg für ihre konsequente Haltung bewundert, hat aus ihren Werken einige eindrucksvolle Zitate herausgesucht. Das ist gar nicht so einfach, denn obwohl die SED ihre Schriften hat herausgeben lassen, sind manche Werke in DDR-Bibliotheken kaum zu bekommen; oft stehen sie separiert in Giftschränken. Neben dem berühmten Satz von der Freiheit der Andersdenkenden ist der Liedermacher auf die weise Erkenntnis „Wer sich nicht bewegt, spürt die Fesseln nicht" gestoßen und auf die Bemerkung: „Freiheit nur für die Anhänger einer Regierung, nur für die Mitglieder einer Partei – mögen sie noch so zahlreich sein – ist keine Freiheit." Das bringt die Kritik der Opposition am SED-Regime auf den Punkt. Krawczyk plädiert bei der IFM-Runde für seine Idee, die Demonstration als Bühne zu nutzen. Denn die SED könne doch wohl kaum Plakate mit Luxemburg-Zitaten bei einer Luxemburg-Gedenkdemonstration untersagen. Allerdings entscheiden die IFM-Mitglieder mehrheitlich gegen seinen Vorschlag.

Anders die Arbeitsgruppe Staatsbürgerschaftsrecht: Die aus der ganzen DDR angereisten Teilnehmer machen sich Krawczyks Idee zu Eigen. Nicht zuletzt, weil Wolfgang Templin beredt dafür wirbt. Sie wollen ausdrücklich keine Plakate mit Parolen zur Ausreise zeigen; auch sollen keine Anspielungen auf ihren Zusammenschluss auftauchen. Nur Plakate, die zum Rosa-Luxemburg-Gedenken passen, sind erwünscht. Als Treffpunkt vereinbaren die Oppositionellen das Sportkaufhaus am Frankfurter Tor am 17. Januar um neun Uhr.

Da die Staatssicherheit die Arbeitsgruppe mit Spitzeln durchsetzt hat, erfährt der Apparat von Erich Mielke umgehend von der Zusammenkunft. 131 „Verdächtige" werden als potenzielle „Störer" identifiziert, 89 davon sind der Stasi schon zuvor in anderen Zusammenhängen aufgefallen. Umgehend entwirft der Sicherheitsapparat eine doppelte Strategie, um den Plan der Opposition zu durchkreuzen: In allen Bezirken der DDR werden Teilnehmer der Berliner Versammlung für Mitte Januar vorgeladen. Man verlangt von ihnen, zur Liebknecht-Luxemburg-Demonstration am 17. Januar nicht zu erscheinen. Neben der direkten Einschüchterung hat dieses Verfahren aus Stasi-Sicht den Vorteil, Misstrauen zu säen. Die Oppositionellen, die in der DDR bleiben wollen, sollen sich von den Ausreisewilligen hintergangen fühlen. Allerdings versteht die Geheimpolizei nicht, dass die DDR-Kritiker ohnehin zu ganz verschiedenen Flügeln gehören, die einander überschneiden.

Zwar wollen Krawczyk und Templin die DDR keineswegs verlassen. Dennoch bleiben sie bei ihrem Plan, bei der SED-Demonstration mitzumarschieren, trotz der Ablehnung durch die IFM und andere Oppositionsgruppen. Jedoch möchte sich Krawczyk von den Mitgliedern der Arbeitsgruppe Staatsbürgerschaftsrecht abheben, und so hat er noch in der Nacht zum 17. Januar auf ein altes Bettlaken mit roter Farbe die Worte „Gegen Berufsverbot in der DDR" gemalt. Er hat sich mit einem Freund verabredet, um von seiner Wohnung in der Oderberger Straße zum

„Freiheit für Andersdenkende"

Frankfurter Tor zu fahren. „Weitab von den anderen wollen sie sich in den Zug einfädeln, der draußen an der Regierung vorbeidefiliert. Dort wird er aus seinem Mantel das Transparent ziehen und es wenigstens für 30 Sekunden hochhalten", hält Freya Klier den Plan ihres Ehemannes im Tagebuch fest. Sie selbst entscheidet sich wegen der Beteiligung der Arbeitsgruppe Staatsbürgerschaftsrecht gegen den Plan: „Unter den jetzigen Bedingungen möchte ich nicht mehr mitgehen." Die Regisseurin will zu Hause bleiben, was ihr aber nichts nützen wird.

Am Sonntagmorgen wartet Krawczyk vergeblich auf seinen Freund. Also geht er schließlich allein, während Freya Klier daheim bleibt. Eine halbe Stunde später donnert es gegen ihre Wohnungstür. Der Regisseurin vermutet, es handele sich um Stephans Freund: „Diese Schlafmütze! Wenn er schon verpennt, könnte er wenigstens mit meiner Tür sensibler umgehen", denkt sie. Zu öffnen hat sie keine Lust, sondern dreht sich um und schläft weiter. Es ist freilich nicht Krawczyks verspäteter Freund, der an die Tür geschlagen hat. Denn er ist schon rund eine Stunde zuvor beim Verlassen seiner Wohnung „vorsorglich" festgenommen worden; das Gleiche passiert Stephan Krawczyk, kaum dass er losgegangen ist. Ihre Namen stehen auf einer Liste von Oppositionellen, die am Sonntag ab sechs Uhr morgens festgenommen werden sollen, ob sie sich nun an der Liebknecht-Luxemburg-Demonstration beteiligen oder nicht. „27 Personen", so hält es ein Stasi-Bericht fest, werden „bereits in den Morgenstunden des 17. Januar 1988 im Rahmen der vorbeugenden Maßnahmen zugeführt". Auch Wolfgang Templin bemerkt, dass sich Stasi-Leute an diesem Morgen vor seinem Wohnhaus versammelt haben, und geht lieber nicht vor die Tür.

Die Abwesenheit der 27 „Störenfriede" fällt nicht auf, denn es sind weit über 200.000 DDR-Bürger unterwegs, um zum Frankfurter Tor zu kommen und sich dort in den Demonstrationszug der SED einzureihen. Nicht einmal die Stasi kann sie alle im Auge behalten. Verhindern will sie allerdings, dass die Oppositionellen ihren Plan umsetzen können, mit nicht genehmen Luxemburg-Parolen zum Friedhof der Sozialisten mitzumarschieren. Die Greiftrupps sind aufmerksam, und sie bekommen bald einiges zu tun. Um 8.25 Uhr – auf der gesperrten Kreuzung Frankfurter Tor strömen die Demonstranten zusammen – schreiten die Stasi-Leute zum ersten Mal an diesem Tag zur Tat: Ihnen ist aufgefallen, dass ein Kamerateam der *ARD* erschienen ist. Mit einem Kombi sind die „vier männlichen Personen" nach Friedrichshain gekommen und postieren sich jetzt vor dem Sportkaufhaus, am Treffpunkt der Ausreisewilligen. Das Team hat aus Oppositionskreisen einen Tipp bekommen, denn westliche Kameras sind beinahe der einzige Schutz, der DDR-Kritiker vor überhartem Zugreifen der Stasi bewahren kann. Doch an diesem Morgen sind Mielkes Männer nicht geneigt, sich auf irgendwelche Experimente einzulassen. Sofort werden „eine Gruppe Sicherungskräfte (ein Offizier, vier Mannschaften) und gesellschaftliche Kräfte zur Beobachtung und Verdeckung eingesetzt". Tatsächlich bedrängen fünf Stasi-Leute und einige weitere SED-Aktivisten das *ARD*-Team und hindern es, seine Arbeit zu tun, obwohl das ganz vorschriftsgemäß vom Presseamt der DDR gestattet worden ist.

Die Plakate der Oppositionellen beschränken sich auf Parolen, die zum Rosa-Luxemburg-Gedenken passen.

Nun geht es Schlag auf Schlag. Um 8.35 Uhr fällt einem Stasi-Mann ein weiterer Oppositioneller auf. Im MfS-Deutsch hält Oberstleutnant Hans-Günther Wissel fest, die „Zuführung" des Verdächtigen sei „erforderlich" gewesen, denn er

Winter '87/88

Die Initiative Freiheit für Andersdenkende führt am 31. Januar 1988 am Checkpoint Charlie eine Mahnwache durch, um die Öffentlichkeit auf Unrecht in der DDR hinzuweisen.

tierenden werden die Plakate und Spruchbänder entrissen."

Nach diesem und ähnlichen kritischen Berichten in westlichen Medien entscheidet die Stasi endgültig, an den festgenommenen Oppositionellen ein Exempel statuieren zu wollen. Auch Freya Klier beschleicht am Montag ein böses Gefühl: „Am Vormittag ist Stephan noch immer nicht zurück, die 24 Stunden sind mittlerweile um." Endgültig begreift sie: „Sie haben ihn schon an der Ecke empfangen. Das ist kein Zufall, sondern eine gezielte Aktion!" Freya Klier macht sich auf den Weg in die kleine Wohnung in der Choriner Straße, die Krawczyk gemietet hat, denn: „Wir haben uns diesmal auf eine Hausdurchsuchung überhaupt nicht vorbereitet." In der Wohnung stopft sie Notizbücher, Briefe und andere Papiere in ihre Tasche und eilt zurück in ihre eigene Wohnung, wo sie das Material in einen Koffer packt. Da hämmert es gegen ihre Tür: „Es ist das gleiche Klopfen wie gestern Morgen – jetzt weiß ich, dass es kein Freund war. Panisch schiebe ich den Koffer unters Bett – eine Bewegung, die mir schon auf dem Weg zur Tür lächerlich erscheint." Vor Kliers Wohnung stehen sieben Stasi-Leute, sechs Männer und eine Frau. „Hausdurchsuchung! Der Telefonstecker rausgezogen, für die nächsten viereinhalb Stunden bin ich nicht erreichbar. Schnell ist der Koffer unterm Bett entdeckt, dann schaue ich über Stunden zu, wie durchwühlt, rausgezogen, vorgezogen und aufgeklappt, wie aussortiert, in Kisten verstaut und registriert wird, was mir gehört und was ich nicht mehr berühren darf."

Der Machtapparat der SED zeigt, dass er wie geschmiert laufen kann: Ein Bekannter hat ein Telegramm mit der Forderung an DDR-Innenminister Friedrich Dickel aufgegeben, Krawczyk sofort freizulassen. Er findet es am Morgen des 19. Januar in seinem eigenen Briefkasten, versehen mit der Bemerkung: „Telegramme dieses Inhaltes werden von der Post nicht weitergeleitet." Dabei heißt es doch in Artikel 31 der DDR-Verfassung: „Post- und Fernmeldegeheimnis sind unverletzlich."

Eine Mischung aus Aktionismus und Fatalismus ergreift Freya Klier. Sie trifft sich offen und meist unter Beobachtung der Stasi mit anderen Oppositionellen, mit Vertretern der Kirche. Sie

Frankfurter Tor zu fahren. „Weitab von den anderen wollen sie sich in den Zug einfädeln, der draußen an der Regierung vorbeidefiliert. Dort wird er aus seinem Mantel das Transparent ziehen und es wenigstens für 30 Sekunden hochhalten", hält Freya Klier den Plan ihres Ehemannes im Tagebuch fest. Sie selbst entscheidet sich wegen der Beteiligung der Arbeitsgruppe Staatsbürgerschaftsrecht gegen den Plan: „Unter den jetzigen Bedingungen möchte ich nicht mehr mitgehen." Die Regisseurin will zu Hause bleiben, was ihr aber nichts nützen wird.

Am Sonntagmorgen wartet Krawczyk vergeblich auf seinen Freund. Also geht er schließlich allein, während Freya Klier daheim bleibt. Eine halbe Stunde später donnert es gegen ihre Wohnungstür. Der Regisseurin vermutet, es handele sich um Stephans Freund: „Diese Schlafmütze! Wenn er schon verpennt, könnte er wenigstens mit meiner Tür sensibler umgehen", denkt sie. Zu öffnen hat sie keine Lust, sondern dreht sich um und schläft weiter. Es ist freilich nicht Krawczyks verspäteter Freund, der an die Tür geschlagen hat. Denn er ist schon rund eine Stunde zuvor beim Verlassen seiner Wohnung „vorsorglich" festgenommen worden; das Gleiche passiert Stephan Krawczyk, kaum dass er losgegangen ist. Ihre Namen stehen auf einer Liste von Oppositionellen, die am Sonntag ab sechs Uhr morgens festgenommen werden sollen, ob sie sich nun an der Liebknecht-Luxemburg-Demonstration beteiligen oder nicht. „27 Personen", so hält es ein Stasi-Bericht fest, werden „bereits in den Morgenstunden des 17. Januar 1988 im Rahmen der vorbeugenden Maßnahmen zugeführt". Auch Wolfgang Templin bemerkt, dass sich Stasi-Leute an diesem Morgen vor seinem Wohnhaus versammelt haben, und geht lieber nicht vor die Tür.

Die Abwesenheit der 27 „Störenfriede" fällt nicht auf, denn es sind weit über 200.000 DDR-Bürger unterwegs, um zum Frankfurter Tor zu kommen und sich dort in den Demonstrationszug der SED einzureihen. Nicht einmal die Stasi kann sie alle im Auge behalten. Verhindern will sie allerdings, dass die Oppositionellen ihren Plan umsetzen können, mit nicht genehmen Luxemburg-Parolen zum Friedhof der Sozialisten mitzumarschieren. Die Greiftrupps sind aufmerksam, und sie bekommen bald einiges zu tun. Um 8.25 Uhr – auf der gesperrten Kreuzung Frankfurter Tor strömen die Demonstranten zusammen – schreiten die Stasi-Leute zum ersten Mal an diesem Tag zur Tat: Ihnen ist aufgefallen, dass ein Kamerateam der *ARD* erschienen ist. Mit einem Kombi sind die „vier männlichen Personen" nach Friedrichshain gekommen und postieren sich jetzt vor dem Sportkaufhaus, am Treffpunkt der Ausreisewilligen. Das Team hat aus Oppositionskreisen einen Tipp bekommen, denn westliche Kameras sind beinahe der einzige Schutz, der DDR-Kritiker vor überhartem Zugreifen der Stasi bewahren kann. Doch an diesem Morgen sind Mielkes Männer nicht geneigt, sich auf irgendwelche Experimente einzulassen. Sofort werden „eine Gruppe Sicherungskräfte (ein Offizier, vier Mannschaften) und gesellschaftliche Kräfte zur Beobachtung und Verdeckung eingesetzt". Tatsächlich bedrängen fünf Stasi-Leute und einige weitere SED-Aktivisten das *ARD*-Team und hindern es, seine Arbeit zu tun, obwohl das ganz vorschriftsgemäß vom Presseamt der DDR gestattet worden ist.

Nun geht es Schlag auf Schlag. Um 8.35 Uhr fällt einem Stasi-Mann ein weiterer Oppositioneller auf. Im MfS-Deutsch hält Oberstleutnant Hans-Günther Wissel fest, die „Zuführung" des Verdächtigen sei „erforderlich" gewesen, denn er

Die Plakate der Oppositionellen beschränken sich auf Parolen, die zum Rosa-Luxemburg-Gedenken passen.

Winter '87/88

führe „in einem Plastebeutel ein Transparent mit dem Text ‚Freiheit ist immer die Freiheit der Andersdenkenden' mit". Der potenzielle Gegendemonstrant sei aber „rechtzeitig von den mit der Identifizierung beauftragten Kräften erkannt" worden. Um die Festnahme nicht zu auffällig werden zu lassen, decken „gesellschaftliche Kräfte" den Zugriff ab, der „somit nicht öffentlichkeitswirksam" wird. Der Protestierer, der noch gar nicht protestiert hat, wird in ein Auto verfrachtet und wie schon die am Morgen verhafteten Oppositionellen zum Gefängnis Rummelsburg gebracht. Während noch diese Festnahme läuft, haben andere Stasi-Leute ein neues Problem: Ein zweites westliches Fernsehteam ist aufgetaucht, diesmal vom ZDF. Die vier Mitglieder, Reporter, Kameramann, Tontechniker und Fahrer, haben ihren Volvo vor dem Rat des Bezirks Friedrichshain geparkt und sind die kaum mehr als hundert Meter zum Frankfurter Tor gelaufen. Auch das ZDF-Team wird „durch eine Gruppe Sicherungskräfte (ein Offizier, vier Mannschaften) und gesellschaftliche Kräfte unter Kontrolle gehalten und behindert, wenn sie Zuführungen filmen" wollen, vermerkt Wissel.

Doch das sind nur Vorgeplänkel im Vergleich mit dem, was der Stasi bevorsteht. „In der Zeit von ca. 8.45 Uhr bis ca. 10.20 Uhr" wird „die politisch-operative Lage im Abschnitt 1 brisant", stellt der Stasi-Bericht fest. Auf einmal erscheinen zahlreiche Personen, „welche dem politischen Untergrund beziehungsweise negativen Personenkreisen zuzuordnen" seien. Schlimmer noch: Sie kommen nicht gemeinsam, sondern „vereinzelt und in kleinen Gruppen". Doch obwohl viele Mitglieder der Arbeitsgruppe Staatsbürgerschaftsrecht einander von den Drohungen durch die DDR-Behörden berichtet haben, haben sie ihren Treffpunkt nicht geändert. Das macht nun den Zugriff für die Stasi relativ einfach: „Systematisch" werden „alle Reserven aus dem Sicherungsabschnitt 1 eingeführt und Gruppen (ein Offizier, vier Mannschaftsgrade) aus anderen Sicherungsabschnitten umdisloziert". Die MfS-Männer handeln entschlossen und nehmen alle identifizierten und verdächtigen Personen fest. Dabei werden die beiden Teams von ARD und ZDF an Fernsehaufnahmen gehindert, indem „gesellschaftliche Kräfte" Planen hochhalten. Bedauernd stellt der Stasi-Bericht jedoch fest, dass Tonaufnahmen auf diese Weise nicht verhindert werden können.

Das ist für die in Bataillonsstärke eingesetzten MfS-Männer besonders ärgerlich. Ein Teil der Ausreisewilligen macht sich nämlich durch Sprechchöre Luft, als sie oft brutal gepackt und in die bereitstehenden Autos verfrachtet werden. Unter anderem rufen sie: „Sieh, mein Kind, das ist Freiheit und Demokratie!" Selbstkritisch vermerkt Oberstleutnant Wissel, dass es einem Teil „der negativen Personen, welche durch ordentliche Kleidung usw. nicht sofort als solche erkennbar" gewesen seien, gelungen sei, zum U-Bahn-Eingang Frankfurter Tor auszuweichen und nach einigen Minuten in die Frankfurter Allee zu entkommen. Doch für solche Fälle steht eine besondere Reserve bereit. Den brutalen „Kräften der Arbeitsgruppe des Genossen Minister" gelingt es mit der Hilfe von SED-Aktivisten, etwa 25 Personen in den Durchgang zwischen Frankfurter Allee und Liebigstraße zu drängen und dort einzukeilen. Die Eingekesselten, die sich nichts haben zuschulden kommen lassen als den misslungenen Versuch, mit Rosa-Luxemburg-Zitaten wie dem berühmten Satz über die „Freiheit" oder „Der einzige Weg zur Freiheit ist die Wiedergeburt der breitesten Demokratie" in einer Gedenkdemonstration für Rosa Luxemburg mitmarschieren zu wollen, werden durchsucht und dann

Der Liedermacher Stephan Krawczyk gehört zu denjenigen, die Veränderungen von innen erzwingen wollten – eine Ausreise aus der DDR kam nicht infrage. Noch in der Nacht vor der Demonstration malt er auf ein Bettlaken die Worte: Gegen Berufsverbot in der DDR.

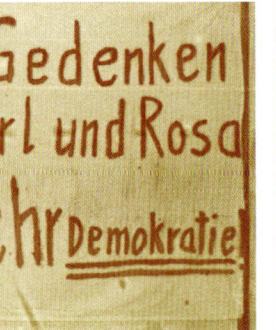

ins Gefängnis gebracht. Ihren Wunsch, wie es auf einem der sichergestellten Plakate heißt, mit „Karl und Rosa für mehr Demokratie" zu demonstrieren, können sie sich nicht erfüllen.

Für die Stasi aber ist etwas anderes noch wichtiger. *ZDF* und *ARD* haben die Massenfestnahme nicht gefilmt. Ein Reporter allerdings trickst die Stasi-Leute aus, und zwar „mit besonders raffinierten Mitteln und Methoden", wie es im MfS-Bericht empört heißt. Der Mann hält sich etwa eine halbe Stunde unerkannt in der unmittelbaren Nähe des „Zuführungspunktes" der Volkspolizei in der Liebigstraße auf. Als die DDR-Sicherheitskräfte ihn schließlich doch bemerken, erhält er nach einer Kontrolle lediglich einen Platzverweis: Ein westlicher Journalist, der bei einem genehmigten, aber von der Stasi verhinderten Drehtermin festgenommen wird, kann leicht zu einem innerdeutschen Eklat führen.

Insgesamt 70 Personen setzen die Greiftrupps der Stasi an diesem Morgen fest, darunter Herbert Mißlitz, Vera Wollenberger und die schon bei der Besetzung der Umweltbibliothek Ende November 1987 verhafteten Till Böttcher, Bert Schlegel und Andreas Kalk. Weitere Oppositionelle sind im Vorfeld festgenommen worden. Um 10.20 Uhr ist die „Aktion Störenfried" zunächst beendet: Die SED kann ihre Liebknecht-Luxemburg-Demonstration wie geplant als ungestörte Jubelveranstaltung Richtung Friedrichsfelde ziehen lassen. Jetzt machen sich die Auswerter der Stasi-Ermittlungsabteilung IX ans Werk. Gegen 66 Festgenommene werden Haftbefehle erlassen, 37 weitere werden nach einer strengen Ermahnung auf freien Fuß gesetzt. Bedenklich erscheint der Stasi, dass drei Viertel der Festgenommenen im besten Alter sind – zwischen 21 und 40 Jahren. Fast die Hälfte sind Facharbeiter, außerdem gibt es 19 „Angehörige der Intelligenz", also der DDR-Elite mit Universitätsabschluss, 8 Kirchenmitarbeiter und 7 Beschäftigungslose. Zu ihnen rechnet die Stasi auch den mit Berufsverbot belegten Krawczyk. 84 der Festgenommenen haben einen Ausreiseantrag gestellt.

„Am Nachmittag ist Stephan noch nicht zurück", notiert Freya Klier in ihr Tagebuch: „Langsam sickert durch, dass es Verhaftungen gegeben hat. Ich hoffe, er ist bis Friedrichsfelde

Die Bürgerrechtlerin Vera Wollenberger während ihres Prozesses vor dem Stadtbezirksgericht Berlin-Lichtenberg im Februar 1988. Sie wird zu sechs Monaten Haft ohne Bewährung verurteilt.

gekommen. Das Telefon klingelt unaufhörlich und hält mich vom Arbeiten ab." Genaues erfährt die Regisseurin von ihren Anrufern nicht. Sie ist aufgeregt, kann sich nicht konzentrieren. „Am Spätabend gibt Wölfchen Templin eine Nachricht durch, die mich beruhigt: Einer ist entlassen worden und hat Stephan gesehen – mit 30 anderen sitzt er in einer großen Rummelsburger Zelle. Die Stimmung ist locker, durch die Gänge hallt sein ‚Lied vom Polizeistaat'. Er soll nur bis zur Ecke gekommen sein. Scheiße, hätte ihm gewünscht, dass er es schafft." Noch ist sich Klier sicher, dass auch diese Festnahme glimpflich verlaufen wird: „Die Staatsorgane werden sie genau 24 Stunden schmoren lassen. Das ist nicht das Schlimmste. Haben in den vergangenen Monaten Ärgeres erlebt."

Am Abend bringen *ARD* und *ZDF* erste Berichte über die Ereignisse am Frankfurter Tor. Doch ihre wenigen Bilder sind nicht geeignet, die Brisanz der „Aktion Störenfried" zu verdeutlichen – die SED-Leute mit ihren Planen haben ganze Arbeit geleistet. Am Montagmorgen schreibt die *BZ*: „Zwischenfälle bei Honeckers ‚Kampfdemonstration': Hilfe, Polizei – schaut, was der Staat mit seinen Bürgern macht!" Weitgehend zutreffend berichtet das West-Berliner Boulevardblatt: „Da der Staatssicherheitsdienst die Protestaktion erwartet, rückt er mit etlichen hundert Mann an und unterbindet sie in Sekundenschnelle gewaltsam. Den Protes-

Winter '87/88

Die Initiative Freiheit für Andersdenkende führt am 31. Januar 1988 am Checkpoint Charlie eine Mahnwache durch, um die Öffentlichkeit auf Unrecht in der DDR hinzuweisen.

tierenden werden die Plakate und Spruchbänder entrissen."

Nach diesem und ähnlichen kritischen Berichten in westlichen Medien entscheidet die Stasi endgültig, an den festgenommenen Oppositionellen ein Exempel statuieren zu wollen. Auch Freya Klier beschleicht am Montag ein böses Gefühl: „Am Vormittag ist Stephan noch immer nicht zurück, die 24 Stunden sind mittlerweile um." Endgültig begreift sie: „Sie haben ihn schon an der Ecke empfangen. Das ist kein Zufall, sondern eine gezielte Aktion!" Freya Klier macht sich auf den Weg in die kleine Wohnung in der Choriner Straße, die Krawczyk gemietet hat, denn: „Wir haben uns diesmal auf eine Hausdurchsuchung überhaupt nicht vorbereitet." In der Wohnung stopft sie Notizbücher, Briefe und andere Papiere in ihre Tasche und eilt zurück in ihre eigene Wohnung, wo sie das Material in einen Koffer packt. Da hämmert es gegen ihre Tür: „Es ist das gleiche Klopfen wie gestern Morgen – jetzt weiß ich, dass es kein Freund war. Panisch schiebe ich den Koffer unters Bett – eine Bewegung, die mir schon auf dem Weg zur Tür lächerlich erscheint." Vor Kliers Wohnung stehen sieben Stasi-Leute, sechs Männer und eine Frau. „Hausdurchsuchung! Der Telefonstecker rausgezogen, für die nächsten viereinhalb Stunden bin ich nicht erreichbar. Schnell ist der Koffer unterm Bett entdeckt, dann schaue ich über Stunden zu, wie durchwühlt, rausgezogen, vorgezogen und aufgeklappt, wie aussortiert, in Kisten verstaut und registriert wird, was mir gehört und was ich nicht mehr berühren darf."

Der Machtapparat der SED zeigt, dass er wie geschmiert laufen kann: Ein Bekannter hat ein Telegramm mit der Forderung an DDR-Innenminister Friedrich Dickel aufgegeben, Krawczyk sofort freizulassen. Er findet es am Morgen des 19. Januar in seinem eigenen Briefkasten, versehen mit der Bemerkung: „Telegramme dieses Inhaltes werden von der Post nicht weitergeleitet." Dabei heißt es doch in Artikel 31 der DDR-Verfassung: „Post- und Fernmeldegeheimnis sind unverletzlich."

Eine Mischung aus Aktionismus und Fatalismus ergreift Freya Klier. Sie trifft sich offen und meist unter Beobachtung der Stasi mit anderen Oppositionellen, mit Vertretern der Kirche. Sie gibt dem *Deutschlandfunk* ein Interview und verfasst einen Appell, in dem sie westliche Künstler aufruft, nicht in der DDR aufzutreten, solange Stephan Krawczyk im Gefängnis sitzt. Das ist eine offene Herausforderung an das Honecker-Regime.

Die SED reagiert prompt: Am 25. Januar, acht Tage nach der Luxemburg-Demonstration, werden Freya Klier und andere Bürgerrechtler wie Wolfgang Templin, Ralf Hirsch und Bärbel Bohley verhaftet. Das Politbüro will offenbar reinen Tisch machen. Als Anwalt suchen sich Klier und Krawczyk Wolfgang Schnur aus, der viele Oppositionelle vertritt. Sie wissen nicht, dass Schnur ein Spitzel ist und seine Mandanten routinemäßig verrät. Er macht den Verhafteten weis, dass bei den Solidaritätsgottesdiensten nur 50 Sympathisanten gewesen seien; in Wahrheit waren es Hunderte. Wie zufällig bekommt Freya Klier das *Neue Deutschland* in die Finger – und zwar jene Nummer, in der ihr Name steht, unter der Überschrift: „Ermittlungsverfahren wegen landesverräterischer Beziehungen". Die Haft zeigt Folgen: „Mir brennt die Sicherung durch. Am Nachmittag lehne ich das Gespräch mit dem Vernehmer rundheraus ab, raste dann aber aus und schreie. Auf so etwas war ich nicht vorbereitet, wusste nicht, dass es so etwas noch gibt in diesem Land."

Neben dem Spitzel Schnur spielen auch die Anwälte Lothar de Maizière und Gregor Gysi in dem Spiel um die Abschiebung der „Störenfriede" mit, außerdem Manfred Stolpe, der Konsistorialpräsident der Evangelischen Kirche mit besten Beziehungen zu SED und Stasi. Sie wollen das Dauerproblem mit den halsstarrigen Bürgerrechtlern lösen, und zwar am liebsten durch Abschiebung in die Bundesrepublik. Das wollen die Mitglieder dieser Gruppe aber nach wie vor nicht; im Gegensatz zu den meisten Aktivisten der Arbeitsgruppe Staatsbürgerschaftsrecht. Gleichzeitig ergeht am 27. Januar das erste Urteil gegen eine der Festgenommenen von der Luxemburg-Demonstration: Vera Wollenberger erhält eine Strafe von sechs Monaten Haft, wegen „Vorbereitung von Rowdytum und Zusammenrottung". Was wird wohl Klier und Krawczyk erwarten? In der Haft steigern die MfS-Vernehmer den Druck auf die beiden Bürgerrechtler weiter, in Abstimmung mit Anwalt Schnur. Dieser doppelten Beeinflussung geben Krawczyk und Klier schließlich am 1. Februar nach: Sie willigen ein, einen Ausreiseantrag zu stellen, der sofort genehmigt wird. Eingefädelt haben das die Anwälte, mit Unterstützung des Berliner Bischofs Gottfried Forck. Freya Klier fühlt sich überrumpelt. Am nächsten Tag sind beide auf dem Weg nach Bielefeld. Kirchenmitarbeiter mit Sympathien für Stolpes Konzept von der „Kirche im Sozialismus" verbreiten die mindestens verkürzte Information, Krawczyk und Klier seien „freiwillig" ausgereist. So wächst Misstrauen unter den verbliebenen DDR-Oppositionellen. Das jedoch wollen Klier und Krawczyk auf keinen Fall: Schon am 3. Februar 1988 veröffentlichen sie in Bielefeld eine Erklärung: „Wir haben die DDR nicht freiwillig verlassen. Unserem Wunsch, unverzüglich aus der Haft in die DDR entlassen zu werden, wurde nicht entsprochen. Unsere Alternative war entweder Haftstrafen von zwei bis zwölf Jahren unter dem ungeheuerlichen Vorwurf landesverräterischer Beziehungen oder die sofortige Übersiedlung in die Bundesrepublik." Mit diesen schlichten Sätzen drehen die beiden Oppositionellen die für die SED scheinbar so erfolgreiche „Aktion Störenfried" um. Zwar bleibt sie ein Sieg für die DDR-Staatspartei – allerdings erweist sie sich nun als ein Pyrrhussieg.

Der Liedermacher Stephan Krawczyk und seine Ehefrau, die Regisseurin Freya Klier, geben am 3. Februar 1988, einen Tag nach ihrer Ausbürgerung aus der DDR, in Bielefeld eine Pressekonferenz. Die beiden Bürgerrechtler sind von den DDR-Behörden unter Androhung langjähriger Haftstrafen zur Ausreise gezwungen worden.

„Rückmarsch in die Heimat"

Die Rote Armee zieht ihre ersten Atomwaffen aus der DDR ab – zuerst die veralteten Raketen

Planübererfüllung ist im Sozialismus ein Wert an sich – schon weil sie so selten ist –, zugleich aber ein Zeichen von Überlegenheit. Erst Anfang Dezember haben der sowjetische Parteichef Michail Gorbatschow und US-Präsident Ronald Reagan im INF-Vertrag verabredet, beiderseits des Eisernen Vorhangs alle Atomraketen mit Reichweiten zwischen 500 und 5500 Kilometern aus Europa abzuziehen und unter Aufsicht zu verschrotten. 90 Tage Zeit lässt Artikel 5 des Vertrages beiden Seiten für den Abtransport aus den vorgeschobenen Lagern an die vorgesehenen Orte der Vernichtung, meist dorthin, wo die Raketen auch hergestellt worden sind. Diese Frist läuft ab der Ratifizierung des Vertrages durch beide Staaten, die noch Monate brauchen kann.

Doch die Rote Armee will einen Achtungserfolg erzielen, ganz im Sinne von Gorbatschows Zielen Glasnost und Perestroika, und zwar durch Übererfüllung des Plansolls. Also werden bereits Anfang Februar in Moskau akkreditierte Korrespondenten aus fünf Staaten, darunter der DDR, auf eine bis dahin streng geheime Basis der Raketenstreitkräfte in der Sowjetunion eingeladen. Als „Beispiel der Vertrauensbildung" dürfen sie die moderne Mittelstreckenrakete SS-20 anschauen, beschreiben, sogar fotografieren – und am 15. Februar in ihren Blättern darüber berichten. Ganz wunschgemäß loben die Korrespondenten die Vorführung modernster Militärtechnik noch vor der Ratifizierung des INF-Abkommens als „ein weiteres Beispiel der Vertrauensbildung und als Ausdruck der sowjetischen Entschlossenheit". Die Sowjetunion, so jedenfalls sieht es die SED, habe ihren Abrüstungswillen demonstriert. Gut möglich, dass die Mitte Januar in den USA aufgekommene Vermutung, die Rote Armee habe deutlich mehr SS-20 als zugegeben, der eigentliche Antrieb für die aktive Öffentlichkeitsarbeit ist.

Doch dafür reicht das Zeichen, im Prinzip aus westlichen Quellen längst bekannte technische Details offenzulegen, nicht. Also geht die Rote Armee noch einen Schritt weiter: Gleichzeitig mit dem Erscheinen der Berichte über die SS-20 im SED-Blatt *Neues Deutschland* und anderen DDR-Zeitungen werden weitere Parteijournalisten zu einem Termin geladen. Diesmal an den Rand der Kleinstadt Waren an der Müritz in Mecklenburg, in das dortige, strikt bewachte Depot der Roten Armee. Etwa 24.000 Einwohner leben in dem Ort, und sie wissen wenig über die Anlagen der Sowjettruppen. Hier ist ein Teil der Raketentruppen heimisch, ausgestattet mit Raketen des Typs SS-12, die eine Reichweite von bis zu 500 Kilometern haben. Als zwei Reporter des *ND* ihren ersten Besuch auf dem bislang streng abgeschirmten Gebiet machen, trifft – wie auf Bestellung – der Befehl ein: „Rückmarsch in die Heimat".

Genau beschreiben die beiden Journalisten, Rainer Funke und Rene Heilig, was sie sehen: „Äußerlich scheint in der Garnison alles beim Alten. Soldaten marschieren zur Ausbildung, die Wache wechselt, Schulkinder toben sich in der großen Pause aus, Hausfrauen gehen einkaufen." Doch damit geben sich die *ND*-Reporter nicht zufrieden. Sie versuchen, Spannung zu erzeugen: „Betritt man jedoch das Stabsgebäude, fällt jene Betriebsamkeit auf, die für eine Truppenverlegung charakteristisch ist: Pläne werden aufgestellt, diskutiert und bestätigt, Befehle formuliert und übermittelt. Jedes Detail einer derartigen Aktion will vorbereitet sein." Das ist nachvollziehbar, müssen doch die hier stationierten Waffen einschließlich ihrer Atomsprengköpfe sicher über mehrere Tausend Kilometer zu den vereinbarten Vernichtungsplätzen transportiert werden.

Die Verantwortung dafür trägt Oberst Wiktor Kusmin, wie das *ND* respektvoll vermerkt. Dem

"Rückmarsch in die Heimat"

44-jährigen Offizier bleibt wenig Zeit für persönliche Reisevorbereitungen. Seine Frau Tatjana muss das meiste allein stemmen. Vor den Plattenbauten der Kasernenanlage stapeln sich Kisten. Die Wohnungen müssen geräumt werden, traditionell die Aufgabe der Offiziersfrauen. Die älteren haben darin schon Routine, die jüngeren müssen eben ihre ersten Umzugserfahrungen sammeln. Die beiden Reporter wollen sich nicht zu lange mit den eher weltlichen Dingen des Raketenabzugs aufhalten. Immerhin hat Erich Honecker persönlich Ende Januar verkündet, dass die Rote Armee in der DDR beim Abzug der Raketen in Vorleistung gehen werde.

„Die Abschaffung nuklearer Raketen kürzerer Reichweite ist eine erste Friedenstaube", diktiert der Politoffizier der Raketenabteilung, ein Oberstleutnant, den beiden ND-Redakteuren in die Notizblöcke. Es sei besser, Tauben stiegen in die Lüfte als Raketen mit atomaren Sprengköpfen. Aber man könne wohl in Abwandlung eines deutschen Sprichworts sagen, eine Taube mache noch keinen Frieden: „Ich denke, dieser vorfristige Schritt ist ein Beispiel für die Ernsthaftigkeit unseres Herangehens. Er hat historische Bedeutung, denn er öffnet den Weg zu weiteren vertraglichen Regelungen." Schließlich haben die beiden Reporter noch Gelegenheit, mit einem 19-jährigen Wehrpflichtigen zu sprechen. Er freue sich über die Heimkehr, da er möglichst bald mit seiner Freundin über das Heiraten sprechen möchte. Aber er fügt noch staatstragend hinzu: „Unsere Aufgabe in der DDR ist erfüllt. Jetzt gibt es den Vertrag von Washington, der recht bald ratifiziert werden muss." Der junge Mann lässt sich gern ablichten, in Uniform und Fellmütze.

Wenig später können die Leser des SED-Parteiblattes die Reportage der beiden ND-Journalisten lesen, auf mehr als zwei Dritteln der Titelseite, zusammen mit fünf SS-12-Fotos, deren Weitergabe an einen westlichen Geheimdienst noch wenige Tage zuvor für lebenslange Haft wegen Landesverrats gereicht hätte. Bilder vom Abmarsch der Raketentransporter aus Waren an der Müritz gibt es allerdings nicht – vielleicht, weil dabei Einwohner der mecklenburgischen Stadt obszöne Gesten zeigen, wie ein westlicher Journalist nach Hörensagen spekuliert. Auf jeden Fall ist der ND-Bericht weder ganz vollständig, noch ganz richtig. Angeblich seien die aus Waren abgezogenen Raketen „nach der Aufstellung der amerikanischen Pershing II und Cruise Missiles in Westeuropa" in der DDR stationiert worden. Doch der Typ ist bereits seit 1967 bei der Roten Armee im Einsatz, seit 1979 gibt es die in der DDR eingesetzte Version. Seit wann genau die 22 in Mecklenburg stationierten Flugkörper hier standen, ist wegen Geheimhaltung nicht bekannt – allerdings kaum erst seit 1984/85, als die Amerikaner ihre modernen Mittelstrecken-Waffen in der Bundesrepublik in Dienst gestellt haben.

Der so sorgfältig orchestrierte vorzeitige Abzug der Atomraketen soll den Friedenswillen des Warschauer Paktes illustrieren. In Wirklichkeit kommt gerade bei der oppositionellen Friedensbewegung in der DDR eine andere Botschaft an: Die scheinbar allmächtige Parteibürokratie kann zum Einlenken gezwungen werden. Die Demontage verstehen die Aktivisten als ersten Schritt, dem rasch weitere folgen müssen. Als Zeichen der Schwäche, nicht als großzügige Vorleistung des sozialistischen Systems aus einer Position der Stärke. Auch wenn die Abrüstung viel mit der Überforderungsstrategie der USA und wenig mit Demonstrationen von Atomwaffen-Gegnern zu tun hat: Gefühlt ist es ein Sieg für die Friedensbewegung in der DDR. Und dieser Eindruck zählt.

Großer Aufmacher: Der Abzug der ersten Atomwaffen der Roten Armee aus der DDR ist die Titelgeschichte des *Neuen Deutschland* vom 17. Februar 1988. Zwei weitere Fotos sind im Ausschnitt nicht zu sehen.

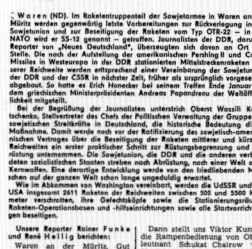

Winter '87/88

„Wollt ihr auch weggehen?"

Pfarrer Führer diskutiert in der Leipziger Nikolaikirche mit Ausreisewilligen

Wegzugehen fällt vielen Menschen nicht leicht. Brücken abzubrechen, Liebgewonnenes und gute Freunde zurückzulassen, sogar enge Verwandte. Sich von all dem zu entfernen mit der Gewissheit, dass ein Wiedersehen schwierig wird. Wegzugehen aus der DDR heißt immer auch damit zu rechnen, dass es überhaupt kein Wiedersehen gibt. Dass der Weg aus der SED-Diktatur eine Einbahnstraße ist. Deswegen haben es sich viele DDR-Bürger nicht leicht gemacht, einen Ausreiseantrag zu stellen, die einzige legale Möglichkeit, privat in ein anderes Land zu ziehen.

Wer sich im Winter 1987/88 trotzdem dazu entschließt, hat oft einen langen Leidensweg hinter sich und mit der DDR innerlich abgeschlossen, ist überzeugt, dass sich an den Verhältnissen in den nächsten fünfzig oder hundert Jahren nichts ändern wird. Viele nehmen daher in Kauf, bis zur tatsächlichen Ausreise wie Aussätzige behandelt zu werden. Denn der Staat stößt sie aus der Gesellschaft aus: Sie verlieren regelmäßig ihre Stellungen und können sich oft nur mit Hilfsarbeiten über Wasser halten. Nicht selten werden auch Angehörige für das Wegwollen der „Ausreiser" mitbestraft oder bedrängt, um diese zu isolieren.

Die Behörden bestellen die Antragsteller regelmäßig ein, um sie ergebnislos wieder wegzuschicken. Meistens dauert es Jahre bis zur Genehmigung, in dieser Zeit sitzen die Menschen auf gepackten Koffern in halbleeren Wohnungen. Das führt zu neuem Frust, Einsamkeit und einem Gefühl der Hilflosigkeit. Lange haben Ausreisewillige in der DDR sich nicht organisiert, um sich gegen die Behördenwillkür zu wehren. Denn das ist in einer Diktatur schwierig, weil viele zu sehr mit sich beschäftigt sind, weil Anlaufpunkte fehlen. Lange haben sie auch nicht begriffen, dass ihr angestrebtes Gehen – ungeachtet der individuellen Motive – ein Ausdruck von Dissidenz ist und dass eine aktive oppositionelle Tätigkeit ihren Weggang beschleunigen könnte. Doch das ändert sich.

Wenn Pfarrer Christian Führer zu Beginn des Jahres 1988 einmal pro Woche in der Leipziger Nikolaikirche seine Friedensgebete veranstaltet, kommen immer auch Menschen, die einen Ausreiseantrag gestellt haben. Die ihm von ihrem Leidensdruck erzählen. Die Gebete finden immer montags statt. Führer, Sohn eines Dorfpfarrers, organisiert sie für die Gläubigen als Zeichen gegen das Wettrüsten in Ost und West. Die Idee,

Christian Führer – Symbolfigur der Friedlichen Revolution – übernimmt die Idee seines Kollegen Christoph Wonneberger, einmal in der Woche Friedensgebete zu veranstalten.

für den Frieden zu beten, stammt von seinem Kollegen Christoph Wonneberger, der sich in seiner Dresdener Zeit einen Namen gemacht hat mit der Forderung, neben dem Wehrdienst und den Bausoldaten, die den Einsatz mit der Waffe verweigern, einen „sozialen Friedensdienst" als Wehrersatz einzurichten. Unter dem Motto: „Hilfsbereit statt wehrbereit".

Bei den Friedensgebeten geht es Wonneberger vor allem darum, begreifen zu helfen, was es heißt, menschlich miteinander umzugehen. Dazu gehört für ihn, dass Menschen diese Treffen als Anlaufpunkt nutzen, sich in einer Gemeinschaft austauschen zu können. Auch Christian Führer erlebt, dass seine Friedensgebete gern als Forum genutzt werden, um offen die eigene Meinung zu sagen und unverstellt darüber reden zu können, was jeden Einzelnen bewegt. Und seit er Schilder mit der Aufschrift „Nikolaikirche – offen für alle" angebracht hat, kommen auch Nichtchristen. Allerdings bleibt die Zahl der Teilnehmer lange überschaubar.

Irgendwann bittet ihn eine größere Gruppe Ausreisewilliger um die Möglichkeit, sich einzubringen. Die Gelegenheit dazu ergibt sich im Januar 1988 nach den Festnahmen von Oppositionellen am Rande der Luxemburg-Liebknecht-Demonstration in Berlin. Dutzende Jugendliche der Studentengemeinde kommen in die Nikolaikirche und schlagen Fürbittandachten für die Festgenommenen vor. Sie berichten von den Ereignissen in Ost-Berlin. In Absprache mit der Kirchenleitung bietet Pfarrer Führer tägliche Andachten an. Das spricht sich schnell herum, auch unter Ausreisewilligen. Mitunter kommen ein paar hundert Menschen zusammen.

Es ist nicht nur die Solidarität mit den Demonstranten, die kurz nach ihrer Festnahme in den Westen abgeschoben werden oder die Ausreise einer längeren Haft vorziehen. Nicht wenige Ausreisewillige fühlen sich motiviert, aus der Anonymität herauszutreten und durch politische Aktionen ihren Weggang zu beschleunigen. Dazu gehört die Teilnahme an Friedensgebeten; sie verbreiten aber auch untereinander Entwürfe für Eingaben an die SED-Spitze, in denen um gesetzliche Regelungen der Ausreise gebeten wird.

Dem Staat passt die zunehmende Kooperation von Opposition und Ausreisewilligen natürlich überhaupt nicht. Um sie zu unterbinden, werden Antragsteller unter fadenscheinigen Gründen festgenommen, oder es wird ihnen nahegelegt, sich von den Friedensgebeten fernzuhalten, falls sie wollen, dass ihr Ausreiseantrag genehmigt wird. Die Drohung löst vielfach die entgegengesetzte Wirkung aus: Immer mehr Menschen schließen sich Gruppen an oder gründen selbst neue – ohne dass die Sicherheitsbehörden das verhindern können.

Mit dem Motto „Nikolaikirche – offen für alle" lockt Christian Führer auch Nichtchristen zu den Friedensgebeten. Der innerkirchliche Raum steht zwar im Blick des Machtapparates, bietet vielen DDR-Bürgern aber dennoch Beistand. Die Aufnahme zeigt Teilnehmer an den Friedensgebeten im Herbst 1989.

Winter '87/88

Der Leipziger Pfarrer versteht die Kirche als „Mund der Stummen" – in der Nikolaikirche können die Bürger mehr oder weniger offen über ihre Sorgen und Probleme mit dem Staat sprechen, und sie finden Gehör.

Allerdings führen die Aktivitäten der Ausreiser zu Auseinandersetzungen mit kirchlichen und unabhängigen oppositionellen Gruppen, die sich mit einer überschaubaren Anzahl an Mitstreitern für Menschenrechte, Gerechtigkeit und Umweltschutz in der DDR einsetzen, dafür hohe Risiken eingehen und ihre Anliegen nun von Ausreisewilligen beiseite gedrängt sehen, weil die sich stärker Gehör verschaffen können und – vor allem – weil sie zahlenmäßig weit überlegen sind. „Euch geht es doch nur darum, so schnell wie möglich wegzukommen. Wir wollen hier etwas verändern", lautet ein Argument, das immer häufiger zu hören ist. So auch in Leipzig, als Ausreisewillige in den montäglichen Friedensgebeten am „Mikrofon der Betroffenheit" beklagen, dass immer nur über die „paar Berliner Verhafteten" geredet werde, sich aber niemand mit ihren Anliegen beschäftigen wolle.

Christian Führer versucht zu vermitteln. Er argumentiert, dass die Kirche ihren Auftrag darin sehe, allen Bedrängten zu helfen, „Mund der Stummen" zu sein. Schließlich weiß auch er sich nicht mehr anders zu helfen, als beide Gruppen zu trennen. Er bittet nach einer Veranstaltung eine Gruppe von etwa 50 Ausreisewilligen in die Nordkapelle und bietet ihnen für den 19. Februar 1988 einen Gesprächsabend unter dem Motto „Bleiben und Leben in der DDR" an.

Der Konflikt wird in vielen Orten der DDR ausgetragen, natürlich auch in Ost-Berlin. Dort kümmert sich seit Frühjahr 1987 der Theaterregisseur Günter Jeschonnek auf sehr intensive Weise um seine Ausreise. Jeschonnek, Mitglied der Gethsemanegemeinde, hat nach seinem Berufsverbot einen Antrag gestellt und ist zunehmend genervt von der Behandlung durch die Behörden. Zusammen mit Freunden, die ähnliches erfahren, analysiert er die tatsächliche Situation von Antragstellern in der DDR und vergleicht sie mit den verfassungsrechtlichen und den völkerrechtlich verbindlichen Regelungen. Das Ergebnis ihrer Untersuchung verschicken Jeschonnek und seine Mitstreiter in Form von Eingaben an die DDR-Regierung und die zuständigen Behörden.

Im Herbst 1987 gründen sie zudem die Arbeitsgruppe Staatsbürgerschaftsrecht der DDR, mit der sie auch andere über rechtliche Möglichkeiten der Ausreise informieren und beraten wollen. Treffen finden alle 14 Tage statt. Bald haben sie soviel Zulauf, dass sich Untergruppen bilden. Die Arbeitsgruppe begreift sich als Teil der Oppositionsbewegung und versucht, sich ihr anzuschließen. Das aber erweist sich als schwierig bei Menschen, die zwangsläufig Fremden gegenüber misstrauisch und verschlossen sind. Die Ausreiser können dennoch Kontakte zur Initiative Frieden und Menschenrechte knüpfen sowie zur Umweltbibliothek, in deren Räumen sie sich auch treffen. Als die Stasi die Bibliothek Ende November 1987 besetzt und die Mitarbeiter festnimmt, beteiligen sich auch Ausreisewillige, zum Teil aus anderen Städten, an den Protesten und Mahnwachen. Weil sie dort öffentlichkeitswirksam auf ihr Anliegen aufmerksam machen, wachsen die Konflikte mit einzelnen Oppositionsgruppen in Ost-Berlin, die nun versuchen, die „Schlaraffenland-Bewegung", wie sie die Ausreisewilligen abschätzig nennen, von ihren Treffen fernzuhalten.

In Leipzig geht man praktischer mit dem Problem um. Am 11. Februar 1988 gründet Jugendpfarrer Klaus Kaden einen Kreis, um zu versuchen, Ausreiseantragsteller zu organisieren. Wenige Tage später werden vier Sprecher ernannt, die am 19. Februar öffentlich als „Kontaktpersonen für das Ausreiseproblem" vorgestellt werden sollen – und zwar an dem von Führer vorgeschlagenen Gesprächsabend „Leben und Bleiben in der DDR".

Obwohl für die Veranstaltung nicht öffentlich geworben wird, bekommt die lokale SED schnell

„Wollt ihr auch weggehen?"

Wind davon und wendet sich aufgebracht an die Kirchenleitung. Die schickt Führer zum Rat der Stadt, Abteilung Kirchenfragen. Der Pfarrer muss sich heftige Vorwürfe anhören. Was er sich dabei denke? Das habe doch nichts mit Religion zu tun! Die Kirche werde von den Ausreisewilligen missbraucht! Und überhaupt – dieses Motto! Hier hakt Führer ein. Er könne sich nicht vorstellen, was der Staat gegen das Motto habe. Es heiße nicht „Leben und Leiden in der DDR", sondern „Leben und Bleiben". Das müsse doch auch im Sinne der SED sein. Zudem gebe es ja wohl offensichtlich ein Ausreiseproblem – aber das sei kein kirchliches Problem, denn die DDR-Bürger seien ja nicht mit der Kirche unzufrieden, sondern mit der Politik. Führer provoziert schließlich mit dem Vorschlag: „Laden Sie doch die Menschen zum Gespräch mit dem Oberbürgermeister ins Rathaus ein." Das Gespräch endet mit der Aufforderung, den Themenabend abzusetzen.

Als Christian Führer am 19. Februar in die Nikolaikirche kommt, warten dort nicht die erwarteten 50 Menschen, sondern mehr als 500. Der Pfarrer ist überwältigt. Er weiß aber auch, dass er seine Worte sorgsam wählen muss. Beides, Bleiben oder Gehen, müsse in diesen Tagen gut überlegt sein, beginnt er. Und man müsse beide Seiten verstehen, jene, die glauben, gehen zu müssen und jene, die denken wie Jesus, als er seine Freunde fragte: „Wollt Ihr auch weggehen?" Dieser Satz löst unter den Zuhörern Betroffenheit aus. Führer glaubt zu spüren, dass viele an das denken, was sie beim Weggehen zurücklassen. Dass sie vielleicht auch zweifeln.

Doch er will keine depressive Stimmung verbreiten. Er zitiert Psalm 65: „Gott macht fröhlich, was da lebt im Westen wie im Osten." Damit hat er die Lacher auf seiner Seite. Manche äußern den Verdacht, den Psalm habe der Pfarrer erfunden – dabei hat er nur eine etwas freiere Übersetzung des hebräischen Originals gewählt.

Nach dem Abend erscheinen die Teilnehmer dem Pfarrer irgendwie erleichtert. Vielleicht weil sie das Gefühl erfahren haben, wie gut es tut, mit Gleichgesinnten zusammen zu sein. Dass sich daraus Stärke ziehen lässt. Christian Führer wird gefragt, ob sie wiederkommen dürfen. In den folgenden Wochen nimmt die Zahl von Antragstellern bei den Friedensgebeten zu. Ein Gesprächskreis „Hoffnung für Ausreisewillige" etabliert sich. Sie machen durch eine neue Aktionsform auf sich aufmerksam: Schweigend demonstrieren sie nach den Friedensgebeten am Montag – unter dem Motto „Schaufensterbummel".

Zeichen der Trauer in der Nikolaikirche in Leipzig: Ihr früherer Pfarrer und Mit-Initiator der dort seit 1982 stattfindenden Friedensgebete, Christian Führer, ist am 30. Juni 2014 gestorben.

Frühling '88
Immer mehr Ausreisewillige setzen die SED unter Druck

1. März: Einem 24-jährigen gelernten Schlachter gelingt die Flucht aus der DDR. Er überwindet unbemerkt die Grenzsperranlagen und schwimmt durch die Elbe. Zum Schutz gegen das eiskalte Wasser trägt er einen Surfanzug.

3. März: Erich Honecker trifft Bischof Werner Leich, den Vorsitzenden der Konferenz der Evangelischen Kirchenleitungen in der DDR. Leich fordert Honecker auf, einen Dialog zwischen SED und Gesellschaft zu beginnen. Notwendig sei außerdem eine Politik der Reformen.

6. März: Mit einem Großaufgebot riegelt die Volkspolizei die Sophienkirche in Ost-Berlin ab und stellt fest, wer das Gotteshaus betreten will. Pfarrer Martin-Michael Passauer sagt in seiner Predigt, man könne und wolle nicht verstehen, „dass Menschen kontrolliert werden, wenn sie zur Kirche gehen".

9. März: Der aus der DDR ausgebürgerte Liedermacher Stephan Krawczyk darf auch die Transitstrecke nach West-Berlin nicht benutzen: Er wird an der Grenze zurückgewiesen.

11. März: Ausgerechnet über die besonders stark bewachte Glienicker Brücke gelingt drei jungen Männern aus Babelsberg die Flucht nach West-Berlin. Sie durchbrechen mit einem gestohlenen Lastwagen mit hoher Geschwindigkeit die Sperranlagen.

14. März: Etwa 300 DDR-Bürger, deren Anträge auf Ausreise abgelehnt worden sind, ziehen in einem Schweigemarsch von der Nikolai- zur Thomaskirche in der Leipziger Innenstadt. Die Volkspolizei fordert sie auf, die „ungenehmigte Versammlung" aufzulösen, die Demonstranten reagieren mit dem Lied „Shalom aleichem".

22. März: Die Evangelische Kirche Mecklenburgs kritisiert staatliche Repressionen gegen

Als Pfarrer in Ost-Berlin engagiert sich Martin-Michael Passauer in der kirchlichen Friedensarbeit und unterstützt oppositionelle Gruppen in der DDR. Der damalige Bundespräsident Horst Köhler (l.) verleiht ihm 2009 im Schloss Bellevue in Berlin das Bundesverdienstkreuz der Bundesrepublik Deutschland.

Ausreisewillige. Außerdem werde die kirchliche Presse behindert. Die SED setzt ungeachtet dessen ihre Kampagne gegen Ausreisewillige fort.

31. März: West-Berlin und die DDR vereinbaren einen Gebietsaustausch. 14 Flächen von zusammen 96,7 Hektar entlang der inneren und äußeren Stadtgrenze gehen an West-Berlin, die DDR erhält im Gegenzug drei Exklaven auf DDR-Gebiet und einen 50 Meter breiten Streifen nördlich der Bernauer Straße. Als Werteausgleich zahlt der Senat 76 Millionen D-Mark an die DDR.

2. April: Viele Menschen in der DDR befürchten, dass die aufkeimende Liberalisierung in der Sowjetunion an Ostdeutschland spurlos vorübergehen werde. Das und die schlechte Versorgungslage lassen Unzufriedenheit wachsen. Die Zahl der Ausreiseanträge steigt: Nach kirchlichen Schätzungen sollen es 200.000 sein, von denen mehr als die Hälfte trotz staatlichen Drucks nicht zurückgenommen werden.

11. April: Um die Versorgung der Bevölkerung zu verbessern, will die SED private Gewerbe fördern. Für kleine Betriebe und Gaststätten

Eine der zerstörten Schranken vor der Glienicker Brücke in West-Berlin – im März 1988 ist es drei DDR-Bürgern mit einem Laster gelungen, die Grenze zu durchbrechen.

Chronik Frühling '88

werde die Erteilung der Gewerbegenehmigungen beschleunigt, teilt die DDR-Regierung mit.

13. April: Hans Otto Bräutigam, der Ständige Vertreter der Bundesrepublik in der DDR, spricht wegen des zunehmend restriktiven Umgangs mit Anträgen auf Besuchsreisen bei ZK-Sekretär Egon Krenz vor. Bräutigam gibt zu verstehen, „dass es aus der Sicht der Bundesregierung keinen auffälligen Rückschlag im Reiseverkehr

strafen zwischen 600 und 2000 Mark. Alle haben an einem „Spaziergang für Ausreiser" teilgenommen.

19. April: Im Kugelhagel von DDR-Grenzern gelingt einem 31-Jährigen die Flucht von Berlin-Treptow nach Berlin-Neukölln. Der West-Berliner Senat protestiert gegen die Schüsse.

21. April: Gegenüber einer dänischen Zeitung beteuert Honecker, in der DDR seien die Menschenrechte „in jeder Beziehung gesichert".

Die Transitstrecken sind der wichtigste Weg von der Bundesrepublik nach West-Berlin – und für das SED-Regime eine einträgliche Geldquelle. Hier die B5 nach Hamburg. Die Transitstrecken dürfen nicht verlassen werden, wenn Bürger der BRD unter Vorlage des Personalausweises die Grenzkontrollstellen vom Bundesgebiet her passieren, die DDR durchqueren und an den Grenzübergängen zu West-Berlin wieder verlassen.

geben dürfe". Krenz erwidert, „die Zahl der Reisen" sei „keine für alle Zeiten gültige Größe".

14. April: Die Zahl genehmigter Ausreisen geht seit Jahren stark zurück, wie Krenz in einem Bericht an Erich Honecker feststellt. Statt 1985 noch 20.147 haben 1987 nur noch 10.420 DDR-Bürger offiziell ausreisen dürfen. Gleichzeitig liegen den Behörden mehr als 112.000 Ausreiseanträge vor. Die Bereitschaft der Antragsteller zu organisiertem Protest steigt. Honecker weist an, monatlich statt bisher 1000 ab sofort 2000 bis 3000 Ausreisen zu genehmigen.

15. April: Das Kreisgericht Jena verurteilt 25 DDR-Bürger wegen „Beeinträchtigung staatlicher oder gesellschaftlicher Tätigkeit". Vier bekommen Haftstrafen ohne Bewährung zwischen 16 und 27 Monaten, die Übrigen Geld-

Die christlichen Gemeinschaften stünden sogar unter dem Schutz des Staates und erhielten Unterstützung.

26. April: Zum wiederholten Mal dürfen Kirchenzeitungen in der DDR nicht erscheinen, weil sich die Redaktionen weigern, wie vom Ost-Berliner Presseamt verlangt Berichte zum Thema Ausreise zu zensieren.

2. Mai: Der einzige Rabbiner in der DDR, Isaac Neuman, kündigt nach acht Monaten in Ost-Berlin seine Rückkehr in die USA an – aus „Frustration über die Arbeitsbedingungen". Neuman kritisiert „antisemitische Tendenzen" in DDR-Zeitungen. Außerdem sei seine Post geöffnet worden.

5. Mai: Kanzleramtsminister Wolfgang Schäuble und SED-Devisenbeschaffer Alexander

Schalck-Golodkowski sprechen in Bonn über die Anpassung der Transitpauschale und Regelungen zur Elbgrenze. Dabei wird deutlich, dass die SED in den kommenden Jahren einen deutlichen Anstieg des Reise-, Besucher- und Transitverkehrs erwartet. Schäuble dringt laut Schalck-Golodkowskis Vermerk darauf, dass die DDR durch „gesetzliche Bestimmungen" sicherstelle, „dass der Reise- und Besucherverkehr von Bürgern in das nichtsozialistische Ausland weiter in dieser dargelegten positiven Richtung" verlaufe.

10. Mai: Im SED-Politbüro bricht eine Kontroverse über die weitere Wirtschaftspolitik aus. Während Honecker die DDR nach außen als Hort wirtschaftlicher Stabilität preist, beunruhigen den Vorsitzenden der Staatlichen Plankommission, Gerhard Schürer, die hohe Westverschuldung der DDR und die drohende Zahlungsunfähigkeit so sehr, dass er einen einschneidenden Kurswechsel in der Wirtschaftspolitik vorschlägt.

17. Mai: Der Staatssekretär im Bundesministerium für innerdeutsche Beziehungen, Ottfried Hennig (CDU), rät Besuchern aus der DDR davon ab, nach Reisen in die Bundesrepublik nicht zurückzufahren. Wegen der unnachgiebigen Haltung der DDR bedeute das die Trennung von ihren Familien auf unübersehbare Zeit.

23. Mai: Während die Zahl deutschstämmiger Übersiedler in die Bundesrepublik aus der Sowjetunion, Polen und Rumänien steil ansteigt, auf geschätzte 160.000 im Jahr 1988, stagniert die Zahl der Ausreisen aus der DDR. Einschließlich der Flüchtlinge sind von Januar bis Ende April 7600 DDR-Bürger in der Bundesrepublik aufgenommen worden.

24. Mai: Beim Versuch, am Grenzübergang Marienborn die Sperranlagen zu durchbrechen, kommt ein Mann ums Leben. Sein Wagen vom Typ Wartburg ist auf der gesonderten Militärspur gegen einen Schlagbaum geprallt und schwer beschädigt worden. Nach Beobachtungen von Transitreisenden wird der Fahrer, mit einer Plane zugedeckt, weggetragen.

27.–29. Mai: Bundeskanzler Helmut Kohl kommt zu einem privaten Besuch in die DDR. Mit seiner Frau, einem seiner beiden Söhne und zwei Mitarbeitern aus dem Bundeskanzleramt fährt er unter anderem nach Dresden.

29. Mai: Honecker erklärt die grundsätzliche Bereitschaft der DDR, Entschädigungen für die zur Nazizeit an Juden begangenen Verbrechen zu leisten.

Abgeschirmt: Der als Privatreise deklarierte Gegenbesuch Kohls in der DDR, zu dem Honecker den Bundeskanzler 1987 eingeladen hat, wird vom Sicherungskommando Honecker durch die DDR begleitet. Honeckers Leibwächter Bernd Brückner fotografiert Kohls Wagen auf der Autobahn im Süden der DDR (l.). Kohl besucht Gotha, Erfurt, Weimar und Dresden. In Erfurt (r.) ist der Domplatz leer. Die „Touristen" am Rande sind Angehörige des MfS und ihre Familien, die von Mielke mit Bussen aus der ganzen DDR dorthin befördert worden sind.

„Haltet euch fest!"

Mit Vollgas durch die Agentenschleuse: Auf der Glienicker Brücke gelingt die frechste Flucht des Jahres

Liebe kann mutig machen, allerdings auch übermütig. Auf gerade „fünf Prozent" hat Gotthard Ihden seine Überlebenschancen taxiert, bevor er zusammen mit seinen Freunden Bernd Puhlmann und Werner Jäger kurzentschlossen zur Tat schreitet. Er will die Flucht aus der DDR nach West-Berlin wagen, um zu seiner Frau Rosemarie zu kommen, die von einem genehmigten Verwandtenbesuch in Düsseldorf nicht zurückgekehrt ist. Ihdens pessimistische Schätzung ist durchaus realistisch, denn die drei Männer aus Babelsberg-Nord wissen ungefähr, was sie erwartet: Sie haben sich vorgenommen, ausgerechnet an einer der heißesten Stellen des Kalten Krieges die innerdeutsche Grenze Richtung Freiheit zu überwinden. Genauer: zu durchbrechen. An der Berliner Mauer ist seit mehr als einem Jahrzehnt kein Durchbruchsversuch mit einem Fahrzeug mehr gelungen – dafür sind die Grenzübergänge mit Schlagbäumen, Slalomstrecken und massiven Sperrriegeln längst zu stark ausgebaut. Außerdem wird routinemäßig scharf und gezielt geschossen, um Flüchtlinge aufzuhalten. Es gilt der ständige, aber nur mündlich erteilte Befehl: „Kein Grenzverletzer darf lebend West-Berlin erreichen."

Die Glienicker Brücke zwischen dem südwestlichsten Teil von West-Berlin und der Berliner Vorstadt von Potsdam ist kein ganz normaler Kontrollpunkt. Hier haben Ost und West wegen Spionage verurteilte Häftlinge ausgetauscht, dreimal insgesamt. Deshalb ist die Glienicker Brücke in der gesamten westlichen Welt als „Agentenschleuse" bekannt. Ansonsten benutzen nur ein paar Dutzend Menschen täglich die Brücke, meist Diplomaten und Mitglieder der Militärmissionen, die alle drei Schutzmächte West-Berlins in Potsdam eingerichtet haben. Für jeden anderen Verkehr ist die idyllisch über der Havel schwebende Straße absolutes Sperrgebiet. Ihden, Puhlmann und Jäger wissen nicht, dass gerade das für die Flucht äußerst wichtig wird. Seit 1961 sind schon zwei Dutzend Fluchtversuche über die Brücke gescheitert, zuletzt im November 1987: Das damalige Fluchtfahrzeug, eine ältere schwere Limousine sowjetischer Bauart, war schon im ersten Hindernis steckengeblieben, einem Gittertor. Weil also die Sicherung ausreichend erscheint, haben die DDR-Grenztruppen keine Notwendigkeit zu „Nachbesserungen" gesehen.

Der Entschluss, das Wagnis einzugehen, fällt kurzfristig. Am Mittwoch, dem 9. März 1988, hat Ihden seine beiden Freunde zu sich nach Hause eingeladen; es ist etwa 22 Uhr. In der Zwei-Zimmer-Wohnung sagt er: „Mein dritter Ausreiseantrag ist abgelehnt worden. Aber ich will unbedingt zu Rosemarie." Die drei Nachbarn, von Beruf Koch, Kraftfahrer und Lagerarbeiter, beschließen: „Heute Nacht machen wir rüber!" Wenig später schleicht Puhlmann zusammen mit Jäger auf den Hof einer privaten Spedition, für die er bis 1986 gearbeitet hat. Als er seinen Antrag auf Ausreise aus der DDR stellte, wurde er entlassen. Am Rande des Geländes finden die beiden, was sie suchen: einen Lastwagen vom Typ IFA W50. Das schwerste Fahrzeug, das man abseits von Spezialbetrieben und Kasernen der Nationalen Volksarmee in der DDR stehlen kann. Bis zu fünf Tonnen Nutzlast kann der Laster aufnehmen, er hat einen ausreichend starken Motor für 60 bis 80 Stundenkilometer – und er ist in dieser Nacht mit leeren Gasflaschen beladen. Puhlmann hofft, dass die Wachen an der Glienicker Brücke die Druckbehälter für gefüllt halten werden und sich deshalb vielleicht nicht trauen, gezielt zu schießen. Keine halbe Stunde nach dem Diebstahl steht der dunkelblaue Lastwagen auf der Straße, die direkt zur Glienicker Brücke führt. Die letzte Chance, sich anders zu entscheiden, doch das wollen Ihden, Puhlmann und Jäger nicht.

„Haltet euch fest!"

Die Stasi hält fest, was dann passiert: „Um 1.58 Uhr nähert sich ein LKW Typ W50 mit hoher Geschwindigkeit der Glienicker Brücke, täuscht zunächst durch Betätigung der Blinkanlage ein Abbiegen vor der Brücke nach links vor, fährt jedoch geradeaus weiter und durchbricht in der Folge alle vier auf der Brücke befindlichen Sperrelemente in der angegebenen Reihenfolge: erstens das Passagentor, zweitens den Sperrschwenkbaum, drittens den verkehrsregulierenden Schlagbaum und viertens das mechanische Tor. Durch umherfliegende Betonbruchstücke und eine Kohlensäureflasche, die sich auf dem LKW befand, wird ein Dienstgebäude der sowjetischen Streitkräfte an Türen und Fenstern beschädigt."

Ganz so nüchtern erleben die drei Flüchtlinge die entscheidenden Momente nicht. „Haltet Euch fest", schreit Puhlmann, dann gibt er Vollgas. Wenige Sekunden später bohrt sich der Lastwagen mit Tempo 60 durch das erste geschlossene Tor. Zwei sowjetische Soldaten in dunkelgrünen Mänteln und weißen Lederkoppeln reißen ihre Kalaschnikows hoch, trauen sich aber nicht zu schießen. Vielleicht wegen der Gasflaschen, vielleicht, weil sie anders als DDR-Posten nicht jeden Tag zu Schichtbeginn mit Hass auf die eventuellen „Grenzverletzer" vollgepumpt werden. Der W50 durchbricht den Zaun, und Puhlmann umklammert das Lenkrad, um ihn auf Spur zu halten. Nach 50 Metern ein zweiter Knall: Der massive Kühler bricht einen schweren Schlagbaum aus seiner Verankerung und schleift ihn mit. Wenige Meter weiter wieder ein Knall: Der Laster lässt einen zweiten Schlagbaum zur Seite fliegen. Durch den Aufprall hat der Laster stark an Tempo verloren, also gibt Puhlmann wieder Vollgas. Vor ihnen taucht ein Metallgitterzaun mit geschlossenem Tor auf. Knirschend kracht der Wagen durch das letzte Hindernis auf der Brücke. Jetzt wird der Kühler endgültig zerstört, Kühlflüssigkeit spritzt durch das Führerhaus. Öl läuft aus. Doch noch haben es die drei Babelsberger nicht geschafft. 50 Meter trennen sie vom erlösenden weißen Strich auf der Mitte der Brücke, der die Grenze zwischen der DDR und West-Berlin markiert. Quietschend rumpelt der Laster darüber. Der rechte Vorderreifen ist geplatzt. Mühsam hält Puhlmann den W50 weiter auf Kurs. Erst als die Brücke hinter den drei Flüchtlingen liegt, lässt er das Gefährt ausrollen. Am Schloss Glienicke bleiben sie stehen. Es ist der 10. März 1988, ungefähr zwei Uhr morgens. Nach einer kurzen Verschnaufpause springen die drei Flüchtlinge aus der Fahrerkabine und eilen zur Notrufsäule der West-Berliner Polizei. Wenige Minuten später ist ein Streifenwagen vor Ort – auf westlicher Seite ist die Glienicker Brücke nicht die ganze Nacht über bewacht. Bald kommen auch Journalisten. Sie wollen die zerstörten Sperranlagen auf der Brücke fotografieren, werden aber von West-Berliner Polizisten zurückgehalten: Die DDR-Grenzer sollen nach der erfolgreichen Flucht nicht zusätzlich gereizt werden.

Währenddessen versammeln sich auf ostdeutscher Seite der Brücke die Sonderkommission der Stasi für „Grenzverletzungen", der Kommandeur des zuständigen Grenzregiments und sogar ein sowjetischer Generalleutnant – um 3.20 Uhr morgens. Man begutachtet die zerstörten Sperranlagen und stellt fest, dass der schwere Drehschlagbaum auf der Stahl-Asphalt-Konstruktion der Glienicker Brücke nicht ausreichend verankert gewesen ist. „Zur Erhöhung der Sicherheit der Grenzübergangsstelle wird es für erforderlich gehalten, durch entsprechende verkehrsorganisatorische Maßnahmen wie etwa die Einrichtung einer Slalomstrecke im Hinterland das Einfahren mit hohem Tempo zu verhindern." Nach der geglückten Flucht von Ihden, Puhlmann und Jäger soll es keinen weiteren „Grenzdurchbruch" ausgerechnet an der legendären Agentenschleuse geben.

Der mit leeren Gas-Sauerstoffflaschen beladene LKW, mit dem die drei Flüchtlinge in der Nacht vom 9. auf den 10. März 1988 die Absperrungen an der Glienicker Brücke durchbrechen. Auf dem unteren Bild die drei DDR-Bürger nach ihrer gelungenen Flucht: Gotthard Ihden, Bernd Puhlmann und Werner Jäger.

Frühling '88

"Keine für alle Zeit gültige Größe"
Die SED muss einräumen, dass sie den Druck auf reisewillige Bürger erhöht

Lügen ist relativ. Wer nicht die ganze Wahrheit sagt, legt nicht unbedingt und immer falsch Zeugnis ab. Wer seinem Gegenüber allerdings auf eine vertraulich gestellte Frage wider besseres Wissen eine völlig falsche Antwort gibt, ist ein Betrüger. So wie Egon Krenz, der Kronprinz des SED-Regimes, am 13. April 1988. Der Ständige Vertreter der Bundesrepublik in der DDR, Hans Otto Bräutigam, hat um ein Gespräch mit dem für Sicherheit, Staat und Recht zuständigen Sekretär des Zentralkomitees gebeten. Bräutigam bringt mehrere schmeichelhafte Anfragen mit, die aber nur dazu dienen, die Stimmung für die Erörterung der eigentlich wichtigen Frage zu heben. So spricht der in den Untiefen der innerdeutschen Politik erfahrene Diplomat zuerst Einladungen aus: Eine Gruppe von Jugendlichen aus der DDR könne am 20. Mai an einem Treffen europäischer Jugendlicher mit Bundespräsident Richard von Weizsäcker teilnehmen; ob daran Interesse bestehe? Das fragt Bräutigam den SED-Politiker, weil der seine Karriere vor allem als Funktionär der Freien Deutschen Jugend (FDJ) gemacht hat. Zwei weitere Offerten gelten Krenz persönlich: Bräutigam lädt ihn zu einem Sportfest nach Düsseldorf ein und zu einem Gespräch mit den Botschaftern der westeuropäischen Staaten in Ost-Berlin.

Doch das Kalkül des Ständigen Vertreters geht offenkundig nicht auf: Krenz lässt zwar einen Mitarbeiter die Termine prüfen, gibt sich in

Egon Krenz (M.), Stellvertreter des Vorsitzenden des Staatsrates, auf der anlässlich der Zentralen Messe der Meister von Morgen in Leipzig stattfindenden Jugendkonferenz 1988. Krenz hat seine politische Karriere als Funktionär der Freien Deutschen Jugend gestartet.

seiner Antwort aber ansonsten formalistisch bis an die Grenze der Unhöflichkeit. Wenn es Bräutigam um einen Meinungsaustausch zu den Beziehungen zwischen beiden deutschen Staaten gehe, dann sei zuallererst zu unterstreichen, dass die DDR unverändertes Interesse daran habe, dass alles Schritt für Schritt verwirklicht werde, was Erich Honecker und Helmut Kohl beim Treffen in Bonn vereinbart haben. Der ZK-Sekretär geht sogar zum Angriff über: „Was uns betrifft, so realisieren wir alles nach Geist und Buchstaben der Absprachen." Das geschehe in der Bundesrepublik nicht, fährt Krenz fort, „wenn man an gegen die DDR gerichtete Äußerungen in den Medien" denke, „aber nicht nur dort".

Damit muss Bräutigam umgehen, und er tut es vorsichtig-diplomatisch: Die Bundesregierung habe unverändert den Willen, das Vereinbarte mit Leben zu füllen, sagt er laut SED-Protokoll. Auch wenn es manchmal hake, wolle die Bundesregierung die Abmachungen Punkt für Punkt einlösen. Deshalb habe man sich in letzter Zeit eine größere Zurückhaltung bei öffentlichen Verlautbarungen auferlegt als früher. Keinesfalls wolle die Regierung Öl ins Feuer gießen. Ein Pressekrieg sei schon gar nicht hilfreich. Natürlich wisse er, kommt der Ständige Vertreter seinem Gesprächspartner noch ein Stück entgegen, dass es in Westdeutschland Politiker gebe, die Schwierigkeiten hätten, ihren Mund zu halten. Das solle man nicht überbewerten. Für den Diplomaten eines freien Landes ist das eine überraschend weitgehende Bemerkung, denn in der Bundesrepublik genießt die Meinungsfreiheit höchsten, nämlich Verfassungsrang. Dann zaubert Bräutigam noch ein Zückerchen hervor: den möglichen offiziellen Besuch des Bundeskanzlers in der DDR. Für die SED wäre das die Chance, auf eigenem Spielfeld den wichtigsten Politiker der Bundesrepublik zu zwingen, die DDR-Interpretation der Deutschen Frage faktisch anzuerkennen. Obwohl die Bundesregierung aus genau diesem Grund immer wieder hinhaltend auf entsprechende Vorstöße der SED reagiert hat, sagt ihr Ständiger Vertreter in Ost-Berlin nun, er hoffe, dass „dieser Besuch noch in der laufenden Legislaturperiode der gegenwärtigen Bundesregierung stattfinden" könne.

Der Leiter der Ständigen Vertretung der Bundesrepublik in Ost-Berlin, Hans Otto Bräutigam, hier mit Journalisten im DDR-Außenministerium 1987.

Doch damit hat er nun wirklich genügend um eine gute Gesprächsatmosphäre gebuhlt. Also kommt Bräutigam zu seinem eigentlichen Anliegen: „Die Entwicklung des Reiseverkehrs" habe „viel für die Verbesserung des Klimas zwischen beiden deutschen Staaten bewirkt". Er wolle darauf hinweisen, dass die offensichtlich neue restriktivere Handhabung der Genehmigungspraxis durch die DDR in der Bundesrepublik nicht verstanden werde. Das ist Kritik hart am Rande dessen, was die innerdeutschen Beziehungen aushalten, denn die SED versteht solche Anmerkungen stets als „Einmischungen in innere Angelegenheiten".

Entsprechend verschnupft reagiert Krenz: Bräutigam verfüge hier offensichtlich über falsche Informationen, unterbricht er seinen Gast. Das ist jedoch eine schwache Replik, denn natürlich ist dem ZK-Sekretär bekannt, dass bundesdeutsche Stellen die Reisen von DDR-Bürgern in die Bundesrepublik registrieren – zwar nicht an der Grenze, aber über das Begrüßungsgeld, das Besuchern gezahlt wird. Vor allem aber weiß Krenz, was das SED-Politbüro erst wenige Wochen zuvor vertraulich beschlos-

Frühling '88

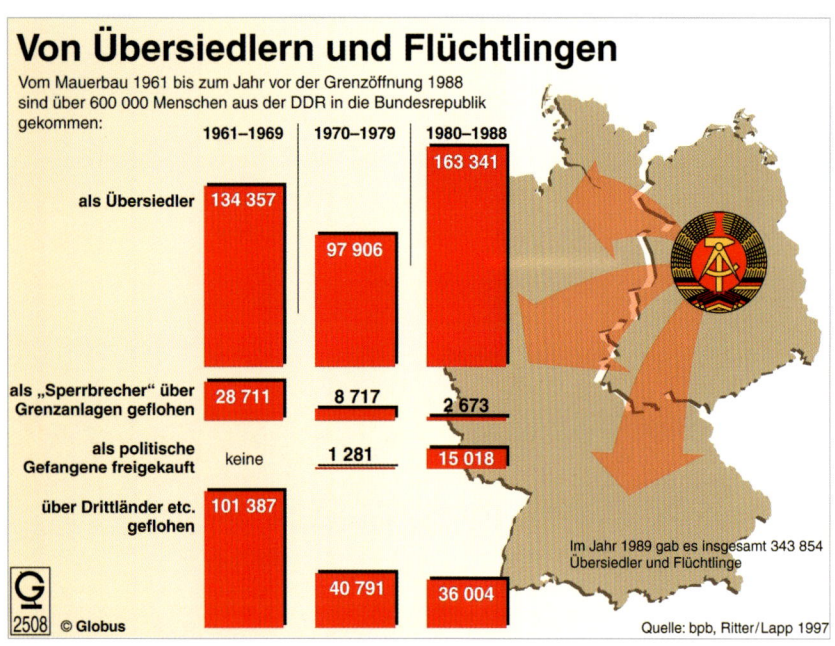

Statistik der Übersiedler aus der DDR in die Bundesrepublik.

sen hat: Reisen von DDR-Bürgern unterhalb des Rentenalters sollen ab sofort deutlich seltener genehmigt werden. Zwar haben 1987 nur 3009 Westreisende unter 65 Jahren, also gerade 0,23 Prozent der insgesamt knapp 1,3 Millionen Besucher, ihre Reise zur „Republikflucht" genutzt. Dennoch schmerzt schon dieser relativ kleine Aderlass den SED-Staat, denn die meisten Flüchtlinge sind gut ausgebildet und wollen ihren Berufen lieber in Freiheit nachgehen. Vor allem viele Mediziner und Techniker sind im Westen geblieben. Ab sofort, so hat das Politbüro bei seiner achten regulären Sitzung des Jahres beschlossen, werden deshalb „gemeinsame Reisen von Ehepaaren, Eltern bzw. Elternteilen mit ihren erwachsenen Kindern" nicht mehr genehmigt. Außerdem sollen die Kriterien für Verwandtenbesuche neu und enger gefasst werden. Bei Anträgen von Hoch- und Fachschulabsolventen sowie anderen Fachkräften haben die Spitzenfunktionäre „gründliche Überprüfungen zur vorbeugenden Verhinderung eines möglichen Missbrauchs dieser Reisen" angeordnet.

Natürlich kennt Hans Otto Bräutigam den streng geheimen Politbüro-Beschluss nicht. Doch mit dem schnellen Einwurf von Krenz lässt er das Thema nicht auf sich beruhen – dafür ist es zu bedeutsam. Also bleibt der Diplomat ungerührt bei der Sache. Aus Sicht der Bundesregierung dürfe es keinen auffälligen Rückschlag im Reiseverkehr geben. Natürlich sei einzuräumen, gibt er taktisch beweglich zu, dass die Reiselust 1988 nicht die gleiche sein müsse wie 1987. Aber dann fordert er Krenz laut Protokoll direkt heraus: „Aus kirchlichen Kreisen der DDR habe er Informationen, dass die Ablehnung für Reisen in die Bundesrepublik zugenommen hätte."

Nun weicht der ZK-Sekretär aus und wechselt erst einmal das Thema. Er spricht von den Fortschritten bei der Abrüstung und verweist auf den vorzeitigen Abzug sowjetischer Atomwaffen aus der DDR. Was die Reisefrage angehe, fährt Krenz fort, als er sich gefangen hat, so handele es sich um eine innere Angelegenheit und eine Sache des Staates, nicht der Kirche. Dann lügt der Spitzenfunktionär seinen Gast ein zweites Mal offen an, diesmal nicht spontan, sondern überlegt: Es gebe seitens der DDR keine restriktivere Handhabung der Genehmigung von Reisen nach Westdeutschland. Krenz versucht, die Verantwortung für die Schwankungen der Bundesrepublik aufzuladen: Natürlich entwickle sich der Reiseverkehr dann gut, wenn die DDR und ihre Bürger nicht verleumdet würden. Aber schon im nächsten Satz lässt er dieses schwache Argument wieder fallen und droht stattdessen offen: „Die Zahl der Reisen ist keine für alle Zeiten gültige Größe. Alles hängt von den Gesamtbeziehungen ab."

Damit ist in der Frage der Westreisen von DDR-Bürgern alles gesagt: Die SED hat verklausuliert zugegeben, die Genehmigungen eingeschränkt, also den Druck auf die eigene Bevölkerung erhöht zu haben. Dagegen kann die Bundesregierung vorerst nichts tun, aber immerhin weiß Bräutigam jetzt, woran er ist. So geht das Gespräch bald zu Ende. Die beiden persönlichen Einladungen lehnt Krenz unter Hinweis auf Terminschwierigkeiten ab. Das Angebot, DDR-Jugendliche mit Bundespräsident von Weizsäcker zusammenzubringen, nimmt er immerhin an, sofern die FDJ eine entsprechende Einladung erhalte. Tatsächlich reisen einige Wochen später elf jüngere Funktionäre nach Bonn. Das Motto des Gartenfestes wird in DDR-Zeitungen freilich nicht erwähnt: „Jugend überwindet Grenzen".

„Gerhard hat eine offene Antwort bekommen"

Planchef Schürer scheitert im Politbüro mit dem Vorschlag eines Kurswechsels

Wirtschaftlicher Erfolg lässt sich in der Regel ganz einfach messen, an Bilanzen und Zahlen nämlich. Spielt jedoch Politik hinein, sieht das schon anders aus. Seit Mitte der 1980er-Jahre hat die SED-Propaganda die DDR zur zehntstärksten Industrienation der Welt erklärt, was offenbar im Ausland für bare Münze genommen wird. So kommt selbst der US-Geheimdienst CIA 1987 zu dem Schluss, dass das Bruttoinlandsprodukt pro Kopf in der DDR 100 Dollar über dem in Westdeutschland liege. Die Bürger der DDR machen in ihrem Alltag völlig andere Erfahrungen. Sie müssen in ihren Betrieben mit störanfälligen Maschinen und fehlendem Nachschub kämpfen oder privat beim Einkaufen oft damit leben, dass selbst einfache Güter für den täglichen Bedarf kaum zu bekommen sind. Auch brauchen sie einen langen Atem, um langlebige Konsumgüter wie Tiefkühlgeräte, vollautomatische Waschmaschinen oder Farbfernseher zu ergattern – und das nicht selten für das Vielfache eines durchschnittlichen Monatslohns. Da bekommt das Label „Industrienation" einen faden Beigeschmack.

Im Frühjahr 1988 befasst sich der Wirtschaftsapparat der SED wie jedes Jahr mit den ersten Entwürfen für den kommenden Volkswirtschafts- und Staatshaushaltsplan. Die Abläufe sind vorgegeben: Jeder weiß, was er vorzulegen und wen er zu informieren hat. Auch Gerhard Schürer ist mit dem Ablauf bestens vertraut. Seit 1965 ist der inzwischen 67-Jährige Vorsitzender der Staatlichen Plankommission, außerdem stellvertretender Vorsitzender des Ministerrates und Kandidat des Politbüros der SED, des höchsten Führungsgremiums der Partei.

Doch am 26. April 1988 macht Schürer einen ungewöhnlichen Schritt. Er diktiert ein persönliches Schreiben an SED-Chef Honecker, das auf Regierungsbriefpapier ausgefertigt wird. Dem Entwurf für die Wirtschaftspläne 1989 fügt er „weitere Überlegungen" bei sowie die Bitte um ein Vier-Augen-Gespräch. „Ich kann schwer einschätzen, inwieweit Du den Überlegungen Unterstützung geben kannst und habe deshalb das Material mit niemandem abgestimmt und außer Dir auch niemandem übersandt." Schürer weiß, dass seine Überlegungen Sprengstoff sind – auch wenn er am System der Planwirtschaft festhält. Denn sie lassen sich unter einer Überschrift zusammenfassen: Unsere Republik geht Pleite.

Gut ist es der DDR-Planwirtschaft nie gegangen; schon die Fluchtwelle der 1950er-Jahre hatte neben politischen stets auch ökonomische Gründe. Ein beschleunigter Niedergang hat dann 1971 mit Erich Honeckers Machtübernahme von Walter Ulbricht begonnen. Der ehrgeizige Machthaber will mit einer Politik der „Einheit von Wirtschafts- und Sozialpolitik" Pflöcke einschlagen. Sie setzt auf Konsum, was sich in einem gigantischen Wohnungsbauprogramm niederschlägt, in Lohn- und Rentenerhöhungen und in einer verbesserten Versorgung. Doch das hat einen Preis: Eine gefährliche Verschuldungsspirale kommt in Gang.

Bereits ein Jahr später erhebt Planungschef Schürer im Politbüro Einspruch, weil Honeckers Kurs nicht zu finanzieren sei. Er muss sich jedoch vorhalten lassen, kurzsichtig zu sein. 1977 schlagen Schürer und der im Politbüro sowie im Sekretariat des ZK der SED für Wirtschaftsfragen zuständige Günter Mittag erneut Alarm. Sie schreiben Honecker einen Brief: „Erstmals sind wir in akuten

Seine Warnungen bleiben ungehört: Gerhard Schürer, von 1965 bis 1989 Vorsitzender der Staatlichen Plankommission beim Ministerrat der DDR und Kandidat des Politbüros der SED.

Sommer '88
Die Bevölkerung verzweifelt an der Führung

5. Juni: Am Weltumwelttag demonstrieren etwa 230 Menschen in Leipzig entlang des stinkenden Flusses Pleiße gegen die zunehmende Umweltverschmutzung.

9. Juni: Die Tageszeitung *Die Welt* veröffentlicht Äußerungen des sowjetischen Außenpolitik-Experten Wjatscheslaw Daschitschew. Dieser hatte in der sowjetischen Botschaft in Bonn Mauer und Stacheldraht an den Grenzen der DDR als „Überreste und Überlieferungen des Kalten Krieges" bezeichnet, die „mit der Zeit verschwinden müssten".

13.–15. Juni: CDU-Parteitag in Wiesbaden. Helmut Kohl will den Christdemokraten das Image einer modernen Volkspartei geben. Im Vorfeld gibt es Bestrebungen, angeregt durch Umfragen, die Wiedervereinigung als Ziel aus dem Programm zu streichen. Das scheitert am Widerstand der CDU-Basis.

14. Juni: Das SED-Politbüro beschäftigt sich mit der Nichterfüllung des Planes 1987. ZK-Wirtschaftssekretär Günter Mittag macht dafür die Generaldirektoren der Kombinate und die Minister verantwortlich; Ministerpräsident Willi

Während vor dem Reichstag rund 40.000 West-Fans am 19. Juni 1988 ihr Idol Michael Jackson feiern, hören jenseits der Mauer vor dem Brandenburger Tor die Ost-Berliner unter den Augen der Volkspolizei dem Konzert zu.

„Gerhard hat eine offene Antwort bekommen"

Planchef Schürer scheitert im Politbüro mit dem Vorschlag eines Kurswechsels

Wirtschaftlicher Erfolg lässt sich in der Regel ganz einfach messen, an Bilanzen und Zahlen nämlich. Spielt jedoch Politik hinein, sieht das schon anders aus. Seit Mitte der 1980er-Jahre hat die SED-Propaganda die DDR zur zehntstärksten Industrienation der Welt erklärt, was offenbar im Ausland für bare Münze genommen wird. So kommt selbst der US-Geheimdienst CIA 1987 zu dem Schluss, dass das Bruttoinlandsprodukt pro Kopf in der DDR 100 Dollar über dem in Westdeutschland liege. Die Bürger der DDR machen in ihrem Alltag völlig andere Erfahrungen. Sie müssen in ihren Betrieben mit störanfälligen Maschinen und fehlendem Nachschub kämpfen oder privat beim Einkaufen oft damit leben, dass selbst einfache Güter für den täglichen Bedarf kaum zu bekommen sind. Auch brauchen sie einen langen Atem, um langlebige Konsumgüter wie Tiefkühlgeräte, vollautomatische Waschmaschinen oder Farbfernseher zu ergattern – und das nicht selten für das Vielfache eines durchschnittlichen Monatslohns. Da bekommt das Label „Industrienation" einen faden Beigeschmack.

Im Frühjahr 1988 befasst sich der Wirtschaftsapparat der SED wie jedes Jahr mit den ersten Entwürfen für den kommenden Volkswirtschafts- und Staatshaushaltsplan. Die Abläufe sind vorgegeben: Jeder weiß, was er vorzulegen und wen er zu informieren hat. Auch Gerhard Schürer ist mit dem Ablauf bestens vertraut. Seit 1965 ist der inzwischen 67-Jährige Vorsitzender der Staatlichen Plankommission, außerdem stellvertretender Vorsitzender des Ministerrates und Kandidat des Politbüros der SED, des höchsten Führungsgremiums der Partei.

Doch am 26. April 1988 macht Schürer einen ungewöhnlichen Schritt. Er diktiert ein persönliches Schreiben an SED-Chef Honecker, das auf Regierungsbriefpapier ausgefertigt wird. Dem Entwurf für die Wirtschaftspläne 1989 fügt er „weitere Überlegungen" bei sowie die Bitte um ein Vier-Augen-Gespräch. „Ich kann schwer einschätzen, inwieweit Du den Überlegungen Unterstützung geben kannst und habe deshalb das Material mit niemandem abgestimmt und außer Dir auch niemandem übersandt." Schürer weiß, dass seine Überlegungen Sprengstoff sind – auch wenn er am System der Planwirtschaft festhält. Denn sie lassen sich unter einer Überschrift zusammenfassen: Unsere Republik geht Pleite.

Gut ist es der DDR-Planwirtschaft nie gegangen; schon die Fluchtwelle der 1950er-Jahre hatte neben politischen stets auch ökonomische Gründe. Ein beschleunigter Niedergang hat dann 1971 mit Erich Honeckers Machtübernahme von Walter Ulbricht begonnen. Der ehrgeizige Machthaber will mit einer Politik der „Einheit von Wirtschafts- und Sozialpolitik" Pflöcke einschlagen. Sie setzt auf Konsum, was sich in einem gigantischen Wohnungsbauprogramm niederschlägt, in Lohn- und Rentenerhöhungen und in einer verbesserten Versorgung. Doch das hat einen Preis: Eine gefährliche Verschuldungsspirale kommt in Gang.

Bereits ein Jahr später erhebt Planungschef Schürer im Politbüro Einspruch, weil Honeckers Kurs nicht zu finanzieren sei. Er muss sich jedoch vorhalten lassen, kurzsichtig zu sein. 1977 schlagen Schürer und der im Politbüro sowie im Sekretariat des ZK der SED für Wirtschaftsfragen zuständige Günter Mittag erneut Alarm. Sie schreiben Honecker einen Brief: „Erstmals sind wir in akuten

Seine Warnungen bleiben ungehört: Gerhard Schürer, von 1965 bis 1989 Vorsitzender der Staatlichen Plankommission beim Ministerrat der DDR und Kandidat des Politbüros der SED.

Sommer '88
Die Bevölkerung verzweifelt an der Führung

5. Juni: Am Weltumwelttag demonstrieren etwa 230 Menschen in Leipzig entlang des stinkenden Flusses Pleiße gegen die zunehmende Umweltverschmutzung.

9. Juni: Die Tageszeitung *Die Welt* veröffentlicht Äußerungen des sowjetischen Außenpolitik-Experten Wjatscheslaw Daschitschew. Dieser hatte in der sowjetischen Botschaft in Bonn Mauer und Stacheldraht an den Grenzen der DDR als „Überreste und Überlieferungen des Kalten Krieges" bezeichnet, die „mit der Zeit verschwinden müssten".

13.–15. Juni: CDU-Parteitag in Wiesbaden. Helmut Kohl will den Christdemokraten das Image einer modernen Volkspartei geben. Im Vorfeld gibt es Bestrebungen, angeregt durch Umfragen, die Wiedervereinigung als Ziel aus dem Programm zu streichen. Das scheitert am Widerstand der CDU-Basis.

14. Juni: Das SED-Politbüro beschäftigt sich mit der Nichterfüllung des Planes 1987. ZK-Wirtschaftssekretär Günter Mittag macht dafür die Generaldirektoren der Kombinate und die Minister verantwortlich; Ministerpräsident Willi

Während vor dem Reichstag rund 40.000 West-Fans am 19. Juni 1988 ihr Idol Michael Jackson feiern, hören jenseits der Mauer vor dem Brandenburger Tor die Ost-Berliner unter den Augen der Volkspolizei dem Konzert zu.

„Gerhard hat eine offene Antwort bekommen"

Planchef Schürer scheitert im Politbüro mit dem Vorschlag eines Kurswechsels

Wirtschaftlicher Erfolg lässt sich in der Regel ganz einfach messen, an Bilanzen und Zahlen nämlich. Spielt jedoch Politik hinein, sieht das schon anders aus. Seit Mitte der 1980er-Jahre hat die SED-Propaganda die DDR zur zehntstärksten Industrienation der Welt erklärt, was offenbar im Ausland für bare Münze genommen wird. So kommt selbst der US-Geheimdienst CIA 1987 zu dem Schluss, dass das Bruttoinlandsprodukt pro Kopf in der DDR 100 Dollar über dem in Westdeutschland liege. Die Bürger der DDR machen in ihrem Alltag völlig andere Erfahrungen. Sie müssen in ihren Betrieben mit störanfälligen Maschinen und fehlendem Nachschub kämpfen oder privat beim Einkaufen oft damit leben, dass selbst einfache Güter für den täglichen Bedarf kaum zu bekommen sind. Auch brauchen sie einen langen Atem, um langlebige Konsumgüter wie Tiefkühlgeräte, vollautomatische Waschmaschinen oder Farbfernseher zu ergattern – und das nicht selten für das Vielfache eines durchschnittlichen Monatslohns. Da bekommt das Label „Industrienation" einen faden Beigeschmack.

Im Frühjahr 1988 befasst sich der Wirtschaftsapparat der SED wie jedes Jahr mit den ersten Entwürfen für den kommenden Volkswirtschafts- und Staatshaushaltsplan. Die Abläufe sind vorgegeben: Jeder weiß, was er vorzulegen und wen er zu informieren hat. Auch Gerhard Schürer ist mit dem Ablauf bestens vertraut. Seit 1965 ist der inzwischen 67-Jährige Vorsitzender der Staatlichen Plankommission, außerdem stellvertretender Vorsitzender des Ministerrates und Kandidat des Politbüros der SED, des höchsten Führungsgremiums der Partei.

Doch am 26. April 1988 macht Schürer einen ungewöhnlichen Schritt. Er diktiert ein persönliches Schreiben an SED-Chef Honecker, das auf Regierungsbriefpapier ausgefertigt wird. Dem Entwurf für die Wirtschaftspläne 1989 fügt er „weitere Überlegungen" bei sowie die Bitte um ein Vier-Augen-Gespräch. „Ich kann schwer einschätzen, inwieweit Du den Überlegungen Unterstützung geben kannst und habe deshalb das Material mit niemandem abgestimmt und außer Dir auch niemandem übersandt." Schürer weiß, dass seine Überlegungen Sprengstoff sind – auch wenn er am System der Planwirtschaft festhält. Denn sie lassen sich unter einer Überschrift zusammenfassen: Unsere Republik geht Pleite.

Seine Warnungen bleiben ungehört: Gerhard Schürer, von 1965 bis 1989 Vorsitzender der Staatlichen Plankommission beim Ministerrat der DDR und Kandidat des Politbüros der SED.

Gut ist es der DDR-Planwirtschaft nie gegangen; schon die Fluchtwelle der 1950er-Jahre hatte neben politischen stets auch ökonomische Gründe. Ein beschleunigter Niedergang hat dann 1971 mit Erich Honeckers Machtübernahme von Walter Ulbricht begonnen. Der ehrgeizige Machthaber will mit einer Politik der „Einheit von Wirtschafts- und Sozialpolitik" Pflöcke einschlagen. Sie setzt auf Konsum, was sich in einem gigantischen Wohnungsbauprogramm niederschlägt, in Lohn- und Rentenerhöhungen und in einer verbesserten Versorgung. Doch das hat einen Preis: Eine gefährliche Verschuldungsspirale kommt in Gang.

Bereits ein Jahr später erhebt Planungschef Schürer im Politbüro Einspruch, weil Honeckers Kurs nicht zu finanzieren sei. Er muss sich jedoch vorhalten lassen, kurzsichtig zu sein. 1977 schlagen Schürer und der im Politbüro sowie im Sekretariat des ZK der SED für Wirtschaftsfragen zuständige Günter Mittag erneut Alarm. Sie schreiben Honecker einen Brief: „Erstmals sind wir in akuten

Sommer '88

Die Bevölkerung verzweifelt an der Führung

5. Juni: Am Weltumwelttag demonstrieren etwa 230 Menschen in Leipzig entlang des stinkenden Flusses Pleiße gegen die zunehmende Umweltverschmutzung.

9. Juni: Die Tageszeitung *Die Welt* veröffentlicht Äußerungen des sowjetischen Außenpolitik-Experten Wjatscheslaw Daschitschew. Dieser hatte in der sowjetischen Botschaft in Bonn Mauer und Stacheldraht an den Grenzen der DDR als „Überreste und Überlieferungen des Kalten Krieges" bezeichnet, die „mit der Zeit verschwinden müssten".

13.–15. Juni: CDU-Parteitag in Wiesbaden. Helmut Kohl will den Christdemokraten das Image einer modernen Volkspartei geben. Im Vorfeld gibt es Bestrebungen, angeregt durch Umfragen, die Wiedervereinigung als Ziel aus dem Programm zu streichen. Das scheitert am Widerstand der CDU-Basis.

14. Juni: Das SED-Politbüro beschäftigt sich mit der Nichterfüllung des Planes 1987. ZK-Wirtschaftssekretär Günter Mittag macht dafür die Generaldirektoren der Kombinate und die Minister verantwortlich; Ministerpräsident Willi

Während vor dem Reichstag rund 40.000 West-Fans am 19. Juni 1988 ihr Idol Michael Jackson feiern, hören jenseits der Mauer vor dem Brandenburger Tor die Ost-Berliner unter den Augen der Volkspolizei dem Konzert zu.

Die Preisträger Jochen Läßig, Katharina Köhler (für ihren Vater, Pfarrer Christian Führer), Pfarrer Christoph Wonneberger und Uwe Schwabe (v.l.n.r.) am 24. Juni 2014 in Berlin bei der Preisverleihung des Deutschen Nationalpreises. Zum 25. Jahrestag des Mauerfalls würdigt der Deutsche Nationalpreis wichtige Akteure der Leipziger Montagsdemonstrationen.

Stoph wehrt sich gegen die Verlagerung der Verantwortung vom Politbüro auf die Regierung. Erich Honecker appelliert: „Wir müssen den Zusammenbruch verhindern!"

17. Juni: Das MfS berichtet in einer geheimen Information an Stoph, dass in „breitesten Kreisen der Bevölkerung die Diskussionen zu innenpolitischen Fragen, insbesondere zu Problemen der Um- und Durchsetzung der Wirtschafts- und Sozialpolitik weiter zugenommen" hätten. Immer öfter werde die Frage aufgeworfen, „ob die Partei- und Staatsführung überhaupt die reale Lage in der Volkswirtschaft und auf dem Gebiet der Versorgung kenne".

19. Juni: Während eines Konzerts von Popstar Michael Jackson vor dem West-Berliner Reichstagsgebäude unweit der Mauer kommt es in Ost-Berlin zu Auseinandersetzungen zwischen der Volkspolizei und Jugendlichen, die das Konzert hören wollen und sich in Mauernähe aufhalten.

24. Juni: Zum Abschluss des Kirchentages der Evangelischen Kirche in der Provinz Sachsen werden 20 Thesen zur gesellschaftlichen Erneuerung verabschiedet, in denen mehr Offenheit und Dialog in der DDR gefordert werden. SED-Bezirkschef Hans-Joachim Böhme reagiert: „Die DDR-Bürger lassen sich durch nichts und niemanden zum Kapitalismus ‚zurückreformieren'."

27. Juni: Pfarrer Christoph Wonneberger hält in der Leipziger Nikolaikirche das letzte Friedensgebet vor der Sommerpause ab. Die Kollekte ist zur Finanzierung der Strafe gedacht, die Jürgen Tallig zahlen soll, weil er Losungen an der Fußgängerunterführung am Wilhelm-Leuschner-Platz angebracht hatte. Der anwesende Stellvertreter von Superintendent Friedrich Magirius, Pfarrer Manfred Wugk, distanziert sich noch während des Friedensgebets von dieser „konkreten Fürbitte", da sie „illegal" sei.

1. Juli: Die Stasi schlägt in einem Bericht Alarm, weil zahlreiche Ärzte und Zahnärzte illegal die DDR verlassen haben.

5. Juli: Im Interview einer DDR-Kirchenzeitung fordert Ex-Bundeskanzler Helmut Schmidt, sein Nachfolger Kohl solle SED-Chef Honecker häufiger treffen, „mindestens so oft, wie Ronald Reagan und Michail Gorbatschow sich treffen".

7. Juli: Auf der 44. Jahrestagung der sozialistischen Staaten in Prag werden die vom sowjetischen Partei- und Staatschef Gorbatschow eingeleiteten Reformen diskutiert. Alle Staaten mit Ausnahme der DDR und Rumäniens begrüßen seinen Vorschlag einer Intensivierung der Beziehungen zur Europäischen Gemeinschaft (EG).

14. Juli: Der Hamburger Senat prüft eine Klage gegen die Bundesregierung. Sie soll gezwungen werden, der DDR Geld zur Verfügung zu

Chronik Sommer '88

Der „Klassenfeind" dringt in die ostdeutschen Wohnzimmer: Die Fernsehantennen, wie hier in der Rostocker Innenstadt, sind nach Westen ausgerichtet.

stellen, um Abwässer zu klären, die sonst über die Elbe in die Hansestadt geschwemmt werden. Im vergangenen Jahr sind allein an einer Staustufe 130 Tonnen Arsen, 25 Tonnen Quecksilber, 125 Tonnen Blei, 15 Tonnen Cadmium, 250 Tonnen Chrom, 350 Tonnen Kupfer und 250 Tonnen Nickel angefallen. Die teilweise hochgiftigen Metalle stammen aus der Chemieindustrie der DDR und der ČSSR.

19. Juli: Genau um 15.04 Uhr versucht der Ost-Berliner Autoschlosser Reiner Bäthge, über den Ausländerübergang Friedrichstraße in den Westen zu flüchten. Er rennt im Zickzack über die Zufahrt, doch 20 Meter vor dem weißen Grenzstrich greifen ihn Grenzer. Sieben Mann stürzen sich auf den 28-Jährigen, drücken ihn zu Boden und zerren ihn hinter ein Abfertigungshäuschen. Bäthge ist verheiratet, er hat zwei Kinder adoptiert.

19. Juli: Bruce Springsteen gibt in Berlin-Weißensee vor offiziell rund 160.000 Zuschauern ein Konzert. Es ist der Höhepunkt eines Konzert-Sommers, mit dem die FDJ die unruhig werdende Jugend ablenken will. Doch die Stimmung bleibt gespannt.

25. Juli: Spätabends besteigen der 25-jährige Andreas K. und der erst 15-jährige Thomas G. nahe Rostock ein Paddelboot und machen sich auf den Weg hinaus in die Ostsee. Nach rund sieben Stunden auf See kreuzt die Lübecker Fähre „Saga Star" ihren Weg und nimmt sie auf.

29. Juli: Das *Hamburger Abendblatt* meldet, dass die Zahl der Anträge auf Ausreise aus der DDR weiter zunehme. Allein in einer Kreisstadt im Norden hätten 15 bis 20 Prozent der Bevölkerung einen Antrag auf Übersiedlung gestellt. Die örtliche Partei sei vom Zentralkomitee beauftragt worden, mit allen zur Verfügung stehenden Mitteln die Zahl der Antragsteller zu reduzieren, die aus allen Schichten der Bevölkerung kämen.

4. August: Die DDR lässt die Bürgerrechtler Bärbel Bohley und Werner Fischer wieder einreisen. Beide sind nach der Demonstration zum Gedenken an Rosa Luxemburg und Karl Liebknecht als „Landesverräter" in den Westen abgeschoben worden. Angeblich hat sich Honecker persönlich für ihre Rückkehr stark gemacht, heißt es gerüchteweise.

7. August: Zum ersten Mal hält ein Regierender Bürgermeister von West-Berlin eine Rede in der DDR. Zur Eröffnung einer Ausstellung des Bauhaus-Archivs in Dessau fordert der CDU-Politiker Eberhard Diepgen, „die kulturelle Einheit Europas trotz staatlicher Teilung für immer mehr Menschen praktisch erlebbar zu machen".

12. August: Ein Offizier der DDR-Grenztruppen flüchtet in die Bundesrepublik. In einem Interview des *Rias* bestätigt er die Existenz des Schießbefehls für die DDR-Grenztruppen, der während des Honecker-Besuchs 1987 in der Bundesrepublik ausgesetzt wurde.

13./14. August: Vier Abrüstungsinspektoren der Bundeswehr nehmen an zweitägigen Manövern der NVA teil.

15. August: Die EG-Kommission und die DDR nehmen offiziell diplomatische Beziehungen auf.

18. August: Der saarländische Ministerpräsident Oskar Lafontaine wird von Honecker empfangen. Der SPD-Politiker spricht sich für die Anerkennung der DDR-Staatsbürgerschaft und die Auflösung der Erfassungsstelle Salzgitter aus.

21. August: In der Nähe des Reichstages fliehen vier DDR-Bürger vor zahlreichen Zuschauern durch die Spree. Die Besatzung eines Wachbootes der Grenztruppen macht von den Schusswaffen keinen Gebrauch; alle Flüchtlinge erreichen unverletzt den Westteil der Stadt.

23. August: Das SED-Politbüro beschließt, keine Maßnahmen gegen Errichtung und Betreiben von technischen Anlagen zum „Westempfang" per Satellit zu erlassen, die technischen Möglichkeiten aber auch nicht zu propagieren. Zuvor hatten DDR-Bürger aus den Bezirken Dresden, Karl-Marx-Stadt, Halle, Leipzig und Rostock mit Eingaben dagegen protestiert, kein Westfernsehen empfangen zu können – und versucht, den Mangel mit Anlagen Marke Eigenbau zu beheben.

26. August: Der Chef der Staatlichen Plankommission, Gerhard Schürer, stellt in einem internen Vermerk „Zur ökonomischen Situation der DDR" fest, dass „die DDR unter den konkreten Bedingungen, besonders den hohen außenwirtschaftlichen Belastungen, über einen langen Zeitraum mehr verbraucht als sie produziert und vor der Notwendigkeit steht, umfangreiche Maßnahmen zur Umkehrung dieser Entwicklung einzuleiten". Wenn der Exportüberschuss von einer Milliarde VM 1989 im Jahre 1990 nicht auf drei Milliarden VM erhöht werde, wobei Verbesserungen schon 1989 erreicht werden müssten, sei „die DDR im Verlauf des Jahres 1990 nicht mehr zahlungsfähig".

27. August: Das *Neue Deutschland* kündigt den neuen Wartburg mit Viertakt-Motor an. Wie in einem Werbeprospekt und ungewöhnlich ausführlich werden Ausstattung, niedriger Kraftstoff-Verbrauch und die hohe Nutzungsdauer funktionswichtiger Baugruppen dieses neuen Fahrzeugs gelobt, dessen Motor in Lizenz der Volkswagen AG gebaut wird. Ausdrücklich wird auf die hohen Investitionen in die Produktion hingewiesen. Der Grund: Die Grundausführung des Wartburg 1.3 (Limousine) hat einen für DDR-Verhältnisse unverschämt hohen Einzelhandelsverkaufspreis von 30.200 Mark. Das ist ein Drittel mehr, als für das Vorgänger-Modell verlangt wurde, das zudem nicht mehr erhältlich ist. Damit bestätigen sich entsprechende Gerüchte, die seit Frühjahr 1988 im Umlauf sind. Die Empörung über den hohen Neupreis reicht weit in Funktionärskreise und in solche Teile der DDR-Bevölkerung, die bislang keine Systemkritik geäußert haben.

29. August: In der Leipziger Nikolaikirche kommt es zum Eklat. Superintendent Friedrich Magirius versucht, die Friedensgebete zu unterbinden.

Im August 1988 als Neuheit gefeiert, und drei Jahre später bereits Geschichte: Dieser Wartburg 1.3" dokumentiert den Abschluss eines Kapitels im Eisenacher Automobilbau. Der mit einer VW-Viertaktmaschine ausgestattete Wagen ist am 10. April 1991 als letzter seiner Art vom Band gelaufen und hat einen Platz im Museum gefunden.

Sommer '88

"Eine Nation ohne eigenen Willen zum Staat ist ein Unding"

Helmut Kohl will der CDU einen modernen Anstrich geben und erregt Widerspruch

Klarheit ist eine Zier. „Solange die Einheit in Freiheit noch nicht erreicht ist, muss die Deutsche Frage rechtlich und politisch offengehalten werden. Die CDU betrachtet es daher als wichtige Aufgabe der Deutschlandpolitik, das gesamtdeutsche Bewusstsein und den Willen zur nationalen Einheit zu stärken und alle Entwicklungen zu fördern, die der Deutschen Einheit in Freiheit dienen. Die CDU hält an der einen deutschen Staatsangehörigkeit fest. Die DDR ist für uns kein Ausland." Diese Sätze aus den Beschlüssen ihres Parteitags vom 13. bis 15. Juni 1988 in Wiesbaden lassen auf den ersten Blick keinen Zweifel an der Haltung der CDU. Auch der Parteichef, Bundeskanzler Helmut Kohl, äußert sich in seinem Schlusswort zum deutsch-deutschen Verhältnis. Er schildert allerdings eine persönliche Erfahrung: „Für mich waren die zweieinhalb Tage, die ich kürzlich privat in der DDR verbracht habe, von größter Bedeutung. Mir ist dort wieder einmal deutlich vor Augen geführt worden, wie selbstverständlich wir in der Bundesrepublik Deutschland Freiheit erleben und genießen, wie viel es bedeutet, dass hier vor der Halle ganz selbstverständlich Demonstranten stehen können, weil das Recht auf Demonstration bei uns ein Grundrecht ist, weil bei uns Meinungen ausgetauscht werden können zuweilen auch mit großer Heftigkeit."

Nur wenige Monate vor dem Parteitag sind allerdings in der CDU selbst sehr heftig Meinungen zur Deutschlandpolitik ausgetauscht worden. Das hat ganz anders geklungen als die Beschlüsse von Wiesbaden. Ungewöhnlich kritisch hat etwa der frühere CDU-Chef Rainer Barzel im Februar 1988 an seinen Nachfolger Kohl geschrieben: „Mit Entsetzen las ich in den hiesigen Karnevalstagen Mitteilungen über einen programmatischen Antrag der CDU zur Deutschlandpolitik, in dem von Wiedervereinigung nicht mehr die Rede ist. Warum eigentlich, so frage ich Sie, Herr Vorsitzender, haben wir gegen die SPD gekämpft, als diese erklärte, von Wiedervereinigung – vom Lebensrecht unseres Volkes also – nicht mehr sprechen zu wollen?"

Tatsächlich kommt es Anfang 1988 zum radikalsten Versuch in der CDU, die Programmatik der Partei der längst praktizierten Regierungspolitik anzupassen oder „zu entrümpeln", wie das Magazin *Der Spiegel* hämisch schreibt. Den ersten Test hat die Ministerin für innerdeutsche Beziehungen, Dorothee Wilms, zu Jahresbeginn bei einem Vortrag in Paris gestartet. Die Wiedervereinigung Deutschlands, so Wilms, werde es in überschaubarer Zukunft nicht geben; davor liege ein geschichtlicher Prozess von nicht absehbarer Dauer. Weiter sagt die Ministerin: „Der Nationalstaat um seiner selbst Willen, das ist weder der Auftrag des Grundgesetzes noch entspricht dies unserem politischen Bewusstsein."

Die Reaktion folgt prompt. Die Überwindung der Teilung Deutschlands werde auf den Sankt-Nimmerleins-Tag verschoben, tadelt etwa *Die Welt*. Ottfried Hennig, Wilms' Parlamentarischer Staatssekretär, kritisiert seine eigene Ministerin: „Abwarten ist keine uns erlaubte Politik." Der Staatsrechtler und CDU-Parlamentarier

Bundestagspräsident Philipp Jenninger, Bundeskanzler Helmut Kohl und CDU-Generalsekretär Heiner Geißler (v.l.) beim Bundesparteitag in Wiesbaden im Juni 1988 – hier steht die programmatische Kursbestimmung für die 1990er-Jahre im Mittelpunkt.

"Eine Nation ohne eigenen Willen zum Staat ist ein Unding"

Rupert Scholz verweist darauf, dass im Grundgesetz der Wiedervereinigungsauftrag „bewusst an die Spitze" gestellt wurde. Dieses verpflichte, für die Einheit der Nation alle Optionen offenzuhalten, „den Nationalstaat eingeschlossen".

Doch die CDU-Spitze lässt sich von einer Neuformulierung ihrer Ziele nicht abhalten. Am 18. Februar 1988 stellt CDU-Generalsekretär Heiner Geißler öffentlich ein Diskussionspapier vor, das die Vorlage für den Leitantrag zum Wiesbadener Parteitag im Juni sein soll. Mitautoren sind unter anderem die Minister Wilms und Wolfgang Schäuble, der Chef des Bundeskanzleramtes, sowie Unions-Fraktionsvize Volker Rühe. Das Wort „Wiedervereinigung" taucht in dem Papier nicht auf. Die Einheit sei nur mit Einverständnis der Nachbarn in Ost und West zu erreichen, heißt es stattdessen. Zuvor müsse der Ost-West-Konflikt überwunden werden; die europäische Einigung sei die Voraussetzung zur Überwindung der deutschen Teilung. Damit dreht die Parteispitze die bisherige Politik Westeuropas um. Ihr zufolge bestehen ohne Lösung der Deutschen Frage keine Chancen auf eine stabile Lage in ganz Europa.

CDU-interne Kritiker sehen sich in ihrer Befürchtung bestätigt, zumal die zuständige Programmkommission im Titel die Reihenfolge „Außen-, Sicherheits-, Europa- und Deutschlandpolitik" wählt und ihr kein führendes Mitglied der Arbeitsgruppe „Deutschlandpolitik und Berlinfragen" der Unionsfraktion im Bundestag angehört. Auch der CDU-Bundesausschuss „Außen- und Deutschlandpolitik" sei übergangen worden, meinen die Skeptiker und deuten dies als Versuch, die Deutschlandfrage hintanzustellen. „Tut man dies, so kann man eine Politik betreiben, die die Teilung akzeptiert und dennoch von Spannungsabbau redet, ein Verhalten, das auf die Anerkennung des Status quo als Normalität, als normativ anerkannte Größe für die praktische Politik, hinausliefe", kommentiert ein Beobachter. Darauf lasse auch der Vorschlag im Entwurf schließen, Kontakte mit der DDR „auf allen Ebenen" zu knüpfen, also auch mit SED und Volkskammer – bis dahin ein Tabu für die CDU.

Vor allem vom rechten Flügel der Partei kommt ein Aufschrei. Die Behauptung, eine Lösung der Deutschen Frage sei gegenwärtig nicht zu errei-

chen, kontert Barzel: „Wer diese Feststellung trifft, muss Rechenschaft geben über das, was er getan hat." Und er fragt: Wann hat die Bundesregierung die Sowjetunion zuletzt auf die Wiedervereinigung angesprochen? Wann ist mit den verbündeten Westmächten zuletzt über die gemeinsame Verpflichtung aus dem Deutschlandvertrag beraten worden? Wann hat man mit den Nachbarn mögliche Strukturen und Modelle gemäß dem Begleitschreiben zum Grundlagenvertrag 1972, dem „Brief zur Deutschen Einheit", erörtert?

Der frühere CDU-Chef bekommt Zustimmung aus der CSU. „Deine kritischen Fragen zu den deutschlandpolitischen Aussagen der CDU und der Bundesregierung sind sehr gerechtfertigt und dürfen nicht überhört werden", teilt ihm CSU-Chef Franz Josef Strauß mit. Auch die Medien stürzen sich auf das Thema. „Abschied von alten Einheits-Träumen", schreibt der *Spiegel* am 15. Februar 1988. Ernst-Otto Maetzke kommentiert einen Tag später in der *Frankfurter Allgemeinen Zeitung*: „Je gröber jemand sagte, dass die Überwindung der deutschen Teilung gegenwärtig nicht auf der Tagesordnung stehe, desto kräftiger nickte auch die CDU mit dem Kopf. Immer mehr ‚Pragmatismus' war angesagt: Hergabe von politischer Hartwährung für menschenrechtliche Weichwährung. Eine Weile wurde von der CDU noch Deutsche Rhetorik gepflegt, danach noch geduldet. Jetzt ist sie ihrer überdrüssig. Wird sie die Präambel des Grundgesetzes dann zu einem unanständigen Text erklären?" Kohl reagiert auf diesen Kommentar mit einem bitterbösen Brief an Maetzke, in dem er den Journalisten für seine angeblich überspitzten Formulierungen rügt.

Angesichts der Kritik beginnt die CDU-Spitze aber, das Diskussionspapier zu entschärfen. So wird die Formulierung, die Lösung der deutschen

In der Haltung zur Wiedervereinigung von einem parteiinternen Konsens weit entfernt: Die Ministerin für innerdeutsche Beziehungen, Dorothee Wilms, ihr Parlamentarischer Staatssekretär Ottfried Hennig und der CDU-Parlamentarier Rupert Scholz.

Frage sei gegenwärtig nicht zu erreichen, wieder herausgenommen. Dafür taucht das Wort „Wiedervereinigung" auf, indem man ein Zitat von Konrad Adenauer an den Anfang stellt. „Die Wiedervereinigung Deutschlands in Freiheit war und ist das vordringlichste Ziel unserer Politik." Gestrichen wird auch, dass die Einheit nur mit Zustimmung der Nachbarn zu erreichen sei.

Heiner Geißler erklärt, es sei um das Wort „Wiedervereinigung", nicht um das Ziel der Einheit gegangen. Man habe auf den Begriff verzichten wollen, weil die Formulierung der Präambel des Grundgesetzes, „die nationale und staatliche Einheit zu wahren", geeigneter schien. Das klingt wenig überzeugend, ebenso wie seine Erläuterung, „Wiedervereinigung" höre sich an, als ob etwas „Vergangenes restauriert werden sollte". Horst Teltschik, Kohls außenpolitischer Berater, verteidigt das von ihm mitverfasste Diskussionspapier ebenfalls. Das Beharren Bonns auf Verwirklichung von Menschenrechten in der DDR bewirke doch, dass die Deutsche Frage ständig auf der Tagesordnung stehe. Da eine territoriale Wiedervereinigung nicht zu erwarten sei, müssten mit praktischer Politik Reisemöglichkeiten verbessert und das Bewusstsein der Einheit der Nation gefördert werden.

In Wirklichkeit geht es den Autoren eher darum, die CDU zu modernisieren, sie attraktiver für die junge Generation und den neuen Mittelstand der Dienstleistungsbranchen zu machen. Kohl deutet das auf dem Parteitag in seiner Rede an: „Die Einstellung vieler Menschen hat sich verändert. Nicht die Werteordnung hat sich verändert, aber die Einstellung zu ihr. Hier ist ein Wandel in Gang gekommen, der für eine Partei wie die Christlich-Demokratische Union notwendigerweise Auswirkungen haben muss." Zwar hat er die umstrittenen Passagen im Diskussionspapier bereits früher in verschiedenen Reden vertreten – doch eine Änderung des Parteiprogramms ist etwas anderes. Barzels drängende Fragen zeigen: Kohls Kritikern geht es weniger um Formulierungen, sondern um die praktizierte Deutschlandpolitik der Union. Sie vermissen konkrete Schritte zur Wiedervereinigung in der operativen Politik.

Auf dem Parteitag wird das Thema nur kurz diskutiert. Zum einen ist der vorgelegte Leitantrag um die Kritikpunkte bereinigt. Zum anderen lassen die Befürworter des neuen Kurses keine wirkliche Auseinandersetzung zu. Fraktionsvize Rühe sagt den Abgeordneten, die Deutschen müssten begreifen, dass die Deutsche Frage ihnen nicht allein gehöre. Anträge der Kreisverbände Lüneburg und Oldenburg, neue Denkansätze zu entwickeln und neue Wege zur Wiedervereinigung zu suchen, werden abgeschmettert. CDU-Politiker wie Bernhard Friedmann, der für die Wiederaufnahme einer operativen Einigungspolitik eintritt, ignoriert der Parteitag. Kohls persönliche Schilderungen seiner DDR-Reise in seinem Schlusswort wirken angesichts dessen wie eine bloße Besänftigung.

Beruhigt wird auch die SED-Spitze, die die Diskussion argwöhnisch verfolgt hat. Hans Otto Bräutigam, der Leiter der Ständigen Vertretung, sagt Egon Krenz, trotz einiger Formulierungen müsse man sehen, dass die CDU sich vorwärts bewege und nicht bei alten Formeln stehenbleibe. Roman Herzog, der Präsident des Bundesverfassungsgerichts, mahnt dagegen unmittelbar nach dem Parteitag, sich mit der Existenz von zwei deutschen Staaten auf deutschem Boden nicht abzufinden. „Eine Nation ohne den eigenen Willen zum Staat ist ein Unding", wettert er.

Die unionsgeführte Bundesrepublik setzt nach dem Parteitag ihren Kurs der Annäherung durch Dialog mit der SED-Führung fort. Sie sieht sich dabei durch Meinungsumfragen gestärkt. Danach wertet die bundesdeutsche Öffentlichkeit die DDR zunehmend als normalen Staat, der sich politisch wie wirtschaftlich konsolidiert habe und dessen Existenz nicht zur Disposition stehe.

Gegenstimmen zur herrschenden Meinung werden kaum beachtet. Sie kommen vor allem aus dem Kreis zwangsweise ausgereister Akademiker der DDR. Sie dringen beispielsweise darauf, die Deutschlandpolitik so zu gestalten, dass sich Reformkräfte in der DDR darin wiederfinden und damit identifizieren können. Einige der emigrierten Wissenschaftler schicken Gutachten und Stellungnahmen an die Bundesregierung, die in Bonn höchstens höflich-dankend zur Kenntnis genommen werden. Ein Signal auch an die Opposition in die DDR: Wir bleiben auf Kurs. Helft Euch selbst. Resigniert schreibt der einstige Honecker-Berater Wolfgang Seiffert, seit 1978 im Westen, über die CDU-Spitze: „Sie wollen die Einheit nicht."

"Spürbare Wirkungen und Folgeschäden"

Die Zustände im Gesundheitswesen treiben immer mehr Ärzte aus dem Land

Wunsch und Wirklichkeit liegen mitunter weit auseinander, besonders wenn es um den Traum nach einem idealen Zustand geht. Für die DDR-Führung liegt das Ideal in der Losung der Einheit von Wirtschafts- und Sozialpolitik: Die Stärke des Sozialismus lasse sich nicht nur an ökonomischen Erträgen messen, sondern auch daran, wie gut die Bürger versorgt und betreut werden. Das Risiko: Was die Wirtschaft an Vermögen erwirtschaftet, wird im Sozialbereich im Wesentlichen gleich wieder ausgegeben. Dann können zu hohe Ausgaben und unzureichende Mittel, sie auszugleichen, schnell zu einer Schieflage führen.

Im Sommer 1988 ist nicht mehr zu übersehen, dass die DDR genau daran krankt. Und zwar ausgerechnet bei einer der Säulen des Sozialsystems, dem Gesundheitswesen. Offiziell gelten etwa die Betreuung von Müttern und Kindern, die Impf-Vorsorge oder das System betrieblicher Medizineinrichtungen als Aushängeschild. Gesundheitsminister Ludwig Mecklinger schwärmt öffentlich davon, dass die DDR zu den 15 Staaten mit der größten Arztdichte gehöre. Ein Mediziner versorge 425 DDR-Bürger, bis 1990, so verkündet er, soll die Quote auf 380 sinken: mehr Ärzte für weniger Patienten.

Jedoch zeichnen interne Berichte des Gesundheitswesens, flankiert von den Analysen der Stasi, die auf dem Tisch der SED-Führung landen, im Sommer 1988 ein ganz anderes Bild. Sie signalisieren einen gefährlichen Aderlass bei Ärzten und klinischem Personal, eine zunehmende Unzufriedenheit von Medizinern und Patienten sowie eine Gefährdung der flächendeckenden Versorgung durch unhaltbare Zustände und Versorgungsmängel.

Am 1. Juli 1988 legt die Stasi dem Politbüro eine Aufstellung der in den Westen geflohenen Ärzte, Zahnärzte und des mittleren medizinischen Personals vor. Danach haben seit 1986 genau 395 Ärzte und Zahnärzte sowie 313 Schwestern, Labormitarbeiter und Physiotherapeuten „ungesetzlich" die DDR verlassen, wobei „unter Beachtung des festzustellenden Trends" die Zahl im laufenden Jahr die höchste in dem Zeitraum sein werde. Von der Flucht sind alle Fachrichtungen betroffen, eine Häufung gibt es bei Zahnärzten, Chirurgen und Allgemeinmedizinern. Viele Ärzte haben Privatreisen zu Verwandten, Dienst- und Urlaubsreisen genutzt, um im Westen zu bleiben.

Auf den ersten Blick erscheint die Zahl bei insgesamt etwa 40.000 Medizinern in der DDR

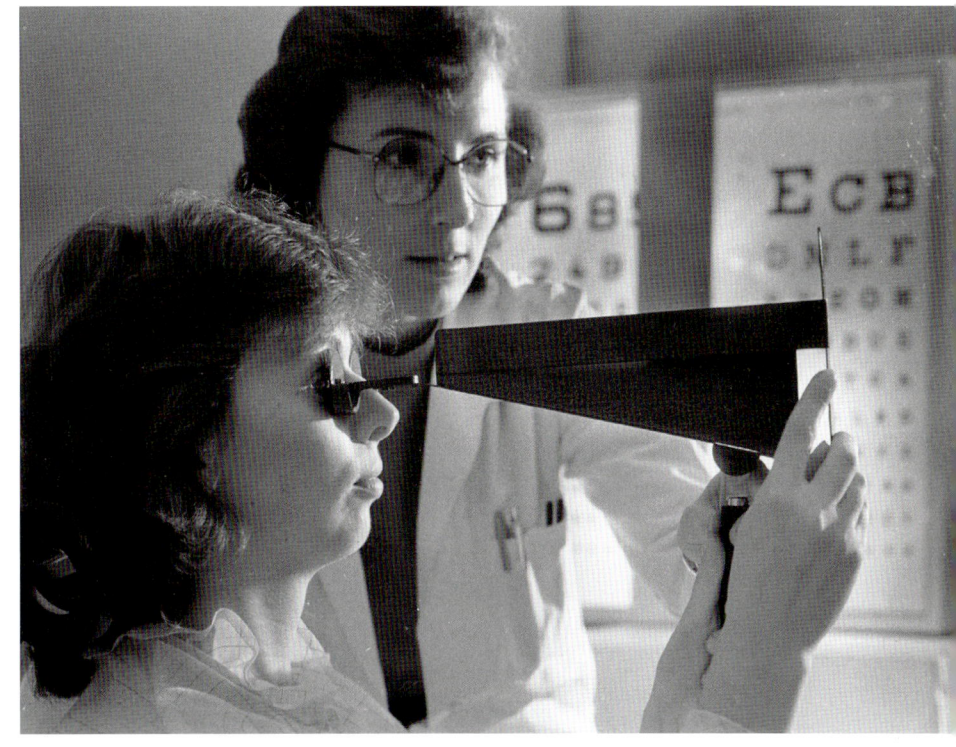

Das Gesundheitswesen gilt offiziell als Aushängeschild der DDR-Führung. Augenuntersuchung in der Betriebspoliklinik des VEB Getriebewerk Penig, aufgenommen im Januar 1988.

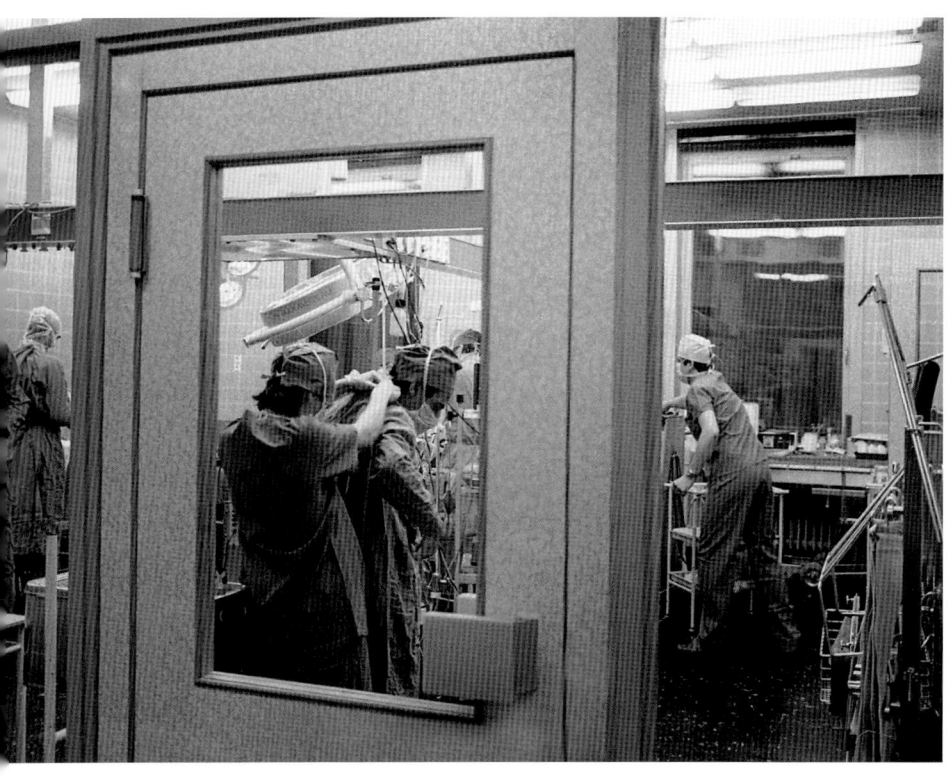

Blick in einen OP-Saal an der Herzklinik der Karl-Marx-Universität Leipzig, aufgenommen im Mai 1988.

niedrig, doch in der weiteren Analyse der Stasi deutet sich das Ausmaß dahinter an. Demnach ist fast die Hälfte der geflohenen Ärzte unter 40 Jahre. Außerdem sind 77 Prozent verheiratet, dürften also versuchen, ihre Ehepartner nachzuholen, von denen noch einmal 102 Ärzte oder Zahnärzte sind. Zur Vervollständigung des Bildes erwähnt der Geheimdienst, dass 1142 Ärzte und Zahnärzte sowie 3217 Angehörige des mittleren medizinischen Personals ganz offiziell einen Ausreiseantrag gestellt haben. Angesichts solcher Zahlen prognostiziert die Stasi „spürbare, insbesondere moralische Auswirkungen und Folgeschäden". Denn wenn schon Ärzte, die hohes Ansehen und Vertrauen in der Bevölkerung besitzen, weggehen, muss das bei den Patienten Wirkung erzielen. *Der Spiegel* berichtet wenig später über die Mängel im DDR-Gesundheitswesen und beziffert den Anteil der ausreisewilligen Mediziner auf insgesamt zehn Prozent – der höchste prozentuale Anteil verglichen mit anderen Berufsgruppen.

Die Schuld sieht die Stasi zunächst bei den Ärzten selbst. Ihr gesellschaftliches Engagement sei vielfach nur „Zweckverhalten". Bei genauerer Prüfung etwa der Reiseanträge erkenne man Widersprüche „zwischen ihrem Auftreten im Arbeitsbereich und in der Öffentlichkeit" sowie ihren „tatsächlichen Persönlichkeitseigenschaften und Lebensvorstellungen". Mit anderen Worten: Die DDR-Ärzte seien nur auf ihren Vorteil bedacht. Allerdings lassen die Stimmungsberichte aus dem Gesundheitswesen deutlich erkennen, dass die Misere im System steckt: in der völlig verfehlten Planwirtschaft, die seit Jahren Missstände erzeugt, sowie in einer überforderten Industrie, die nicht in der Lage ist, dem objektiv steigenden Bedarf mit einer bedarfsgerechten Produktion zu begegnen.

Das beginnt schon damit, dass immer wieder benötigte Ärzte nicht eingestellt werden können, weil vor Ort Wohnraum fehlt. Es setzt sich fort mit schlechten Arbeitsbedingungen, die das Personal demotivieren. Die Folge ist zwangsläufig permanente Überbelastung. Über Monate hinweg mangelt es 1988 DDR-weit in Kliniken und ambulanten Einrichtungen an einfachsten Verbrauchsmaterialien wie Verbänden, Spritzen, Sonden und Operationsnähmaterial. Skalpelle, Katheder und Gummihandschuhe fehlen ebenso wie Gläser, Schalen und natürlich Krankenbetten. Und es ist kein geringer Mangel: Bei Einwegkanülen und Urinbeuteln steht nur die Hälfte der benötigten Menge zur Verfügung, bei Geräten zur Blutübertragung fehlen fast zwei Drittel. Besonders krass ist die Lage an der Poliklinik am Konsulplatz in Görlitz, wo Anfang 1988 die Reserven an Verbandsmaterial aufgebraucht sind und das gesamte OP-Programm eingeschränkt wird. Patienten werden deshalb ohne Behandlung heimgeschickt oder aufgefordert, eigene oder gewaschene Binden zu den Konsultationen mitzubringen.

Ähnliche Mängel werden auch aus Ost-Berlin gemeldet. Die Leitungen des Oskar-Ziethen-Krankenhauses sowie der Fachklink für Neurologie beurteilen den Zustand ihrer Betten und Matratzen als „unzumutbar" für kranke Menschen. Auch der Kreis Nordhausen/Erfurt schlägt Alarm: Weil den Zahnärzten Material für Füllungen und andere Hilfsstoffe fehlen, sei die zahnärztliche Grundversorgung im Kreis „nicht mehr voll gewährleistet". Das Personal der Intensivstation der Universitätsklinik Leipzig klagt, dass technische Geräte, die alle fünf Jahre erneuert werden müssten, zum Teil seit über zehn Jahren im

Gebrauch seien. Die Folge seien oft falsche Messwerte, „die mit hohem Zeitaufwand korrigiert werden müssen und zu Komplikationen bei der Patientenbetreuung führen". In vielen Krankenhäusern sind Gebäude baufällig, ist die Haustechnik veraltet. Ein Leitender Arzt aus Leipzig kritisiert, in seiner Klinik fehle es an den elementarsten hygienischen Voraussetzungen: „Normal dürfte ich so gar nicht arbeiten lassen."

Dramatisch sieht die Lage auch bei der Arzneimittelversorgung aus. Sogar die Stasi hält fest, dass es „beachtliche Probleme" gebe. So fehlen moderne, wirksame Herz-Kreislaufmittel und komplikationsarme Insuline. Nur ein Drittel aller Diabetiker in der DDR können damit versorgt werden. Auch einfache Medikamente sind mitunter schwer zu bekommen. So fehlen allein im Kreis Nordhausen/Erfurt 70 verschiedene Präparate. Der Mangel an Medikamenten führt zu abstrusen Strukturen. So dürfen teure, zum Teil im Westen eingekaufte Medikamente von Ärzten nur mit Zustimmung der Vorgesetzten und per Sonderauftrag verschrieben werden. Die Vergabe besonderer Präparate, etwa gegen Parkinson, erfolgt zentral. Die Folge sind Wartezeiten von bis zu einem halben Jahr bei notwendigen Behandlungen. Während der Charité über Monate einfache Mittel gegen Durchfall und auch Pflaster fehlen, drohen teure, aus dem Westen importierte Herz-Medikamente zu verfallen, weil sie zu wenig verordnet werden.

Die Behörden reagieren hilflos und teilweise unverantwortlich. Wie der *Spiegel* berichtet, wird empfohlen, ein seltenes ungarisches Präparat gegen Mangeldurchblutung im Gehirn durch ein Präparat aus DDR-Produktion zu ersetzen. Über dessen Wirksamkeit liegen jedoch keine ausreichenden klinischen Untersuchungen vor; außerdem haben Patienten das Mittel bereits wegen starker Nebenwirkungen abgelehnt. Kein Wunder, dass die Sterberate bei an sich heilbaren Krankheiten in der DDR laut Studien fast fünfmal höher liegt als in der Bundesrepublik.

Erich Honecker, der die Berichte aufmerksam liest, spricht Ende 1988 bei einem Treffen mit FDJ-Funktionären von einem „Skandal". Eine solche Situation hätte er nie für möglich gehalten. Was er nicht anspricht: Ein Skandal ist auch, dass es für hohe Parteifunktionäre und Regierungsmitglieder spezielle Krankenhäuser gibt, die vorrangig versorgt werden. Oder dass diejenigen, die weder Westgeld noch Westverwandte besitzen, eben Pech haben, wie ein Chefarzt der Gynäkologie aus dem Bezirk Rostock sarkastisch anmerkt. Das bezieht sich auf eine Ausnahmeregelung, die das DDR-Gesundheitsministerium aus der Not heraus Ende 1987 erlassen hat. Seither dürfen 286 Arzneimittel gegen Vorlage eines DDR-Rezepts aus dem Westen bezogen werden.

Das stößt nicht nur den Ärzten und ihren Mitarbeitern in der DDR unangenehm auf, die Gefahren für die flächendeckende Gesundheitsversorgung sehen und sich zudem darüber erregen, dass die Probleme in den DDR-Medien verschwiegen werden. Dort würde stattdessen eine Erwartungshaltung geweckt, die mit der Realität

im Gesundheitswesen nicht übereinstimme und vom medizinischen Personal nicht zu erfüllen sei, klagt ein Arzt bei der Stadtverordnetenversammlung in Leipzig. Auch in der Bevölkerung wird die schlechte medizinische Versorgung längst offen kritisiert. Dabei erfasst die Stasi folgende Abstufung negativer Emotionen: Unverständnis, Verärgerung, Missstimmung, Resignation, Vertrauensverlust. Besserung ist nicht zu erwarten,

Hinter der bröckelnden Fassade sind die skandalösen Verhältnisse im Gesundheitswesen kaum noch zu übersehen: baufällige Gebäude, fehlendes Material für Untersuchungen und OPs sowie eine Unterversorgung an Medikamenten.

Sommer '88

zumal die SED-Führung angesichts der hohen Staatsverschuldung für 1989 Probleme mit der Beschaffung von Devisen sieht. Ohne westliches Geld aber kann Material für komplizierte chirurgische Eingriffe wie Transplantationen oder mikrochirurgische Operationen nicht besorgt werden.

Deshalb wollen viele Ärzte fort, aus unzumutbaren Kliniken oder gleich ganz aus dem Arbeiter- und Bauern-Staat. Die Lücken sind 1988 bereits groß, beispielsweise im Norden der DDR. Im Kreiskrankenhaus von Bergen auf Rügen sind von 24 Stellen für Allgemeinmediziner 13 unbesetzt, im Kreis Greifswald kann ein Drittel der vorhandenen Betten nicht belegt werden, weil das Personal fehlt. Über 200 Krankenschwestern werden im Kreis gesucht, im benachbarten Wolgast sind 40 Prozent der Schwesternstellen unbesetzt. An der Universitätsklinik Greifswald fehlen ein Dutzend Ärzte und ein Viertel der Betten sind mit Pflegefällen belegt, weil auch in den Heimen Plätze fehlen. Die Pflege in der DDR sieht ähnlich desaströs aus wie das Gesundheitswesen. Wer einmal ein Heim auf dem mecklenburgischen Land besucht hat, wo alte Menschen in einem dafür völlig ungeeigneten unsanierten einstigen Gutshaus ohne Privatsphäre zusammengepfercht werden, weiß, was menschenunwürdige Bedingungen sind.

Der SED-Führung ist klar, dass die Situation so nicht bleiben kann. Daher versucht sie, Ärzte mit allen Mitteln zu halten. Sie kommt ihnen sogar beim Gehalt entgegen, das viele Mediziner gemessen an ihrer Leistung für zu niedrig halten. Im Sommer 1988 führt die DDR ein leistungsorientiertes Gehalt ein. Doch das führt zu neuem Unmut: bei Klinikärzten, weil Lohnerhöhungen angeblich von Klinikdirektoren verschleppt werden, während ambulante Ärzte monieren, sie würden benachteiligt.

In die Klagen der Ärzte und Patienten über die Zustände im Gesundheitswesen mischen sich immer stärker Zweifel an der gesamten Wirtschaftspolitik, wie die Stasi festhält. Häufig werde diskutiert, ob die ökonomische Strategie der SED richtig sei, zunehmend offener in Zweifel gezogen, dass die Parteiführung in der Lage sei, die Aufgaben der Gesundheits- und Sozialpolitik zu erfüllen. So notiert die Stasi in einer Information im August 1988, die an das Politbüro geht: „Immer unverhohlener, zum Teil auch stark emotional geprägt, bringen Werktätige aus den verschiedensten Bereichen Zweifel am Vermögen der zentralen und territorialen Partei- und Staatsorgane zum Ausdruck." Häufig würden im eigenen Umfeld festgestellte Unzulänglichkeiten und Missstände „als symptomatisch für die Situation und Entwicklung in der gesamten Volkswirtschaft beurteilt". Besonders muss eines die SED-Führung alarmieren: Partei-Funktionäre an der Basis und Kommunalpolitiker beklagen, dass sie immer weniger in der Lage seien, „auf diesbezügliche Fragen der Werktätigen überzeugend antworten zu können".

DDR-Propagandaplakat vor einer Poliklinik in Zwickau, 1982.

„In dieser Hinsicht sind wir Weltniveau"

Konzerte von West-Stars sollen die Jugend zufriedenstellen, beflügeln aber die Sehnsucht

Man hätte es wissen können: Als „Born in the U.S.A." ertönt, gibt es kein Halten mehr. Zehntausende Jugendliche stimmen auf dem Areal der alten Trabrennbahn im Ost-Berliner Stadtteil Weißensee in die Hymne des Rockmusikers Bruce Springsteen ein. Die wenigsten Zuhörer – offiziell ist von 160.000 die Rede, andere Schätzungen sprechen von bis zu 300.000 – wissen, dass das Lied von einem Vietnam-Veteran handelt, der in einem trostlosen Provinznest geboren und, von Geburt an benachteiligt, ständig mit eingezogenem Kopf durchs Leben läuft. Allein die Titelzeile reicht den DDR-Jugendlichen an diesem 19. Juli 1988, um ihre Sehnsucht zu wecken. Sehnsucht nach unbegrenzten Möglichkeiten. So singen sie mit und schwenken selbstgenähte US-Fahnen.

Der Jubel schwillt noch an, als der US-Sänger seine Gäste stockend auf Deutsch anspricht. Er hat sich die Worte vom Veranstalter aus der Bundesrepublik in Lautschrift notieren lassen und liest sie langsam vor. „Es ist schön, hier in Ost-Berlin zu sein. Ich bin nicht für oder gegen eine Regierung, ich bin gekommen, um Rock'n'Roll für Euch zu spielen, in der Hoffnung, dass eines Tages alle Barrieren abgerissen werden." Barrieren? Tatsächlich hat Springsteen zunächst das Wort „Mauern" auf seinem Zettel stehen. Erst als der Amerikaner schon auf der Bühne rockt, fällt seinen Betreuern ein, dass dieses Wort hier in der DDR zu politischen Verwicklungen führen könnte. Hektisch winken sie Springsteen von der Bühne, um ihm – gegen die Musik anschreiend – das neue Wort zu erklären. „Nicht ‚Mauern', Bruce, ‚Barrieren'." Barrieren! Was gemeint ist, verstehen die Ost-Berliner trotzdem.

Der Open-Air-Auftritt von Bruce Springsteen ist der Höhepunkt in einem ungewöhnlichen Konzertjahr. Es wird das größte Rockkonzert der DDR

Vor mindestens 160.000 begeisterten Fans gibt der amerikanische Rocksänger Bruce Springsteen in Ost-Berlin am 19. Juli 1988 ein Konzert. Es ist das größte Rockkonzert, das je in der DDR stattfindet.

bleiben, eine Legende, auch wenn die Songs im hinteren Teil des überfüllten Areals kaum zu verstehen sind und Springsteen selbst auf Leinwänden schlecht zu sehen ist, weil die Veranstalter viel zu klein geplant haben. Sie haben ja nicht ahnen können, dass sich doppelt so viele Musikfans Zutritt zum Gelände verschaffen, als Karten verkauft worden sind.

Ungewöhnlich ist dieses Jahr 1988 nicht nur, weil Topstars aus dem Westen in der DDR auftreten, neben Springsteen auch *Depeche Mode*, Joe Cocker und Bryan Adams. Im Jahr zuvor haben im Treptower Park immerhin schon die Band Barclay James Harvest und der Songwriter Bob Dylan die ersten Freiluftkonzerte westlicher Musiker absolviert. Bemerkenswert ist zugleich, dass sich trotz aller Freude der Jugendlichen über die langersehnten Auftritte tiefer Frust über die politischen und gesellschaftlichen Verhältnisse in der DDR artikuliert.

Für Ende Juni hat SED-Chef Erich Honecker die Welt zu einer Konferenz gegen Atomwaffen geladen. Als „Begleitprogramm" konzipiert der Zentralrat der Jugendorganisation FDJ in Ost-Berlin eine Friedenswoche, deren Höhepunkt ein dreitägiges Festival vom 16. bis 19. Juni auf der Trabrennbahn in Weißensee ist, das zusammen mit dem westdeutschen Friedensbündnis „Künstler in Aktion" organisiert wird. Auf der Bühne stehen internationale Stars wie James Brown und Bryan Adams sowie deutschsprachige Bands, etwa die *Rainbirds* aus West-Berlin und die Ost-Rocker *City*. Brisant für die Organisatoren: Parallel dazu treten auf der anderen Seite der Mauer vor dem Reichstag *Pink Floyd* und Michael Jackson auf.

Der Zuspruch der jungen Zuhörer in Weißensee ist klar geteilt. Die Bands aus dem Westen werden bejubelt, die eigenen Musiker ausgepfiffen. Besonders hart trifft der Unmut eine Moderatorin. Die FDJ hat Katarina Witt engagiert. Doch die Eiskunstlauf-Olympiasiegerin beginnt ihren Auftritt mit den Worten, sie habe neulich ihren Freund Bryan in Kanada getroffen und ihn gefragt, ob er nicht Lust habe, bei ihr zu Hause in der DDR zu spielen. Augenblicklich ist Witt keine erfolgreiche junge Sportlerin mehr, sondern steht da als Privilegierte des Systems. Ein Proteststurm bricht los; ohne die Moderation zu Ende bringen zu können, flieht Witt weinend von der Bühne. Auch die Band *City* wird mit Pfiffen und Buhrufen empfangen. Dabei gehört sie zu den beliebten DDR-Rockgruppen, ihr bekanntestes Lied „Am Fenster" wird sogar in Diskotheken gespielt, was man von vielen anderen Ost-Rocktiteln nicht sagen kann. Doch offenbar haftet auch ihr inzwischen der Geruch an, zum DDR-Establishment zu gehören.

Was die unzufriedenen Rockfans in Weißensee nicht wissen: FDJ-Funktionäre hinter der Bühne haben der Band untersagt, den Song „Halb und Halb" von ihrer neuen LP zu spielen. Er handelt vom halben Leben in der halben Stadt Berlin, vom tristen Leben. „Im halben Land und der zerschnittenen Stadt, halbwegs zufrieden mit dem, was man hat", heißt es an einer Stelle.

Oder: „Die Hälfte ist rum, worauf wartest du noch?" *City*-Frontmann Toni Krahl befolgt das Gesangsverbot – und rezitiert stattdessen den Liedtext auf der Bühne, was den Effekt noch vergrößert. Danach gibt es für *City* endlich Beifall. Krahl kann den Unmut der jungen Zuhörer verstehen. Er selbst hat 1968 mit einer Flugblattaktion und einer Schweigedemonstration gegen den Einmarsch von Truppen des Warschauer Pakts in die Tschechoslowakei protestiert und war für Wochen inhaftiert. Er war jung und fand es richtig, seine Meinung zu sagen. Deshalb kann er nun, Jahre später, die DDR-Jugend verstehen, die sich, so sein Eindruck, innerlich von dem Land schon verabschiedet hat.

Viele Jugendliche wollen eine klare Ansage. Gerade 1988 gibt es dafür viele Beispiele. Nicht nur *City* mit dem Album *Casablanca*. *Pension Volkmann*, ein Folkrock-Duo, legt das Album *Vollpension* vor mit Liedern voller Sehnsucht nach Freiheit und Leidenschaft, aber auch voller Klagen über Trägheit und Sattheit der Gesellschaft, die den Einzelnen erfasst hat. Es wird von „kasernierten Herzen" gesungen, die nur glauben, frei zu sein. Von den Genügsamen, die mit Fassung tragen, „was wir sind", denn „so sehr bescheiden wir uns schon". Vom Wunsch zu reisen, „wenn uns einer lässt". Von einem trägen Land DDR, in welchem extreme Typen nicht alt werden, weil der mittelschwere Durchschnitt sie kalt macht. Am Ende dieses Liedes heißt es: „Das hält man hier seit vielen Jahren so, in dieser Hinsicht sind wir Weltniveau."

Wie tief der Frust, gerade bei den vielfach westlich orientierten Jugendlichen sitzt, belegen Umfragen von Jugendforschern. Danach identifizieren sich immer weniger junge Menschen mit der DDR, lassen sich mit inszenierten „Erweckungserlebnissen" wie Fackelumzügen oder Sport- und Turnfesten kaum noch an den sozialistischen Staat binden. Und das bei Generationen, die mit der Mauer aufgewachsen sind und nichts Anderes kennen.

Wenn es noch eines Beweises bedurfte, wie angeödet die DDR-Jugend inzwischen vom ideologischen Druck, Parteiparolen und kleinbürgerlichem Mief ist, dann hat Pfingsten 1987 in Ost-Berlin ihn erbracht. Als Teil der 750-Jahr-

„In dieser Hinsicht sind wir Weltniveau"

„The Boss" lässt die Herzen seiner Fans an jenem Juliabend 1988 höher schlagen – und steigert bei den Zuhörern den Wunsch und die Sehnsucht nach Freiheit.

Feier der Stadt hat West-Berlin vor dem Reichstag ein mehrtägiges Open-Air-Festival organisiert. Die Lautsprechertürme sind so gewaltig, dass man den Sound auch über die Mauer hören kann. Es treten Weltstars wie David Bowie, Phil Collins und die *Eurythmics* auf, was auch die ostdeutsche Jugend anlockt. Abend für Abend strömen Hunderte von der Friedrichstraße aus und über die Straße Unter den Linden Richtung Sperrgebiet vor dem Brandenburger Tor, um wenigstens akustisch etwas mitzubekommen.

Die Sicherheitsbehörden der DDR sind überrascht und reagieren, wie sie es gelernt haben: Die Polizei sperrt am zweiten Abend das Areal weiträumig ab, um die Fans von den Grenzanlagen fernzuhalten. Stasi-Leute in Zivil versuchen, vermeintliche Rädelsführer zu identifizieren und „herauszufischen". Sie sprechen Passanten auf den Gehwegen an und geben vor, Widerstand leisten zu wollen – in der Hoffnung, dass sich die Angesprochenen zu unüberlegten Äußerungen hinreißen lassen.

Als erste Festnahmen erfolgen, gerät die Sache außer Kontrolle. Die Jugendlichen wehren sich. Polizisten werden angespuckt, Flaschen fliegen. Dann werden lautstark Parolen gerufen: „Die Mauer muss weg" oder „Bullen raus". Auf einmal stimmen die Jugendlichen alte Kampflieder der Arbeiterbewegung an – gelernt ist gelernt. So ertönen Unter den Linden die „Internationale" und „Spaniens Himmel". Zwar nicht ganz textsicher, doch hörbar mit den entscheidenden Passagen. Aus dem Refrain der „Internationalen" ertönt: „Auf zum letzten Gefecht! Die Internationale erkämpft das Menschenrecht". Und aus der Hymne der kommunistischen Kämpfer im Spanischen Bürgerkrieg der 1930er-Jahre: „Die Heimat ist weit, doch wir sind bereit. Wir kämpfen und siegen für dich: Freiheit!"

Mit dieser Provokation können die SED-Machthaber nicht umgehen. Auch dass hier keineswegs Dissidenten, also Staatsfeinde, aufbegehren. Und dass sich Eltern wegen der Übergriffe auf die Jugendlichen beschweren. Überrascht von diesem Ausbruch gegen Gängelei und Unfreiheit sind auch die oppositionellen Gruppen, die diskutieren, ob sie ihre Arbeit nicht umsteuern sollten. Wolfgang Templin rät in der West-Berliner *taz*, die Entwicklung ernst zu nehmen. Die DDR-Führung tut das. Das Konzert-Jahr 1988 ist einer der Versuche, die Lage wieder in den Griff zu bekommen, verlorenes Vertrauen zurückzugewinnen. Aber es gelingt nicht: Die Auftritte von Springsteen, Cocker und Co. wecken nur die Sehnsucht nach mehr.

Herbst '88
Rumänien und die DDR lehnen Perestroika ab

1. September: Friseure in der DDR dürfen nicht jeden Kundenwunsch erfüllen, meldet das *Hamburger Abendblatt*. Das geht aus einer in der *Sächsischen Zeitung* veröffentlichten Antwort eines Rechtsexperten hervor, in der es heißt: Friseure seien „grundsätzlich und von Haus aus" verpflichtet, „den Grundsätzen der sozialistischen Moral widersprechende Aufträge von Bürgern abzulehnen".

3. September: Die DDR erhöht den Druck auf Bürger, die über Bankguthaben im Westen verfügen. Sie müssen diese einer Verordnung entsprechend auflösen und das Geld an die Staatsbank der DDR überweisen. Dafür bekommen sie Forumschecks für Intershops, spezielle Läden, in denen westliche Waren verkauft werden. Wer dem nicht folgt, hat mit Strafverfahren wegen Steuerhinterziehung zu rechnen.

5. September: In der SED-Führung steigt die Nervosität. Grund ist die sich ständig verschlechternde wirtschaftliche Lage der DDR. „Wir sind an einem Punkt, wo die Sache umkippen kann", orakelt nun auch ZK-Wirtschaftssekretär Günter Mittag.

11. September: Der Ostblock steht vor dem Ruin – das stellt die *Bild am Sonntag* in einem zweiseitigen Artikel fest. Kronzeuge ist der ehemalige SED-Wirtschaftsberater Werner Obst.

12. September: In einer DDR-weiten Aktion versuchen Stasi und Volkspolizei zu verhindern, dass Ausreisewillige am Friedensgebet in der Leipziger Nikolaikirche teilnehmen.

14. September: Die beiden deutschen Staaten vereinbaren zahlreiche Verbesserungen im Transitverkehr. Unter anderem erhöht die Bundesregierung die Transitpauschale für die Jahre 1990 bis 1999 von bisher 525 auf 860 Millionen D-Mark.

20. September: Die DDR-Zeitschrift *Film und Fernsehen* kritisiert die Produktionen der staat-

Oberster Chef der NVA und damit auch der DDR-Grenztruppen ist Heinz Keßler, seit 1985 als Verteidigungsminister im Rang eines Armeegenerals. Er ist Kommunist seit seiner Kindheit.

lichen Filmgesellschaft Defa. „Der Durchschnitt unserer Filme" sei „weder im geistigen Ansatz noch im professionellen Zuschnitt belangreich genug".

23. September: Nach sieben Stunden im Wasser wird ein 20-jähriger Flüchtling von einem Patrouillenboot des Bundesgrenzschutzes aus der Ostsee gerettet.

30. September: In der Berliner Carl-von-Ossietzky-Oberschule werden vier Schüler aus politischen Gründen relegiert; andere erhalten Schulstrafen.

30. September: In einem Interview der Wochenzeitung Die Zeit nimmt DDR-Verteidigungsminister Heinz Keßler Stellung zum Schießbefehl: „Es hat nie – nie! – einen Schießbefehl gegeben. Den gibt es auch jetzt nicht." Das Schießen sei „nur erlaubt beim gewaltsamen Überwinden der Grenze von beiden Seiten und beim Angriff auf denjenigen, der von der DDR den Auftrag hat, die Grenze zu schützen, auf seine eigene Person".

1. Oktober: Auf den Transitstrecken sind erstmals „Gelbe Engel" im Auftrag des ADAC unterwegs. Das Personal der Pannenhilfe stammt aus DDR-Reparaturbetrieben.

3. Oktober: Studenten im Osten haben mehr Lust auf Sex als die im Westen, stellen die Sexualwissenschaftler Ulrich Clement und Kurt Starke fest. Junge Leute in der DDR haben demnach viel stärker als westliche Studenten den Wunsch, „als sexuell aktives und zufriedenes Ehepaar" zu leben und Kinder zu bekommen.

10. Oktober: Sicherheitskräfte lösen in Ost-Berlin einen Protestmarsch von etwa 200 Demonstranten auf, die gegen die Zensur kirchlicher Zeitungen protestierten.

12. Oktober: Mit großem Propagandaaufwand übergibt Erich Honecker die „dreimillionste Wohnung"; der erfolgreiche Abschluss des Wohnungsbauprogramms wird verkündet. Die Angaben entsprechen jedoch nicht den Tatsachen. Nicht nur werden modernisierte Altbauwohnungen dazugezählt. Sogar Plätze in Alten- und Arbeiterwohnheimen werden als „Neubauwohnung" gebucht. Der SED-Chef kennt die Probleme. Intern hat Honecker eine Statistik der Staatlichen Zentralverwaltung, laut der in 17 Jahren der effektive Zuwachs nur eine Million neuer Wohnungen betragen habe, kommentiert: „Wir haben sehr viel neu gebaut. Das

andere haben wir verkommen lassen. Auf diesem Gebiet gibt es große Schlamperei."

12. Oktober: Klaus Höpcke, im DDR-Kulturministerium zuständig für Verlage und Literatur, kündigt an, dass ab 1989 das „Druckgenehmigungsverfahren", eine Umschreibung für Zensur, entfallen soll. Verlage könnten dann selbst entscheiden, was sie drucken wollen und was nicht. Auf Bücher verfemter Autoren wie Wolf Biermann, Rudolf Bahro, Alexander Solschenizyn, Vaclav Havel und vieler anderer trifft diese angebliche Lockerung aber nicht zu.

Der Bundeskanzler auf dem Roten Platz: Helmut Kohl stattet der Sowjetunion vom 24. bis 27. Oktober 1988 einen viertägigen Besuch ab. Während des Aufenthaltes werden insgesamt sieben bilaterale Abkommen sowie der Rahmen für einen deutschen Drei-Milliarden-Mark-Kredit unterzeichnet.

Leipziger Basisgruppen protestieren am 24. Oktober 1988 in der Nikolaikirche gegen das Verbot von selbstgestalteten Friedensgebeten. Auch vor der Kirche wird demonstriert. V.l.n.r.: Udo Hartmann, Frank Sellentin, Rainer Müller, Anita Unger und Uwe Schwabe.

24. Oktober: Beim Friedensgebet in Leipzig gehen 15 Basisgruppenmitglieder mit Kerzen und Transparenten in den Altarraum und stellen oder setzen sich dorthin. Kaplan Fischer begrüßt jeden mit Handschlag und „Friede sei mit dir." Sie werden wenige Tage später festgenommen.

24.–27. Oktober: Bundeskanzler Helmut Kohl besucht die Sowjetunion. In einem Vier-Augen-Gespräch mit Michail Gorbatschow betont er, dass eine neue Qualität in den deutsch-sowjetischen Beziehungen erreicht werden soll. Gorbatschow begrüßt dies und spricht davon, dass die Zeit gekommen sei, um an einem gemeinsamen europäischen Haus zu bauen.

27. Oktober: Karl-Eduard von Schnitzler attackiert im *Neuen Deutschland* Helmut Kohls Moskau-Besuch: „Das Essen dürfte ungewöhnlich gut gewesen sein. Dennoch wollte es dem Bundeskanzler nicht recht munden. Denn in seiner Tischrede erklärte er, er leide an einer Widernatürlichkeit. Der Kern seines bedauernswerten Leidens: Die Teilung Deutschlands sei ‚widernatürlich', das heißt jene Realitäten, die im Ergebnis des Zweiten Weltkrieges und der Nachkriegsentwicklung entstanden sind."

2. November: Die DDR plant eine Verschärfung des politischen Strafrechts. „Die Aufnahme der Strafbarkeit des Versuchs bei der Anfertigung und Verbreitung von staatsverleumderischen Schriften, Symbolen usw.", so Egon Krenz in einer Mitteilung an Honecker, erlaube es, „in einem möglichst frühen Stadium gegen die Straftäter vorzugehen. Dem flexiblen Vorgehen dient auch eine Änderung des Tatbestandes der Zusammenrottung." Man müsse jedoch „in Betracht ziehen, dass westliche Medien diese Strafrechtserneuerungen böswillig gegen uns kommentieren werden".

9./10. November: Kanzleramtsminister Wolfgang Schäuble führt in Ost-Berlin Gespräche mit Honecker über die deutsch-deutschen Beziehungen.

17./18. November: Der rumänische Diktator Nicolae Ceaușescu erhält in Ost-Berlin den Karl-Marx-Orden. Unter vier Augen kritisiert Honecker die sowjetische Führungsmacht, insbesondere ihre Medienpolitik: „Wenn man der Auffassung ist, dass die Geschichte der kommunistischen Weltbewegung, insbesondere in den sozialistischen Ländern, eine Geschichte von Verbrechen ist", so der SED-Chef, „ist man damit nicht nur auf dem falschen Wege, sondern arbeitet sogar jenen in die Hand, die das

Gesicht des Sozialismus entstellen, den Sozialismus beseitigen, die einen Schatten auf den Sozialismus werfen wollen."

19. November: Die deutschsprachige sowjetische Zeitschrift *Sputnik* wird von der Liste des Postzeitungsvertriebs in der DDR gestrichen. Schon die Oktoberausgabe, die einen Beitrag zum Hitler-Stalin-Pakt von 1939 enthielt, ist nicht mehr ausgeliefert worden. Damit wird erstmals in der DDR eine sowjetische Publikation verboten.

23. November: Im kleinen Kreis von DDR-Wirtschaftsverantwortlichen prognostiziert ZK-Wirtschaftssekretär Günter Mittag: „So, wie es jetzt ist, geht es an den Baum, Totalschaden!"

20.–24. November: Zum ersten Mal besucht eine offizielle Delegation des Europäischen Parlaments die DDR-Volkskammer.

30. November: Der DDR-Ministerrat erlässt die erste Reiseverordnung, die nicht geheim ist, sondern im Gesetzblatt abgedruckt wird. Politische Vorgabe des Politbüros ist es, keine über die bisherige Praxis hinausgehenden Reisemöglichkeiten zu schaffen und auch ständige Ausreisen, also Auswanderungen aus der DDR, nicht zunehmen zu lassen. Die Reiseverordnung stellt einerseits einen Fortschritt dar, da Ablehnungen nun gerichtlich überprüft werden können; andererseits löst sie wegen der restriktiveren Genehmigungspraxis eine Welle von Kritik in der DDR aus.

Blick vom Lustgarten auf den Palast der Republik, den Tagungsort der Volkskammer, und den Marx-Engels-Platz, aufgenommen 1988. Im November 1988 besucht erstmals eine Delegation des Europäischen Parlaments die praktisch bedeutungslose Volksvertretung der DDR.

Herbst '88

„Das Risiko, eine eigene Meinung zu haben"

Ost-Berliner Schüler werden aus politischen Gründen ihres Gymnasiums verwiesen

Es gibt Tage, da kündigt sich das Unheil bereits morgens an. Als Philipp Lengsfeld am 30. September 1988 wach wird, hat die erste Stunde in seiner Schule bereits angefangen. Mist, ausgerechnet ihm muss das passieren, denkt der 16-Jährige, springt auf und eilt los. Als er in der Schule an einer Sekretärin vorbeihetzt, ruft die ihm zu, er solle sofort in die Aula, dort finde eine Versammlung statt. Er ahnt, dass es um ihn geht. Auf dem Weg trifft er Direktor Rainer Forner. Beide schweigen, bis sie die Aula betreten.

Hufeisenförmig, nach Klassen geordnet, stehen dort die anderen Schüler mit ihren Klassenlehrern. Die Schulrätin und eine Inspektorin beobachten den Direktor, der mit monotoner Stimme anfängt, eine Anklageschrift zu verlesen. Die Vorwürfe kennen die Schüler aus den zurückliegenden Tagen. Der Direktor ruft nacheinander Philipp Lengsfeld, Benjamin Lindner, Kai Feller und Katja Ihle vor. Gegen sie seien Relegierungsverfahren eingeleitet worden. Sie seien beurlaubt und hätten sofort das Schulgebäude zu verlassen. Kai äußert sich als Einziger. Er finde alles sehr ungerecht. Dann wird er unterbrochen. Der Direktor weist ihm die Tür. Die Mitschüler erwachen aus ihrer Starre, einige setzen sich aus Protest auf den Fußboden. Eine Schülerin erklärt laut, dass sie keinen Schulausschluss gewollt habe. Andere applaudieren, einige weinen.

Forner beendet die gespenstische Versammlung mit dem Satz: „Ab sofort verläuft der Schulbetrieb störungsfrei und planmäßig in einer politisch klaren Atmosphäre angestrengten Lernens und intensiver gesellschaftlicher Arbeit." Der Begriff „vertrauensvolles Miteinander" kommt nicht vor. Das ist nach diesem Tag auch nicht mehr möglich, das spüren die Lehrer. Das war es also jetzt, denken die ausgestoßenen Schüler vor dem Gebäude. Kai Feller beginnt zu dämmern, dass das erteilte Hausverbot mehr bedeutet als nur, dass er die Schule nicht mehr betreten darf. Auch Philipp Lengsfeld ist niedergeschlagen, gerade ist seine Lebensplanung mit einem Handstrich über den Haufen geworfen worden.

Bestrafungen sind im Schulsystem der DDR keine Seltenheit, auch Verweise hat es immer wieder gegeben. Die Relegation der vier Schüler aus der Ossietzky-Schule ist trotzdem besonders. Das liegt vor allem am unnachgiebigen Auftreten der Schulbehörden bis hinauf zu Volksbildungsministerin Margot Honecker, der SED- und FDJ-Gremien sowie der Stasi. Der Fall löst andererseits eine bis dahin so nicht gekannte Auseinandersetzung mit dem DDR-Bildungssystem aus. Offen wird der Anpassungsdruck kritisiert und über Alternativen nachgedacht – von der Wählbarkeit der Direktoren, über mehr Mitbestimmung durch Schüler- und Studentenräte bis hin zu unabhängigen Schulformen. Doch was haben die Schüler so Schreckliches getan, dass ein ganzer Apparat sich in Bewegung setzt?

Wegen ihrer Kritik an der zunehmenden Militarisierung der DDR-Gesellschaft werden Anfang Oktober 1988 vier Schüler von der Carl-von-Ossietzky-Oberschule in Ost-Berlin geworfen.

„Das Risiko, eine eigene Meinung zu haben"

Am 1. September hat Direktor Forner das Schuljahr wie immer mit einer Rede eröffnet. Die Erweiterte Oberschule (EOS) „Carl von Ossietzky" in der Görschstraße in Berlin-Pankow ist eine besondere Lehranstalt. Sie trägt nicht nur den Namen des bekannten Publizisten und Pazifisten, der Kathederautorität hasste und 1938 an den Folgen der Misshandlung in einem NS-Konzentrationslager starb. Viele Staats- und Parteifunktionäre, etwa Egon Krenz, aber auch namhafte Intellektuelle, die in der Gegend wohnen, schicken ihre Kinder hierher. Sie gilt als elitär.

Stolz verweist der Direktor auf eine spezielle Wandzeitung, die wie der berühmte Debattierplatz im Londoner Hyde Park heißt: „Speakers' Corner". Er ermuntert die Neulinge der 11. Klasse, diese Möglichkeit zu nutzen. Philipp Lengsfeld und Kai Feller horchen auf. Auch Benjamin Lindner aus der 12. Klasse wundert sich über die Worte des Direktors. Die „Speakers' Corner" sei ein Beweis für gelebte sozialistische Demokratie an der Schule? Warum haben dann dort bislang vor allem Termine oder Stellungnahmen zu Ereignissen in Entwicklungsländern gehangen? Lindner weiß von einem Freund, dass Philipp Lengsfeld unter den Neuzugängen ist. Er ist neugierig auf den Sohn von Vera Wollenberger, die Anfang des Jahres verhaftet und in den Westen abgeschoben worden ist. In einer der nächsten Pausen verabreden sie sich auf ein Bier und finden sofort einen Draht zueinander.

Beide betrachten schon länger das DDR-Schulsystem kritisch, denn beide haben schlechte Erfahrungen gemacht. Benjamin erinnert sich an die Versuche, ihn zu drei Jahren Dienst in der Nationalen Volksarmee zu verpflichten. An die dezenten Drohungen, dass er doch studieren wolle und dem sozialistischen Staat etwas für dessen Fürsorge zurückgeben könne. Lengsfeld denkt nur ungern an die Abmahnung, die er in der alten Schule bekommen hatte, weil er einer Klassenkameradin gestatten wollte, sich vor ihrer Ausreise in den Westen auf seiner Geburtstagsfeier von Freunden zu verabschieden. Seinem Freund Kai geht die Geschichte einer Mitschülerin nicht aus dem Kopf, die einmal die Adresse einer indischen Schule mitbrachte, für die in der Klasse Hefte und Stifte gesammelt wurden. Dann verbot die Direktorin die Aktion, weil es sich um eine christliche Schule handelte.

Nun, an der neuen Schule, wollen die Jugendlichen Derartiges nicht mehr widerspruchslos hinnehmen. Und wollen offen aussprechen, was sie an diesem Staat stört. Sie nehmen mit eigenen Transparenten an der Kundgebung für die Opfer des Faschismus und Militarismus teil, um gegen das provozierende Auftreten von Neonazis in der DDR zu demonstrieren. Sie begrüßen per „Speakers' Corner", dass die bisher von der SED-Führung verteufelte Gewerkschaft Solidar-

Ein Handzettel mit dem Aufruf zur Solidarität mit den relegierten Schülern der Oberschule.

ność von der polnischen Regierung als Verhandlungspartner akzeptiert wird. Die Beteiligung oppositioneller Kräfte an der Macht sei unerlässlich, damit Reformen nicht im Sande verlaufen, schreiben sie. Dann hängt Kai Feller ein Plakat auf. Es verbindet das tragische Unglück bei der Flugschau im westdeutschen Ramstein, dessen 70 Opfer auch die Ost-Berliner Schüler erschüttert haben, mit der traditionellen Militärparade der NVA zum Jahrestag der DDR am 7. Oktober und spricht sich gegen das Vorführen militärischer Stärke aus. Ein Verzicht auf die Militärparade würde dem Ansehen des Staates gut tun.

Die Reaktionen in der Schule auf die Eigeninitiative übertreffen alle Erwartungen. Auf Fluren und in Klassen wird debattiert, gestritten, argumentiert. Andere Schüler heften ihre Meinung neben das Plakat; selbst Pädagogen beteiligen sich. Kai Feller ist begeistert, nahezu euphorisch. Er hat das Gefühl, ernst genommen zu werden.

Herbst '88

Aufruf zum Aktionstag für die Schüler in Berlin-Pankow, die wegen ihrer Wandzeitungsbeiträge zu Streiks in Polen und den jährlich stattfindenden Militärparaden in der DDR bestraft worden sind.

Am 15. September reicht er eine Unterschriftenliste herum, weil seiner Meinung nach die Staatsführung wissen sollte, was junge Leute bewegt. Das ist mit niemandem abgesprochen, in kürzester Zeit unterzeichnet fast ein Viertel der Schüler.

Einen Tag später wird er vom Direktor zur Rede gestellt. Forner weist den Schüler darauf hin, dass ungenehmigte Unterschriftensammlungen in der DDR gesetzwidrig seien, und fordert energisch, ihm die Liste auszuhändigen. Der Direktor sichert zu, das Thema zu diskutieren – doch in seinem Büro greift er zum Telefon und informiert den Rat des Stadtbezirks. Er schlägt eine pädagogische Lösung vor, um zu klären, wie weit das Thema die Schüler wirklich berührt oder ob sie nur provozieren wollten. Die Schulrätin stimmt zu, informiert jedoch ihre Vorgesetzte, die SED-Kreisleitung und die Kreisdienststelle der Stasi über das „besondere Vorkommnis". Mit seinem Anruf gibt der Direktor das Geschehen an der Ossietzky-Schule aus der Hand; die Schüler bekommen von dieser Wendung aber zunächst nichts mit.

Nahezu täglich finden nun Zusammenkünfte statt – von der Parteileitung der Schule über die Abteilung für Volksbildung im Stadtbezirk bis hin zum Magistrat von Ost-Berlin. Die Bezirksschulrätin schickt eine Inspektorin an die Schule, die SED einen politischen Mitarbeiter. Die Eltern aller Jugendlichen, die unterschrieben haben, erhalten Einladungen zu Gesprächen. Die Schulen, die die „aufmüpfigen" Schüler für die EOS „Carl von Ossietzky" empfohlen haben, werden kontaktiert. Sie sollen erklären, „wie es möglich ist, dass innerhalb von 14 Tagen eine solche Veränderung in den politischen Haltungen der Schüler möglich sein konnte". Nur zwei Tage nach der „Fallmeldung" des Direktors weiß auch das Volksbildungsministerium von Margot Honecker Bescheid.

Hat die erwachte Streitlust der Schüler über Themen, die das Grundverständnis der sozialistischen Ideologie berühren, die Funktionäre aufgescheucht? Die „Speakers' Corner", die ihnen allein wegen des englischen Begriffs ein Dorn im Auge ist? Oder die Beteiligung von Philipp Lengsfeld, der seit der Abschiebung seiner Mutter unter besonderer Beobachtung steht? Möglicherweise ist es auch ganz allgemein das Gefühl, der Unzufriedenheit im Staat kaum mehr begegnen zu können. Noch aber funktioniert das System. Je intensiver sich Funktionäre und Amtsträger mit der Ossietzky-Schule beschäftigen und je höher sie in der Hierarchie stehen, umso schärfer wird der Ton. Schon bald ist von „gegnerischen, organisierten Auffassungen" bei Schülern die Rede, vom Versagen der Lehrer, die nur diskutieren wollen, statt „diese feindlichen Provokationen entschieden zurückzuweisen". Schnell wird festgelegt, die Situation „zuzuspitzen". Der Anstoß dazu kommt von ganz oben, von der Volksbildungsministerin: Margot Honecker sieht wohl die Zeit gekommen, ein Exempel zu statuieren.

Langsam spüren auch die Auslöser des Streits, dass sich etwas zusammenbraut. Die Stimmung an der Schule ist spürbar angespannt. Alle Artikel der Wandzeitung zum Thema Militärparaden sind entfernt. Immer mehr Schüler stellen sich offen gegen Kais Vorgehen. Auch die Zahl der Unterzeichner auf seiner Liste schmilzt. Einige streichen ihren Namen einfach durch oder erklären mündlich ihren „Rückzieher". Die Begründungen ähneln sich: Sie hätten sich das nicht richtig überlegt und wollten nicht für bestimmte Zwecke missbraucht werden. Kai kann verstehen, dass der Hinweis des Direktors Angst ausgelöst hat, die Unterschriftensammlung sei ungesetzlich. Trotzdem findet er das Verhalten jämmerlich. Die „Speakers' Corner" verwaist.

Dann beginnen inquisitorische Verhöre. Die Schüler werden über ihre Haltung zur DDR befragt und für ihr Verhalten kritisiert. Wollen sie sich rechtfertigen, lässt man sie nicht ausreden. Stets sind unbekannte Personen bei den Gesprächen dabei, die eifrig mitschreiben. Manche versuchen trotzdem, sich zu wehren. Benjamin Lindner antwortet auf die Frage, welche Veränderungen er sich in der DDR wünsche, „mehr Offenheit und mehr Glaubwürdigkeit in der Presse". Auf seine

Bemerkung, er habe doch nur seine Meinung geäußert, wie es der Direktor gefordert hatte, wird ihm vorgehalten, er habe in letzter Zeit etwas viel Meinung geäußert. Auch Kai Feller redet Klartext. Er bezeichnet die Unterschriftensammlung als geeignetes Mittel der Diskussion, er spricht sich für mehr Demokratie aus und kritisiert, dass schon in Kindergärten mit Kriegsspielzeug gespielt werde. Die Erwachsenen sind von dem Ausbruch überrascht. „Das ist aber sehr pazifistisch", muss sich Kai anhören. Und ein Kindergarten-Kind müsse doch wissen, wo der Feind steht!

Die Jugendlichen fühlen sich im Recht, denn sie haben ja nicht zum Sturz der DDR aufgerufen oder die Freilassung politischer Gefangener gefordert. Ihnen ist schon klar gewesen, dass sie sich Ärger einhandeln, aber das ist es ihnen wert. Jetzt rechnen sie damit, dass Schulleitung und FDJ sie zu zusätzlicher „gesellschaftlicher Arbeit" verdonnern. Das wäre zu verkraften. Dass der Direktor gesagt hat, ihre Meinung vertrage sich nicht mit den Zulassungsbedingungen für das Abitur, weil dort verlangt werde, fest zum Staat zu stehen und ihn nicht anzugreifen, halten sie für eine Floskel. Ebenso seine Warnung, falls sie ihre Meinung nicht änderten, müsse sich die Schule von ihnen trennen. Sie glauben, dass die Sache ausgestanden ist.

Das Gegenteil ist der Fall. Berlins SED-Chef Günter Schabowski will die Sache nicht länger den Genossen in Pankow überlassen. Er weist an, zügig Gespräche mit den Eltern zu führen und die Bezirksleitung der staatlichen Jugendorganisation an die Schule zu schicken: „Es ist eine eindeutige Atmosphäre im gesamten FDJ-Kollektiv zur Ablehnung der Handlungsweise der provozierenden Schüler herauszubilden, die bis zum Punkt geführt werden sollte, dass die FDJler der Auffassung sind, dass die betreffenden Schüler nicht an eine EOS gehören."

Am 26. September 1988 tagt der „Pädagogische Rat", das höchste Gremium der Schule. Die Bezirksinspektorin, dazu beauftragt, die Entfernung der Schüler vorzubereiten, dringt schärfer als zuvor auf Bestrafung. Zwei Lehrerinnen sprechen sich gegen einen Ausschluss oder eine Zwangsumschulung aus. Abgestimmt wird nicht. Am folgenden Tag erhalten die Schüler einen Anruf von dem FDJ-Funktionär, den sie um Hilfe gebeten haben. Er fragt völlig konsterniert: „In was seid ihr denn da reingeschlittert?" Ihre Bestrafung sei beschlossene Sache. Vier von ihnen sollen in einem „Schnellverfahren" erst aus der Jugendorganisation und dann aus der Schule entfernt werden. Das sei bereits von Margot Honecker abgesegnet. Der FDJ-Funktionär nennt die vier Namen. Die Schüler sind entsetzt und wollen es gar nicht glauben.

Doch genauso geschieht es. Für den 29. September wird eine außerordentliche FDJ-Versammlung anberaumt. Ein Mitschüler steckt Philipp Lengsfeld, ihm und den anderen sei geraten worden, sich nicht die Zukunft zu verbauen. Seine Klasse ist völlig eingeschüchtert und stimmt schnell für den Ausschluss, was Philipp als besonders erniedrigend empfindet. Kai Feller geht es ähnlich, obwohl er auf diese Farce vorbe-

reitet ist. Bei Benjamin Lindner jedoch gerät die Inszenierung ins Stocken. Die notwendige Zwei-Drittel-Mehrheit kommt nicht zustande, er bietet selbst seinen Austritt aus der FDJ an. Der Vorwurf an alle ist haarsträubend: Sie hätten versucht, eine antisozialistische Plattform im Blauhemd zu bilden. Deshalb müsse man sich von solchen staatsfeindlich eingestellten Menschen trennen. Am nächsten Tag erfolgt die Relegation aus der Schule.

Als stummer Protest wird im November 1988 ein Fragezeichen an die Schultür geschmiert – wohl eine Anspielung auf den fragwürdigen Umgang mit den kritischen jungen Denkern, die ganz im Sinne des Namensgebers ihrer Schule gehandelt haben.

Herbst '88

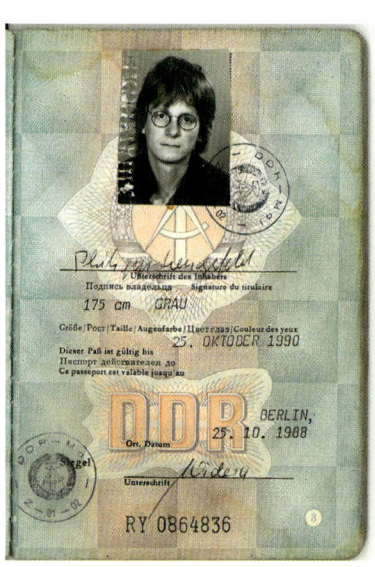

Bild links: Unerbittlich: die DDR-Ministerin für Volksbildung Margot Honecker, in einer Aufnahme von 1986.

Bild rechts: Der Pass gestattet dem aus der Schule entfernten Schüler Philipp Lengsfeld die Ausreise zu seiner Mutter nach Großbritannien.

Freunde und Eltern machen den Schülern anschließend Mut. „Ihr habt nichts Schlimmes und nichts Unrechtes getan." Sie treffen sich weiter; erst jetzt wird die Gruppe eine festgefügte Schicksalsgemeinschaft, die Halt gibt. Die Schüler glauben an einen Erfolg, denn aus ihrer Sicht ist schreiendes Unrecht geschehen, und einigen sich zunächst auf eine defensivere Strategie. Das bedeutet, mit Hilfe von Eingaben an staatliche Stellen vorzugehen, ohne die Öffentlichkeit zu suchen. Die Schüler und ihre Eltern wenden sich an den Rechtsausschuss der Volkskammer und fordern ihn auf, die Rechtmäßigkeit der Bestrafung zu prüfen. Ein Vater bittet Egon Krenz, sozusagen von Vater zu Vater, seine persönliche Autorität einzusetzen, „dass die beantragten Relegierungsverfahren nicht überstürzt zum Abschluss gebracht werden".

Doch Mitte Oktober passiert genau das. Über die 16- bis 18-jährigen Schüler wird ein vernichtendes Urteil gesprochen: Sie hätten durch Verbreiten gegnerischer Auffassungen eine Opposition zum Staat formieren wollen, Aktionen langfristig geplant und Gesetzesverletzungen bewusst einkalkuliert. Nichts davon ist wahr. Sie werden zum Magistrat einbestellt und bekommen das amtliche Ergebnis des Verfahrens mitgeteilt. Nun bleibt keine Alternative mehr zur offensiven Variante. Gedächtnisprotokolle der Schüler gelangen über Oppositionsgruppen in den Westen und werden hier veröffentlicht. Lehrerverbände aus der Bundesrepublik und die Ossietzky-Schule in Berlin-Kreuzberg setzen sich bei DDR-Stellen für die vier Schüler ein. So erinnert die Internationale Liga für Menschenrechte in einem Schreiben an Margot Honecker an das Erbe des Namensgebers der Schule, zu dem gehöre, „dass in Schulen und anderen öffentlichen Einrichtungen in Ost und West verstärkt kritisches Denken Einzug hält".

Auch in der DDR wächst die Anteilnahme. Die relegierten Schüler erhalten aufmunternde Briefe aus Kirchengemeinden und von Schulklassen. Junge Menschen tragen T-Shirts mit dem Aufdruck „Das Risiko, eine eigene Meinung zu haben ... Solidarität mit den bestraften Schülern". Landesbischof Gottfried Forck stellt eine offizielle Anfrage. Auch prominente Schriftsteller wie Stephan Hermlin machen sich stark für die Schüler. Christoph Hein schreibt an Margot Honecker: „Diese Vorwürfe sind so schwerwiegend wie haltlos, ungerechtfertigt und leichtsinnig." Der Molekularbiologe Jens Reich, bis dahin politisch weitgehend inaktiv, missbilligt bei einer Fürbittandacht in der Ost-Berliner Gethsemanekirche den rüden Umgang mit den Jugendlichen. Erziehung sei nicht nur Angelegenheit des Staates, das Nachdenken über Fehlentwicklungen und Schwierigkeiten sei vielmehr „die Spezialaufgabe für staatlich ernannter Entscheidungsträger". Schließlich ruft Reich dazu auf, sich nicht den Mund verbieten zu lassen.

Die Stasi erarbeitet Maßnahmenpläne und versucht, öffentliche Auftritte zu unterbinden. Ende Oktober werden Mitglieder unabhängiger Friedensgruppen bei Protestveranstaltungen für die vier Schüler festgenommen. Trotzdem fordert Marianne Birthler vom Ost-Berliner Stadtjugendpfarramt alle Gemeinden zu weiteren Protesten auf. Man solle das Thema Bildung in die inhaltliche Arbeit aufnehmen und Eltern unterstützen, „weil wir wollen, dass unsere Kinder zu aufrechten Menschen heranwachsen". Diese offen demonstrierte Solidarität tut gut. Sie bestätigt den Schülern, dass es wichtig ist, sich zu wehren, auch ohne Aussicht auf schnellen Erfolg. Doch an ihrer Situation ändert sich nichts. Philipp Lengsfeld zieht schließlich im November zu seiner Mutter nach Großbritannien, die Übrigen kommen ohne Schulabschluss bei kirchlichen oder pflegerischen Einrichtungen unter.

„Stalins Geist wird bei uns hochgehalten"

Honecker sucht den Schulterschluss mit Rumänien für einen Anti-Gorbatschow-Kurs

Männerfreundschaften sind normalerweise lange, oft intensive Beziehungen, die von ähnlichen Interessen und Lebensansichten getragen werden, selbst wenn die Charaktere der befreundeten Männer sehr unterschiedlich sind. In der Politik aber sind sogenannte Männerfreundschaften oft nur ein Synonym für Kumpanei. So wie bei Erich Honecker und Nicolae Ceaușescu. Der rumänische Staats- und Parteichef gilt im sozialistischen Lager als unberechenbar. Bisweilen ist er gegenüber dem Kreml geradezu widerborstig aufgetreten, was ihm im Westen durchaus Sympathien eingebracht hat. Sein Land beherrscht er mit harter Hand und mutet seiner Bevölkerung sehr viel zu: Die Versorgung ist katastrophal, intakte dörfliche Strukturen werden durch Abriss zerstört, die Menschen in Satellitenstädte zwangsumgesiedelt. Die „Vier-Kind-Politik" ist nichts anderes als verordneter Gebärzwang, deutsche und ungarische Minderheiten werden mitsamt ihrer Kultur unterdrückt. Über allem schwebt ein immenser Personenkult.

Von diesen Zuständen haben sich über die Jahre auch DDR-Touristen überzeugen können, die Rumänien bereisen, ob zum Wandern in den Karpaten, zum Kanufahren im Donaudelta oder zum Baden am Schwarzen Meer. Andere Ostdeutsche haben das Land auf dem Weg nach Bulgarien durchfahren – am besten an einem Tag, um nicht übernachten zu müssen. Oder sie haben Rumänen kennengelernt, die in der DDR arbeiten, etwa als Orchestermusiker in Halle. Viele sind tief betroffen von dem, was sie sehen und hören – und so mancher hält Nicolae Ceaușescu einfach für durchgeknallt.

Daher sorgt eine Ankündigung im *Neuen Deutschland* vom 26. Januar 1988 für Aufsehen. Auf der Titelseite beglückwünscht die SED-Spitze im Namen des ganzen Volkes Ceaușescu zu dessen 70. Geburtstag. Er habe, so jubelt Honecker, einen großen Beitrag geleistet, dass „aus dem rückständigen Agrarland ein sozialistisches Rumänien mit entwickelter Industrie und leistungsfähiger Landwirtschaft" wurde. Daher werde das langfristige Programm der wirtschaftlichen und wissenschaftlich-technischen Zusammenarbeit bis zum Jahre 2000 eine stabile Grundlage haben. Und damit nicht genug: Unter dem Glückwunsch Honeckers wird verkündet, dass Ceaușescu für seine Verdienste die höchste Auszeichnung der DDR erhält: den Karl-Marx-Orden. Knapp zehn Monate später, am 17. November 1988, wird ihm die Medaille, ein Kranz aus stilisierten Eichenblättern mit fünfzackigem Stern und Marx-Porträt, dann tatsächlich an die Brust geheftet.

Der sozialistische Bruder zu Besuch: Erich Honecker trifft den rumänischen Staats- und Parteichef Nicolai Ceaușescu in Ost-Berlin.

Viele DDR-Bürger empfinden die Auszeichnung als geschmacklos und bedrückend, zugleich ist sie ein deutliches Signal Richtung Moskau. Denn über die ökonomische Zusammenarbeit hinaus haben sich Honecker und Ceaușescu poli-

Herbst '88

Ceaușescu wird von Honecker zum sogenannten Arbeitstreffen in Ost-Berlin „herzlich begrüßt". Die beiden Staatschefs suchen den Schulterschluss gegen Gorbatschows neue Marschrichtung.

tisch angenähert: vereint in tiefer Abneigung gegenüber der neuen Politik Gorbatschows, dem sie unter keinen Umständen folgen wollen, weil er für sie dem Kommunismus untreu wird, und in der Wut gegenüber dem Öffnungskurs anderer sozialistischer Staaten, vor allem Polens und Ungarns. Ähnliches wollen sie in ihren Ländern verhindern, das zeigen die beiden nun offen. Vor allem die Beziehungen Rumäniens zum Nachbarn Ungarn haben 1988 einen Tiefstand erreicht. Grund ist die massenhafte Flucht der ungarischen Minderheit, aber auch von Rumänen. Ceaușescu untersagt den Reiseverkehr ins Nachbarland praktisch und verschärft das Grenzregime; indirekt droht er Ungarn sogar militärisch. Die DDR-Führung unterstützt die harte Linie Ceaușescus und schneidet die eigene Bevölkerung von Informationen zum Konflikt ab. So werden Anfang 1988 mehrere Ausgaben der deutschsprachigen Zeitungen *Budapester Rundschau* und *Rumänische Rundschau* nicht ausgeliefert. Das fällt im Gegensatz zum Verbot der sowjetischen Zeitschrift *Sputnik* Ende 1988 nicht weiter auf, weil die Auflagen wesentlich geringer sind und nicht der „Hort des Sozialismus", die Sowjetunion, betroffen ist.

Schon Wochen vor dem geplanten Arbeitsbesuch von Ceaușescu in der DDR ist die Stasi alarmiert. Menschenrechtsgruppen in der Bundesrepublik und West-Berlin, vom Geheimdienst „Feindorganisationen" genannt, wollen zusammen mit Exil-Rumänen mit einem internationalen Solidaritätstag am 15. November an den spontanen Arbeiteraufstand in der siebenbürgischen Großstadt Brasov ein Jahr zuvor erinnern. Damals sind Tausende rumänische Arbeiter gegen Hunger, Repression und Personenkult auf die Straße gegangen. Amnesty International und die „Initiative Ost-West-Dialog", aber auch Grünen-Politiker und aus der DDR ausgebürgerte Oppositionelle wie Freya Klier und Regina Templin nutzen ihre Kontakte in die DDR, um dort Unterzeichner für einen Aufruf zum Aktionstag zu finden und um zu erfahren, was die DDR-Opposition an Veranstaltungen plant.

Da gibt es einiges. Die Initiative Frieden und Menschenrechte um Bärbel Bohley, Werner Fischer und Gerd Poppe verfasst eine eigene Erklärung, die sie Mitte Oktober 1988 im Freundes- und Bekanntenkreis verteilt und über die verschiedene West-Medien berichten. In der Erklärung werden die Zustände in Rumänien und der Personenkult um Ceaușescu kritisiert. Statt Orden zu verleihen und dessen Kurs so zu stützen, solle in der DDR über die wirkliche Situation in Rumänien diskutiert werden. Um die Führung in Bukarest zum Einlenken zu bewegen, solle die DDR auch über Maßnahmen wie das Aussetzen von Freundschaftsverträgen nachdenken und über Wirtschaftssanktionen, etwa eine Importsperre. Diese Erklärung will die Initiative am 15. November im Rahmen der „Friedensdekade" der Evangelischen Kirchen in der Gethsemanekirche in Ost-Berlin verlesen, also zwei Tage vor Ceaușescus Eintreffen in Ost-Berlin. An diesem „Rumänientag" sind außerdem Vorträge und Diskussionen geplant sowie eine Kollekte für die rumänische Bevölkerung.

Auch in Leipzig wird ein Protestschreiben zu den Verhältnissen in Rumänien formuliert, von den Teilnehmern eines „Tags der Solidarität mit Rumänien". Die 89 Unterzeichner üben deutliche Kritik: „Wir achten die nationale Souveränität Rumäniens, glauben aber, dass wir angesichts der Menschenrechtsverletzungen in Rumänien nicht schweigen dürfen und die in Rumänien lebenden Menschen unsere Solidarität brauchen." Anschließend protestieren auch sie gegen die katastrophalen Lebensbedingungen und den Personenkult Ceaușescus, der „mit den Grundsätzen der sozialistischen Demokratie nicht vereinbar" sei. In der Verleihung des höchsten DDR-Ordens sehen sie eine Würdigung der Verhältnisse, von der sie sich distanzieren, und fordern für die Bürger Rumäniens „mehr Brot, mehr Freiheit, mehr Menschlichkeit".

Die Stasi rät der SED-Führung, kirchlichen Amtsträgern in „Vorbeugungsgesprächen nachdrücklichst die staatliche Erwartungshaltung zum Ausdruck zu bringen, jegliche gegen die SR Rumänien gerichtete provokatorisch-demonstrative Handlungen zu unterbinden". Es soll alles unterbleiben, was Honecker und seinen Freund Ceaușescu verärgern könnte. Doch die Kirchen denken gar nicht daran zu kuschen. Auf dem Treffen der Landessynode der Evangelischen Landeskirche Greifswald Anfang November fordert Pfarrer Reinhard Glöckner die Regierung der DDR auf, ihre Haltung gegenüber Rumänien zu überdenken, besonders angesichts des Umgangs mit der ungarischen Minderheit. Die Auszeichnung mit dem Karl-Marx-Orden bezeichnet er als „beschämend" für die DDR. Mehrere Synodale teilen diese Kritik und fordern die Kirchenleitung auf, ihre Haltung der DDR-Regierung vorzutragen sowie über Kontakte zu Kirchen und Christen in Rumänien der Bevölkerung zu helfen. Ähnliches beschließt die Landessynode der Evangelisch-Lutherischen Landeskirche Mecklenburgs. Im Gottesdienst am 13. November fordert Landesbischof Gottfried Forck in Ost-Berlin die Regierung Rumäniens zur Vernunft und zur „Revidierung ihrer Agrarreform" auf. Die Stasi beurteilt den Auftritt als „bemerkenswert". Am 15. November finden dann tatsächlich im Rahmen der „Friedenssynode" in Ost-Berlin, aber auch in anderen Orten der DDR wie Erfurt und Halle Veranstaltungen über Rumänien statt. Es wird diskutiert und Geld gespendet; Unterschriften für Eingaben an die Partei- und Staatsführung werden gesammelt.

So kommt der 17. November. Die Stasi hat vorsorglich Mitglieder der Initiative Frieden und Menschenrechte unter Hausarrest gestellt. Das *Neue Deutschland* kündigt den Arbeitsbesuch von Nicolae Ceaușescu groß an und widmet ihm am kommenden Tag die komplette Titelseite. Zu sehen ist auf einem Foto auch, wie Honecker den Karl-Marx-Orden überreicht. Der Begleittext klingt angesichts der wahren Verhältnisse wie Hohn: Mit der Auszeichnung werde die Überzeugung bekräftigt, dass diese Beziehungen „zum Wohle unserer Völker, im Interesse des Sozialismus und des Friedens ständig weiter gedeihen und sich vertiefen werden". Honecker, der selbst Träger des „Sterns der Sozialistischen Republik Rumänien" ist, schwärmt von seinem Besuch dort, wo er sich von der „fruchtbaren, schöpferischen Arbeit des rumänischen Volkes beim Aufbau des Sozialismus" habe überzeugen können. Dabei weiß er, wie schlecht die Lage in Rumänien ist: Nach Ceaușescus Besuch steht das Thema auf der Tagesordnung des SED-Politbüros.

Die Reaktionen in der DDR überraschen durch Heftigkeit und Breitenwirkung. In der Nacht zum 18. November tauchen an Häuserwänden von Kahla in Thüringen Losungen auf. Etwa „Ceaușescu raus" oder „Persönliche Mündigkeit – ziviler Ungehorsam", aber auch „Das ist real existierender Sozialismus". Drei Jugendliche werden gefasst und zu Bewährungsstrafen wegen „Rowdytums" verurteilt. Andere äußern: „Stalins Geist wird bei uns hochgehalten." Es entstehe der Eindruck, die DDR orientiere sich an Rückständigkeit. „Ceaușescu wird in der DDR gefeiert, während andere Meinungen totgemacht werden." Und: „Nun wird auch dem Letzten klargemacht, dass die DDR-Führung gegen die Umgestaltung in der Sowjetunion ist." Genau das ist die Botschaft, die Honecker mit der Auszeichnung angestrebt hat.

An der Martin-Luther-Universität Halle-Wittenberg unterschreiben 44 Studenten der Theologie eine Eingabe, in der sie mit Verweis auf die Lage in Rumänien Ceaușescus Würdigung anzweifeln und die DDR-Regierung auffordern, sich „klarer für humane Verhältnisse in Rumänien" einzusetzen. Außerdem beklagen sie, beide Staaten würden sich von den Veränderungen in der sozialistischen Gesellschaft abkoppeln. An der Technischen Hochschule Magdeburg basteln Studenten eine Collage aus Zeitungsausschnitten mit dem Text „Es wird Zeit, dass etwas auch in der DDR passiert. Die alten Herren in Berlin ignorieren die Entwicklung in den sozialistischen Ländern. Der DDR-Bürger will den Aufbruch. Was will die SED?" An der Technischen Universität Karl-Marx-Stadt wird vorgeschlagen, dem „Amt für Zensur" beim Ministerium für Staatssicherheit den Karl-Marx-Orden zu verleihen: für hervorragende Dienste.

Der Karl-Marx-Orden gehört zu den höchsten staatlichen Auszeichnungen der DDR. Nicolae Ceaușescu erhält ihn 1988 von Erich Honecker – auch als ein klares Zeichen nach Moskau.

„Ohne rot zu werden"

Das Verbot der sowjetischen Zeitschrift *Sputnik* empört selbst viele SED-Genossen

Worte sind manchmal wie Hiebe: Sie können schmerzhaft treffen, Wirkung erzielen, mitunter auch Spuren hinterlassen. „Mit diesem Verhalten entmündigen Sie die gesamte DDR-Bevölkerung und sprechen ihr das Recht ab, sich über das Leben und die Diskussionen in anderen Ländern zu informieren", heißt es in einem Brief an das Ost-Berliner Postministerium. „Bravo! Sie haben es nun endlich geschafft, die einzige Zeitung zu verbieten, die man noch lesen konnte, ohne rot zu werden", steht in einem Schreiben an den Staatsrat. „Wenn der Sputnik im Zuge der Verwirklichung von Glasnost und Perestroika über geschichtliche Themen berichtet, die bisher öffentlich nicht besprochen worden sind, so ist das noch lange keine Verzerrung", bekommen Mitarbeiter der Volkskammer zu lesen. Diese und andere Briefe zeugen von ehrlicher Entrüstung und rühren an einem tragenden Pfeiler der SED-Macht: dem Informationsmonopol.

Ausgelöst hat den Protest die Pressestelle des Ministeriums für Post- und Fernmeldewesen. In der Wochenendausgabe vom 19./20. November 1988 druckt das *Neue Deutschland* eine Mitteilung aus zwei Sätzen ab. Im ersten heißt es, dass die deutschsprachige Ausgabe der sowjetischen Zeitschrift *Sputnik* von der Postzeitungsliste gestrichen werde. Im zweiten Satz folgt die Begründung: „Sie bringt keinen Beitrag, der der Festigung der deutsch-sowjetischen Freundschaft dient, stattdessen verzerrende Beiträge zur Geschichte." Das Verbot einer sowjetischen Zeitung ist in einem Staat, der die Freundschaft mit Lenins Heimatland zur Staatsräson erklärt hat, ein unglaublicher Vorgang. Ein Affront, der größer kaum sein kann.

Angelehnt an das Prinzip von *Reader's Digest* hat der *Sputnik* seit 1967 Monat für Monat eine Auswahl von Artikeln sowjetischer Zeitungen über Politik, Kultur, Wissenschaft und Gesellschaft versammelt und in mehreren Sprachen zugänglich gemacht, unter anderem auf Englisch, Französisch und Deutsch. Ende 1988 erreicht das Magazin in der DDR eine Auflage von rund 180.000 Exemplaren. Lange galt es als ein Blatt wie viele andere. Doch seit Michail Gorbatschow der Sowjetunion eine gewisse Öffnung verordnet, sind darin Artikel über bis dahin tabuisierte Themen zu lesen. Bereits das Oktoberheft 1988 ist in der DDR nicht ausgeliefert worden, denn es enthielt einen ausführlichen Bericht über den Hitler-Stalin-Pakt aus dem Jahr 1939, einschließlich des berüchtigten geheimen Zusatzprotokolls über die Aufteilung Polens. Zudem ist

Ausgerechnet eine sowjetische Zeitschrift lässt das von der SED propagierte Weltbild bröckeln. Hier die in der DDR nicht ausgelieferte Ausgabe vom Oktober 1988.

einiges über das Versagen der deutschen Kommunisten und der stalinistischen KPD vor dem Machtantritt Hitlers zu lesen. Beides kommt im DDR-Geschichtsbild nicht vor, im Schulunterricht sowieso nicht.

Die SED-Führung fühlt sich von den *Sputnik*-Artikeln geradezu düpiert. Kratzen sie doch an so mancher offizieller Biografie der Alt-Genossen und am Gründungsmythos der DDR als lupenreiner antifaschistischer Staat voll unerschrockener Widerstandskämpfer. Die sowjetische Zeitschrift offenbart, wie sehr die Führung in Ost-Berlin die vergangene Wirklichkeit verbogen hat, um sie an ihr Weltbild anzupassen.

Das sehen offensichtlich auch Teile der DDR-Bevölkerung so. Noch am Tag der Bekanntmachung werden die ersten Beschwerden und Eingaben an staatliche Behörden oder SED-Einrichtungen verfasst. So macht man üblicherweise seinem Ärger Luft. Neu sind aber die Deutlichkeit und das Selbstbewusstsein, mit der die SED-Führung kritisiert wird. Ungewöhnlich unverstellt werden Missstände angesprochen. Bis dahin inaktive Bevölkerungskreise sind offenkundig sensibilisiert. Hunderte beschweren sich in den kommenden Wochen schriftlich, Tausende verlangen bei den Behörden Auskunft über den *Sputnik*. Darunter sind auffallend viele SED-Mitglieder; die Führung ist überrascht. Bemerkenswert erscheint der Stasi, die die Reaktionen sammelt, „dass es kaum Meinungs- bzw. Argumentationsunterschiede" zwischen SED-Mitgliedern und Parteilosen gebe und dass sich Vertreter der technischen, künstlerischen und pädagogischen Intelligenz sowie Studenten an allen Universitäten und Hochschulen „besonders heftig, teilweise außerordentlich aggressiv" äußerten.

Manche Briefeschreiber zitieren die DDR-Verfassung, nämlich Artikel 27, Abs. 2, in dem es heißt: „Die Freiheit der Presse, des Rundfunks und des Fernsehens ist gewährleistet." Oder sie berufen sich auf die Internationale Konvention über die politischen und zivilen Rechte, die auch die DDR ratifiziert hat. In deren Artikel 19, Abs. 2 ist zu lesen: „Jeder hat das Recht auf freie Meinungsäußerung. Dieses Recht schließt die Freiheit ein, sich um Informationen und Ideen aller Art ungeachtet der Grenzen, mündlich, schriftlich oder gedruckt zu bemühen, diese zu empfangen und weiterzugeben." Das Verbot des *Sputnik* verstoße gegen diese Rechte und sei damit verfassungswidrig.

Andere fragen ironisch nach, was denn mit der „unverbrüchlichen Freundschaft" zur Sowjetunion sei. Das Wort des Chefredakteurs in jeder Ausgabe zeige doch, dass der *Sputnik* zur Festigung der Freundschaft zwischen der UdSSR und anderen Staaten beitragen wolle – und die Leserbriefe belegten doch, dass die Leser das auch so empfänden. Ein anderer ermuntert, die DDR habe doch genügend eigene Publikationen, um in wissenschaftlicher und sachlicher Form zu dokumentieren, was angeblich so falsch an den Darstellungen im *Sputnik* sei. Wieder ein anderer wird direkt: „Beschäftigung mit der Geschichte ist das Streben nach Wahrheitsfindung. Durch Ihr Verhalten und Ihr Unterdrücken der Meinungsbildung rechtfertigen Sie die Verbrechen, die an vielen Menschen begangen wurden." In einem Brief an die Pressestelle des Postministeriums heißt es sarkastisch: „Ich bin nicht so naiv zu glauben, dass Ihre Stelle die Entscheidung getroffen hat. Da Sie sich aber in der Zeitung den Hut dafür aufsetzen, erwarte ich von Ihnen in der gesetzlich festgelegten Frist eine befriedigende Antwort auf meine Eingabe." Tatsächlich hat Postminister Rudolph Schulze von der Blockpartei CDU vom Verbot erst aus der Zeitung erfahren.

Zu einer Stellungnahme gezwungen: Artikel aus dem *Neuen Deutschland* vom 25. November 1988.

Neben solchen Eingaben gibt es auch offene Unmutsäußerungen. Eine Moderatorin des Jugendradios *DT 64* beginnt am 19. November ihre Sendung mit dem Satz: „Ein Sputnik ist abgestürzt." Im Chemiekombinat Leuna streikt zwei Tage später eine Schicht wegen des Verbots. An der Semper-Oper in Dresden weicht der Darsteller des Figaro im „Barbier von Sevilla" bei der Aufführung am 26. November an einer Stelle vom Text ab und singt, er wolle den Grafen Almaviva rasieren: Dieser habe jetzt Zeit, da er „immer den *Sputnik* gelesen" habe. An der Humboldt-Universität in Ost-Berlin hängt am Schwarzen Brett einer Fakultät ein Zettel mit den Worten: „Wer heute den *Sputnik* verbietet, verbrennt morgen Bücher". In Ost-Berlin werden Losungen wie „*Sputnik* Pressefreiheit jetzt" angebracht, in Nordhausen ist der Spruch „Honey rück den *Sputnik* raus" zu lesen. Die Stasi stellt Flugblätter sicher, die sich gegen das Verbot aussprechen, darunter auch in der Druckerei des *Neuen Deutschland*.

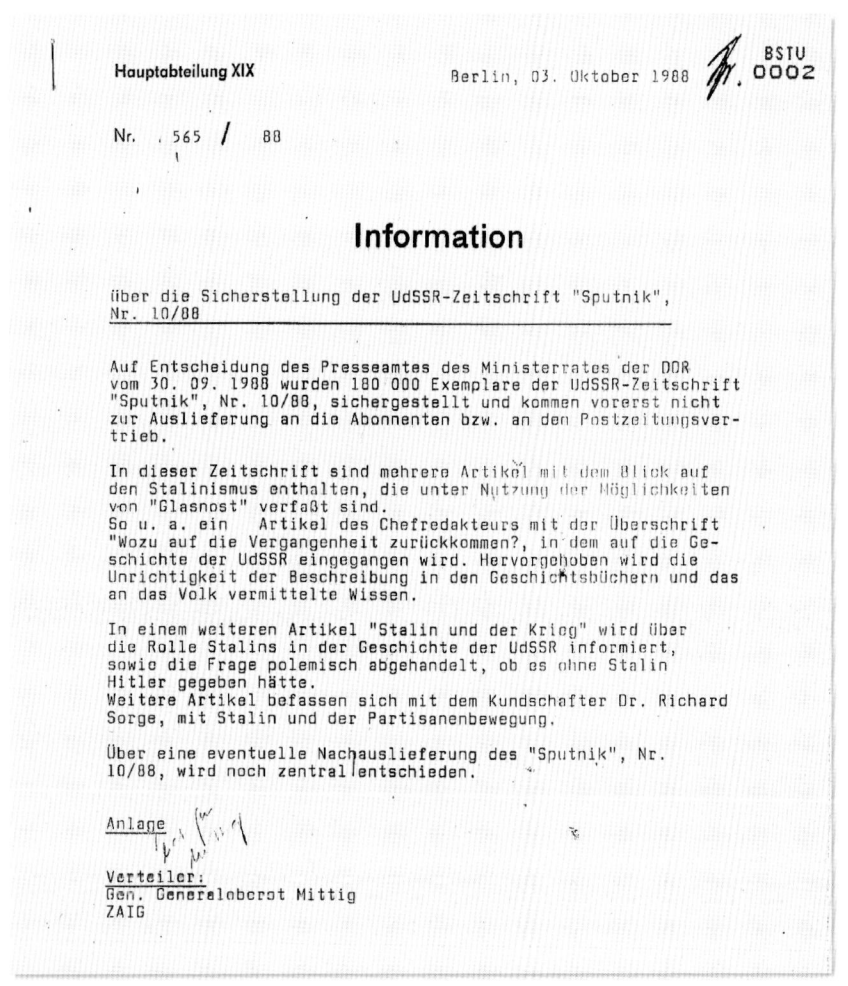

Information der Stasi zur Sicherstellung der Oktoberausgabe des *Sputnik*. Es kommt daraufhin zu ungeahnten Proteststürmen, sowohl von SED-Mitgliedern wie von Parteilosen.

Selbst an der Sektion Journalistik der Universität Leipzig wird heftig diskutiert, Seminargruppen wollen sich aus historischen Quellen, die schwer einzusehen, aber durchaus zugänglich sind, ein eigenes Bild vom Nichtangriffspakt von 1939 und dessen Wirkung machen.

Doch nicht nur der *Sputnik* wird verboten. Nahezu zeitgleich setzen die DDR-Behörden sowjetische Filme wie „Der kalte Sommer des Jahres 1953" oder „Die Kommissarin" in den Kinos ab. Auch darüber beschweren sich Bürger mit Eingaben. Einer schreibt, er habe einige der Filme sehen und die Reaktion von Jugendlichen beobachten können, die das Gesehene nicht mit dem Geschichtsbild aus dem Unterricht zusammenbringen konnten. Statt die Filme abzusetzen, solle man darüber nachdenken, ob die Reaktion der Schüler „nicht an unserem Bildungssystem" liege. Der Friedenskreis Weißensee ruft zu einem Boykott aller Filmvorführungen in Berlin auf. In Leipzig lassen Oppositionelle vor dem Kino Luftballons mit der Aufschrift *Sputnik* steigen – Stasi-Mitarbeiter hopsen mit Zigaretten und spitzen Gegenständen umher, um möglichst alle Ballons zum Platzen zu bringen.

Die Gründe für die heftigen Reaktionen sind zum einen ehrliche Empörung über das „diktatorische Verbot", das völlig unzeitgemäß sei, sowie die „borniere Art und Weise" zu entscheiden, was man lesen dürfe und was nicht. Zum anderen ist es die bittere Erkenntnis, dass die DDR-Führung eben nicht wie Gorbatschow Reformen einleitet. Lange gab es solche Hoffnungen, trotz Kurt Hagers berüchtigter „Tapeten"-Äußerung Im *Stern* oder der Polemiken gegen den sowjetischen Film „Die Reue", der mit dem Stalinismus abrechnet. Doch diese Hoffnung hat sich mit dem *Sputnik*-Verbot erledigt. Bei den SED-Mitgliedern unter den Briefeschreibern kommt noch der Unmut dazu, „diesen Unsinn an der Basis vertreten zu müssen". Einige halten das Verbot für einen taktischen Fehler, denn zugleich seien doch überall Westmedien zu empfangen. Oder ihnen ist der *Sputnik* im Prinzip gleichgültig, sie finden aber, dass das Verbot dem Klassenfeind Munition liefere.

Im Bemühen, jede Öffnung abzudichten, durch die Reform-Wind aus dem Osten in die

DDR wehen könnte, schließt die SED-Führung sogar eine eigene Zeitschrift. Im Berliner Verlag erscheint alle 14 Tage die *Freie Welt*, die ausschließlich über das sozialistische Ausland und einige Nationalstaaten in Afrika und Lateinamerika berichtet. Herausgegeben wird sie offiziell von der Gesellschaft für Deutsch-Sowjetische Freundschaft. Nach dem *Sputnik*-Verbot teilen Vertreter der Agitationskommission beim ZK der SED den verdutzten Redakteuren mit, dass ihr Blatt eingestellt werde; die Beschäftigten würden auf andere Publikationen des Verlages aufgeteilt. Die offizielle Begründung lautet: Papiermangel. Drei Tage lang herrschen in der Redaktion Trauer und Anarchie, dann folgt überraschend der Rückzug der SED. Man habe da noch einige Rollen Papier aufgetrieben, erfahren die Redakteure, die zum Stillschweigen verdonnert werden. So kann die nächste Nummer der Zeitschrift planmäßig erscheinen.

Auch sonst hat das Aufbegehren wenig sichtbare Folgen. Die Proteste ebben schnell ab. Die Zahl derjenigen, die wegen des *Sputnik*-Verbots aus der SED oder der Gesellschaft für Deutsch-Sowjetische Freundschaft (DSF) austreten oder wegen ihres Protests ausgeschlossen werden, bleibt überschaubar. Viele Briefeschreiber erhalten vom Postzeitungsvertrieb ein vorgefertigtes Antwortschreiben, in dem unter anderem auf einen Artikel im *Neuen Deutschland* vom 25. November 1988 mit dem Titel „Gegen die Entstellung der historischen Wahrheit" verwiesen wird, der die Haltung der SED-Spitze verteidigt. „Wir gehen davon aus", schreibt der Direktor des Vertriebs, „dass in diesen Publikationen auch auf Ihre Fragen Antworten gegeben wurden". Das trifft natürlich nicht zu.

Die SED-Führung bleibt ungerührt auf Kurs. Zwar wird intern durchaus eingeräumt, man hätte das Problem *Sputnik* eleganter lösen können. Das Politbüro ignoriert aber, dass die Parteibasis verstört ist und die Disziplin dort nachlässt. Jedoch gibt es auch Briefe, die das Verbot befürworten. Ein Schreiben an den für Medien zuständigen ZK-Sekretär Joachim Herrmann findet sogar Eingang in die Rede von Erich Honecker Anfang Dezember 1988 auf der 7. Tagung des ZK der SED. Darin bezeichnet ein Berliner Funktionär das Verbot als „längst überfällig", weil der *Sputnik* den Eindruck hinterlasse, „als bestünde die ruhmreiche Geschichte des Sowjetvolkes nur noch aus Stalins Mordlust und Breschnews Stagnation". Er denke, dass auch Gorbatschow Glasnost und Perestroika nicht so verstanden wissen wolle, „dass aus allen Löchern konterrevolutionäres und nationalistisches Gewürm hervorbricht". Viele der Leser seien nur Spießer und Nörgler. Und man wolle der SED-Spitze doch nur ein schlechtes Gewissen einreden, damit sie auf Gorbatschows Kurs umschwenke. Das Vertriebsverbot mache deutlich, dass sich die Partei nicht ausspielen lasse und „dass über unsere Politik nach wie vor und auch künftig in Berlin, unserer Hauptstadt, entschieden wird". Der Brief des Funktionärs schließt: „Setzt diese gute Politik fort."

Genau das versichert Honecker in seiner Rede, in der er das „Gequake wildgewordener Spießer" geißelt, die die Geschichte „im bürgerlichen Sinne umschreiben möchten". Der Gedanke des treuen Genossen von der in Berlin bestimmten Politik gefällt Honecker besonders – er wird bald zu der Losung vom „Sozialismus in den Farben der DDR".

Sputnik in neuem Gewand: das Titelblatt der Dezemberausgabe 1989. Nach einjähriger Pause ist das sowjetische Nachrichtenmagazin wieder in der DDR erhältlich und ab Januar 1990 auch per Abonnement zu beziehen.

Winter '88/89
Viele DDR-Bürger vertrauen auf Gorbatschow

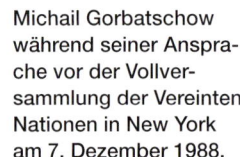

Michail Gorbatschow während seiner Ansprache vor der Vollversammlung der Vereinten Nationen in New York am 7. Dezember 1988.

1. Dezember: Mit den Stimmen der CDU-FDP-Koalition verabschiedet der Bundestag eine Entschließung, in der verlangt wird, dass an der innerdeutschen Grenze nicht mehr geschossen werde und die DDR die Menschenrechte achte.

3. Dezember: Im Leitartikel des *Neuen Deutschland* attackiert der Chefkommentator des DDR-Fernsehens, Karl-Eduard von Schnitzler, die Bundesrepublik und Kanzler Helmut Kohl scharf. Er kritisiert „Prahlereien und großdeutsche Träume".

4. Dezember: Fünf Ausreisewillige besetzen die Weimarer Herderkirche. Superintendent Hans Reder lässt sie von der Stasi in Handschellen abführen.

7. Dezember: Eine große Abrüstungsinitiative Michail Gorbatschows vor der UN-Vollversammlung löst in der DDR „wahre Euphorie" aus. Auch Erich Honecker lobt den Vorstoß umgehend als „historisch".

14. Dezember: Die neue „Verordnung über Reise- und Ausreiseangelegenheiten" verweigert DDR-Bürgern weiter das Recht auf Reisen, das ihnen seit der Ratifizierung des Helsinki-Protokolls 1975 eigentlich zusteht.

19. Dezember: Indirekt bestätigt Honecker den Schießbefehl an der innerdeutschen Grenze. Zwar verweist er darauf, es gebe eine solche Weisung gar nicht, sagt aber zugleich, schließlich handle es sich um militärisches Sperrgebiet. Wenn jetzt noch Schüsse fielen, dann seien es Warnschüsse.

20. Dezember: SED-Chefideologe Kurt Hager trifft sich mit Künstlern in der Ost-Berliner Akademie der Künste. In der Debatte geht es auch um das Verbot des sowjetischen Magazins *Sputnik*. Hager räumt ein, dass die Entscheidung „differenzierter" hätte getroffen werden müssen. Sie sei jedoch alternativlos gewesen.

29. Dezember: Anlässlich des 70. Gründungstages der KPD verwendet Honecker zum ersten Mal vor größerer Zuhörerschaft die Formulierung „Sozialismus in den Farben der DDR" und distanziert sich damit von Gorbatschows Reformpolitik.

3. Januar: Nach Angaben des Bundesinnenministeriums haben die Aufnahmelager in der Bundesrepublik 1988 mit 39.832 Menschen doppelt so viele Übersiedler aus der DDR registriert wie im Vorjahr. Geradezu in die Höhe geschossen ist die Zahl deutschstämmiger

Aussiedler vor allem aus Polen, der Sowjetunion und Rumänien: 1988 kamen 202.673 Übersiedler gegenüber zuletzt 78.523.

3. Januar: Die Zentrale Erfassungsstelle der Landesjustizverwaltungen in Salzgitter hat im Jahr 1988 insgesamt 1232 politisch motivierte Gewaltakte in der DDR registriert. Die Mindestzahl der seit dem Mauerbau 1961 begangenen politischen Verbrechen ist damit auf 38.418 gestiegen.

15. Januar: In Wien unterzeichnen die Außenminister der europäischen Staaten und der USA das KSZE-Folgeabkommen. Damit geht auch die DDR die Verpflichtung ein, das Recht eines jeden „auf Ausreise aus jedem Land, darunter aus seinem eigenen, und auf Rückkehr in sein Land uneingeschränkt" zu achten, dieses Recht auch gesetzlich zu garantieren und die Einhaltung dieser Verpflichtung beobachten zu lassen.

Doppelt so viele Übersiedler wie im Vorjahr sind 1988 aus der DDR in die Bundesrepublik gekommen, sprunghaft angestiegen ist auch die Zahl der deutschstämmigen Aussiedler aus dem Ostblock. Die Aufnahmelager, wie hier das der Landesstelle Unna im August 1988, stoßen an ihre Grenzen.

4. Januar: Der *Rias* macht auf dem Alexanderplatz eine ungenehmigte Meinungsumfrage. Viele DDR-Bürger hoffen auf den Reformprozess in der Sowjetunion. Ein weiterer oft genannter Wunsch sind bessere Reisemöglichkeiten.

11. Januar: Mehr als 20 DDR-Bürger verlassen die Ständige Vertretung der Bundesrepublik in Ost-Berlin, nachdem DDR-Rechtsanwalt Wolfgang Vogel ihnen Straffreiheit zusagt. Sie haben sich dort mehrere Tage aufgehalten, um ihre Ausreise zu erzwingen. Inoffiziell hat Vogel, ein Honecker-Vertrauter, ihnen das Versprechen gegeben: „Ihre Angelegenheit kommt innerhalb dieses Jahres zu einem guten Ende."

15. Januar: Auf dem Leipziger Marktplatz findet eine nichtgenehmigte Kundgebung für Reformen in der DDR statt. Der Oppositionelle Fred Kowasch hält eine kurze Ansprache, im Anschluss daran setzt sich der Demonstrationszug mit rund 500 Personen in Bewegung. Nach etwa 800 Metern versucht die Polizei, die Demonstration aufzulösen und nimmt kurzzeitig 53 Demonstranten fest.

18. Januar: Der neue Ständige Vertreter der Bundesrepublik in der DDR, Franz Bertele, kommt in Ost-Berlin an. Der Diplomat hofft, mit seiner Arbeit die „Situation der Menschen etwas zu verbessern".

19. Januar: Auf einer Tagung des Thomas-Müntzer-Komitees kündigt SED-Generalsekretär

Chronik Winter '88/89

Der sowjetische Außenminister Eduard Schewardnadse (M.) vor der US-Botschaft während des KSZE-Außenminister-Treffens in Wien im Frühjahr 1989. Er hat maßgeblichen Anteil an der Neuausrichtung der sowjetischen Politik.

US-Außenminister George Shultz (l.) trifft am 17. Januar 1989 mit dem deutschen Bundesaußenminister Hans-Dietrich Genscher zu einem Gespräch zusammen.

Erich Honecker öffentlich an, die Mauer werde „in 50 und auch in 100 Jahren noch" existieren.

22. Januar: Die Evangelischen Landeskirchen der DDR appellieren an die Mitglieder aller Gemeinden, „mutige Schritte" in eine bessere Gesellschaft zu wagen, auch wenn sie dadurch persönliche „Opfer und Nachteile" in Kauf nehmen müssten. Die Kirchen fordern „mehr Gerechtigkeit", außerdem „Wahlen, in denen die Urteilsfähigkeit der Bürger wirklich gefordert wird" sowie eine Justiz, deren Unabhängigkeit „über jeden Zweifel erhaben" sei.

24. Januar: Der Leiter der Leipziger Stasi, Manfred Hummitzsch, kritisiert auf einer Dienstbesprechung das „Handeln der Kräfte am Ereignisort" bei der Demonstration am 15. Januar als „zu unentschlossen".

24. Januar: Das *Neue Deutschland* veröffentlicht angebliche Leserbriefe, denen zufolge nicht die Menschenrechte in der DDR, sondern in der Bundesrepublik ein Problem seien. Man brauche Mauer und Stacheldraht noch lange, um vom Klassenfeind nicht ausgeplündert zu werden.

Chronik Winter '88/89

3. Februar: Schleswig-Holsteins SPD-Ministerpräsident Björn Engholm spricht mit Honecker. Der DDR-Staatschef betont, beide deutschen Staaten sollten sich von der Anerkennung der Realitäten, der Achtung der Souveränität, der Nichteinmischung und der Berücksichtigung legitimer gegenseitiger Interessen leiten lassen. Dann fordert er die Respektierung der DDR-Staatsbürgerschaft, die Festlegung der Elbgrenze sowie die Auflösung der Erfassungsstelle Salzgitter.

5. Februar: Um 23.39 Uhr erschießen DDR-Grenzer im Todesstreifen am Britzer Zweigkanal zwischen dem Ost-Berliner Stadtbezirk Treptow und Neukölln in West-Berlin mit gezielten Schüssen den 20-jährigen Chris Gueffroy.

7. Februar: Die DDR mahnt die westlichen Staaten, die Menschenrechte einzuhalten. Im Leitartikel des *Neuen Deutschland* heißt es, die Menschenrechte seien „in ihrer Gesamtheit und wechselseitigen Bedingtheit politischer, ziviler, sozialer, ökonomischer und kultureller Rechte zu verwirklichen". Ausdrücklich genannt werden das Recht auf Arbeit, auf Wohnen und soziale Sicherheit, auf Gesundheit, Bildung und Kultur. Vom Recht auf Freizügigkeit und freie Meinungsäußerung ist keine Rede.

12. Februar: Die *Welt am Sonntag* zitiert aus einem streng geheimen Bericht des Bundesnachrichtendienstes. Demnach will jeder zehnte DDR-Bürger den SED-Staat verlassen.

15. Februar: Jürgen Krüger beantragt beim Ministerium des Innern die Gründung und somit Zulassung der „Helsinki-Gruppe". Es ist der erste offizielle Antrag auf Zulassung einer Oppositionsgruppe seit Bestehen der DDR.

15. Februar: In Ost-Berlin gibt Rechtsanwalt Gregor Gysi zwei *Spiegel*-Reportern ein Interview über Recht in der DDR. Schon am folgenden Tag berichtet er darüber zwei Stasi-Offizieren.

18. Februar: In der Bundesrepublik erscheint der neue Katalog der Firma Genex. Westdeutsche können gegen D-Mark Verwandten oder Bekannten in der DDR begehrte Waren zukommen lassen. Ein Viertürer der Marke Wartburg, neuestes Modell, kostet 14.100 D-Mark.

24. Februar: Wegen „Menschenhandels" und „ungesetzlichen Grenzübertritts" verurteilt ein Ost-Berliner Gericht drei Fluchthelfer – zwei West-Berliner und einen Bundesbürger – zu Haftstrafen zwischen vier und sechs Jahren.

27. Februar: In einem Offenen Brief fordern Friedens- und Menschenrechtsgruppen der DDR die Freilassung des zu neun Monaten Haft verurteilten tschechischen Bürgerrechtlers Václav Havel.

Katalog der Palatinus GmbH „Geschenke in die DDR" aus dem Jahr 1988. Die Schweizer Firma verkauft als Vertragspartner der Genex Geschenkdienst GmbH per Katalog Geschenke für Bürger der DDR. Die „Geschenke" werden von den Bürgern der Bundesrepublik bestellt, mit D-Mark bezahlt und dann direkt an Bekannte und Verwandte in die DDR versendet. Dabei handelt es sich zum größten Teil um in der DDR selbst kaum erhältliche Waren aus der DDR-Produktion wie Lebensmittel, Möbel, Kosmetik, Kleidung, Motorräder, Autos (ohne Wartezeiten) und ganze Fertighäuser.

Winter '88/89

Drei Jahre zuvor hat es einen großen Festakt gegeben: Mit Fahnen ausgestattete Betriebskampfgruppen salutieren während der Militärparade zum 25. Jahrestag des Mauerbaus am 13. August 1986 vor der Ehrentribüne mit Staatschef Erich Honecker.

dafür im vollen Wortlaut im Zentralorgan der SED. Als Schlusswort am Ende der Dokumentation aller Reden bei der Müntzer-Tagung abgedruckt auf der fünften Seite, aber zusätzlich in weiten Teilen paraphrasiert im Aufmacher auf der Titelseite, natürlich einschließlich der Passage zum fortdauernden Bestand der Mauer. Die entscheidenden Sätze werden sogar wörtlich zitiert. Zwar schafft es die starke Formulierung von den „50 oder 100 Jahren" weder in die hölzerne Schlagzeile „Honecker: DDR leistet konstruktiven Beitrag für den Frieden in der Welt" noch in die Unterüberschrift, in der aber immerhin behauptet wird: „Staatsgrenze der DDR stabilisiert Lage in Europa."

Das Ost-Berliner Presseamt gibt den Redetext auch an westliche Nachrichtenagenturen weiter, und die Reaktion der Öffentlichkeit befriedigt Erich Honecker: *ARD*, *ZDF* und die meisten großen Zeitungen greifen gerade die ergänzte Passage auf. Die *Bild-Zeitung* berichtet sogar auf der Titelseite, in stark geraffter Form, aber immerhin: „Die Mauer ‚wird in 50 und auch in 100 Jahren noch bestehen bleiben. Das ist schon erforderlich, um unsere Republik vor Räubern zu schützen', sagte gestern DDR-Staatschef Erich Honecker. Der ‚antifaschistische Schutzwall' behüte die Bürger vor ‚Ausplünderungen'." Die *Welt* und die *Frankfurter Allgemeine* greifen ebenfalls gerade diese Formulierung auf. Naturgemäß konzentrieren sich auch die Reaktionen westlicher Politiker darauf. Bundesaußenminister Hans-Dietrich Genscher bemerkt gegenüber Journalisten verwundert, dass Honecker sich „ohne Not" festgelegt habe; ähnlich äußert sich sein US-Kollege George Shultz am Rande von Ost-West-Verhandlungen in Wien.

Honeckers Freude über seinen geglückten Coup währt freilich nicht lange. Denn seine griffige Formel findet rasch auch in der DDR Widerspruch. Bürgerrechtler um Ludwig Mehlhorn und Stephan Bickhardt antworten umgehend mit einem Offenen Brief: „Jeder weiß, dass die Mauer nicht gegen irgendwelche Räuber nach außen, sondern vor allem nach innen gerichtet ist." Und sie bekennen: „Wir und unsere Kinder wollen nicht noch 50 Jahre warten." Sogar der staatstreue Schriftsteller Stephan Hermlin sieht sich im Interview des *Spiegels* zu einer Distanzierung gezwungen. Zu Honeckers Satz von den „Räubern", vor denen die Mauer die DDR-Bevölkerung schütze, bemerkt er trocken: „Nicht alles kann man gleich verstehen." Und auf Nachfrage, was er denn von Honeckers Prognose halte, räumt der sozialistische Vorzeigeintellektuelle ein: „Ich glaube, die Mauer wird nicht 100 Jahre stehen, auch nicht 50 Jahre, wenn sich die Dinge so weiterentwickeln, wie sie sich gegenwärtig entwickeln." Die klaren Worte, die Erich Honecker ganz überlegt gewählt hat, erweisen sich als Rohrkrepierer.

„Ein tragischer Unglücksfall"

Chris Gueffroy wird das letzte Opfer des Schießbefehls – die Stasi behindert die Trauer

Grenzverletzer sind festzunehmen – oder zu vernichten. So lautet der ständige Befehl für alle Männer, die entlang der innerdeutschen Grenze und rund um das eingemauerte West-Berlin Tag und Nacht Wache schieben müssen, um die Flucht von DDR-Bürgern in die Freiheit zu verhindern. Tödlich ist der Todesstreifen, seit Mitte der 1980er-Jahre die Minenfelder geräumt und die hinterhältigen Selbstschussanlagen demontiert worden sind, vor allem durch die Kalaschnikows der Grenztruppen. Aber wenn sie nicht schießen, so jedenfalls denken die beiden jungen Ost-Berliner Chris Gueffroy und Christian Gaudian, dann ist ein Fluchtversuch relativ ungefährlich: Entweder er gelingt, und falls nicht, wird man eben festgenommen und nach einem Teil der verhängten Haftstrafe vom Westen freigekauft. Beide glauben, der Schießbefehl sei wegen des Besuchs von Schwedens Ministerpräsident Ingvar Carlsson ausgesetzt; darüber kursieren immer wieder Gerüchte. Die Freunde sind beide Kellner, in auch von westlichen Besuchern frequentierten Restaurants. Hier verdienen sie an Trinkgeld weit mehr als der durchschnittliche DDR-Bürger, mehr sogar als hoch qualifizierte Ärzte oder Ingenieure. Doch Geld allein macht Menschen nicht glücklich. Jedenfalls jene nicht, die von einem Leben in Freiheit träumen.

Chris Gueffroy wollte schon immer frei sein, und vor allem: Er konnte nie kuschen. So baut sich schon seit seiner Kindheit Druck in ihm auf. Als Junge ist er an der elitären Turnschule des Sportvereins „Dynamo" aufgenommen worden. Doch das strikte Regime dort widerspricht seinem Naturell – deshalb muss Chris die Sportschule wieder verlassen. Sein Traum, eine Ausbildung zum Piloten, lässt sich ebenfalls nicht verwirklichen, wie seine Mutter Karin Gueffroy weiß. Denn in der DDR führt der Weg zum Ver-

Chris Gueffroy auf einer Aufnahme von 1988.

kehrspilotenschein ausschließlich über das Militär – und in der NVA wird der unangepasste junge Mann garantiert untergehen. Es ist gerade seine bevorstehende Einberufung zur Wehrpflicht, die Chris Anfang 1989 konkrete Fluchtpläne schmieden lässt. Das Risiko erscheint überschaubar.

Am 5. Februar 1989 wollen die Freunde ihren Plan in die Tat umsetzen. Beide haben frei an diesem Abend. Gegen 21 Uhr nähern sie sich unweit des Baumschulenwegs in Berlin-Treptow dem Sperrgebiet, kriechen zweieinhalb Stunden durch Schrebergärten und überklettern dann die Hinterlandmauer. Sie hoffen, unbemerkt bis ans „letzte Sperrelement feindwärts" zu kommen, hier ein 2,90 Meter hoher Streckmetallzaun am Ufer des Britzer Zweigkanals. Doch als Gueffroy und Gaudian

Winter '88/89

durch den Signalzaun schlüpfen, lösen sie Alarm aus. Blinklichter und Signalhörner signalisieren: Fluchtversuch! Die beiden am nächsten stationierten Postenpaare der DDR-Grenztruppen müssen, so ist es ihre ständige Aufgabe, den „Grenzdurchbruch" verhindern, um jeden Preis. Gueffroy und Gaudian rennen weiter; sie glauben immer noch, ihr Vorhaben könne gelingen. Es ist 23.39 Uhr.

Die Grenzsoldaten Andreas K. und Peter S. sehen schemenhaft zwei Gestalten mitten in den Sperranlagen. Sie heben ihre Waffen und drücken ab, denn sie kennen ihren Befehl; jeden Tag zu Beginn ihrer Schicht wird er ihnen mündlich mitgeteilt. Der Sinn ist klar: Lieber einen Menschen töten, als ihn in die Freiheit entkommen zu lassen. Gueffroy und Gaudian versuchen, den Schüssen zu entkommen. Doch sie laufen auf ein zweites Paar Posten zu, das sie ebenfalls unter Feuer nimmt. Die beiden Fluchtwilligen haben einen selbstgebastelten Wurfanker bei sich und versuchen, damit den letzten Zaun zu überwinden. Doch das misslingt. Nun nehmen sie Aufstellung für eine Räuberleiter, um das Hindernis aus scharfkantigem Metall zu erklettern. Wieder knallt es, Funken schlagen aus dem Zaun. In diesem Moment hockt sich der junge DDR-Grenzsoldat Ingo H. hin und zielt mit seiner Kalaschnikow auf die beiden Gestalten, dann drückt er ab. Die Entfernung beträgt etwa 40 Meter. H.s erster Schuss trifft die eine Person offenbar in die Füße, doch sie bricht nicht zusammen. Da hebt der

Die Beisetzung Chris Gueffroys auf dem Baumschulenweg-Friedhof. Ein Großaufgebot von Kräften des Ministeriums für Staatssicherheit und der Volkspolizei schirmt die Trauernden ab (o.), in der Mitte des Trauerzugs Mutter Karin Gueffroy (u.).

Schütze sein Sturmgewehr leicht an und drückt erneut ab. Das Geschoss durchschlägt den Körper und hinterlässt eine Delle im Zaun. Gueffroy sackt zusammen: Das Geschoss hat ihn in die Brust getroffen und seinen Herzbeutel zerrissen. Gaudian bewegt sich nicht mehr, weniger aus Überlegung, eher wegen des Schocks. Obwohl er keinerlei Anstalten macht, den gescheiterten Fluchtversuch fortzusetzen, wird noch weiter geschossen. Eine Kugel trifft ihn, Schmerz aber empfindet er nicht, jedenfalls nicht sofort. Die vier Grenzer, alle mit Waffen im Anschlag, kreisen die beiden Verletzten ein und stoßen sie in den Graben der Sperranlage. Es ist 23.40 Uhr.

Die Schüsse hallen kilometerweit. Auch Karin Gueffroy hört sie. Sie kann nicht einschlafen an diesem Abend, was ihr selten passiert. Natürlich weiß sie, was es bedeutet, wenn an der Mauer geschossen wird. Doch sie ahnt nicht, dass die Kugeln auf ihren jüngeren Sohn und dessen Freund abgegeben worden sind, erst recht nicht, dass Chris stirbt. Schon wenige Minuten später tippt ein Stasi-Offizier im „Zentralen Operativstab" eine Meldung an Minister Erich Mielke: „Verhinderung eines Angriffs auf die Staatsgrenze zu Berlin (West). Durch die Grenzposten des Regimentes 33 wurden 22 Warn- und Zielschüsse abgegeben." Zur selben Zeit zeigt sich, dass jede Hilfe für Chris Gueffroy zu spät kommt. Ein Arzt kann nur noch den Totenschein ausstellen. Als Sterbezeit wird der 6. Februar 1989 eingetragen, 0.15 Uhr.

Erst zwei Tage danach erfährt Karin Gueffroy, dass Chris tot ist. Einer seiner Freunde berichtet der Mutter von den Fluchtplänen – und dass die Schüsse in der vorletzten Nacht möglicherweise ihm gegolten haben. Zur Gewissheit wird dieser furchtbare Verdacht, als Karin Gueffroy noch am selben Abend zur „Klärung eines Sachverhalts" von der Stasi abgeholt wird. Nach stundenlangen Verhören sagt man ihr, dass ihr Sohn tot ist. Die Stasi-Mitarbeiter behaupten, Chris sei bei einem Angriff auf eine „militärische Sicherheitszone" der DDR schwer verletzt worden und trotz angeblich „sofort einsetzender medizinischer Versorgung" gestorben. Die Stasi-Vernehmer quälen die erschütterte Mutter psychisch, dann heucheln sie Verständnis und verlangen, dass sie Fassung bewahre. Doch selbst im größten denkbaren Schmerz bleibt sie standhaft: Sie wird dieses Verbrechen nicht auf sich beruhen lassen. Es gelingt ihr, eine Todesanzeige in der *Berliner Zeitung* unterzubringen, in der von einem „tragischen Unglücksfall" die Rede ist. Was das bedeutet, ist im Zusammenhang mit dem Todesdatum leicht zu erkennen, denn westliche Zeitungen und Sender haben ausführlich über den durch Schüsse unterbundenen Fluchtversuch in der Nacht vom 5. auf den 6. Februar 1989 berichtet.

Die Beerdigung wird, obwohl von Dutzenden Geheimpolizisten überwacht, zur stillen, aber eindrucksvollen Demonstration gegen die SED-Herrschaft und ihr mörderisches Grenzregime. Mehr als hundert Menschen verabschieden sich von Chris. Die Stasi kann nicht verhindern, dass einige West-Korrespondenten an der Beerdigung teilnehmen und darüber berichten. Das Echo ist breit. Friedhelm Ost, der Sprecher der Bundesregierung, erklärt, der amtierende Leiter der Ständigen Vertretung der DDR in Bonn sei wegen des Zwischenfalls ins Bundeskanzleramt einbestellt worden. Die Bundesregierung werde sich mit derartigen Gewalttaten nicht abfinden. Auch die SPD verurteilt den Schusswaffengebrauch an der Berliner Mauer. Es sei nicht zu begreifen, dass Menschen in einer Zeit des neuen Denkens zwischen Ost und West sterben müssten, weil sie ihr Recht auf Freizügigkeit in Anspruch nähmen. Erich Honecker sagt beim Besuch von Baden-Württembergs Ministerpräsidenten Lothar Späth eine „Prüfung" der Vorgänge zu. Einen Schießbefehl jedoch, da legt sich der SED-Chef fest, gebe es nicht. Die Fakten widerlegen diese Behauptung.

> Für uns alle unfaßbar – er war noch so jung.
> Wir trauern in unendlichem Schmerz und voll Liebe um
>
> **Chris Gueffroy**
> geb. am 21. 6. 1968   gest. am 6. 2. 1989
>
> der durch einen tragischen Unglücksfall von uns gegangen ist.
>
> Deine Mutti Karin
> und Detlef Prenslow
> Dein Bruder Stephan
> Deine Omi, Onkel Rainer und alle
> Familienangehörigen
> Deine Freundin Katrin und ihre Mutter
> Deine Freunde Drik, Steffi, Stefan, Alex,
> Timmi, Annett, Torsten, Bent, Christian,
> Roland, Thomas
> und alle, die ihn kannten und liebten
>
> Die Trauerfeier findet am 23. 2. 1989, 14 Uhr, in Berlin-Baumschulenweg statt.

Karin Gueffroy gelingt es, in der Berliner Zeitung *eine Todesanzeige für ihren Sohn aufzugeben.*

Frühling '89

Die SED übt sich in Bürgerkriegsrhetorik

Der letzte Tote an der innerdeutschen Grenze ist Winfried Freudenberg. Bei seinem Fluchtversuch über die Berliner Mauer mit einem Ballon stürzt er ab und stirbt. Auf der Aufnahme die Absturzstelle des Ballons in Berlin-Zehlendorf, Potsdamer Chaussee/Ecke Spanische Allee, am 8. März 1989.

3. März: Die DDR-Volkskammer beschließt ein „Ergänzungsgesetz zum Gesetz über die Wahlen zu den Volksvertretungen der Deutschen Demokratischen Republik". Damit erhalten in der DDR lebende Ausländer das aktive und passive Wahlrecht zu Kreis- und Bezirkstagen – allerdings nur auf der Einheitsliste der „Nationalen Front".

8. März: Der 32-jährige Ost-Berliner Winfried Freudenberg stürzt mit einem selbst gebauten Erdgasballon bei seiner Flucht nach West-Berlin ab und stirbt. Er ist der letzte Tote an der innerdeutschen Grenze.

10. März: Mit Dauerfeuer verhindern DDR-Grenzer die Flucht dreier Männer nach Berlin-Spandau.

11. März: In der DDR fordern Bürgerrechtler der Initiative Frieden und Menschenrechte zum ersten Mal offen die Trennung von Staat und Staatspartei.

12. März: Bundeswirtschaftsminister Helmut Haussmann und Bundesbauminister Oscar Schneider sagen geplante Besuche der Leipziger Messe kurzfristig ab. Haussmann lässt auch ein Treffen mit Erich Honecker platzen. Grund sind die jüngsten Schüsse auf DDR-Bürger.

13. März: Während der Leipziger Frühjahrsmesse demonstrieren mehrere Hundert Menschen nach dem Friedensgebet in der Nikolaikirche für ihre Ausreise in den Westen. Sie rufen „Wir wollen raus! Wir wollen raus!". Die Volkspolizei nimmt zahlreiche Demonstranten fest.

16. März: In West-Berlin löst eine rot-grüne Koalition den CDU-geführten Senat unter Eberhard Diepgen ab. Der Sozialdemokrat Walter Momper wird Regierender Bürgermeister.

20. März: *Der Spiegel* berichtet, dass Leipzigs SED-Chef Horst Schumann mäßigend auf die Leipziger Staatssicherheit einwirke. Allerdings schränkt das Magazin ein: „Ob die moderate Art des Genossen Schumann dazu beiträgt, die Zahl der Ausreiseanträge zu senken, weiß die SED allein."

22. März: Otto Reinhold, Direktor der Akademie für Gesellschaftswissenschaften der SED, räumt ein, dass ein Viertel der offiziellen Staatsausgaben für Subventionen von Lebensmitteln

und Mieten ausgegeben wird. Investiert wird so gut wie nichts.

27. März: *Der Spiegel* veröffentlicht Passagen aus dem Buch „Der vormundschaftliche Staat" des DDR-Rechtsanwalts Rolf Henrich vorab in der Bundesrepublik. Die „Politbürokratie" sichere ihre Herrschaft „unter Missachtung menschlicher Grundbedürfnisse", heißt es darin. In der DDR darf das Buch nicht erscheinen.

30. März: Erneut verurteilt ein DDR-Gericht einen westdeutschen Fluchthelfer wegen „kriminellen Menschenhandels". Die Richter erkennen auf acht Jahre Haft.

3. April: Generaloberst Fritz Streletz, der Sekretär des Nationalen Verteidigungsrates, informiert führende Militärs darüber, dass Honecker die Aufhebung des Schießbefehls angeordnet habe. Das wird in den DDR-Grenztruppen mündlich verbreitet, dringt aber nicht nach außen.

3. April: Teilnehmer der Synode der Evangelischen Kirche von Berlin-Brandenburg fordern eine gerechtere Gestaltung der Reisepraxis. Konsistorialpräsident Manfred Stolpe sagt, den DDR-Behörden lägen aktuell etwa 60.000 Ausreiseanträge für insgesamt etwa 150.000 Personen vor.

3. April: Auf der SED-Bezirksleitungssitzung in Leipzig sagt Jochen Pommert, Sekretär für Agitation und Propaganda, dass „der Gegner" den „Generalangriff" auf die DDR gestartet habe.

5. April: In Polen schließen zum ersten Mal in einem Ostblockstaat die kommunistische Staatspartei und die Opposition eine Vereinbarung über politische und wirtschaftliche Reformen. Die Gewerkschaft Solidarność wird wieder zugelassen.

8. April: Am Grenzübergang Chausseestraße in Berlin schießt ein Stasi-Offizier auf zwei Flüchtlinge und stoppt sie damit. Anders als die Grenztruppen haben die MfS-Kontrolleure noch nicht erfahren, dass der Schießbefehl aufgehoben worden ist.

15. April: Auf ihrem deutschlandpolitischen Kongress betont die CSU, dass die Deutsche Frage „rechtlich, politisch und geschichtlich offen" bleibe. Der Parteivorsitzende Theo Waigel fordert das Festhalten am Wiedervereinigungsgebot des Grundgesetzes.

In Gesprächen am Runden Tisch in Warschau versuchen Regierung und Opposition Anfang April 1989 eine Annäherung ihrer Standpunkte über politische und ökonomische Fragestellungen zu finden. Die Gespräche führen zu einer Demokratisierung des Landes und den ersten halbfreien Wahlen im kommunistischen Polen am 4. Juni 1989.

Chronik Frühling '89

Blick in ein Wahllokal in Ost-Berlin während der Kommunalwahl am 7. Mai 1989. Die später von der Parteiführung bekannt gegebenen Ergebnisse führen den Wahlbetrug deutlich vor Augen.

16. April: Die *Bild am Sonntag* veröffentlicht anonym einen Brief aus der DDR. Darin heißt es, „in jedem Betrieb klemmt es an allen Ecken und Kanten". Das einzige, was funktioniere, sei die Staatssicherheit.

21. April: Ein Gastspiel der Dresdener Balletthochschule Palucca in Hamburg wird abgesagt. Grund sollen die Pläne mehrerer Tänzer sein, nicht in die DDR zurückzukehren.

26. April: Die ungarische KP-Führung verfüge „offensichtlich nicht über den Willen", die „politische Macht zu verteidigen", kritisiert Erich Honecker in einem Schreiben an die 1. Sekretäre der SED-Bezirksleitungen. Der Generalsekretär kündigt an, „zur Verteidigung der sozialistischen Gesellschaftsverhältnisse in Ungarn beizutragen".

28. April: Minister für Staatssicherheit Erich Mielke gibt intern die Aufhebung des Schießbefehls bekannt, distanziert sich aber zugleich davon: „Wenn man schon schießt, dann muss man es eben so machen, dass nicht noch der Betreffende wegkommt."

2. Mai: An der Grenze von Ungarn zu Österreich beginnen Grenzsoldaten mit dem Abbau des Stacheldrahtzauns.

6. Mai: Immer mehr DDR-Übersiedler kommen im Aufnahmelager Gießen an. Am 4. Mai sind es 345, tags darauf 250. Nach Angaben des hessischen Sozialministeriums erschöpft das die Aufnahmekapazitäten „restlos". Normal sind zuletzt 50 bis 80 Personen pro Tag gewesen.

7. Mai: In der DDR finden Kommunalwahlen statt. Unabhängige Bürgergruppen, die in den Wahllokalen die Stimmenauszählung überwachen, können die SED der Manipulation überführen: Zwischen den von ihnen gezählten und den später bekannt gegebenen Ergebnissen gibt es große Differenzen.

8. Mai: In Leipzig demonstrieren rund tausend Menschen gegen die Wahlfälschung und das Machtmonopol der SED.

13. Mai: Westliche Zeitungen spekulieren, bei seinem Staatsbesuch in der Bundesrepublik könnte Michail Gorbatschow der Bundesregierung ein Angebot zur Wiedervereinigung unterbreiten.

16. Mai: Die Verschuldung der DDR im Westen steigt von Monat zu Monat um eine halbe Milliarde D-Mark. Vor Wirtschaftsfunktionären warnt SED-Planungschef Gerhard Schürer, dass die DDR 1991 zahlungsunfähig sein könnte.

Chronik Frühling '89

19. Mai: Mehr als 250 DDR-Bürger haben Einspruch gegen die Gültigkeit der Kommunalwahlen erhoben, verlautet aus Kirchenkreisen in Ost-Berlin.

21. Mai: Bundespräsident Richard von Weizsäcker formuliert weitreichende deutschlandpolitische Erwartungen. Bürger der DDR müssten „freiere Lebensbedingungen haben", als „politische Bürger ernst genommen werden und mitbestimmen können". Weizsäcker hofft, dass „in Zukunft das Brandenburger Tor nicht mehr verschlossen bleibt".

23. Mai: Der rot-grüne Senat Berlins will ab 1990 die Zahlungen für die in Salzgitter ansässige Zentrale Erfassungsstelle für Gewaltakte in der DDR einstellen. Sie sei ein „Relikt aus dem Kalten Krieg".

25. Mai: Laut Horst Teltschik, dem außenpolitischen Berater im Bundeskanzleramt, ist eine Wiedervereinigung der beiden deutschen Staaten „wahrscheinlich schon lange nicht mehr so aktuell gewesen wie heute".

26. Mai: Mit zwei Motordrachen fliegen die Brüder Ingo und Holger Bethke von West- nach Ost-Berlin, um den dritten Bruder Egbert aus der DDR zu holen. Die Aktion gelingt. Es ist die spektakulärste Fluchthilfe des Jahres.

31. Mai: Nach dem Nato-Gipfel besucht US-Präsident George Bush die Bundesrepublik. In einer Rede in Mainz fordert er: „Europa muss einig werden und frei". Er verweist auf den Abbau der Grenzsperren zwischen Ungarn und Österreich und betont: „Let Berlin be next!"

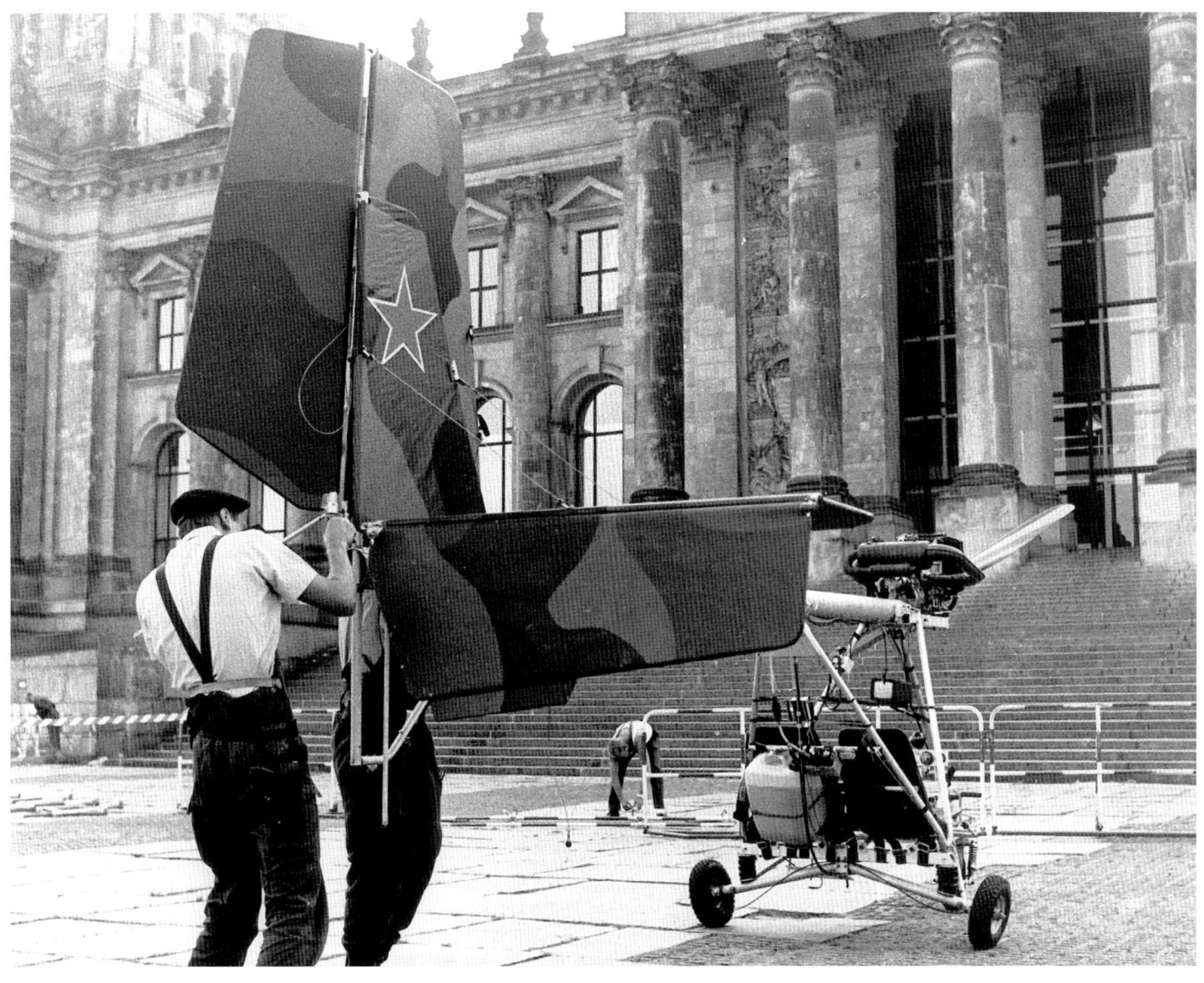

Polizeibeamte demontieren eines der Ultraleicht-Flugzeuge, die in den frühen Morgenstunden des 26. Mai 1989 vor dem Berliner Reichstagsgebäude herrenlos stehengeblieben sind. Ingo und Holger Bethke aus Köln, die selbst zuvor geflohen waren, haben mit den Motorseglern ihren Bruder Egbert aus der DDR geholt.

„Trennung von Partei, Staat und Gesellschaft"

Bürgerrechtler der Initiative Frieden und Menschenrechte stellen das Fundament der DDR infrage

Wer sein Gegenüber gezielt provoziert, will eine Reaktion erreichen. In einer Diktatur sind die Folgen jedoch oft brutal – also kann man auch gleich aufs Ganze gehen. Für die SED jedenfalls stellen folgende schlichte Sätze eine ungeheure Herausforderung dar: „Die Menschenrechte sind unteilbar. Mit dem Hinweis auf die Verwirklichung sozialer Rechte und Pflichten dürfen nicht die politischen Rechte und Pflichten gering geschätzt werden und umgekehrt." Diese Formulierungen stehen in einem Aufruf, den die Ost-Berliner Gruppe Initiative Frieden und Menschenrechte (IFM) am 11. März 1989 in Umlauf bringt. Die Staatspartei der DDR fühlt sich zu Recht attackiert, denn die Autoren des vierseitigen Aufrufs rühren damit gleich an mehrere Tabus der Diktatur. Und sie wissen genau, was sie tun. Gerd Poppe, einer der Autoren des Papiers, ist sich sicher, dass der Aufruf eine Gratwanderung ist; er weiß, dass sich das SED-Regime wehren kann und wahrscheinlich wehren wird.

Die Feststellung, dass angeblich oder auch tatsächlich verwirklichte soziale Rechte niemals eine Einschränkung der Menschenrechte legitimieren, kann der SED nicht gefallen. Denn sie behauptet, diese Rechte zu achten. In der Verfassung von 1974 wird jedem Bürgern der DDR das „Recht auf Arbeit", das „Recht auf Bildung" einschließlich „Schulgeldfreiheit", das „Recht auf Freizeit und Erholung" sowie das „Recht auf Wohnraum für sich und seine Familie" zugesagt. Alles soziale Versprechungen, die „das sozialistische Eigentum an den Produktionsmitteln" garantieren soll. Die Kehrseite dieser sozialen Rechte ist freilich, dass jeder DDR-Bürger nur „den Grundsätzen dieser Verfassung gemäß seine Meinung frei und öffentlich äußern" darf. Außerdem ist „das Recht auf Freizügigkeit" verfassungsrechtlich auf das „Staatsgebiet der DDR" beschränkt: Ohne Genehmigung darf kein Bürger die SED-Diktatur verlassen. Schon die Verfassung setzt also wesentliche Menschenrechte außer Kraft.

Allein die Kritik an der Instrumentalisierung der „sozialen Rechte" zur Beschränkung der Menschenrechte auf Meinungsäußerung und Freizügigkeit ist grundsätzlich. Doch den Autoren des IFM-Aufrufs reicht das nicht; sie gehen weiter: „Der Entwicklung von Demokratie steht die Festschreibung der Vormachtstellung einer Klasse, Schicht oder Partei diametral entgegen. Für die DDR ist die Trennung von Partei, Staat und Gesellschaft notwendig." Das ist nun der Frontalangriff auf die gültige Verfassung der DDR, denn deren Artikel 1 legt fest: „Die Deutsche Demokratische Republik ist ein sozialistischer Staat der Arbeiter und Bauern. Sie ist die politische Organisation der Werktätigen in Stadt und Land unter Führung der Arbeiterklasse und ihrer marxistisch-leninistischen Partei." Dagegen richtet sich der IFM-Aufruf. Es ist das erste Mal, dass Oppositionelle so deutlich das Fundament der DDR infrage stellen. Ähnliche Überlegungen gibt es zwar auch in anderen Regimegegnerzirkeln und kirchlichen wie nicht-kirchlichen Gruppierungen, aber ausdrücklich und öffentlich formuliert zuerst die IFM ihre Ablehnung.

Der Aufruf hat eine längere Vorgeschichte. Schon seit Jahren sind verschiedene Bürgerrechts- und Friedensgruppen entstanden, die oft, aber nicht immer unter dem Dach der Kirche zusammenkommen. Anders als etwa der Arbeitsgruppe Staatsbürgerschaftsrecht geht es ihnen nicht in erster Linie um Reise-, also Ausreisefreiheit. Sie wollen vielmehr politische Veränderungen in der DDR erreichen. Auslöser für das oppositionelle Engagement ist in vielen Fällen die tiefgreifende Militarisierung der DDR-Gesellschaft durch die Einführung des „Wehrunterrichts" an den Schulen 1978 und die zunehmende Präsenz von Uniformen

„Trennung von Partei, Staat und Gesellschaft"

und Armee im Alltag gewesen. Das fast überall in Ostdeutschland empfangbare Westfernsehen hat Anfang der 1980er-Jahre vielen Pazifisten in der DDR vor Augen geführt, dass es in der Bundesrepublik eine breite Friedensbewegung gibt, die heftig gegen die Bundesregierung unter Helmut Kohl und gegen ihren wichtigsten Verbündeten, die USA unter Präsident Ronald Reagan, demonstriert. In der DDR ist dagegen keinerlei Kritik an der SED oder der Sowjetunion möglich. Wer es dennoch wagt, gerät ins Fadenkreuz der Stasi.

In diesem Klima hat sich Ende 1985 die Initiative Frieden und Menschenrechte gebildet. Beteiligt sind neben dem Ehepaar Gerd und Ulrike Poppe Bärbel Bohley, Wolfgang Templin und Ralf Hirsch. Der 1941 in Rostock geborene Poppe lehnt das SED-Regime spätestens seit der Niederschlagung des Prager Frühlings 1968 grundlegend ab. Er ist zudem befreundet mit den bekannten Dissidenten Robert Havemann und Wolf Biermann. Als der Liedermacher Biermann 1976 ausgebürgert wird, schreibt Poppe einen Protestbrief an SED-Chef Erich Honecker. Die Konsequenz lässt nicht lange auf sich warten: Die Ost-Berliner Akademie der Wissenschaften löst den bereits geschlossenen Arbeitsvertrag mit dem Physiker wieder auf; in den folgenden sieben Jahren muss Poppe seinen Lebensunterhalt als Maschinist in einer Ost-Berliner Schwimmhalle verdienen. Doch er lässt sich nicht einschüchtern, sondern setzt seine Kritik fort, schreibt zum Beispiel in illegalen Zeitschriften. Das MfS versucht mit einer doppelten Strategie, den Kritiker zum Verstummen zu bringen. Einerseits wird seiner Frau und ihm wiederholt angeboten, die DDR verlassen zu können – immer durch Mittelsmänner, nie durch die Stasi direkt. Problemlösung durch Ausreise also. Doch obwohl die Poppes zwei kleine Kinder haben, geboren 1979 und 1981, lehnen sie ab. Ihre ebenfalls oppositionell eingestellten Freunde hätten wohl kaum verstanden, dass man erst Reformen in der DDR fordert, dann aber bei erster Gelegenheit in den Westen geht.

Die zweite Strategie des MfS ist die „Zersetzung". Auch die Familie Poppe wird zum Ziel. In den 1980er-Jahren sind zeitweise mehr als zwei Dutzend Spitzel parallel auf sie angesetzt; insgesamt liefern mindestens 44 verschiedene Inoffizielle Mitarbeiter Berichte über Gerd Poppe. Unter den zwei Dutzend IFM-Mitgliedern sind sieben Verräter. Sie fallen Poppe durchaus auf: „Die können einfach nicht schreiben", denkt er sich, so schlecht sind ihre Entwürfe für die IFM-Aufrufe. Aber dass dahinter ein System steckt, kann er sich nicht vorstellen. Tatsächlich will die Stasi durch bewusst gesäten Streit in der Gruppe deren Arbeit behindern. Die Taktik geht teilweise auf, dennoch bleibt der erhoffte Erfolg aus. Am Aufruf vom 11. März 1989 schreibt kein einziger der Spitzel mit. Zwar berichten sie fleißig, sodass die Stasi genau Bescheid weiß über den Fortgang der Diskussion. Aber verhindern kann die Geheimpolizei die Veröffentlichung nicht.

Den fertigen Text vervielfältigt die IFM mit Wachsmatrizen. Mehr als eine Auflage von tausend Stück ist damit nicht zu schaffen. Die Oppositionellen verteilen ihren Aufruf deshalb gezielt – an Bekannte in verschiedenen Städten der DDR, aber auch an westliche Medien. Das Ziel ist, eine Oppositionsbewegung über den Ostteil Berlins hinaus zu organisieren. Doch das gelingt zunächst kaum; das März-Papier löst keine breite Mobilisierung aus. Auch westliche Zeitungen registrieren den Aufruf eher beiläufig. Die *Berliner Morgenpost*, stets gut informiert über die Opposition in der SED-Diktatur, bringt nur einen kleinen Dreispalter, das *Hamburger Abendblatt* betont das Selbstverständnis der IFM, die weder Partei noch Organisation sein will. Enttäuscht sind die Poppes und ihre Mitstreiter trotz der eher geringen Resonanz kaum. Sie haben ohnehin nicht damit gerechnet, dass gerade dieser Aufruf zum ganz großen Durchbruch führen wird. Wichtiger ist der IFM, dass sie ihre eigenen Prinzipien umgesetzt hat: alles öffentlich machen und sich so verhalten, als würde man schon in einer offenen, pluralistischen und rechtsstaatlichen Gesellschaft leben. Anders ist Opposition für die Bürgerrechtler nicht denkbar.

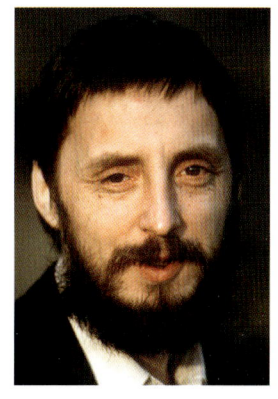

Treibende Kräfte der Initiative Frieden und Menschenrechte (v.l.n.r.o.): Gerd Poppe, Ulrike Poppe, Bärbel Bohley und Wolfgang Templin.

Frühling '89

„Lieber einen Menschen abhauen lassen"

Klammheimlich hebt Erich Honecker nach fast 28 Jahren den Schießbefehl auf

Weithin sichtbarer Protest schon in den 1960er-Jahren: Ein Plakat mit einem Zitat aus der Rede des Regierenden Bürgermeisters Willy Brandt vom 17. Juni 1965, dem Tag der Deutschen Einheit, auf westlicher Seite im Bezirk Kreuzberg angebracht.

Abschaffen kann man nur, was existiert. Schon seit Ende 1961 bestreiten DDR-Spitzenfunktionäre bei jeder Gelegenheit, dass an der Berliner Mauer und der innerdeutschen Grenze ein „Schießbefehl" bestehe. Erich Honecker selbst behauptet in Gesprächen mit westlichen Politikern und Diplomaten immer wieder, eine solche Weisung gebe es nicht. Und DDR-Verteidigungsminister Heinz Keßler hat sich im September 1988 sogar in einem seiner raren Interviews mit westlichen Medien festgelegt: „Es hat nie – nie! – einen Schießbefehl gegeben. Den gibt es auch jetzt nicht." Gleichwohl kommt es nach dem Gebrauch von Schusswaffen durch DDR-Grenztruppen niemals zu Ermittlungsverfahren, zu Prozessen oder gar zu Verurteilungen der Schützen – auch nicht, wenn Menschen dabei zu Tode gekommen sind. Dabei hätte das laut der Versicherung Keßlers auch in der DDR ein Verbrechen sein müssen. Im Gegenteil: Wird scharf geschossen, um Fluchten zu verhindern, werden die Täter sogar belobigt, ausgezeichnet und mit Sonderurlaub belohnt, was freilich im Westen nur ausnahmsweise bekannt wird.

Falls es aber wirklich keinen Schießbefehl gibt: Was hebt dann Erich Honecker Anfang April 1989 auf? Jedenfalls versammelt der stellvertretende DDR-Verteidigungsminister Fritz Streletz am 3. April 1989 die drei höchsten Offiziere der Grenztruppen bei sich und teilt ihnen mit, der SED-Generalsekretär habe festgestellt: „Es gilt zu beachten: Lieber einen Menschen abhauen lassen, als in der jetzigen politischen Situation die Schusswaffe anzuwenden." Diese Anweisung ist so wichtig, dass Grenztruppen-Chef Klaus-Dieter Baumgarten sie sofort an alle ihm unterstellten Verbände übermittelt – allerdings zunächst nur mündlich. Ausdrücklich befiehlt der Generaloberst, „die Schusswaffe im Grenzdienst an der Staatsgrenze zur Bundesrepublik und Berlin (West) nicht anzuwenden". Am Inhalt von Honeckers Befehl gibt es nichts misszuverstehen. Am folgenden Morgen, dem 4. April, werden erstmals die vielen Tausend Grenzsoldaten der Frühschicht nicht mehr aufgefordert, „Republikfluchten" mit buchstäblich allen Mitteln zu verhindern. Mit einem alten Wort aus der Militärsprache nennt man dieses alltägliche

Ritual „vergattern". Die jedem der jungen Männer, überwiegend Wehrpflichtige, bekannte Formel „Grenzverletzer sind festzunehmen oder zu vernichten" haben sie sonst fast immer zu Beginn ihres Dienstes gehört; Ausnahmen gab es nur, wenn ein wichtiger Staatsbesuch in Ost-Berlin bevorstand. Dann hoben die Kommandeure der Grenztruppen den Schießbefehl schon vorher für jeweils kurze Zeit auf: Während ein hochrangiger, meist westlicher Gast der SED-Führung seine Aufwartung machte, sollte es möglichst nicht zu Zwischenfällen an der mörderischen Grenze kommen.

Nur wenige Wochen vor Honeckers Weisung hat die DDR auf der KSZE-Folgekonferenz in Wien ein völkerrechtlich bindendes Dokument unterzeichnet, das „das Recht eines jeden Menschen auf Freizügigkeit und freie Wahl des Aufenthaltsortes innerhalb der Grenzen eines jeden Staates und auf Ausreise aus jedem Land, darunter auch seinem eigenen, und auf Rückkehr in sein Land uneingeschränkt" garantiert. Genau diese Freizügigkeit verweigert das ostdeutsche Regime seinen Bürgern allerdings seit 1961. Weil für Michail Gorbatschow ein Scheitern der Wiener Konferenz ein schwerer Rückschlag gewesen wäre, hat er die SED gedrängt, diese Verpflichtung pro forma zu akzeptieren. Doch Honecker hatte nie vor, sie umzusetzen; laut dem sowjetischen Botschafter in Ost-Berlin Wjatscheslaw Kotschemassow ordnet der SED-Chef an: „Wir geben Weisung, dieses Dokument zu unterzeichnen, werden es aber nicht erfüllen."

Doch der Tod von Chris Gueffroy am 5. Februar und weitere Schießereien an der Berliner Mauer im März 1989 bringen Honecker zusätzlich unter Druck. Denn nun teilt die sowjetische Regierung ihren Statthaltern in Ost-Berlin die Erwartung mit, Ähnliches in Zukunft zu vermeiden. Trotzdem dauert es noch Wochen, bis der Generalsekretär sich durchringt, entsprechende Weisungen zu geben. Am 2. April telefoniert Streletz, der ranghöchste Militär der NVA, darüber mit SED-Sicherheitschef Egon Krenz. Das Ergebnis hält der Stabschef der Grenztruppen schriftlich fest. „Zur Anwendung der Schusswaffe an der Staatsgrenze: Wenn der Minister für Nationale Verteidigung sagt, dass kein Schießbefehl existiert, dann darf man auch an der Staatsgrenze nicht schießen, oder der Verteidigungsminister verliert an Glaubwürdigkeit." Nicht einmal in dem streng geheimen Dokument wird Klartext gesprochen; stattdessen heißt es verklausuliert: „Es darf nicht auf fliehende Menschen geschossen werden, wenn es keinen Schießbefehl gibt." Immerhin besteht am praktischen Inhalt des Befehls kein Zweifel: „Es muss durchgesetzt werden, dass nur dann geschossen wird, wenn Leib und Leben der Grenzsoldaten gefährdet werden." In Notwehrsituationen, wenn man also mit Waffen bedroht wird, hat jedermann das Recht zur Selbstverteidigung. Doch nur in einem Bruchteil der Grenzzwischenfälle sind die Fluchtwilligen bewaffnet – und meistens handelt es sich dann um fahnenflüchtige Mitglieder der Grenztruppen.

Die Aufhebung eines Befehls, den es so nie gegeben haben soll: Die Schusswaffe ist nur noch „bei Bedrohung des eigenen Lebens" einzusetzen.

Frühling '89

Unter den Augen der Öffentlichkeit – und der Fernsehkameras – kommt es am Grenzübergang Chausseestraße am 8. April 1989 zu dramatischen Szenen. Ein Offizier der „Passkontrolleinheiten" eröffnet das Feuer auf zwei fliehende junge Ost-Berliner.

Obwohl alle Grenztruppeneinheiten ab dem 4. April 1989 die neue Weisung befolgen, fallen schon wenige Tage später wieder Schüsse an der Mauer. Am 8. April 1989 versuchen zwei junge Ost-Berliner am helllichten Tag, mit einem 150 Meter langen Spurt durch den Grenzübergang Chausseestraße aus der DDR zu flüchten. Sie haben noch etwa sieben Meter vor sich, als ein Schuss knallt. Ein Offizier der „Passkontrolleinheiten", die das Personal auf den Grenzübergängen stellen, hat seine Pistole gezogen und abgedrückt. Die beiden Flüchtlinge wollen in die Freiheit flüchten, aber dafür nicht ihr Leben riskieren: Sie geben auf und lassen sich widerstandslos festnehmen. Ein Kamerateam der *SFB-Abendschau* hält den wenige Sekunden dauernden Fluchtversuch fest – deshalb verbreitet die DDR-Agentur *ADN* reflexhaft, es habe sich bei dem Fluchtversuch um „eine von Berlin (West) aus organisierte und bestellte Aktion" gehandelt. Die alliierten Schutzmächte protestieren ähnlich reflexhaft gegen „diese erneute Anwendung von Gewalt". Ein Sprecher des West-Berliner Senats teilt mit, „mit Bestürzung" stelle man fest, dass die DDR „selbst am helllichten Tage an einem belebten Übergang und unter Inkaufnahme der Gefährdung Unbeteiligter nicht vor der Anwendung dieses brutalsten Mittels zur Verhinderung der Freizügigkeit" zurückschrecke.

Warum aber feuert der Offizier, obwohl der Schießbefehl Tage zuvor klammheimlich aufgehoben worden ist? Die „Passkontrolleinheiten" auf den Grenzübergängen gehören, obwohl sie Uniformen der Grenztruppen tragen, zur Stasi. Die Anweisung Honeckers aber, die Fritz Streletz und Klaus-Dieter Baumgarten ab dem 4. April 1989 mündlich an die Grenztruppen weitergegeben haben, ist vier Tage später bei diesen MfS-Einheiten noch nicht angekommen. Die Passkontrolleure auf dem Grenzübergang Chausseestraße glauben, sie hätten noch immer mit allen Mitteln „Republikfluchten" zu verhindern, einschließlich Schusswaffengebrauch. Erst nach der verhinderten Flucht an der Chausseestraße wird die seit 1961 geltende mündliche Weisung zum Morden an der Mauer am 12. April 1989 auch schriftlich aufgehoben. „Alle unterstellten Verbände", heißt es in dem Befehl, werden „mündlich angewiesen, die Schusswaffe im Grenzdienst zur Verhinderung von Grenzdurchbrüchen nicht anzuwenden"; das „nicht" ist zur Hervorhebung unterstrichen. „Nur bei Bedrohung des eigenen Lebens darf die Schusswaffe eingesetzt werden", geht der Befehl mit einer Binsenweisheit weiter. Erst jetzt ist der Schießbefehl am Todesstreifen tatsächlich aufgehoben.

„Wir müssen zur äußeren Welt auch die Türen öffnen"

Ungarn beginnt an der Grenze zu Österreich mit dem Abbau des Stacheldrahts

Mitunter kündigen sich große Ereignisse durch scheinbar kleine Gesten an. Erwartungsvoll sitzen am 2. Mai 1989 ungarische Journalisten und internationale Korrespondenten im Rathaussaal des westungarischen Grenzstädtchens Hegyeshalom. Oberst Balazs Nowaki hält sich nicht lange bei der Vorstellung auf. „Wir haben dieses Treffen hier organisiert, da heute an diesem Tag die elektrischen Alarmanlagen zwischen Ost- und Westeuropa abgebaut werden", verkündet der Chef der Grenztruppen. Demonstrativ soll an vier von acht Grenzübergangsstellen je ein Kilometer des Signalzauns entfernt werden. Jeden Tag würden dann weitere Abschnitte an der rund 260 Kilometer langen Grenze zur Republik Österreich folgen. Der Abschluss der Demontage sei für Ende 1990 vorgesehen.

Knapp 90 Kilometer von Hegyeshalom entfernt sitzt Oberst István Frankó in der Kaserne von Sopron mit Vertretern der Sicherheitsdirektion des Burgenlandes zusammen und informiert seine österreichischen Gäste ebenfalls über den geplanten Abbau. Ihn begründet der Offizier mit pragmatischen Erwägungen. Der Zaun sei stark verrostet. Da Moskau aber keinen Ersatz liefere, habe man drei Möglichkeiten: Man könne die Anlagen selbst reparieren oder neu bauen – beides würde wertvolle Devisen kosten. Die dritte Möglichkeit ist hoch politisch: Ungarn reißt die Anlagen ab und gestaltet die Grenze nach „humanen und kultivierten Gepflogenheiten". Man habe sich für die dritte Variante entschieden.

Nach der Einführung geht es gegen Mittag zum Zaun. Spezialeinheiten, eigens für die Vorführung abgeordnet, warten bereits. Der Signalzaun, ein sowjetisches Fabrikat, ist 2,13 Meter hoch und steht 1,5 bis 2,5 Kilometer von der

Die Umgestaltung der Grenze nach „humanitären und kultivierten Gepflogenheiten": Demontage des Grenzzauns nahe Nickelsdorf (Österreich) und Hegyeshalom (Ungarn). Angehörige der ungarischen Grenztruppe beginnen am 2. Mai 1989 damit, die Sperranlagen zu entfernen.

Frühling '89

Der ungarische Ministerpräsident Miklós Németh beginnt 1989 nicht nur buchstäblich damit, den Eisernen Vorhang abzubauen. Ungarn verändert plötzlich die seit Jahrzehnten bestehende Nachkriegsordnung.

eigentlichen Grenze entfernt. Seine Betonpfeiler sind mit 25 Querdrähten verbunden, die jeden Kontakt melden. Rund 13.500 Fluchtversuche hat es seit der Installation des Zauns in den 1960er-Jahren gegeben, nur rund 400 waren erfolgreich. Zunächst trennen die Spezialkräfte den Draht von den Betonpfeilern, dann werden die Drahtbahnen aufgerollt und abtransportiert. Dann kommt der sogenannte Pfostenheber zum Einsatz. Wie faule Zähne zieht er die Pfeiler aus der Erde. Die Bilder eines historischen Augenblicks sind abends im Westfernsehen zu sehen – und gelangen so auch in die Wohnzimmer der DDR-Bürger, die dem Treiben ungläubig zusehen. Zumindest jene, die eine Abgrenzung vom Westen weiterhin für geboten halten – und jene, die vorhaben, das Land illegal zu verlassen, aber sich wegen der Lebensgefahr an der innerdeutschen Grenze nicht trauen. Dass Ungarn hier beginnt, eigenmächtig die Nachkriegsordnung zu verändern, wird kaum einem bewusst, auch der SED-Spitze nicht: Sie glaubt, es handele sich um einen symbolischen Akt; die Grenze würde weiterhin dicht sein.

Ungarn spielt im östlichen Bündnis schon länger eine Sonderrolle und hat verhältnismäßig früh Schritte eingeleitet, an die in der DDR noch nicht zu denken sind. Dazu gehören marktwirtschaftliche Reformen und relativ ungehinderte Reisemöglichkeiten. Mit dem Ungarischen Demokratischen Forum ist die erste Oppositionspartei entstanden. 1988 haben kommunistische Reformer die Macht übernommen; einer von ihnen, Imre Pozsgay, nennt die Grenzanlagen sogar „historisch, politisch und technisch überholt".

So denkt auch Oberst István Frankó. Zum einen aus praktischen Gründen, denn am Signalzaun kommt es oft zu Fehlalarmen durch technische Pannen oder Tiere. Das zerrt an den Nerven der Grenzer. Zum anderen fragt sich Frankó, was die Anlagen noch sollen, da seine Landsleute mit sogenannten Weltpässen längst ungehindert in den Westen reisen, etwa zum Einkaufen nach Österreich. Er selbst pflegt seit längerer Zeit Kontakte zu den Nachbarn, vor allem zum Chef der Sicherheitsdirektion des Burgenlandes, Johann Schoretits. Der hat eines Tages bei Frankó angefragt, ob man die ungarische Seite besuchen könne. Obwohl das offiziell untersagt ist, hat der ungarische Offizier zugestimmt. Ihm geht es um den Aufbau normaler Beziehungen, um eine Entkrampfung der Situation an der Grenze, an der ständig Menschen aus dem Osten zu fliehen versuchen.

Im Januar 1989 haben sich die Ereignisse beschleunigt. Die ungarische Führung gibt ihr Machtmonopol auf, verspricht freie Wahlen und legalisiert so die demokratischen Bestrebungen. Am 13. Februar informiert Ministerpräsident Miklós Németh bei einem Treffen mit dem österreichischen Bundeskanzler Franz Vranitzky, dass der Eiserne Vorhang abgebaut und ein Mehrparteiensystem eingeführt werden soll. 14 Tage später beschließt das Politbüro, die Signalanlagen an der Grenze zum Westen abzureißen.

Ministerpräsident Németh reist zu Kreml-Chef Michail Gorbatschow, um ihn zu informieren. Vor dem Antrittsbesuch in Moskau äußert er: „Wir müssen zur äußeren Welt nicht nur die Fenster, sondern auch die Türen öffnen". Im Kreml argumentiert Németh vor allem mit fehlendem Geld und verschweigt das politische Ziel. Er befürchtet, dass Gorbatschow sagt: „Wir bezahlen das." Dann hätte der ungarische Premier seine wirklichen Gründe nennen müssen. Aber Gorbatschow lächelt. Die Breschnew-Doktrin, also die Einmischung Moskaus in die Belange der anderen Ostblock-Staaten, gelte nicht mehr. Nicht einverstanden ist er lediglich damit, dass Ungarn kurz zuvor ein Mehrparteiensystem eingeführt hat und freie Wahlen will. Aber Gorbatschow stellt auch klar: „So lange ich auf diesem Stuhl sitze, wird sich 1956 nicht wiederholen." Mit anderen Worten: Der oberste Politiker der Sowjetunion versichert, sich nicht einzumischen. Am 17. März tritt Ungarn als 106. Land der Genfer Flüchtlingskonvention bei.

Der Abbau des Signalzauns am 2. Mai muss die SED-Spitze eigentlich elektrisieren. Sie hat immer empfindlich auf Veränderungen in den Bruderstaaten reagiert, sofern sie an den Grundfesten des Sozialismus und seiner Ideologie

"Wir müssen zur äußeren Welt auch die Türen öffnen"

rührten. Doch die Führung um Erich Honecker ist abgelenkt. Am 7. Mai stehen Kommunalwahlen an, Oppositionsgruppen haben zu Kontrollen in den Wahllokalen aufgerufen. Zudem verkennt DDR-Verteidigungsminister Heinz Keßler die Lage. Zwar informiert er den SED-Chef Honecker am 6. Mai über den Beginn einer „planmäßigen Demontage des Grenzsignalzaunes", sieht darin aber lediglich einen Beitrag der ungarischen Genossen „zum Prozess der europäischen Entspannung" und speziell zur Verbesserung der nachbarlichen Beziehungen zu Österreich.

Keßler geht davon aus, dass Ungarn die Sicherung der Grenze weiter gewährleisten werde, etwa durch eine Verstärkung des Streifendienstes, mehr Beobachtungstürme und Fernmeldestellen, den häufigeren Einsatz berittener Grenzstreifen in schwer passierbarem Gelände sowie mehr Spitzel in der Bevölkerung des grenznahen Raumes. Und er beruhigt Honecker, es sei zu erwarten, dass der ungarische Ministerrat „entsprechende Verordnungen erlassen" werde. Doch der Ministerrat denkt gar nicht daran. Und auch die Offiziere Balazs Novaki und István Frankó halten Frsatz für den Abbau der Grenzsignalanlagen für unnötig, wie sie auf Nachfrage erklären.

Auf andere Weise verkennen viele DDR-Bürger die Lage. Die Berichte über den Abbau des Signalzauns verleiten sie zu Fluchtversuchen. Doch noch existieren zwischen dem jetzt zunehmend löchrigen Grenzsignalzaun und der Staatsgrenze zu Österreich weitere Sperranlagen, an denen Flüchtlinge weiter festgenommen werden. Das aber will die ungarische Führung nicht mehr. So kommt es zu einer zweiten Geste: Am 27. Juni 1989 durchschneiden Ungarns und Österreichs Außenminister, Gyula Horn und Alois Mock, symbolisch einen Sperrzaun. Dieses Bild geht um die Welt und wird zum Sinnbild für den Fall des Eisernen Vorhangs. Der erste Schritt dazu ist aber die Geste acht Wochen zuvor gewesen.

Die endgültige Öffnung der österreichisch-ungarischen Grenze 1989: Gemeinsam mit seinem Amtskollegen Alois Mock (l.) schneidet Gyula Horn, Außenminister Ungarns, am 27. Juni an der Grenze im Burgenland ein Stück aus dem Stacheldrahtzaun.

„Verwählt!"

Die SED lässt sich beim Fälschen der Kommunalwahlen in der DDR ertappen

Wählen kommt von auswählen: Nur wer mehrere Möglichkeiten hat, sich zu entscheiden, kann wirklich wählen. Jedenfalls gilt das in einer Demokratie. In der nur vermeintlich demokratischen DDR ist das anders. Hier haben die Bürger keine Möglichkeit, bei den alle fünf Jahre stattfindenden Volkskammer- und Kommunalwahlen eine Auswahl zu treffen. Denn zur Wahl steht nur eine einzige Liste, die zuvor von der „Nationalen Front" zusammengestellt worden ist, in der neben der SED die verschiedenen bedeutungslosen Parteien und einige von der Staatspartei dominierte „Massenorganisationen" wie die Staatsjugend FDJ, die Staatsgewerkschaft FDGB oder der Kulturbund vertreten sind. Da es nur genau einen Wahlvorschlag gibt, steht die künftige Zusammensetzung der Volksvertretungen aus Kreis- und Bezirksebene sowie der Volkskammer schon lange vor der Wahl fest.

Weil das Ritual angesichts des feststehenden Ergebnisses sinnlos ist, hat sich ein geringschätziger Umgang mit dem Ereignis Wahl eingeschlichen: Man „geht falten", nimmt also den Wahlvorschlag der „Nationalen Front" entgegen und steckt den Zettel als Zeichen des Einverständnisses unverändert, aber der Größe des Schlitzes wegen gefaltet in die bereitstehende Wahlurne. Die Wahlkabine, meist sorgfältig mit Hammer und Zirkel auf Schwarz-Rot-Gold geschmückt, benutzt praktisch niemand. Wer es doch tut, setzt sich dem Verdacht aus, unangepasst zu sein. In der DDR ist das schwerwiegend und fast zwangsläufig mit Nachteilen im Alltag verbunden. Man überlegt sich genau, ob man die Staatsmacht auf diese Weise provoziert.

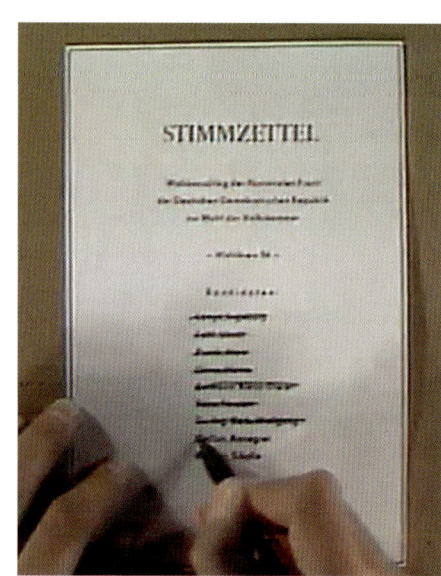

Aufnahme aus dem *Kontraste*-Beitrag vom 24. April 1989: Peter Wensierski macht vor, wie auf einem DDR-Wahlzettel mit „Nein" gestimmt werden kann.

Nur ausnahmsweise kommt es vor, etwa als im Oktober 1976 der Student Roland Jahn bei der Volkskammerwahl als einziger die Kabine benutzt. Entsprechend gibt es auch nur eine einzige Nein-Stimme in diesem Wahllokal.

Um jedoch die offizielle Kandidatenliste abzulehnen, reicht es nicht, die aufgelisteten Namen einfach mit einem großen Kreuz durchzustreichen. Auch das Wort „Nein" auf dem Zettel wird nicht als Ablehnung gewertet, sondern bestenfalls als ungültig. Angesichts solcher Auszählkriterien sind die Ergebnisse wenig erstaunlich: Bei Volkskammerwahlen lag die niedrigste offiziell gemeldete Zustimmung zum Wahlvorschlag bei 99,46 Prozent im Jahr 1954; die höchsten Werte wurden 1963 und 1986 mit 99,95 und 99,94 Prozent erreicht. Nicht wesentlich anders fielen die Werte bei den Kommunalwahlen 1979 und 1984 aus: Jeweils gut 99 Prozent Zustimmung verkündete die SED. Außerdem liegt die Wahlbeteiligung stets höher als 98 Prozent; es gibt zwar keine gesetzliche Pflicht, „falten zu gehen", wohl aber die gesellschaftliche Erwartung. Wer nicht zur Stimmabgabe kommt, wird von „beweglichen Wahlvorständen" mit mobilen Urnen aufgesucht. Die „Helfer" kommen in Krankenhäuser, Altersheime und sogar in Privatwohnungen.

Obwohl die Ergebnisse dadurch wertlos sind, hält die SED daran fest – so wichtig ist ihr der demokratische Anstrich ihrer Herrschaft. Im Frühjahr 1989 machen sich Bürgerrechtler und DDR-Kritiker in der Bundesrepublik Gedanken, wie man anlässlich der für den 7. Mai 1989 angesetzten Kommunalwahl die Staatspartei vorführen könnte. Roland Jahn, 1983 ausgebürgert und seither von West-Berlin aus aktiver Unterstützer seiner oppositionellen Freunde, sowie sein westdeutscher Kollege Peter Wensierski haben eine zündende Idee:

„Verwählt!"

Man müsste den Zuschauern des SFB-Magazins *Kontraste* einmal erklären, wie man überhaupt in der DDR rechtswirksam mit „Nein" stimmen kann. Die nächste *Kontraste*-Sendung ist für den 24. April 1989 angesetzt. Also machen sich Jahn und Wensierski ans Werk: Zuerst beschaffen sie ein DDR-Staatsrechtslehrbuch, aus dem sie einen Wahlzettel kopieren – Originale sind in West-Berlin nicht zu haben, denn es handelt sich ja um offizielle Dokumente. Dann bitten sie ostdeutsche Bekannte um Statements zu der bevorstehenden Kommunalwahl, natürlich strikt im Rahmen des DDR-Rechts. Bärbel Bohley etwa fordert vor einem illegal in der DDR drehenden TV-Team dazu auf, wählen zu gehen und die Kabine zu benutzen. Ähnliche Wortmeldungen kommen von Werner Fischer von der Initiative Frieden und Menschenrechte sowie den Theologen Edelbert Richter, Reinhard Lampe und Hans-Peter Schneider.

Diese Aufrufe schneiden Jahn und Wensierski zusammen mit Bildern von Michail Gorbatschow bei einem ebenfalls völlig bedeutungslosen Urnengang in der Sowjetunion ein paar Wochen früher – doch dabei hat der KPdSU-Parteichef die Kabine benutzt. Und was der „Große Bruder" tut, kann doch im SED-Staat nicht falsch sein, oder? Der Gebrauch des Sichtschutzes freilich ist nur die erste Hälfte. Selbst in der Wahlkabine kann man nur dann gegen den Vorschlag der „Nationalen Front" stimmen, wenn man jeden einzelnen Namen säuberlich durchstreicht. Vor der Kamera stellt Wensierskis Hand, mehr ist von ihm nicht zu sehen, auf Kopien des Wahlzettels aus dem Lehrbuch die zeitraubende Prozedur des „Nein"-Stimmens nach.

Den *Kontraste*-Beitrag sehen Millionen DDR-Bürger. Er trägt zu einem bis dahin beispiellosen Aufbegehren bei: In vielen Wahllokalen stimmen am 7. Mai 1989 regimekritische Bürger entsprechend der Anleitung von Jahn und Wensierski mit „Nein". Andere beobachteten danach die Stimmenauszählung. Denn im Wahlgesetz der DDR, Paragraf 37, heißt es: „Die Auszählung der Stimmen erfolgt im Wahllokal. Sie ist öffentlich und wird vom Wahlvorstand durchgeführt." In Ost-Berlin, aber auch in Leipzig, Erfurt und anderen Städten organisieren Bürgerrechtler Beobachtungen: Sie wollen die offiziell gemeldeten Ergebnisse mit den real abgegebenen Stimmen vergleichen.

Stimmauszählung im Wahllokal 802, Thälmann-Park: Die Einheitsliste der „Nationalen Front" fährt bei den Kommunalwahlen laut offiziellem Endergebnis am 7. Mai 1989 angeblich 98,85 Prozent der Stimmen ein. Beobachter der Opposition und die akkreditierten Journalisten haben guten Grund, das Ergebnis zu bezweifeln.

Zwei bis drei Aktivisten werden pro Wahllokal benötigt – allerdings müssen die Oppositionellen erst einmal herausfinden, wo überhaupt gewählt wird. Die Adressen werden häufig nicht öffentlich mitgeteilt, sondern nur in den Wahlbenachrichtigungen genannt. Das ist ein klarer Verstoß gegen das DDR-Gesetz, dessen Paragraf 30 lautet: „Die Wahllokale werden gleichzeitig mit der Einteilung der Wahlbezirke öffentlich bekannt gegeben." Nach längeren Recherchen im Bekanntenkreis kann Mario Schatta, Sozialdiakon der Evangelischen Kirche und Mitglied des Weißenseer Friedenskreises, mehr als 60 Wahllokale allein in seinem Bezirk identifizieren. Auch andere Oppositionelle finden die Idee einleuchtend, etwa Tom Sello von der Umweltbibliothek. Die Kirche von unten beteiligt sich mit zahlreichen Unterstützern an dem Vorhaben.

Unter den Freiwilligen, die sich für die Wahlbeobachtung melden, sind eine ganze Reihe von Stasi-IM – damit aber haben Schatta, Sello und manche anderen Bürgerrechtler ohnehin fest gerechnet. Sie thematisieren das Problem nicht, um das Misstrauen untereinander nicht noch zu vergrößern, sondern setzen auf Sicherheit: Die einzelnen Freiwilligen erhalten nur Zettel mit den Adressen der Wahllokale, die sie aufsuchen sollen. Aber sie wissen nicht, wer noch zu ihrer Gruppe gehört: „Damit sich die Stasi-Leute nicht

119

Frühling '89

Ein grandioses Ergebnis, vor allem für die SED-Propaganda: Das Titelblatt des *Neuen Deutschlands* vom 8. Mai 1989. Überragend ist auch die dort vermerkte Wahlbeteiligung von 98,77 Prozent.

absprechen können", erklärt Mario Schatta. Tom Sello bekommt ein Wahllokal am Ostbahnhof in Berlin-Friedrichshain zugewiesen; kurz nach 17.30 Uhr trifft er dort ein. Von Lokal zu Lokal werden Auszählung und Beobachtung unterschiedlich gehandhabt – abhängig von der Durchsetzungskraft der durchweg von der SED gestellten Wahlleiter. Mal können die Beobachter dem Wortlaut des Gesetzes folgend das eigentliche Auszählen verfolgen, mal nur die ihnen mitgeteilten Einzelergebnisse dokumentieren. Zusammengetragen werden die einzelnen Ergebnisse in der Stephanus-Stiftung und in den Räumen der Kirche von unten, im Gemeindehaus der Elisabethkirche in Berlin-Mitte. Hier treffen sich am Abend des 7. Mai 1989 die Wahlbeobachter der Umweltbibliothek und der Kirche von unten, insgesamt etwa 200 Aktivisten. Auf einem Fernseher verfolgen sie die offizielle Wahlsendung, die sich in Form und Gestaltung an die Wahlberichterstattung westlicher Sender anlehnt. Als Honeckers Kronprinz Egon Krenz das „Ergebnis" verkündet, gibt es einen Aufschrei der Wut. Offiziell nämlich sollen 98,85 Prozent der Wähler für die Einheitsliste der „Nationalen Front" gestimmt haben. Aber dank der Wahlbeobachtung wissen die Oppositionellen, dass die Ergebnisse in den einzelnen Wahllokalen teilweise deutlich anders ausgefallen sind. In Weißensee zum Beispiel hat es zwar 83 Prozent Ja-Stimmen gegeben, aber eben auch viele Neins und Enthaltungen. Auch in anderen Orten der DDR sind 10, manchmal bis zu 20 Prozent Gegenstimmen dokumentiert. Bei solchen Werten in einzelnen Wahllokalen ist eine Ablehnung von insgesamt nur 1,15 Prozent rein rechnerisch praktisch unmöglich.

Und die SED begeht einen weiteren schweren Fehler: Das Parteiblatt *Neues Deutschland* veröffentlicht am 10. Mai 1989 bis auf die Ebene von Stadtbezirken hinunter angebliche Ergebnisse in exakten Zahlen. In Weißensee zum Beispiel sollen 43.042 Bürger gewählt haben, bei 44.617 Wahlberechtigten. Doch die Bürgerrechtler, die in 66 von 67 Wahllokalen die Auszählung verfolgt haben, kommen nur auf 27.680 Stimmen. Davon sind 2224 offiziell gezählte Neinstimmen, doch das *Neue Deutschland* nennt für Weißensee insgesamt nur 1011. Ähnlich deutlich fällt die Diskrepanz für Friedrichshain, Prenzlauer Berg und Pankow aus, aber auch in Naumburg, Potsdam, Erfurt oder Jena. Damit ist der Wahlbetrug unbestreitbar dokumentiert.

Rätselhafterweise hat sich die Staatssicherheit bei der Wahlbeobachtung zurückgehalten. Die Stasi-Leute lassen die Bürgerrechtler gewähren, nehmen ihnen die Listen nicht ab. Auch abends nicht, als die Aktivisten auf dem Weg zum Gemeindehaus der Elisabethkirche sind, zur „Wahlparty" der anderen Art. Da wäre es allerdings auch schon zu spät gewesen, denn die Detailergebnisse sind vorsichtshalber noch in den Wahllokalen oder in unmittelbarer Nähe abgeschrieben worden. Die unerwartete Zurückhaltung des MfS ermöglicht es Schatta und anderen Aktivisten, Strafanzeige gegen unbekannt wegen Wahlfälschung zu stellen. Natürlich werden auch westliche Korrespondenten in Ost-Berlin informiert. Die Umweltbibliothek stellt die Dokumentation *Wahlfall 1989* zusammen, die illegal gedruckt und verbreitet wird. Weil die Beschwerden erwartungsgemäß nicht zu Ermittlungen führen, rufen einige Oppositionelle dazu auf, künftig am 7. jedes Monats gegen den Wahlbetrug am 7. Mai 1989 zu demonstrieren. Damit hat die Opposition in der DDR ihren ersten Jour-fixe.

„Bringt Glasnost nach Ost-Berlin"

US-Präsident George Bush verblüfft in Mainz mit weitreichenden Vorschlägen

Besucht ein US-Präsident die Bundesrepublik, ist das immer ein Großereignis. Schließlich kommt der mächtigste Mann der Welt, und so erwartet die Bevölkerung immer auch ein besonderes Signal. Seit John F. Kennedys triumphalem viertägigen Deutschland-Besuch im Juni 1963 und seinem berühmten, auf Deutsch gesprochenen Satz „Ich bin ein Berliner" liegt die Latte für alle Präsidenten hoch. Ronald Reagan konnte bei seinem Besuch in West-Berlin immerhin an Kennedy anknüpfen. Zwar dauerte seine Visite am 12. Juni 1987 gerade fünf Stunden, doch vor dem verrammelten Brandenburger Tor sagt er bewegende Sätze: „Mr. Gorbatschow, öffnen Sie dieses Tor! Mr. Gorbatschow, reißen Sie diese Mauer nieder!"

Zwei Jahre später, am 31. Mai 1989 ist die Rheingoldhalle in Mainz bis auf den letzten Platz gefüllt. In wenigen Minuten soll George Bush eintreffen, der sich auf seiner ersten Europareise als US-Präsident befindet und vom Nato-Gipfel aus Brüssel anreist. Die 2000 Gäste im Saal sind gespannt, was Bush zu sagen hat. Es soll eine Grundsatzrede sein, die den vierzigsten Jahrestag der Gründung von Nato und Bundesrepublik aufgreift. Vor dem Saal trifft Helmut Kohl mit dem gut gelaunten Präsidenten ein. Die linke Hand lässig in der Hosentasche, plaudert Bush mit dem Kanzler und den mitreisenden Ehefrauen Barbara und Hannelore. Noch im Hubschrauber hat er seinen Mitarbeitern verraten, dass er stimmungsmäßig „ein Hoch" durchlebe. Kein Wunder: Bush hat auf dem Nato-Gipfel einen Disput beilegen können, der das ganze Frühjahr das Verhältnis mit Bonn belastet hatte. Es ging um die Frage, ob die atomaren Waffen in Westeuropa modernisiert werden sollen, die zum Teil bei Mainz stationiert sind. Auch Kohl ist nun zufrieden. Nur Oberbürgermeister Herman-Hartmut Weyel wirkt angespannt. Nicht nur, weil ein Staatsbesuch etwas Besonderes ist. Weyel hat zudem den Auftrag vom Stadtrat, Bush beim Eintrag in das Goldene Buch aufzufordern, die US-Panzerdivision mitten

US-Präsident George Bush (l.) hält bei seinem Deutschland-Besuch am 31. Mai 1989 in der Mainzer Rheingoldhalle eine erstaunliche Rede und fordert den Fall aller Schranken in Osteuropa.

in Mainz und die Pershing-Raketen im Umland zu verlegen. Der Gastgeber weiß nicht, wie sein Gast darauf reagieren wird.

Der Präsident schwärmt zu Beginn seiner Ansprache von der historischen Stadt. Sie sei der geeignete Ort für seine Rede, weil es heiße, „hier ist die deutsche Seele zu Hause". Dann spricht er vom Warten auf ein Ende des Kalten Krieges und der Hoffnung auf ein freies, ungeteiltes Europa. Die Zeit dafür sei jetzt reif, „die Politik eines geteilten Europas steht heute auf dem Prüfstand". Bush fordert freie Wahlen überall in Osteuropa und den Abbau der Grenzsperren. Die Öffnung habe in Ungarn bereits begonnen. Nun müssten die Schranken in ganz Osteuropa fallen: „Lasst Berlin die nächste Station sein." Das Publikum im Saal wirkt überrascht, doch der Präsident legt noch zu. An keinem Ort sei die Teilung zwischen Ost und West derart sichtbar. „Dort trennt eine brutale Mauer Nachbarn und Brüder. Die Mauer steht als Monument für das Scheitern des Kommunismus", sagt Bush und hebt die Stimme: „Sie muss fallen."

Für Herman-Hartmut Weyel klingt dieser Satz wie „Sie wird fallen." Der Oberbürgermeister ist sich im ersten Augenblick unsicher, ob der Satz so gemeint war. Er fragt seinen Nachbarn, Ministerpräsident Carl-Ludwig Wagner (CDU). Doch der zuckt mit den Schultern. Sie schauen auf Helmut Kohl, der keine Regung zeigt. Doch im Laufe der Rede wird dem Mainzer Stadtoberhaupt deutlich, dass Bush hier eine wesentliche Änderung der US-Politik vollzieht. Der Präsident formuliert inzwischen weitere Vorschläge. „Glasnost mag ja ein russisches Wort sein; Offenheit jedoch ist ein westliches Konzept. West-Berlin hat immer die Offenheit einer freien Stadt besessen." Man könnte ganz Berlin zu einem Zentrum des Handels zwischen Ost und West machen – einen Ort der Zusammenarbeit, nicht der Konfrontation. „Bringt also Glasnost nach Ost-Berlin." Am Ende wird George Bush trotzdem nur mit höflichem Beifall bedacht. Es ist kein Jubel; „die Rede wurde gefällig aufgenommen", notiert Brent Scowcroft, der Nationale Sicherheitsberater, enttäuscht.

Im Frühjahr 1989 hat sich einiges getan in den internationalen Beziehungen. Nach wochenlangen Beratungen ist man in Washington übereingekommen, zwar keine sofortige Wiedervereinigung zu versprechen, „aber irgendein Angebot der Veränderung, der Bewegung abzugeben", das von den Deutschen als klares Signal verstanden werden könne. Außenminister James Baker hat am 13. April ein erstes Signal gesendet. Er warne davor, die Absichtserklärungen Moskaus für bare Münze zu nehmen und glaube nicht, dass der Kalte Krieg schon beendet sei, äußert er in Washington. Der Kreml müsse vielmehr beweisen, dass er es mit seiner „neuen Politik" ernst meine. Ein solcher Beweis wäre es, wenn Moskau die Berliner Mauer abreißen lasse.

Diese Forderung soll Bush auf seiner Europareise eigentlich bekräftigen. Doch er zögert in den Wochen davor. Erst Bakers Besuch in Moskau am 10. Mai ist der Anstoß, der Strategie seiner Berater zu folgen. Offen gesteht sein sowjetischer Kollege Eduard Schewardnadse ein, dass die Teilung Europas einer der schwersten Fehler sei, „den osteuropäische Führer gemacht haben". Und er sagt, auf die DDR angesprochen: „Jede Nation hat das Recht, ihr eigenes Schicksal zu bestimmen." Das ist zwar vage formuliert, doch Baker drängt, die Deutsche Frage aufzugreifen – auch, um Gorbatschow damit zuvorzukommen. George Bush, der einen ausgeprägten Wettbewerbssinn hat, weist seine Redenschreiber an, an Reagans Forderung vor dem Brandenburger Tor anzuknüpfen und die Deutsche Einheit zum zentralen Thema seiner Europareise zu machen. Im ersten Textentwurf haben die Redenschreiber sehr weit gehende Passagen eingefügt, die Bush-Berater Scowcroft streichen lässt, weil er Bedenken hat, dass „wir unnötigerweise dem deutschen Nationalismus Vorschub leisten". Außerdem soll Bush nicht weiter gehen als Kohl. Tatsächlich hat der Bundeskanzler schon länger Forderungen als unrealistisch zurückgewiesen, neue Wege zur Wiedervereinigung zu suchen. Dabei hat ihm der US-Präsident bereits am 12. Mai vertraulich mitgeteilt, „dass sich uns eine historische Chance bietet", die Ost-West-Beziehungen zu verändern. Nach der Rede spricht Brent Scowcroft während einer Bootspartie auf dem Rhein Verteidigungsminister Gerhard Stoltenberg (CDU) auf die Wiedervereinigung an. Doch der erfahrene Politiker erwidert nur höflich, die

USA sollten diese Frage weiterhin in ruhiger, nüchterner Form aufwerfen. Für die Amerikaner ist diese Haltung unverständlich: Die Bundesregierung veranschlage für die Vereinigung Zeiträume, „mit denen sonst Geologen rechnen".

Die Einzigen, die auf Bushs Rede wirklich reagieren, sind die Führung und die Medien in Ost-Berlin. Am kommenden Tag, dem 1. Juni, drucken das *Neue Deutschland* und andere Zeitungen den Bericht des Korrespondenten der DDR-Nachrichtenagentur *ADN*, Horst Schäfer. Bushs Ansprache sei als „wichtige Grundsatzrede apostrophiert worden". Was die Gäste dann aber zu hören bekommen hätten, seien nur „alte Sprüche und dreiste Ansprüche" gewesen. Bush hätte die Fundamente der europäischen Nachkriegsordnung infrage gestellt, „indem er faktisch zur Auflösung der existierenden Grenzen auf dem Kontinent aufrief", stellt Schäfer fest. Wenn der US-Präsident „unter Verkennung geschichtlicher und politischer Realitäten" Vorschriften für die Grenze zwischen der DDR und Berlin (West) mache, mische er sich damit in die inneren Angelegenheiten der sozialistischen Staaten ein und zensiere „ihr souveränes Verhalten".

Diesen Gedanken greift einen Tag später der Sprecher des DDR-Außenministeriums, Botschafter Wolfgang Meyer, auf. Die Ansichten Bushs zur Staatsgrenze der DDR seien wenig geeignet, „den internationalen Entspannungsprozess zu fördern". Die Schlussakte von Helsinki, die schließlich auch die USA unterschrieben hätten, definiere klar das Prinzip der Unverletzlichkeit der Grenzen. Am 3. Juni appelliert der Kommentator der *Berliner Zeitung*, wie wichtig doch der Dialog sei und rät dem fast 65-jährigen George Bush: „Es wäre gut für die Welt, wenn der in seinem Amt noch junge Präsident das bei seinen künftigen internationalen Aktivitäten berücksichtigen würde."

Der Mainzer Oberbürgermeister Herman-Hartmut Weyel schafft es nach Bushs Rede, dem US-Präsidenten beim Eintrag in das Goldene Buch der Stadt die Petition des Stadtrats zu überreichen und die Belastung der Stadt durch die US-Truppen anzusprechen. Bush reagiert gelassen, stellt Weyel erleichtert fest, zeigt sogar Verständnis für die Sorgen der Bewohner. Der Oberbürgermeister würde gern noch länger mit dem Präsidenten sprechen, doch dafür ist keine Zeit: Der Besuch in Mainz ist nach nur 112 Minuten zu Ende.

Eine Handvoll Demonstranten am Vortag des Besuchs von US-Präsident Bush in Mainz.

Sommer '89

Polen und Ungarn stellen sich gegen die SED

2. Juni: 80 Prozent der Bundesbürger wünschen sich die Wiedervereinigung, zwölf Prozent sind dagegen. Das ergibt eine repräsentative Umfrage des Infas-Instituts im Auftrag der *Bild-Zeitung*. Die meisten Westdeutschen aber sind skeptisch, ob es dazu kommt: Nur 13 Prozent glauben daran, 82 Prozent nicht.

4. Juni: In Peking schlägt die chinesische Armee die Demokratiebewegung auf dem Platz des Himmlischen Friedens (Tiananmen) blutig nieder und verübt ein Massaker. Die Zahl der Toten soll in die Tausende gehen.

7. Juni: In Ost-Berlin wird die erste Demonstration gegen die Fälschung der Kommunalwahl einen Monat zuvor gewaltsam aufgelöst. Westliche Korrespondenten und Fernsehteams werden an ihrer Arbeit gehindert.

8. Juni: Die DDR-Volkskammer wertet das Massaker in Peking als „Niederschlagung einer Konterrevolution". Bei den Protesten habe es sich um „blutige Ausschreitungen verfassungsfeindlicher Elemente" gehandelt.

11. Juni: Der renovierte Dom St. Nikolai zu Greifswald wird im Beisein von Erich Honecker

Ein Bild, das um die Welt geht, in China aber erst Jahrzehnte später dank des Internets zu sehen sein wird. Ein einzelner Mann stellt sich im Juni 1989 auf dem Tiananmen Platz den Panzern der chinesischen Staatsmacht entgegen.

eingeweiht; die Zeremonie wird im DDR-Fernsehen übertragen. Am anschließenden Empfang des Staatsratsvorsitzenden im Rathaus darf der offizielle Vertreter des Bundes der Evangelischen Kirchen in der DDR, Landesbischof Gottfried Forck, nicht teilnehmen.

12. bis 15. Juni: Michail Gorbatschow besucht die Bundesrepublik. Bei seinen öffentlichen Auftritten schlägt ihm Sympathie der Bevölkerung entgegen. Aufsehen erregt seine Äußerung: „Ich glaube nicht, dass die Berliner Mauer ein wirkliches Hindernis beim Aufbau des gemeinsamen europäischen Hauses ist."

17. Juni: Zum 36. Jahrestag des Volksaufstandes in der DDR spricht im Bundestag der SPD-Vordenker Erhard Eppler. Der eher der Parteilinken zugerechnete Politiker überrascht mit der Formulierung, die Deutsche Einheit dürfe nicht „gestrichen" werden.

22./23. Juni: In Ost-Berlin trifft sich das SED-Zentralkomitee zu seiner 8. Plenarsitzung. Gorbatschows Auftreten in der Bundesrepublik wird scharf attackiert. Zu einer kritischen Diskussion der Lage kommt es nicht; mangels Beiträgen endet die Tagung vorzeitig.

27./28. Juni: Honecker besucht die Sowjetunion. Gorbatschow informiert ihn über seinen Besuch in der Bundesrepublik und stellt fest, eine immer größere Zahl von Westdeutschen seien „aufrichtige Anhänger des Friedens".

28. Juni: Ungarns Außenminister Gyula Horn und sein österreichischer Kollege Alois Mock zerschneiden bei Sopron symbolisch den Grenzzaun. Die entsprechenden Berichte im Westfernsehen lösen in der DDR einen verstärkten Strom von Reisen nach Ungarn aus.

4. Juli: Der neue Chef des Bundeskanzleramtes, Rudolf Seiters, stattet dem SED-Generalsekretär seinen Antrittsbesuch in Ost-Berlin ab. Dabei erklärt Honecker zum Grenzregime: „Von der Waffe wird nicht mehr Gebrauch gemacht, es sei denn bei Notwehr, einem Angriff oder Desertion."

6. Juli: Im Morgengrauen klettert der Ost-Berliner Klaus B. vom Gelände des VEB Bergmann-Borsig in Berlin-Pankow mit einer Leiter über die Mauer. Grenzsoldaten der DDR fordern ihn auf, stehenzubleiben, schießen aber nicht.

7. Juli: Auf dem Gipfeltreffen des Warschauer Pakts in Bukarest gibt die Sowjetunion offiziell

die Breschnew-Doktrin der „begrenzten Souveränität" der Mitgliedsstaaten auf. Die Beziehungen untereinander sollen künftig „auf der Grundlage der Gleichheit" weiterentwickelt werden. Nach dem abendlichen Bankett fühlt sich Honecker unwohl. Ärzte stellen eine akute Gallenkolik fest.

7. Juli: Auf dem Ost-Berliner Alexanderplatz lösen Volkspolizei und Stasi eine Demonstration von Bürgerrechtlern gegen die Wahlfälschung vom 7. Mai auf.

10. Juli: Es sickert durch, dass die DDR eine Lockerung der geltenden Reiseverordnung plane. Damit soll innenpolitischer Druck abgebaut werden.

13. Juli: Zum ersten Mal will ein DDR-Bürger seine Ausreise in die Bundesrepublik per Gericht erzwingen. Der Rostocker Rechtsanwalt Wolfgang Schnur kündigt an, im Namen eines Mandanten den ersten „Antrag auf gerichtliche Nachprüfung" der Ablehnung eines Ausreiseantrags einzureichen.

15. Juli: Der Zaun zwischen Österreich und Ungarn wird zwar langsam abgebaut, doch die ungarischen Grenzer schieben weiterhin Wache. Die Chancen auf eine erfolgreiche Flucht liegen bei eins zu neun, warnt ein westdeutscher Diplomat.

Der SPD-Politiker Erhard Eppler hält am Jahrestag des Volksaufstandes in der DDR 1953 am 17. Juni 1989 vor dem Deutschen Bundestag in Bonn eine von allen Parteien des Parlaments mit Applaus bedachte Rede.

„Kaufen Sie mal ein Brett, eine Fliese oder eine Fahrradspeiche!"

Agonie auf dem 8. Treffen des ZK der SED – und Unmut in der Bevölkerung

Wer bedrängt wird oder sich bedrängt fühlt, kann unterschiedlich reagieren. Zum Beispiel die eigene Position aktiv verteidigen, oder sie ändern, um den Druck zu mindern. Man kann aber auch alles an sich abprallen lassen und einfach weitermachen wie bisher. Selten ist der Erwartungsdruck vor einer Tagung des Zentralkomitees der SED so hoch gewesen wie vor dem 8. Treffen der höchsten ostdeutschen Parteifunktionäre am 22./23. Juni 1989. Andere sozialistische Staaten, Ungarn und Polen voran, haben gesellschaftliche Reformen eingeleitet. Die Unzufriedenheit der DDR-Bevölkerung ist seit der gefälschten Kommunalwahl im Mai spürbar gewachsen. Schließlich häufen sich Forderungen aus dem Westen nach mehr Freiheit, etwa durch US-Präsident George Bush bei seiner Rede in Mainz und durch Helmut Kohl beim Besuch von Michail Gorbatschow in Bonn. Viele DDR-Bürger, besonders aber die zunehmend verunsicherte SED-Basis, erwarten von der Führung eine klare Aussage zum künftigen Kurs. Und vor allem Veränderungen in ihrem eigenen Staat.

Doch was die 222 Mitglieder und Kandidaten des höchsten Organs der Einheitspartei vom alles dominierenden Politbüro zu hören bekommen, lässt keinen Zweifel: Die Spitze um Generalsekretär Erich Honecker ist nicht bereit, auch nur einen Deut nachzugeben. Weiter so, um jeden Preis – das ist die Devise. Schon die Wahl des Hauptredners signalisiert diesen Kurs: Den Bericht des Politbüros trägt Joachim Herrmann vor, der ZK-Sekretär für Agitation und Propaganda. Ein ausgewiesener Hardliner. Herrmann beharrt darauf, dass jedes Land den Sozialismus entsprechend eigenen Vorstellungen aufbaut. Er beschwert sich über die Bestrebungen des Westens, die sozialistischen Staaten „zur Übernahme kapitalistischer Gesellschaftsvorstellungen" zu drängen, und kritisiert ungewohnt offen die Entwicklung in Ungarn. Die Sorge, dass dort die führende Rolle der kommunistischen Partei infrage gestellt werden würde, sitzt tief. Vorbehaltlos verteidigt der Chefagitator die blutige Niederschlagung der Demonstrationen auf dem Platz des Himmlischen Friedens in Peking als legitimen Versuch, „Ruhe und Ordnung wieder herzustellen".

Wie sehr das SED-Politbüro selbst unter Druck steht, zeigt eine ungewöhnliche innerparteiliche Maßnahme. Durch Herrmanns Bericht wird bekannt, dass eine Arbeitsgruppe gebildet worden ist, um die SED-Bezirksorganisation Dresden „zu unterstützen". Das ist eine deutliche Kritik an Dresdens SED-Chef Hans Modrow, der als Anhänger des Reformkurses von Gorbatschow gilt. Der Kremlchef selbst wird in den veröffentlichten Dokumenten der 8. ZK-Tagung lobend erwähnt. Herrmann bezeichnet seinen Besuch in Bonn als „Beitrag für die Bewahrung und Stabilisierung des Friedens in Europa". Intern jedoch brodelt es. Dort wird Gorbatschows Auftreten als „zu tolerant" eingeschätzt, sein Schweigen zu den „Ausfällen" Kohls gegen die DDR verurteilt. So habe der Kremlchef auf Fragen nach Veränderungen in Ost-Berlin geantwortet: „Erich Honecker wird sich bald bewegen."

Laut Egon Krenz stand im Entwurf der Herrmann-Rede sinngemäß, Gorbatschow habe sich in Bonn nicht klassenmäßig verhalten. Eine beispiellose Formulierung. „Im Klartext heißt das: Er hat unsere Sache verraten", so Krenz. Honecker soll diese Aussage ohne Diskussion im Politbüro eigenhändig ins Manuskript eingefügt, dann aber wieder herausgenommen haben. Die Formulierung wird auch nicht in das gedruckte interne „Rote Protokoll" aufgenommen – eine vertrauliche Materialsammlung nur für ZK-Mitglieder.

eingeweiht; die Zeremonie wird im DDR-Fernsehen übertragen. Am anschließenden Empfang des Staatsratsvorsitzenden im Rathaus darf der offizielle Vertreter des Bundes der Evangelischen Kirchen in der DDR, Landesbischof Gottfried Forck, nicht teilnehmen.

12. bis 15. Juni: Michail Gorbatschow besucht die Bundesrepublik. Bei seinen öffentlichen Auftritten schlägt ihm Sympathie der Bevölkerung entgegen. Aufsehen erregt seine Äußerung: „Ich glaube nicht, dass die Berliner Mauer ein wirkliches Hindernis beim Aufbau des gemeinsamen europäischen Hauses ist."

17. Juni: Zum 36. Jahrestag des Volksaufstandes in der DDR spricht im Bundestag der SPD-Vordenker Erhard Eppler. Der eher der Parteilinken zugerechnete Politiker überrascht mit der Formulierung, die Deutsche Einheit dürfe nicht „gestrichen" werden.

22./23. Juni: In Ost-Berlin trifft sich das SED-Zentralkomitee zu seiner 8. Plenarsitzung. Gorbatschows Auftreten in der Bundesrepublik wird scharf attackiert. Zu einer kritischen Diskussion der Lage kommt es nicht; mangels Beiträgen endet die Tagung vorzeitig.

27./28. Juni: Honecker besucht die Sowjetunion. Gorbatschow informiert ihn über seinen Besuch in der Bundesrepublik und stellt fest, eine immer größere Zahl von Westdeutschen seien „aufrichtige Anhänger des Friedens".

28. Juni: Ungarns Außenminister Gyula Horn und sein österreichischer Kollege Alois Mock zerschneiden bei Sopron symbolisch den Grenzzaun. Die entsprechenden Berichte im Westfernsehen lösen in der DDR einen verstärkten Strom von Reisen nach Ungarn aus.

4. Juli: Der neue Chef des Bundeskanzleramtes, Rudolf Seiters, stattet dem SED-Generalsekretär seinen Antrittsbesuch in Ost-Berlin ab. Dabei erklärt Honecker zum Grenzregime: „Von der Waffe wird nicht mehr Gebrauch gemacht, es sei denn bei Notwehr, einem Angriff oder Desertion."

6. Juli: Im Morgengrauen klettert der Ost-Berliner Klaus B. vom Gelände des VEB Bergmann-Borsig in Berlin-Pankow mit einer Leiter über die Mauer. Grenzsoldaten der DDR fordern ihn auf, stehenzubleiben, schießen aber nicht.

7. Juli: Auf dem Gipfeltreffen des Warschauer Pakts in Bukarest gibt die Sowjetunion offiziell die Breschnew-Doktrin der „begrenzten Souveränität" der Mitgliedsstaaten auf. Die Beziehungen untereinander sollen künftig „auf der Grundlage der Gleichheit" weiterentwickelt werden. Nach dem abendlichen Bankett fühlt sich Honecker unwohl. Ärzte stellen eine akute Gallenkolik fest.

7. Juli: Auf dem Ost-Berliner Alexanderplatz lösen Volkspolizei und Stasi eine Demonstration von Bürgerrechtlern gegen die Wahlfälschung vom 7. Mai auf.

10. Juli: Es sickert durch, dass die DDR eine Lockerung der geltenden Reiseverordnung plane. Damit soll innenpolitischer Druck abgebaut werden.

13. Juli: Zum ersten Mal will ein DDR-Bürger seine Ausreise in die Bundesrepublik per Gericht erzwingen. Der Rostocker Rechtsanwalt Wolfgang Schnur kündigt an, im Namen eines Mandanten den ersten „Antrag auf gerichtliche Nachprüfung" der Ablehnung eines Ausreiseantrags einzureichen.

15. Juli: Der Zaun zwischen Österreich und Ungarn wird zwar langsam abgebaut, doch die ungarischen Grenzer schieben weiterhin Wache. Die Chancen auf eine erfolgreiche Flucht liegen bei eins zu neun, warnt ein westdeutscher Diplomat.

Der SPD-Politiker Erhard Eppler hält am Jahrestag des Volksaufstandes in der DDR 1953 am 17. Juni 1989 vor dem Deutschen Bundestag in Bonn eine von allen Parteien des Parlaments mit Applaus bedachte Rede.

17. Juli: Manfred Hummitzsch, der Leiter der Leipziger Stasi, stellt auf einer Dienstversammlung fest: „Wenn wir den Untergrund nicht unter Kontrolle bringen, dann wird es eines Tages zur Straßenschlacht kommen."

19. Juli: Der deutschlandpolitische Sprecher der SPD-Fraktion im Bundestag, Hans Büchler, wirft der DDR vor, sich immer mehr zum „Zentrum der politischen Gegenreformation in Europa" zu entwickeln.

21. Juli: Die *Bild-Zeitung* meldet, dass die Ständige Vertretung in Ost-Berlin „von einer bisher nicht gekannten Welle von ausreisewilligen DDR-Bürgern überrollt" werde.

24. Juli: Die beiden Theologen Martin Gutzeit und Markus Meckel formulieren den Aufruf zur

Massenandrang von ausreisewilligen DDR-Bürgern am 14. August 1989 vor der bundesdeutschen Vertretung in der Nogradi-Straße 8 in der ungarischen Hauptstadt Budapest.

Gründung einer Sozialdemokratischen Partei der DDR.

30. Juli: Die deutsche Botschaft in Budapest erlebt einen Massenansturm von DDR-Flüchtlingen: Allein in der letzten Juli-Woche sind mehr als 100 gekommen, um ihre Ausreise in die Bundesrepublik zu erzwingen. Die Botschaft muss ein zusätzliches Gebäude für die Flüchtlinge anmieten.

1. August: Die Zeitungen des Axel-Springer-Verlags verzichten bei Nennung der DDR auf Anführungszeichen.

3. August: Die ungarische Regierung gibt bekannt, DDR-Bürgern künftig politisches Asyl gewähren zu wollen; es sollen drei Flüchtlingslager gebaut werden. Das bedeutet allerdings nicht, dass sie einfach ausreisen können. Dagegen sprechen Verträge innerhalb des Warschauer Pakts.

5. August: Erstmals nimmt die DDR offiziell zu den Botschaftsflüchtlingen Stellung. Die Nachrichtenagentur *ADN* verbreitet eine kaschierte Warnung, der zufolge bundesdeutsche Vertretungen keine „Obhutspflicht" gegenüber DDR-Bürgern hätten. Die Bundesrepublik, die nur eine deutsche Staatsbürgerschaft anerkennt, sieht das anders.

7. August: Der DDR-Rechtsanwalt Wolfgang Vogel teilt dem Bundesministerium für innerdeutsche Beziehungen mit, dass er künftig Menschen, die sich in diplomatische Vertretungen der Bundesrepublik geflüchtet haben, nur noch Straffreiheit bei einer Rückkehr in die DDR zusagen kann, nicht mehr aber wie bisher eine schnelle Ausreise.

8. August: Die Ständige Vertretung der Bundesrepublik in Ost-Berlin, die von rund 130 DDR-Bürgern besetzt ist, wird geschlossen.

11. August: Die Lufthansa fliegt ab sofort zweimal wöchentlich von Frankfurt am Main nach Leipzig und zurück. Ein Sparticket kostet 422 D-Mark.

13. August: Die Botschaft der Bundesrepublik in Budapest muss wegen Überfüllung geschlossen werden.

13. August: Der Physiker Hans-Jürgen Fischbeck ruft vor 400 Menschen in der Bekenntniskirche in Berlin-Treptow aus Anlass des Jahrestages des Mauerbaus und angesichts der DDR-Fluchtbewegung zu einem programmatischen Zusammenschluss der oppositionellen Gruppen auf, um in einen „Dialog mit den Mächtigen" zu treten. Die Sammlungsbewegung soll als Alternative zur SED-Herrschaft „identifizierbar" sein und eine demokratische Erneuerung der DDR anstreben. Ein Ziel: die Teilnahme an den Volkskammerwahlen zwei Jahre später.

14. August: Launig zitiert Erich Honecker bei einem offiziellen Termin den 1913 verstorbenen SPD-Vorsitzenden August Bebel: „Den Sozialismus in seinem Lauf hält weder Ochs noch Esel auf." Der Satz schafft es in den Aufmacher des *Neuen Deutschlands*.

15. August: Bis zu 10.000 DDR-Bürger sollen in Ungarn untergetaucht sein und auf eine Chance zur Ausreise warten.

18. August: Unbekannte nehmen vom Westen her den kleinen Ort Wahlhausen an der deutsch-deutschen Grenze unter Beschuss, 91 Einschläge in Häuserfassaden und einer Kirche werden gezählt. Die DDR protestiert in Bonn gegen diesen „schwerwiegenden provokatorischen Anschlag" und bildet eine Sonderkommission; Bundesinnenminister Wolfgang Schäuble eilt an den Tatort und lässt die westdeutschen Fahnder wegen des Verdachts der „versuchten vorsätzlichen Tötung" ermitteln. Bald gibt es die ersten Gerüchte: Im Osten wird nicht ausgeschlossen, dass die SED-Führung den Zwischenfall selbst inszeniert hat, als politisches Ablenkungsmanöver. Im Westen geraten Jäger in Verdacht, die sich beim Erntefest einen zu viel angetrunken hatten. Der Fall wird nicht endgültig geklärt.

19. August: An der ungarisch-österreichischen Grenze bei Sopron veranstalten Oppositionsgruppen ein „Paneuropäisches Picknick" und demonstrieren durch die symbolische Öffnung eines Tors für den Abbau der Grenzen und ein geeintes Gesamteuropa. Über 600 DDR-Bürger stürmen durch das nur angelehnte Grenztor nach Österreich. Bald wird es wieder geschlossen.

22. August: Ein ungarischer Grenzposten erschießt einen DDR-Bürger, der nach Österreich flüchten will. Nach Angaben des Militärs löst sich der Schuss unbeabsichtigt im Handgemenge, als der Flüchtling festgenommen werden soll.

24. August: Mit Hilfe des Internationalen Roten Kreuzes werden über einhundert DDR-Bürger, die in die bundesdeutsche Botschaft in Budapest geflüchtet sind, über Österreich in die Bundesrepublik ausgeflogen.

24. August: In Polen wird Solidarność-Mitbegründer Tadeusz Mazowiecki zum ersten nichtkommunistischen Ministerpräsidenten seit 1945 gewählt.

25. August: Im Gästehaus der Bundesregierung Schloss Gymnich bei Bonn trifft der ungarische Ministerpräsident Miklós Németh Helmut Kohl und eröffnet das Gespräch mit den Worten: „Herr Bundeskanzler, Ungarn hat sich entschieden, den DDR-Bürgern die freie Ausreise zu erlauben."

29. August: Im SED-Politbüro herrscht Ratlosigkeit, wie mit der Flüchtlingskrise weiter umgegangen werden soll. Günter Mittag erklärt: „Ich möchte auch manchmal den Fernseher zerschlagen, aber das nützt ja nichts."

30. August: Auf Bitten des Bundesinnenministeriums beginnt Bayern mit der Errichtung von Notaufnahmelagern mit 5000 Plätzen.

31. August: Außenminister Gyula Horn kündigt an, dass Ungarn die DDR-Flüchtlinge ab dem 11. September ausreisen lassen wird.

Ein österreichischer Grenzbeamter begleitet DDR-Flüchtlinge auf ihrem Weg nach Österreich. Während des „paneuropäischen Picknicks" am 19. August 1989 suchen über 600 DDR-Bürger den Weg in die Freiheit.

„Kaufen Sie mal ein Brett, eine Fliese oder eine Fahrradspeiche!"

Agonie auf dem 8. Treffen des ZK der SED – und Unmut in der Bevölkerung

Wer bedrängt wird oder sich bedrängt fühlt, kann unterschiedlich reagieren. Zum Beispiel die eigene Position aktiv verteidigen, oder sie ändern, um den Druck zu mindern. Man kann aber auch alles an sich abprallen lassen und einfach weitermachen wie bisher. Selten ist der Erwartungsdruck vor einer Tagung des Zentralkomitees der SED so hoch gewesen wie vor dem 8. Treffen der höchsten ostdeutschen Parteifunktionäre am 22./23. Juni 1989. Andere sozialistische Staaten, Ungarn und Polen voran, haben gesellschaftliche Reformen eingeleitet. Die Unzufriedenheit der DDR-Bevölkerung ist seit der gefälschten Kommunalwahl im Mai spürbar gewachsen. Schließlich häufen sich Forderungen aus dem Westen nach mehr Freiheit, etwa durch US-Präsident George Bush bei seiner Rede in Mainz und durch Helmut Kohl beim Besuch von Michail Gorbatschow in Bonn. Viele DDR-Bürger, besonders aber die zunehmend verunsicherte SED-Basis, erwarten von der Führung eine klare Aussage zum künftigen Kurs. Und vor allem Veränderungen in ihrem eigenen Staat.

Doch was die 222 Mitglieder und Kandidaten des höchsten Organs der Einheitspartei vom alles dominierenden Politbüro zu hören bekommen, lässt keinen Zweifel: Die Spitze um Generalsekretär Erich Honecker ist nicht bereit, auch nur einen Deut nachzugeben. Weiter so, um jeden Preis – das ist die Devise. Schon die Wahl des Hauptredners signalisiert diesen Kurs: Den Bericht des Politbüros trägt Joachim Herrmann vor, der ZK-Sekretär für Agitation und Propaganda. Ein ausgewiesener Hardliner. Herrmann beharrt darauf, dass jedes Land den Sozialismus entsprechend eigenen Vorstellungen aufbaut. Er beschwert sich über die Bestrebungen des Westens, die sozialistischen Staaten „zur Übernahme kapitalistischer Gesellschaftsvorstellungen" zu drängen, und kritisiert ungewohnt offen die Entwicklung in Ungarn. Die Sorge, dass dort die führende Rolle der kommunistischen Partei infrage gestellt werden würde, sitzt tief. Vorbehaltlos verteidigt der Chefagitator die blutige Niederschlagung der Demonstrationen auf dem Platz des Himmlischen Friedens in Peking als legitimen Versuch, „Ruhe und Ordnung wieder herzustellen".

Wie sehr das SED-Politbüro selbst unter Druck steht, zeigt eine ungewöhnliche innerparteiliche Maßnahme. Durch Herrmanns Bericht wird bekannt, dass eine Arbeitsgruppe gebildet worden ist, um die SED-Bezirksorganisation Dresden „zu unterstützen". Das ist eine deutliche Kritik an Dresdens SED-Chef Hans Modrow, der als Anhänger des Reformkurses von Gorbatschow gilt. Der Kremlchef selbst wird in den veröffentlichten Dokumenten der 8. ZK-Tagung lobend erwähnt. Herrmann bezeichnet seinen Besuch in Bonn als „Beitrag für die Bewahrung und Stabilisierung des Friedens in Europa". Intern jedoch brodelt es. Dort wird Gorbatschows Auftreten als „zu tolerant" eingeschätzt, sein Schweigen zu den „Ausfällen" Kohls gegen die DDR verurteilt. So habe der Kremlchef auf Fragen nach Veränderungen in Ost-Berlin geantwortet: „Erich Honecker wird sich bald bewegen."

Laut Egon Krenz stand im Entwurf der Herrmann-Rede sinngemäß, Gorbatschow habe sich in Bonn nicht klassenmäßig verhalten. Eine beispiellose Formulierung. „Im Klartext heißt das: Er hat unsere Sache verraten", so Krenz. Honecker soll diese Aussage ohne Diskussion im Politbüro eigenhändig ins Manuskript eingefügt, dann aber wieder herausgenommen haben. Die Formulierung wird auch nicht in das gedruckte interne „Rote Protokoll" aufgenommen – eine vertrauliche Materialsammlung nur für ZK-Mitglieder.

„Kaufen Sie mal ein Brett, eine Fliese oder eine Fahrradspeiche!"

Krenz zufolge ist Honecker offensichtlich klargeworden, welchen politischen Schaden ein solcher Satz auslösen kann, wenn er an die Öffentlichkeit gelangt.

Doch selbst das, was am folgenden Tag in den Zeitungen zu lesen ist, stößt in der DDR-Bevölkerung auf Widerspruch. Es ist üblich, dass die Reden und Wortmeldungen der ZK-Sitzungen vollständig abgedruckt werden, und ebenso, dass der Großteil der DDR-Bürger diese Pamphlete ignoriert. Einerseits ermüdet das Lesen der oft seitenlangen Phrasen, andererseits ist die Hoffnung, zwischen den vielen Zeilen frischen Wind oder gar einen neuen Kurs zu entdecken, zu oft enttäuscht worden. Daher ist es ungewöhnlich, dass nun Bürger auf die ZK-Tagung Bezug nehmen und Beschwerden oder Eingaben an den SED-Apparat richten. Noch ungewöhnlicher ist, dass sie ihr Missfallen ausdrücken.

Am 25. Juni schreibt ein Bürger aus Halle an Joachim Herrmann und kritisiert dessen Ausführungen zur ökonomischen Situation in der DDR. Er könne den Optimismus nicht teilen, beginnt der Verfasser des Briefs. Er habe schon manche Propagandaaktion voller Versprechungen miterlebt, doch „keines dieser Ziele wurde erreicht", moniert der 47-Jährige. Stattdessen nähmen die Versorgungsprobleme zu. „Kaufen Sie mal ein Brett, eine Fliese oder eine Fahrradspeiche", fordert er Herrmann auf. Anschließend geht er auf politische Äußerungen des Politbüro-Mitglieds ein und stellt die Frage: „Warum haben immer mehr Bürger den Wunsch, die DDR zu verlassen?" Das bedürfe dringend einer offenen Diskussion. „Die sattsam bekannten Formulierungen von der breiten Zustimmung der Bevölkerung zur Politik ihrer Partei stehen im Gegensatz zur wachsenden Zahl von Ausreiseanträgen." Der Hallenser fordert eine offene Bilanz des bisher Erreichten; permanentes Eigenlob löse keine Probleme. Bevor er versichert, ihn treibe die Sorge um die Zukunft „unserer Republik", formuliert er eine deutliche Aufforderung an die SED-Spitze: Er sei wenig zuversichtlich, „dass mit den gleichen Programmen und Funktionären die anstehenden Probleme gelöst werden können". Herrmann leitet den Brief lediglich an den SED-Chef des Bezirks Halle weiter, dem er vorschlägt, mit dem Absender „ein Gespräch durch einen von Euch beauftragten Genossen der örtlichen Parteiorgane" zu führen.

Auch das Berliner Ehepaar Jörg und Regine Hildebrandt richtet eine Eingabe an Herrmann, die verschiedene Passagen seiner Rede aufgreift. So verwahren sich die Hildebrandts dagegen, sich als „vom Klassenfeind mobilisiert" bezeichnen zu lassen, weil sie nicht an der Kommunalwahl teilgenommen haben. „Wir sind sehr wohl in der Lage, uns aus den Erfahrungen einer 40-jährigen DDR-Wirklichkeit eine eigene Entscheidung zu leisten", schreiben sie. Sie würden erst wählen gehen, wenn es echte Alternativen gebe. Im Übrigen verstünden sie die Unruhe der SED nicht, wenn doch 98,85 Prozent der DDR-Bürger für die Einheitsliste gestimmt hätten, was sie jedoch nicht glaubten. Auch Herrmanns Behauptung, lediglich „Politiker im Westen" würden Anstoß an der Mauer nehmen, weisen Jörg und Regine Hildebrandt, klar zurück: Auch sie fänden die Mauer „schrecklich und unmenschlich" – und dies, „seitdem der

Parade zum 1. Mai in der Karl-Marx-Allee: Die Ehrentribüne mit den Repräsentanten der Partei- und Staatsführung. In der Mitte Erich Honecker, links Willi Stoph, rechts von Honecker am Mikrofon Harry Tisch, daneben Horst Sindermann.

Sommer '89

Das Politbüro ist in seinen Strukturen erstarrt und macht weiter wie bisher. Egon Krenz übermittelt Willi Stoph am 9. Juli 1989 die Glückwünsche des ZK der SED und des Generalsekretärs Erich Honecker zum 75. Geburtstag.

erste Stacheldraht ausgerollt wurde". Das Politbüro-Mitglied antwortet auch auf diesen Brief nicht, sondern folgt der Empfehlung seines persönlichen Mitarbeiters, nicht zu reagieren, „da es sich bei den Absendern um Nichtwähler handelt".

Aufschlussreich sind die internen Auswertungen im SED-Apparat „über Stimmungen und Meinungen unter ausgewählten Kreisen der Bevölkerung" nach der ZK-Tagung. Schon das Wort „ausgewählt" lässt ahnen, was da aufgelistet wird. So ist zu lesen, dass die Bürger sich um die Entwicklung in Ungarn und Polen und das Fortbestehen der gesamten sozialistischen Staatengemeinschaft Sorgen machten. Dass sie die führende Kraft der internationalen Arbeiterbewegung vermissten, „die früher von der Sowjetunion verkörpert wurde". Dass sie einer Fortführung des Kurses der Einheit von Wirtschafts- und Sozialpolitik zustimmten und natürlich den Einfluss von Neonazis in der Bundesrepublik schrecklich fänden.

Über Kritik aus der DDR-Bevölkerung wird auch berichtet, aber sie bezieht sich vor allem auf alltägliche Missstände. Etwa, dass Werktätige in Zeitz und Dessau private Einkäufe während der Arbeitszeit erledigen müssten, weil ab 16 Uhr nichts mehr im Angebot sei. Oder dass die Bürger in Geschäften lange anstehen müssten und unfreundlich behandelt würden. Dass die fehlende Bereitschaft der politischen Elite zu Diskussionen für Unmut sorgt oder gar das System selbst infrage gestellt wird, verschweigt der Bericht. Hinweise darauf finden sich versteckt in Informationsberichten der SED-Basis, die Anfang August 1989 von der Abteilung „Parteiorgane" an Egon Krenz verschickt werden. Mit Verweis auf die „großen Schwierigkeiten und Hemmnisse" bei der Versorgung äußern die Genossen in Karl-Marx-Stadt Unverständnis, „dass solche Dinge auf der 8. Tagung nicht offen angesprochen" worden sind. Aus der Leitung des Industriekreises Carl Zeiss Jena kommt Kritik an der „Positivpropaganda" der Medien, die „vielfach im Widerspruch zur täglich erlebten Realität" stehe. Die Betriebsparteiorganisation des Werks für Fernsehelektronik in Ost-Berlin schließlich stellt „verstärkt Fragen zur Gesellschaftskonzeption".

Insgesamt zeigt die 8. ZK-Tagung das formal höchste Gremium der SED zwischen den Parteitagen im Zustand völliger Lähmung. Agonie und die demonstrative Zustimmung zu Gewaltanwendungen prägen das Bild – beides verschärft die depressive Stimmung im Land. Dazu passt, dass mangels Diskussionsbeiträgen die Tagung früher als vorgesehen beendet wird. Nach Herrmann meldet sich kein weiteres Politbüro-Mitglied zu Wort. Auch von den 15 Ersten Sekretären der SED-Bezirksleitungen sprechen lediglich vier, die alle dem engsten Kreis um Honecker angehören. Hans Albrecht, der SED-Chef von Suhl, wettert dabei gegen alle sozialismusfeindlichen Kräfte, „ganz gleich, wo und was sie sind". Auf früheren ZK-Sitzungen haben nahezu alle SED-Bezirkschefs gesprochen, denn der Generalsekretär wollte hören, wie die wichtigsten Umsetzer der Parteilinie auf Bezirksebene agieren. Doch auf der 8. Tagung schweigen die meisten. Allerdings nicht als bewusste Kritik am Kurs der Partei – eher als Zeichen von Ratlosigkeit. Honecker, gesundheitlich angeschlagen, revanchiert sich auf seine Weise: Er verzichtet auf ein Schlusswort und schweigt ebenfalls. Was er nicht ahnen kann: Bei der nächsten, der 9. ZK-Tagung am 18. Oktober, wird er nicht mehr SED-Chef sein.

Zumindest sorgt er im Juni unfreiwillig für einen komischen Höhepunkt. Das Politbüro begrüße die Absicht der Stadt Leipzig, die Olympischen Sommerspiele im Jahr 2004 auszurichten, diktiert Honecker und nimmt damit zugleich den Plänen West-Berlins für ein Gesamtberliner Olympiaprojekt den Wind aus den Segeln. Genüsslich zitiert der Staats- und Parteichef aus einem Kommentar des West-Berliner Senders Rias: „Also geht doch zumindest Erich Honecker davon aus, dass die DDR auch noch im Jahre 2004 existiert." Da lachen die ZK-Mitglieder schallend.

„Demokratisierung unserer Gesellschaft"

Der Gründungsaufruf für eine DDR-SPD ist ein Frontalangriff auf die SED

Pfarrer formulieren eher selten Kriegserklärungen. Doch nichts weniger sind jene Sätze, die am 24. Juli 1989 in Kreisen der DDR-Opposition zu kursieren beginnen: „Unsere Gesellschaft wird durch den absoluten Wahrheits- und Machtanspruch der SED bestimmt, auf den alle Verhältnisse in Staat und Gesellschaft geordnet sind. Die Kluft zwischen ideologischem Anspruch und Wirklichkeit tritt jedoch immer klarer hervor." Allein das Formulieren solcher Gedanken kann als „staatsfeindliche Gruppenbildung" ausgelegt werden und zu empfindlichen Konsequenzen führen, bestimmt doch der Paragraf 107 des DDR-Strafgesetzbuches: „Wer einer Gruppe oder Organisation angehört, die sich eine staatsfeindliche Tätigkeit zum Ziele setzt, wird mit Freiheitsstrafe von zwei bis zu acht Jahren bestraft." Schlimmer noch: Wer solche Gedanken aufschreibt und verbreitet, begeht der ständigen Unrechtssprechung der politisch gesteuerten DDR-Gerichte zufolge „staatsfeindliche Hetze" nach Paragraf 106. Dafür reicht es schon, Schriften herzustellen, mit denen „die sozialistische Staats- oder Gesellschaftsordnung" geschädigt oder die Bevölkerung gegen sie aufgewiegelt werden soll.

Genau das aber ist der Zweck des Papiers, das in der letzten Juliwoche 1989 vom Pfarrhaus der Kleinstadt Niederndodeleben bei Magdeburg seinen Weg durch die DDR nimmt. Jedenfalls in den Augen von SED und Stasi: Es „schädigt" die „sozialistische Staats- oder Gesellschaftsordnung". Und als ob die oben zitierten Worte noch nicht provozierend genug wären, gehen die Autoren noch weiter und rühren an einen besonders wunden Punkt: Die „notwendige Demokratisierung unseres Landes" setze voraus, jeden „absoluten Wahrheits- und Machtanspruch" zu bestreiten. Dazu gehöre eine „offene geistige Auseinandersetzung mit den Grundlagen des Stalinismus und seiner Ausprägung in Geschichte und Gegenwart der DDR". Zur „Demokratisierung unserer Gesellschaft" bedürfe es vieler Bürger, die notwendige Kompetenzen dafür mitbringen oder sich aneignen müssten. Doch das mache die Kaderpolitik der SED fast unmöglich, deren Ziel es sei, „geistige und politische Kompetenz außerhalb des Personenkreises derer, die zu Loyalitätserklärungen bereit" seien, zu verhindern. Mit ein paar Sätzen wird das gesamte Staatsgefüge der DDR infrage gestellt, die laut Artikel 1 der Verfassung „die politische Organisation der Werktätigen in Stadt und Land unter der Führung der Arbeiterklasse und ihrer marxistisch-leninistischen Partei" ist.

Ein Frontalangriff. Natürlich ist Martin Gutzeit, einem der beiden Autoren und Erstunterzeichner des Papiers, klar, was er tut. Der Theologe und Assistent am evangelischen Sprachenkonvikt in Ost-Berlin hat zusammen mit seinem Freund Markus Meckel, dem Pfarrer von Niederndodeleben, die Idee zu dem Grundsatzpapier entwickelt. Mehr als ein Jahr schon haben die beiden immer wieder diskutiert, wie man die SED-kritischen Gruppen mobilisieren und organisieren könne. Am Wochenende des 22./23. Juli 1989 ist es soweit: Die Freunde formulieren das Papier und gönnen sich, als es ihnen fertig erscheint, eine Flasche Rotwein. Am folgenden Tag tippt Meckel den Text ins Reine; mit vier Durchschlägen, die er an Bekannte weitergibt – das ist mindestens der bereits strafbare Versuch, eine „staatsfeindliche Gruppe" zu bilden.

Seit Monaten gibt es in der DDR Bemühungen, Oppositionsbewegungen zu gründen, die über

Markus Meckel (o.) und Martin Gutzeit fordern die SED 1989 offen heraus. Sie stehen für den Neuanfang der SPD in der DDR.

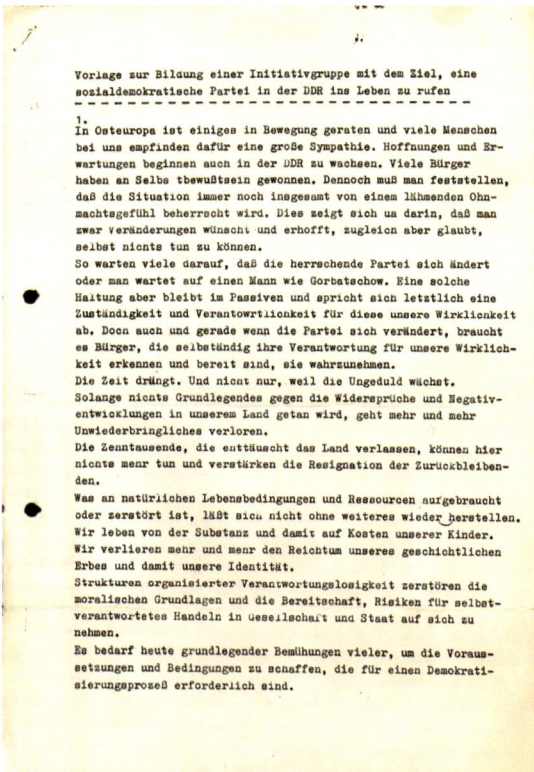

„Die Zeit drängt." – Mit dem Aufruf zur Bildung einer sozialdemokratischen Partei stellen die beiden Pfarrer Meckel und Gutzeit das gesamte Machtgefüge der DDR infrage und gehen zugleich ein hohes persönliches Risiko ein.

kleine, praktisch private Zirkel von Freunden und Bekannten hinausreichen. Zu den ersten gehört im September 1987 die Arbeitsgruppe Staatsbürgerschaftsrecht der DDR, die sich aber auf das Thema Ausreise konzentriert. Die schon länger existierende Initiative Frieden und Menschenrechte hat erst im März 1989 einen Aufruf zur Demokratisierung Ostdeutschlands verbreitet. Und während Meckel und Gutzeit ihr Papier verfassen, gibt es Gespräche über die Gründung eines Demokratischen Aufbruchs und eines Neuen Forums. Dennoch ist der Aufruf von Niederndodeleben etwas Besonderes. Denn Gutzeit und Meckel beschränken sich nicht auf Kritik des Honecker-Staates. Sie rufen dazu auf, eine Sozialdemokratische Partei in der DDR zu gründen. Damit legen sie die Axt an die ideologischen Wurzeln der SED. Seit der von Moskau gesteuerten Zwangsvereinigung der kremlhörigen KPD mit der in weiten Teilen unwilligen SPD in Ostdeutschland im April 1946 steht der Handschlag von Wilhelm Pieck und Otto Grotewohl für die vermeintliche „Einheit der Arbeiterklasse", verewigt im Parteiwappen der SED. Doch jetzt ziehen die beiden Pfarrer gewissermaßen die sozialdemokratische Hand zurück.

Gutzeit und Meckel wissen, worauf sie sich einlassen. Sie ahnen, dass sie beobachtet werden, auch wenn sie nicht erraten, wie nahe ihnen die Spitzel stehen. Schon drei Wochen vor dem arbeitsreichen Wochenende im Pfarrhaus hat ein Informant einen Bericht abgeliefert, in dem es heißt: „Markus Meckel bat darum, dass er eine Übersicht darüber bekommt, welche Möglichkeiten es in der DDR gibt, eine Partei zu gründen." Konsterniert fährt der Spitzel fort, dass Meckel vorhabe, „tatsächlich eine eigenständige Partei gegenüber den anderen" zu gründen. Der juristisch versierte Bekannte, an den sich der Theologe Meckel mit seinen Fragen gewandt hat, ist Wolfgang Schnur, der scheinbar verständnisvolle Anwalt vieler DDR-Oppositioneller. Als Ratgeber erklärt er Meckel, warum die Gründung einer neuen Partei in der DDR legal nicht möglich ist; als IM „Ralf Schirmer" aber gibt Schnur die Idee sofort an die Staatssicherheit weiter. Ende Juli 1989 ist die SED zwar schon mürbe, aber noch reicht ihre Kraft, vermeintliche Hochverräter und andere politische Gegner zu bestrafen. Mehrere westdeutsche Fluchthelfer sind in kurzen Prozessen zu mehreren Jahren Gefängnis verurteilt worden, ebenso gescheiterte fluchtwillige DDR-Bürger. Gutzeit hat vorgesorgt; seine Frau und er haben ihren Kindern sicherheitshalber erklärt, was bei einer Verhaftung der Eltern zu tun ist. Dass die ostdeutsche Staatspartei unter Druck steht, entspannt die Lage nicht: Gerade ein angeschlagenes Regime kann besonders gefährlich sein.

Zumal wenn die Kritik sich nicht wie bei manchen anderen Oppositionsgruppen auf blumige Verheißungen einer besseren Welt oder einzelne Aspekte wie das Reiserecht beschränkt. Martin Gutzeit und Markus Meckel geht es vielmehr erkennbar um etwas Anderes als die SED-Herrschaft zu mäßigen oder aufzuweichen. Sie wollen den Systemwechsel, eine parlamentarische Demokratie westlichen Musters. Im Aufruf steht das zwar nicht eindeutig so formuliert, wird aber bei verständigem Lesen doch klar. „Politische Existenz und politisches Handeln bedarf der Gemeinschaft, das heißt demokratischer Organisationsformen, in denen die Interessen und der politische Wille der in ihr Verbundenen sich entfalten und zur Geltung bringen kann", haben die Theologen geschrieben und fahren fort: „Dafür gibt es verschiedene Möglichkeiten: Vereine, Bürgerinitiativen, demokratische Bewegungen, Parteien, Gewerkschaften." Ganz sicher sind sich Gutzeit und Meckel: „Ohne derartige politische Organisationen ist ein demokratisches Gemeinwesen nicht möglich." Das klingt nicht nur radikaler als die Vorstellungen fast aller anderen Oppositionszirkel, es ist auch so gemeint. Die sozialdemokratisch gesinnten Pfarrer stellen die Machtfrage in der DDR – und erklären damit der SED politisch den Krieg.

„Wegen Überfüllung geschlossen"

Rund 130 DDR-Bürger verbringen den Hochsommer in der Ständigen Vertretung in Ost-Berlin

Auch ein Mehrzweckbau eignet sich nicht für jede Nutzung. Das Gartenhaus der Ständigen Vertretung der Bundesrepublik in der DDR, gelegen in der Ost-Berliner Hannoverschen Straße, ist zwar 1974/75 ausdrücklich als flexibel benutzbares Gebäude errichtet worden, mit einem großen, zweifach teilbaren Saal im Obergeschoss, einem großzügigen Entree mit Freitreppe und einer Küche im Erdgeschoss. Hier haben in den vergangenen 14 Jahren schon Jazzkonzerte, Kunstausstellungen, Festessen und zahlreiche Empfänge stattgefunden. Aber als provisorisches Feldlager eignet sich das Gartenhaus nicht: Es gibt nur zwei Toiletten mit insgesamt vier WC-Kabinen und ebensovielen Waschbecken. Das hat sich schon bei den oft gut besuchten Abendveranstaltungen der Ständigen Vertretung als knapp erwiesen, zu denen maximal 120 Gäste zugelassen werden. Für 130 Zufluchtsuchende reichen diese sanitären Anlagen keinesfalls.

So viele Menschen aber drängen sich seit Montag, dem 7. August 1989, im Gartenhaus. Schon in der vorangegangenen Woche sind rund 80 DDR-Bürger in die Repräsentanz der Bundesregierung gekommen und haben sich geweigert, das exterritoriale Gebäude wieder zu verlassen. Sie wollen ihre Übersiedlung in die Bundesrepublik erzwingen. Seit der regulären Öffnung des Besucherbereichs am Montagmorgen sind 50 weitere hinzugekommen. Etwa ein Lehrer aus Jena, der als Gepäck nur seine Zahnbürste mitgebracht hat. Er hat von den vielen Flüchtlingen in der bundesdeutschen Botschaft in Budapest gehört und sich gedacht: „Jetzt oder nie." Die meisten der Ausreisewilligen sind zwischen 20 und 40 Jahre alt, darunter 19 Einzelpersonen, 39 Paare oder Familien und 15 Kinder unter 18 Jahren. Sie kommen „aus allen gesellschaftlichen Schichten und Berufen", stellt ein westdeutscher Diplomat nach einer improvisierten Umfrage fest. Vier Ärzte gehören dazu, ein Koch, mehrere Lehrer und Ingenieure.

Die Zustände im Gartenhaus seien „menschenunwürdig", sagt der Sprecher der Vertretung. Die Ausreisewilligen liegen auf blauen Matratzen, die das Personal schnell herbeigeschafft hat. Eltern trösten ihre weinenden Kinder; einige sind krank oder kommen mit der ungewohnten Umgebung schlecht zurecht. Andere DDR-Bürger richten sich überraschend problemlos ein: Es bilden sich erste Runden, die Skat kloppen. Nicht

113 Ausreisewillige haben die Schließung der Ständigen Vertretung der Bundesrepublik erzwungen. Trotz rigoroser Kontrollen durch die Volkspolizei gelangen immer wieder Flüchtlinge, die mit dieser Aktion die Ausreise erzwingen wollen, auf das exterritoriale Gelände der diplomatischen Residenz in Ost-Berlin.

ganz so locker sehen die Mitarbeiter, was in ihrem ohnehin stets unter Hochdruck stehenden Gebäude passiert: „Wir sind am Ende", kommentiert einer die Situation. Ihnen fällt auf, dass sich die uniformierten DDR-Posten am Eingang, offiziell Angehörige der Volkspolizei, in Wirklichkeit von der Stasi, anders verhalten als gewohnt: Sie machen vor den zwei Eingängen der Mission keinen Versuch, die Hineinströmenden zu stoppen. „Man muss den Eindruck bekommen, dass es die DDR darauf angelegt hat, es zum Kollaps kommen zu lassen", stöhnt ein ranghoher Diplomat. Sein Chef, der Ständige Vertreter der Bundesrepublik in der DDR, Franz Bertele, ist gerade im Urlaub in Norwegen, also kann er nicht sofort nach Ost-Berlin zurückkehren. Die wesentlichen Entscheidungen muss sein Stellvertreter Franz Jürgen Staab treffen. Andere Behörden können kaum Hilfreiches beitragen. Der Staatssekretär des Ministeriums für innerdeutsche Beziehungen, Walter Priesnitz, trifft sich zwar am Nachmittag mit DDR-Rechtsanwalt Wolfgang Vogel, hat danach aber nur Negatives zu berichten: Der Honecker-Vertraute lässt mitteilen, er könne fortan Zufluchtsuchenden bei einer Rückkehr in die DDR nur noch Straffreiheit zusagen, nicht aber die Ausreise in den Westen. Mit einer solchen Aussicht wird kaum einer freiwillig die Ständige Vertretung verlassen. Auch das Bundeskanzleramt zeigt sich wenig hilfreich. Zwar stimmt Rudolf Seiters zu, die Tore der Vertretung am folgenden Dienstagmorgen nicht zu öffnen; bekanntgegeben werden soll diese Entscheidung aber in Bonn. Doch das nützt Franz Jürgen Staab in Ost-Berlin auch nicht.

Am Montagabend sieht sich der stellvertretende Leiter der Vertretung gezwungen, eigenmächtig zu handeln. Ihm liegen so viele Journalistenanfragen vor, dass etwas getan werden muss. Sein Versuch, die drängenden Reporter auf Priesnitz zu verweisen, scheitert. Eine Abstimmung mit Bonn misslingt, weil die „Telefonverbindung aus der Ständigen Vertretung heraus unterbrochen ist" – ob durch einen technischen Defekt oder die Stasi, bleibt unklar. Also gibt Staab die vorbereitete Presseerklärung bereits am Montagabend frei; sie schafft es noch ins *Heute-Journal* und die *Tagesthemen*. Die

Sie haben es noch geschafft: einige der über hundert DDR-Bürger auf dem Gelände der Ständigen Vertretung im August 1989.

„Wegen Überfüllung geschlossen"

Ständige Vertretung ist „wegen Überfüllung geschlossen", lautet die Botschaft, die beim Fernsehpublikum in West und Ost ankommt. Ein öffentliches Desaster für beide deutschen Staaten, allerdings aus unterschiedlichen Gründen.

Aus dem Fernsehen erfährt auch der Bundeskanzler, dass die Vertretung geschlossen wird. Helmut Kohl verbringt gerade seinen alljährlichen Sommerurlaub in Sankt Gilgen am Wolfgangsee und ärgert sich, dass ein mittlerer Beamter wie Ministerialdirigent Staab die Entscheidung vorzeitig bekannt gibt; damit ist die mit Seiters abgestimmte abwiegelnde Verlautbarung Makulatur. Umgehend wendet sich der Kanzleramtschef mit der Verlautbarung und mit Zeitungsinterviews an die Öffentlichkeit: „Die Schließung der Ständigen Vertretung war ein gravierender Schritt, der uns nicht leicht fiel. Die Gründe dafür liegen in der DDR selbst", betont Seiters. Unabhängig von diesem Schritt sei die Bundesregierung bereit, die praktische Zusammenarbeit mit der DDR fortzusetzen. In Hintergrundgesprächen fallen deutlichere Worte: „Wir können keinen hilfesuchenden Deutschen mit dem Gummiknüppel aus dem Gebäude prügeln, wie es die DDR von uns verlangt."

Immerhin schickt das Kanzleramt umgehend zusätzliches Personal. Allerdings kann nicht jeder Bundesbürger ohne Weiteres in der Ständigen Vertretung arbeiten; die DDR pocht auf den diplomatischen Status der Mitarbeiter. Nicht verhindern kann die SED, dass ein Wagen aus West-Berlin Essen bringt. Die Küche im Gartenhaus eignet sich kaum zum Kochen, schon gar nicht für 130 Personen, sondern allenfalls zum Aufwärmen von fertig gelieferten Speisen. An der angespannten Lage ändert die Versorgung aus dem Westen wenig. In den heißen Hochsommertagen mit etwa 30 Grad Celsius steigen bei den Menschen im Gartenhaus Anspannung und Nervosität. Sie kennen einander nicht, haben abgesehen vom gemeinsamen Wunsch, die DDR zu verlassen, durchaus unterschiedliche Auffassungen. Gerüchte, die Stasi habe Agenten unter die Zufluchtsuchenden geschleust, verbreiten sich. Man sitzt in der Vertretung wie in einer Falle. Auf dem überfüllten Gelände kann man sich nicht aus dem Weg gehen; das Warten zerrt an den Nerven. Vier abgeordnete Psychologen können nicht viel zur Konfliktentschärfung beitragen.

Franz Bertele, Leiter der Ständigen Vertretung der Bundesrepublik Deutschland in Ost-Berlin, ist im Sommerurlaub, als die Lage auf dem Gelände in der Hannoverschen Straße sich immer mehr zuspitzt. Sein Stellvertreter Franz Jürgen Staab muss reagieren, er lässt die Vertretung schließen.

Die SED bleibt derweil hart. Den Besetzern wird zwar Straffreiheit zugesichert, sollten sie die Vertretung geräuschlos verlassen. Aber weder wird ihnen die Ausreise in die Bundesrepublik zugesagt noch auch nur eine wohlwollende Prüfung – die Kompromissformel bei früheren Botschaftsbesetzungen. Stattdessen startet das DDR-Fernsehen eine Attacke. Verantwortlich für die Überfüllung der Ständigen Vertretung in Ost-Berlin seien „die rechten, ultrakonservativen Politiker und die in ihrem Dienst stehenden Journalisten in Fernsehen, Rundfunk und Presse", meldet der Bonner Korrespondent der *Aktuellen Kamera*. Bilder von Bundesbürgern, die sich in der Ständigen Vertretung der DDR in Bonn drängen, um ihre Übersiedlung in den real existierenden Sozialismus zu erzwingen, kann er allerdings nicht liefern: In der Godesberger Allee 18 herrscht völlige Ruhe.

Zehn Tage nach der Schließung der Hannoverschen Straße ist klar, dass die unhaltbaren Zustände andauern werden. Denn eine isolierte Lösung für die DDR-Bürger in der Ständigen Vertretung wird es nicht geben: Auch die Frage der Flüchtlinge in den westdeutschen Botschaften in Budapest und Prag muss gelöst werden. Weil dabei aber gleich zwei weitere kommunistische Regimes einzubinden sind, das moderate in Ungarn und das reformunwillige in der ČSSR, glaubt niemand an schnelle Ergebnisse.

135

„Ich möchte auch manchmal den Fernseher zerschlagen"

In Ungarn gelingt die größte Massenflucht seit 1961 – die SED ist ratlos

Eigenartige Stimmung herrscht im Sommer 1989. DDR-Zeitungen und -Sender berichten über den Volksbildungs-Kongress mit Margot Honecker und feiern fast lyrisch die „Erntekapitäne" auf ihren Mähdreschern im wogenden Weizenmeer. Gleichzeitig füllen sich die bundesdeutschen Botschaften in Warschau, Prag und Budapest mit Flüchtlingen. Zahlreiche Ostdeutsche warten zudem in Ungarn, auf dem Sprung zur Flucht in den Westen. Doch darüber ist im Honecker-Staat offiziell kaum etwas zu erfahren. Eine Debatte gibt es schon gar nicht. Es ist, als existierten zwei Welten nebeneinander. Bis zum 19. August.

Eine Rose zerreißt den Stacheldraht: Mit diesem Bild und in kräftigem Rot wirbt ein Plakat für das „Paneuropäische Picknick" an der ungarisch-österreichischen Grenze. Eingeladen zu der Friedensdemonstration an einem ungenutzten Grenzübergang hat die Oppositionspartei Ungarisches Demokratisches Forum. Symbolisch soll der Übergang am Tag vor Ungarns Nationalfeiertag für drei Stunden geöffnet werden. Schirmherren sind Staatsminister Imre Pozsgay und der CSU-Europaabgeordnete Otto von Habsburg. Die Beschaulichkeit des Nachbarschaftstreffens endet allerdings um 14.56 Uhr: Aus ganz Ungarn angereiste DDR-Flüchtlinge drücken das unverschlossene Holztor auf und drängen ungehindert nach Österreich. Die ungarischen Grenzsoldaten schreiten nicht ein. Binnen kurzer Zeit wechseln mehr als 600 Menschen auf die andere Seite des nicht mehr Eisernen Vorhanges. Es ist die größte Massenflucht seit dem Mauerbau.

Für Alexander Arnot, den Botschafter der Bundesrepublik in Budapest, hat sich ein solches Ereignis schon im Frühjahr 1989 angekündigt, als sich immer mehr DDR-Bürger nach einem bundesdeutschen Pass erkundigt haben. Und nach den Chancen, damit in den Westen zu gelangen. Als Ungarn im Mai beginnt, die

Die österreichischen Grenzbeamten öffnen das bisher ungenutzte Grenztor nahe Sopron.

Grenzsicherungen abzubauen, nimmt der Strom zu. In der Botschaft werden Dienstzimmer geräumt, der Konsularbetrieb – die Botschaft stellt täglich Hunderte Visa für ungarische Bürger aus – wird in einen Bus auf dem Parkplatz verlagert.

Eine neue Situation tritt jedoch ein, als ein ostdeutsches Ehepaar kategorisch erklärt, es verlasse die Botschaft nur Richtung Westen. Zwei Tage später schließt sich ein Student an. Plötzlich hilft Arnot die Weisung aus Bonn nichts mehr, den Flüchtlingen nur zuzusichern, man werde sich bei den DDR-Behörden für ihre Ausreise einsetzen. Plötzlich erwarten hilfesuchende Menschen von ihm, sie zu organisieren. Dazu einen Herbergsbetrieb, einschließlich Verpflegung und Wäschetausch. Am 13. August muss die Budapester Botschaft, mit etwa 170 DDR-Bürgern völlig überfüllt, für den Besucherverkehr geschlossen werden. Doch was soll mit den Menschen geschehen, die vor dem Gebäude kampieren? Zur Erleichterung des Botschafters ist eine Gruppe des ungarischen Malteser-Hilfsdienstes von Deutschland aus auf der Durchreise nach Rumänien. Mit Zustimmung des Pfarrers einer benachbarten Kirche errichten die Malteser dort ein Zeltlager. Es ist der 15. August.

Vier Tage später hat das „Paneuropäische Picknick" die Situation wieder völlig verändert. Rasch entsteht auf DDR-Seite der Verdacht, das ungarisch-österreichische Fest sei nur inszeniert gewesen, um die Massenflucht zu provozieren. Das sollen eine genaue Lageskizze und der Hinweis bezeugen, man treffe sich „neben der gewesenen Grenzsperre". Auch sei das Treffen von der bundesdeutschen Botschaft in Budapest als Fluchtchance empfohlen worden. Die Picknick-Organisatoren bestreiten dies jedoch ebenso wie Botschafter Alexander Arnot. Er sagt, er habe vom „Picknick" erst aus dem Fernsehen erfahren. Richtig ist hingegen: Als sich die Nachricht von der Massenflucht wie ein Lauffeuer verbreitet, brechen auch Botschaftsflüchtlinge Richtung Grenze auf. Viele kehren allerdings enttäuscht zurück, weil die ungarischen Grenzer die Flucht verhindert haben.

Doch die Enttäuschung hält nicht lange an, denn die ungarische Regierung lässt am 24. August die DDR-Bürger aus der Budapester Residenz der Bundesrepublik nach Wien ausreisen, ausgestattet mit Papieren des Roten Kreuzes. Für Arnot, der auch schon in Moskau gearbeitet hat, ein einschneidendes Erlebnis: „Diese legale Ausreise ist das Ende des sozialistischen Lagers." Mit Ungarn ist Diskretion vereinbart. Auf bundesdeutscher Seite wissen nur der Personalchef des Auswärtigen Amtes und der Botschafter selbst von dem Plan. Niemand hält die Ausreise im Bild fest; ohne Medien ist es kein Medienereignis. Tief beeindruckt Arnot aber der Jubelschrei der Flüchtlinge, als ihnen nachts mitgeteilt wird, dass ihre Ausreise bevorsteht. Das gedrängte Zusammenleben mit den Ostdeutschen in der Botschaft ist für Arnot „eine vorweggenommene Einheit".

In der gesamten Zeit hält er Kontakt zu seinem Kollegen Gerd Vehres, dem Botschafter der DDR in Ungarn. Beide pflegen seit Längerem einen freundlichen Umgang und gehen auf Empfängen unverkrampft miteinander um; in Gegenwart Dritter sprechen sie sogar russisch miteinander. Doch das Wort Flüchtlinge fällt kein einziges Mal. Arnot sieht dafür keine Notwendigkeit, zudem blockt die Zentrale in Bonn ab. Vehres

Eine historische Chance: rund 600 DDR-Bürger strömen mit ihren Kindern durch das Tor in den Westen.

Sommer '89

Auch dieser Mutter mit ihrem weinenden Kind gelingt die Flucht – unter den Augen der ungarischen und österreichischen Grenzposten.

schickt fast flehende Telegramme nach Ost-Berlin, auf die seine Vorgesetzten hilflos reagieren. Kurzzeitig wird erwogen, zahlreiche DDR-Anwälte nach Budapest zu schicken, um mit den fluchtwilligen Landsleuten über eine straffreie Rückkehr zu verhandeln. Doch dann wird lediglich ein Wohnwagen als Beratungspunkt platziert. Allerdings sucht niemand ihn auf.

Auf das SED-Politbüro hat das „Picknick" mit Massenflucht verheerende Folgen, wie sich bei der turnusmäßigen Dienstagsrunde am 29. August zeigt. Weil sich der 77-jährige Honecker einer Gallenblasenoperation unterziehen muss, kann er die Zusammenkunft nicht wie gewohnt leiten. Die Vertretung hat der SED-Chef aber nicht seinem Kronprinzen Egon Krenz übertragen, sondern Günter Mittag, dem ZK-Sekretär für Wirtschaft. Vielleicht, weil Krenz Honecker kurz zuvor ein Papier der ZK-Abteilung für Sicherheitsfragen übergeben hat, das die Gründe für die Flucht vieler DDR-Bürger analysiert. Honecker zeigt wenig Interesse und fährt seinen Vertrauten an: „Wer hat euch gestattet, die Zahl der Ausreisenden zusammenzustellen? Was soll das?" Krenz, der einen geplanten Urlaub bereits abgesagt hat, ist erschüttert. Sein Entsetzen wächst noch, als Honecker ihn auffordert, sich frei zu nehmen. Er könne doch jetzt keinen Urlaub machen, entgegnet Krenz. Die Antwort Honeckers: „Nimm Dich nicht so wichtig. Ich war auch im Urlaub. Du bist hier nicht unentbehrlich."

Also verfolgt Krenz im Feriendomizil Dierhagen an der Ostsee das Geschehen in Ost-Berlin, vertraulich informiert von Wolfgang Herger, seinem Abteilungsleiter für Sicherheitsfragen. In dessen Protokoll der Politbürositzung findet Krenz einen erstaunlichen Punkt. Normalerweise laufen die Treffen nach dem gleichen Muster ab: Honecker oder andere Mitglieder des Gremiums halten Monologe, der Rest lauscht. Doch nun hat Herger eine spontane Diskussion vermerkt. Einen echten Austausch von Argumenten. Anlass ist das „Paneuropäische Picknick" vom 19. August.

Anfangs dominieren harte Worte und Statements die Sitzung. Zunächst steht Ungarn in der Kritik. DDR-Außenminister Oskar Fischer berichtet, dass die Regierung in Budapest aus den Verträgen zum Reiseverkehr den Passus streichen wolle, nach dem DDR-Bürger nicht ohne Genehmigung Ost-Berlins aus Ungarn in Drittländer weiterreisen dürfen. Man müsse mit den Ungarn reden, aber denen würde ja Geld geboten, meint Günter Mittag verbittert. Das Politbüro glaubt zu wissen, woher das Geld kommt: aus der Bundesrepublik. Dort verorten die Politbüro-Mitglieder das eigentliche Übel. So fordert Berlins SED-Chef Günter Schabowski: „Wir dürfen uns von westlichen Medien nicht hypnotisieren lassen. Der Gegner hat doch ein großes Konzept, er will bei uns alles zerschlagen. Wir müssen den Feind angreifen. Das ist der Imperialismus in der BRD. Das sind die eigentlichen Schuldigen." Verteidigungsminister Heinz Keßler pflichtet ihm bei: „Wir müssen den hinterhältigen Angriffen der Feinde der DDR mehr entgegensetzen." Volkskammerpräsident Horst Sindermann fordert ebenfalls, einen „Stoß gegen den Feind" im Westen zu führen. Der Erfurter SED-Chef Gerhard Müller beschwört: „Die DDR ist der Turm in der Schlacht."

Ein einsamer Turm inzwischen, dessen ist sich die SED-Spitze bewusst. „Früher hatten wir nur den Frontalangriff in deutscher Sprache von vorn, jetzt entwickelt er sich im Rücken an allen Ecken und Kanten", meint Gewerkschaftschef Harry Tisch mit Blick auf die Sowjetunion. Chefpropagandist Joachim Herrmann betont: „Wir haben den Rücken nicht mehr frei." Ministerpräsident Willi Stoph verteidigt sein Glückwunschtelegramm an die neue, die erste demokratisch legitimierte Regierung Polens; Günter Mittag unterstützt ihn: „Sollen wir eine Kriegserklärung machen? Der gesamte Erdöltransport geht durch Polen, ohne ihn könnten wir nicht eine Woche leben."

Doch nun stehen Fragen im Raum, vor denen sich das Politbüro nicht mehr wegducken kann: Was tun wir jetzt? Warum gehen eigentlich so viele Menschen aus der DDR weg, vor allem junge? Und wie stoppen wir das? Plötzlich beginnt eine echte Diskussion. Keßler flüchtet sich ins Ungefähre. Es gebe „hier und da gewisse Unsicherheiten". Auch Sindermann zögert: „Warum Menschen abhauen, diese Frage wage ich nicht so schnell zu beantworten. Das sind doch verwirrte Leute." Die Mängel bei der Versorgung hätten offenbar zu Psychosen geführt. Von Psychosen spricht auch Tisch. 3,5 Millionen DDR-Bürger seien im Westen gewesen. „Sie kommen mit dem Bild von der BRD als Überflussgesellschaft zurück. Sie sehen die Arbeitslosen und Obdachlosen nicht." Stoph schlägt vor: „Wenn die Leute weglaufen, müssen wir das untersuchen – Mängel in der Erziehung, Mängel im Staatsapparat, mit denen wir die Leute verärgern." Das missfällt Schabowski: Man solle zwar nicht auf den Verleiteten herumhacken, „aber den Verrat müssen wir auch als solchen brandmarken".

Werner Eberlein, Chef der SED-Bezirksleitung von Magdeburg, hält dagegen und fragt fast schon verzweifelt in die Runde: „Aus Magdeburg sitzen auch welche in der Bonner Vertretung in Berlin. Sollen wir sie am Werktor als Verräter empfangen? Wir müssen sie doch integrieren." Ähnlich sieht das Werner Krolikowski und plädiert für mehr Selbstbewusstsein. „Mit dem Stempel ‚Verrat' ist nicht alles zu erklären." Er appelliert daran, „unsere Werte" stärker darzustellen. Die Errungenschaften des Sozialismus eben. Die Medien sollen die DDR-Problematik ruhig weiter behandeln, „wir haben doch bei uns die absolute Mehrheit." Dann schlägt er etwas vor, was die anderen aufschreckt. Es irritiere die Parteimitglieder, dass das Politbüro nicht öffentlich auftrete. Man müsse mehr Flagge zeigen: „Unsere Genossen wollen das Wort der führenden Genossen." Das sei auch psychologisch wichtig.

Aber Harry Tisch wiegelt ab. „Ob Politbüro-Mitglieder öffentlich auftreten sollen – ich weiß nicht, ob das richtig ist." Auch die meisten anderen haben wenig Neigung. Sie wollen lieber Parteiinformationen herausgeben und Kampagnen in der Presse starten lassen. Herrmann bringt die Haltung auf den Punkt: „Wir sollten überlegen, wie wir den Genossen unten helfen." Das Politbüro, das sich gern als Avantgarde feiern lässt, schiebt die Verantwortung an die Basis ab. Am Ende sind sich seine Mitglieder wieder einig. Man dürfe sich vom „Gegner" nicht verrückt machen lassen. Trotzdem werde man die Sorgen der Bürger ernster nehmen, aber vor allem die Vorzüge des Sozialismus stärker hervorheben. Das Schlusswort hat Honeckers Vertreter Günter Mittag. Es sei gut, dass es eine umfassende Aussprache gegeben habe. Dann gewährt er Einblick in seine Gemütslage: „Ich möchte auch manchmal den Fernseher zerschlagen, aber das nützt ja nichts."

Frühherbst '89

Die Menschen verlieren die Furcht vor dem Regime

Nach dem Friedensgebet in Leipzig am 4. September 1989 demonstrieren Hunderte ausreisewillige DDR-Bürger. Sie skandieren immer wieder: „Wir wollen raus!" Es gibt mehrere Festnahmen und die Mitarbeiter des Staatssicherheitsdienstes entreißen den Demonstranten die mitgebrachten Protest-Plakate.

2. September: Die Konferenz der Kirchenleitungen bittet Erich Honecker, „offene und wirklichkeitsnahe Diskussionen" über die Ursachen von Unzufriedenheit zuzulassen. Daraufhin sagt Honecker ein Treffen mit hohen Kirchenvertretern ab.

3. September: Die *Bild-Zeitung* zitiert den *Sunday Telegraph*: „Die deutsche Wiedervereinigung erscheint jetzt als eine Idee, deren Zeit gekommen ist."

4. September: Im Anschluss an das montägliche Friedensgebet in der Leipziger Nikolaikirche demonstrieren etwa 1200 Menschen.

4. September: Vertreter linker oppositioneller Initiativen und kritische SED-Mitglieder bilden die Vereinigte Linke (VL) und fordern eine radikale „sozialistische Erneuerung".

7. September: In Ost-Berlin werden bei der Demonstration gegen die Wahlfälschungen etwa 80 Personen verhaftet.

8. September: Der Rechtsanwalt Wolfgang Vogel bringt alle DDR-Bürger in der Ständigen Vertretung in Ost-Berlin dazu, das Gebäude zu verlassen; es bleibt anschließend für den Besucherverkehr geschlossen. In Budapest gelingt es Stasi-Mitarbeitern dagegen nicht, Ausreisewillige zur Rückkehr zu bewegen.

9./10. September: Das Neue Forum erarbeitet und veröffentlicht seinen Gründungsaufruf.

10. September: Die ungarische Regierung öffnet für DDR-Bürger die Grenze zu Österreich; Zehntausende nutzen das.

12. September: Die DDR protestiert gegen die Öffnung der Grenzen in Ungarn; das sei „organisierter Menschenhandel".

14. September: In Bonn gibt der Erfurter Pfarrer Edelbert Richter die Gründung der Oppositionsgruppe Demokratischer Aufbruch bekannt, die sich für eine „sozialistische Gesellschaftsordnung auf demokratischer Basis" ausspricht.

18. September: Der neue Ruf auf der Demonstration nach dem Friedensgebet in der Leipziger Nikolaikirche lautet: „Wir bleiben hier!"

19. September: Das Neue Forum beantragt als erste oppositionelle Gruppierung die Zulassung als „politische Bewegung".

19. September: Die Synode des Evangelischen Kirchenbundes fordert in Eisenach pluralistische Medienpolitik, demokratische Parteienvielfalt, Reisefreiheit für alle Bürger, wirtschaftliche Reformen und Demonstrationsfreiheit.

20. September: Die bundesdeutsche Botschaft in Warschau muss wegen Überfüllung geschlossen werden.

21. September: Willy Brandt schreibt in der *Bild-Zeitung* über die aktuelle Entwicklung: „Es ist nicht ewig zu trennen, was doch zusammengehört."

21. September: Das *Neue Deutschland* veröffentlicht eine Räuberpistole. Überschrift: „Ich habe erlebt, wie BRD-Bürger ‚gemacht' werden." Am 11. September sei Hartmut Ferworn, Koch der Mitropa – dem Serviceunternehmen der Deutschen Reichsbahn – bei seinem Aufenthalt in Budapest mit einer Mentholzigarette betäubt worden. Wieder aufgewacht, habe er in einem Reisebus zur westdeutschen Botschaft nach Wien gesessen. Ferworn behauptet in dem Interview, „kaltblütige Menschenhändler" hätten ihn gekidnappt, um dem Ansehen der DDR zu schaden.

22./23. September: Die DDR-Behörden lehnen den Antrag des Neuen Forums auf Zulassung ab, weil es eine „staatsfeindliche Plattform" sei.

22. September: Honecker zeigt sich entschlossen, alle „Provokationen" der Opposition zu beenden. Er weist die Ersten Sekretäre der SED-Bezirksleitungen an, „dass diese feindlichen Aktionen im Keime erstickt werden müssen, dass keine Massenbasis dafür zugelassen wird".

24. September: Weil die ČSSR die Kontrollen an der Grenze zu Ungarn verstärkt, sammeln sich immer mehr Flüchtlinge aus der DDR in der Botschaft der Bundesrepublik in Prag.

25. September: In Leipzig fordern 5000 bis 8000 Demonstranten demokratische Reformen sowie die Zulassung des Neuen Forums. Pfarrer Christoph Wonneberger hat seine Predigt in der Nikolaikirche mit dem Satz beendet:

Artikel über Hartmut Ferworn, den angeblich verschleppten Mitropa-Koch, in der Ausgabe des *ND* vom 21. September 1989.

„Also fürchtet euch nicht!" Die Zuhörer fassen sich an den Händen und singen das Protestlied „We shall overcome" – „Wir werden es überwinden". Singend gehen sie auf die Straße.

25. September: In der deutschsprachigen *Moskau News* sieht der Schriftsteller Wladimir Simonow die Wiedervereinigung Deutschlands nahen. Zur Mauer schreibt er: „Eines Tages wird man sie in ein Museum für abstrakte Kunst stellen können."

26. September: Honecker befiehlt „zur Verhinderung von Provokationen unterschiedlicher

Chronik Frühherbst '89

Art" anlässlich des 40. Jahrestages der DDR verschärfte Maßnahmen.

27. September: Die ČSSR-Regierung erklärt, dass es für die mehr als 900 DDR-Bürger in der westdeutschen Botschaft in Prag keine „ungarische Lösung" geben werde.

29. September: Als Politbüromitglied Harry Tisch den Berliner Großbetrieb VEB Bergmann-Borsig besucht, empören sich Gewerkschaftler, dass so getan werde, als sei „die Abkehr so vieler unserer Menschen ausschließlich Machwerk des Klassengegners".

29. September: Vertreter der DDR-Blockparteien fordern die SED zum öffentlichen Dialog auf.

30. September: Außenminister Hans-Dietrich Genscher und Kanzleramtsminister Rudolf Seiters reisen nach Prag und verkünden den Botschaftsflüchtlingen, dass sie ausreisen dürfen.

1. Oktober: Das Neue Forum gibt bekannt, gegen die Nichtzulassung als Vereinigung beim Ministerium des Innern Beschwerde einzulegen.

1. Oktober: Aus den bundesdeutschen Botschaften in Prag und Warschau fahren Tausende DDR-Flüchtlinge in versiegelten Sonderzügen über das Territorium der DDR in die Bundesrepublik.

1. Oktober: In der DDR gründet sich eine Grüne Partei. Sicherheitskräfte verhindern die Gründung des Demokratischen Aufbruchs an der Berliner Samariterkirche; die Initiatoren treffen sich daraufhin konspirativ und erarbeiten Programm sowie Statut.

1. Oktober: China feiert in Peking den 40. Jahrestag der Gründung der Volksrepublik; für die SED nimmt Egon Krenz teil.

2. Oktober: In Leipzig demonstrieren bis zu 20.000 Menschen. Erstmals erklingt der Sprechchor: „Wir sind das Volk."

2. Oktober: Das *Neue Deutschland* titelt: „In den Kämpfen unserer Zeit stehen DDR und China Seite an Seite". Die Schlagzeile weckt Befürchtungen, dass auch die SED bereit sein könnte, Demonstrationen gewaltsam niederzuschlagen. Ein Kommentar ruft den ausgereisten DDR-Bürgern hinterher: „Wir weinen ihnen keine Träne nach."

2. Oktober: Im Theater des Palastes der Republik findet die letzte Vorstellung von Heiner Müllers Stück „Quartett" statt, weil der Regisseur und der Hauptdarsteller Manfred Ernst die DDR verlassen haben. Autor Müller liest szenisch aus seinem Stück. Unter Beifall des Publikums kommentiert der Theater-Star seinen Auftritt: „Es handelt sich um eine einmalige humanitäre Maßnahme" – mit diesem Satz genehmigte die DDR zuvor die Ausreise von geflüchteten Bürgern.

3. Oktober: Die DDR setzt den visafreien Reiseverkehr in die ČSSR aus und schließt damit faktisch komplett ihre Grenzen. Proteste bis hin zu Streikandrohungen aus den Gebieten nahe der tschechischen Grenze sind die Folge.

Während die Züge mit den DDR-Bürgern aus der Prager Botschaft über den Dresdener Hauptbahnhof Richtung Bundesrepublik rollen, blockiert die Volkspolizei das Gelände, um zu verhindern, dass Demonstranten auf die Waggons aufspringen.

Chronik Frühherbst '89

Am 7. Oktober feiert die DDR ihren 40. Jahrestag: Erich Honecker (r.) und Michail Gorbatschow auf der Ehrentribüne während der Militärparade. Im Hintergrund rechts Raissa Gorbatschowa.

4. Oktober: Vertreter der Opposition fordern freie Wahlen unter UN-Kontrolle.

4. Oktober: Noch einmal dürfen etwa 7000 DDR-Bürger aus Prag ausreisen. Am Dresdener Hauptbahnhof kommt es in der Nacht zur Straßenschlacht zwischen Volkspolizei und Demonstranten, die auf die Züge aufspringen wollen.

6. Oktober: In der *Leipziger Volkszeitung* droht der Kommandeur einer Kampfgruppe, seine Einheit sei bereit, „diese konterrevolutionären Aktionen" auch mit der Waffe „endgültig und wirksam zu unterbinden".

7. Oktober: Die DDR feiert ihren 40. Jahrestag in Anwesenheit von Michail Gorbatschow. In einem Vieraugengespräch prahlt Honecker mit den Erfolgen der DDR, lobt die angebliche Weltspitzenposition auf dem Gebiet der Mikroelektronik. Abends versammeln sich Jugendliche vor dem Palast der Republik. Es kommt zu schweren Übergriffen der Volkspolizei und Massenfestnahmen. Widerstand zeigt sich auch anders: Mehr als 20 Mitglieder der Staatsoper haben sich geweigert, zum Jubiläum aufzuspielen.

8. Oktober: Stasi-Chef Mielke befiehlt „volle Dienstbereitschaft" für alle Angehörigen des MfS. Sie haben bis auf Widerruf ihre Dienstwaffe ständig bei sich zu führen.

8. Oktober: In Dresden gründet sich aus Demonstrationsteilnehmern die Gruppe der 20. Sie fordert den Dialog und verhandelt mit SED-Oberbürgermeister Wolfgang Berghofer.

9. Oktober: In Leipzig demonstrieren 70.000 Menschen friedlich für Reformen.

11. Oktober: Am Ende einer ungewöhnlich kontroversen Krisensitzung erklärt das Politbüro seine Bereitschaft zum Dialog. Die Führung ruft die DDR-Bürger auf, im Land zu bleiben.

13. Oktober: Die Aufmacher-Schlagzeile der *Bild-Zeitung* lautet: „Honecker: Mittwoch letzter Arbeitstag". In der DDR stellt LDPD-Chef Manfred Gerlach öffentlich das Machtmonopol der SED infrage.

17. Oktober: Ein offener Machtkampf im Politbüro endet mit dem Sturz Honeckers, der gezwungen wird, seinen Abgang mit gesundheitlichen Gründen zu erklären. Krenz wird neuer SED-Generalsekretär und ruft eine Politik der „Wende" aus.

17. Oktober: Im Geräte- und Regler-Werk Teltow gründet sich unter dem Namen Reform erstmals eine unabhängige Betriebsgewerkschaft.

19. Oktober: Ungewohnte „Wende" für Krenz: Er muss sich im Ost-Berliner Maschinenbaukombinat „7. Oktober" scharfe Kritik der Belegschaft anhören.

Frühherbst '89

„Mehr haben Sie nicht zu sagen?"

Als Ungarn seine Grenzen für DDR-Bürger öffnet, gibt es kein Halten mehr

Mitunter treffen Menschen Entscheidungen, ohne die Folgen absehen zu können. Das erlebt auch Ungarns Außenminister Gyula Horn im September 1989. Für die Regierung in Budapest ist die Situation unerträglich geworden. Zehntausende DDR-Bürger harren in Ungarn aus. Offiziell im Urlaub, doch sie wollen nur in den Westen. Viele von ihnen campieren auf grenznahen Zeltplätzen und erfahren per Mundpropaganda, wie und wo die grüne Grenze angeblich gefahrlos zu überqueren sei. Jeden Tag versuchen Hunderte ihr Glück und scheitern. Den 36-jährigen Architekten Kurt-Werner Schulz aus Weimar kostet der Versuch in der Nacht zum 22. August sogar das Leben. Als er mit seiner Frau und seinem Kind von ungarischen Grenzsoldaten aufgehalten wird, fallen im Gerangel Schüsse. Schulz stirbt.

Angesichts dessen will die Regierung in Budapest eine humanitäre Lösung, allen voran Außenminister Horn. Er kennt die sture Haltung der DDR-Regierung und weiß, wie skeptisch die SED das Verhalten Budapests in der Flüchtlingsfrage sieht. Ungarn hat am 17. März 1989 als erster sozialistischer Staat die internationale Flüchtlingskonvention unterzeichnet und schickt seitdem Rumänen, die vor Diktator Nicolae Ceaușescu geflüchtet sind, nicht mehr zurück. Das ist in der DDR aufmerksam registriert worden. Nun will Horn die Grenze zu Österreich bedingungslos öffnen. Doch noch gilt ein Abkommen mit der DDR von 1969, in dem sich Ungarn verpflichtet hat, niemanden ohne Erlaubnis in Drittländer ausreisen zu lassen. Am 22. August schlägt Horn Ministerpräsident Miklós Németh, Innenminister István Horváth und dem Justiz-Staatssekretär Gyula Borics vor, den Vertrag mit der DDR aufzulösen.

Seine Kollegen reagieren erschrocken. Horváth gibt zu bedenken, dass sich Ungarn damit an die Seite der Bundesrepublik stelle und den sozialistischen Bruder DDR brüskiere. Auch Németh zögert. Er hofft zwar, dass Michail Gorbatschow nicht eingreifen wird, denn dieser lässt den anderen Ländern bei internen Entscheidungen inzwischen freie Hand. Allerdings geht es um die Öffnung des Ostens zum Westen. Doch schließlich stimmt der Ministerpräsident seinem Außenminister zu und macht sich auf den Weg, um mit beiden deutschen Staaten zu reden. Am 25. August reist er nach Bonn und unterrichtet Helmut Kohl sowie Hans-Dietrich Genscher über die geplante Grenzöffnung. Der Kanzler erkundigt sich, was Ungarn als Gegenleistung erwartet; das Land ist im Westen mit 17 Milliarden US-Dollar verschuldet. Németh entgegnet: „Wir sind keine Menschenhändler wie Ceaușescu oder Honecker." Er bittet aber darum, Ungarn bei den Partnerschaftsverhandlungen mit der EG zu helfen sowie dem Land beizustehen, falls es Probleme mit sowjetischen Energielieferungen geben sollte. Kohl ruft zur Sicherheit Gorba-

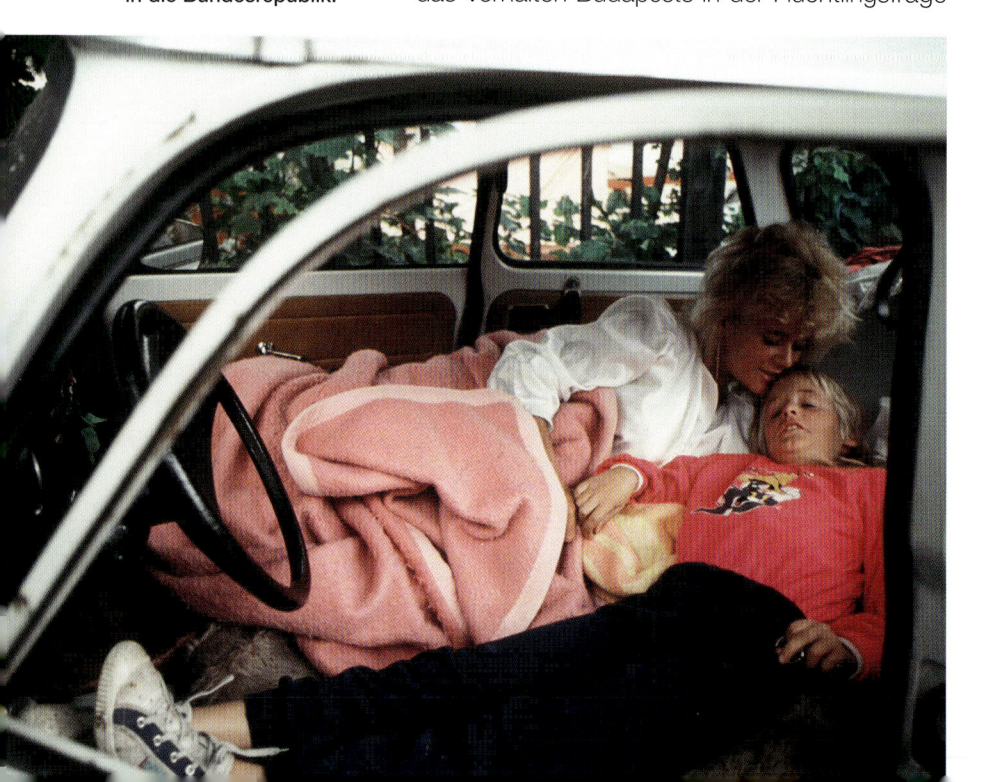

Mutter und Tochter campieren Anfang September 1989 in ihrem Trabant vor der bundesdeutschen Botschaft in Budapest. Sie warten wie viele Tausende andere DDR-Bürger auf eine Ausreisemöglichkeit in die Bundesrepublik.

tschow an, um ihn zu fragen, ob er mit der Grenzöffnung einverstanden ist. Der KPdSU-Chef antwortet sibyllinisch: „Miklós Németh ist ein guter Mensch."

Eigentlich will Ungarns Ministerpräsident auch nach Ost-Berlin fahren, aber sowohl Staats- und Parteichef Erich Honecker als auch Ministerpräsident Willi Stoph sind krank, sodass kein angemessener Gesprächspartner für Németh bereitsteht. Der nächste Ansprechpartner in der Rangfolge der Nomenklatura ist Außenminister Oskar Fischer; zu ihm reist Gyula Horn am 31. August. Das SED-Politbüro ist über Ungarns Vorhaben, die Verträge über den Reiseverkehr zu kündigen, vorab informiert. Es debattiert am 29. August darüber, allerdings ohne Honecker und ohne Kronprinz Egon Krenz, der im Urlaub weilt. DDR-Außenminister Fischer berichtet, dass er Ungarn eine Note überreicht habe. Sie sei freundlich, drücke aber deutlich aus, „dass wir mit dem ungarischen Verhalten nicht einverstanden sind". Er will diese Position beim Gespräch mit Horn noch verdeutlichen. Die anderen nicken.

Tatsächlich hält Fischer seinem Gast einen Vortrag über Ungarns Pflichten und wiederholt das Versprechen, Rückkehrer blieben straffrei. Horn unterbricht: „Mehr haben Sie mir nicht zu sagen?" Es kommt zum Streit, den der Ungar mit der Ankündigung beendet, seine Regierung habe bereits beschlossen, die Grenze nach Österreich bald zu öffnen. Fischer ist so konsterniert, dass er nur herausbringt: „Das wäre aber nicht schön von Ihnen. Lassen Sie uns das doch besprechen." Doch dazu ist es zu spät. Horn ist nicht mehr bereit zu Kompromissen. Er gesteht Ost-Berlin einige Tage zu, um öffentlich zu erklären, dass die DDR ihren Bürgern in Ungarn die Ausreise zusichert. Doch die SED-Spitze lässt die Frist tatenlos verstreichen. Sie will den Strom der Flüchtenden irgendwie aufhalten, doch sie weiß nicht wie. Der SED-Apparat hat intern Vorschläge erarbeitet, von der sofortigen Schließung aller Grenzen über die einmalig genehmigte Ausreise der Flüchtlinge in den Partnerländern bis zu einem großzügigen Reisegesetz, doch das Politbüro kann sich nicht entscheiden. Bis jetzt sind Fluchten ein stetes, aber überschaubares Problem gewesen. Nun aber haben es Honecker und Genossen mit einem Massenphänomen zu tun.

So kommt der 10. September, das Ende der von Horn gesetzten Frist. Um 19 Uhr verkünden die ungarischen Nachrichten, dass von Mitternacht an alle Grenzen Richtung Westen geöffnet werden, auch für DDR-Bürger. In Ungarns Zeltlagern und Notunterkünften löst die Nachricht einen Freudentaumel aus. „Freiheit" ist das Wort der Stunde. Bald setzt sich eine Schlange von Trabis und Wartburgs Richtung Westen in Bewegung. In dieser Sonntagnacht passieren etwa 5000 DDR-Flüchtlinge die Grenze zu Österreich; bis zum 13. September sind es sogar 15.000.

An diesem Tag rollt gegen 20 Uhr auch ein cremefarbiger Wartburg 1,3 S aus Ost-Berlin über die Grenze. Der Arzt Thomas Heidborn und seine Frau haben ihre drei kleinen Kinder dabei, dazu ein paar Habseligkeiten. Was eben in das Urlaubsgepäck passt. Als sie von der Öffnung der Grenze erfahren haben, sind sie sofort aufgebrochen. Die Heidborns sind überrascht, dass sie bei der Meldestelle der Polizei überhaupt eine Reisegenehmigung für Ungarn erhalten haben. Denn das Ehepaar hat bereits drei Anträge zur ständigen Ausreise gestellt, alle sind abgelehnt worden. Thomas Heidborn ist in einem christlichen Elternhaus aufgewachsen. Wegen seines Glaubens hat es in der Schule Auseinandersetzungen mit den Lehrern gegeben: offen vor den Mitschülern, was er als besonders erniedrigend empfand. Sein Vater, ein Naturwissenschaftler, hat trotzdem zugelassen, dass seine Kinder in die FDJ eingetreten sind, um ihnen die Berufswahl zu erleichtern. Dieses Zugeständnis aber will Heidborn bei seinen Kindern nicht machen. Auch seine Frau Angelika hat von klein auf die Doppelgesichtigkeit des DDR-Alltags erlebt – den Zwang, in der Familie anders zu reden als in der Gesellschaft. So kann es nicht weitergehen. Eine nach DDR-Recht illegale Flucht kommt für die Heidborns jedoch nicht infrage. Sie haben sich nichts zuschulden kommen lassen und wollen sich nicht wie Kriminelle wegschleichen. Zudem bleibt erfolgreichen „Republikflüchtlingen"

Blick auf das Zeltlager des Malteser-Hilfsdienstes in Budapest, das bis zur Öffnung der Grenze als einer der zentralen Sammelpunkte für ausreisewillige DDR-Bürger gilt, aufgenommen am 9. September 1989. Nach der Entscheidung der ungarischen Regierung, die Grenzen nach Österreich in der Nacht zum 11. September 1989 zu öffnen, reisen innerhalb von drei Tagen etwa 15.000 Flüchtlinge aus der DDR über Österreich in die Bundesrepublik aus.

Frühherbst '89

nahezu jede Möglichkeit versperrt, Freunde oder Verwandte, die zurückbleiben, später zu besuchen.

Doch in diesem Sommer 1989 überlegen sie, die DDR über den Umweg Ungarn zu verlassen, wenngleich das bedeutet, sich in existenzielle Ungewissheit zu begeben. Dass die Grenze geöffnet wird, erleichtert den Entschluss, denn wochenlanges Warten in einer überfüllten Botschaft wollen sie den Kindern nicht zumuten. Als die Heidborns die Reisepapiere abholen, meint einer der Polizisten, es könnte sein, dass man sie ihnen wieder entzieht. Eine befreundete Anwältin rät, sich bei der Arbeit ordentlich in den Urlaub zu verabschieden; man wisse ja nicht, wie die Reise ausgehe. Als Thomas Heidborn seinen Chefarzt etwas verdruckst um Urlaub ersucht, bittet der ihn in sein Zimmer und meint: „Ich wünsche Ihnen viel Glück." Die zweite Überraschung: Er reicht ihm die Adresse eines Kollegen in Hannover. Zwei Koffer mit Dokumenten und der Familie wertvollen Dingen werden bei Thomas' Eltern abgestellt, dann fahren die Heidborns los. Es gehe zu Freunden der Großeltern nach Budapest, haben sie ihren Kindern gesagt. Auf dem Weg machen sie bei Angelikas Mutter in Thüringen Halt, um sich auch dort zu verabschieden. Es wird sehr emotional, und die Kinder sind überrascht, ihre Eltern weinen zu sehen, sie versuchen zu trösten: „Wir kommen doch bald wieder. Freut euch doch, dass wir nach Budapest fahren."

Doch es geht nicht nach Budapest, sondern direkt über die Grenze. Erst jetzt erfahren die Kinder die Wahrheit: „Wir sind jetzt im Westen. Wir können nie mehr zurück." Die sechsjährige Tochter klagt laut, dass sie ja nun ihre Freunde und ihr Spielzeug nicht mehr wiedersehen werde. Die Sicht eines Kindes, aber sie beschreibt das ganze Dilemma. Die Erwachsenen trösten sich mit den ersten Eindrücken: der Freundlichkeit der Grenzbeamten, die Gefühle zeigen – was sie nicht kennen. Die Luft, die in Österreich völlig anders riecht als in der DDR. Die Zuwendung und Hilfsbereitschaft bei den ersten Schritten in Freiheit. Noch von Österreich aus ruft Thomas Heidborn seine Eltern in Ost-Berlin an. Persönlich hat er ihnen den Fluchtplan nicht zu erzählen gewagt, weil er nicht weiß, wie sie darauf reagiert hätten. Ein Bruder hat die Eltern informiert. Nun sollen sie erfahren, dass alles geklappt hat. Sie haben schon auf den Anruf gewartet und berühren den Arzt tief mit dem, was sie sagen: „Wir sind glücklich, dass euer Traum auf diese Weise in Erfüllung geht. Und wir werden euch immer beistehen."

Auch Ungarns Außenminister Gyula Horn ist froh, dass die Grenzöffnung reibungslos verläuft. Viel Zeit zum Nachdenken hat er nicht gehabt, auch nicht darüber, was alles hätte passieren können. Doch ernstzunehmende Reaktionen gibt es nicht. Die DDR-Führung schickt zwar – in einer Mischung aus Wut und Verzweiflung – einen Brief an den Vorsitzenden der ungarischen Kommunistischen Partei mit der Bitte, Einfluss zu nehmen, aber die prompte Antwort enttäuscht Ost-Berlin, denn sie lautet: In Ungarn schreibe die Partei der Regierung nicht mehr vor, was sie zu tun habe.

Glücklich, erleichtert und doch mit ungewisser Zukunft: Eine Familie aus der DDR hat mit ihrem Trabi am 11. September 1989 die ungarisch-österreichische Grenze überquert.

„Die Zeit ist reif"

Das Neue Forum ringt um seine offizielle Zulassung

Widerrede ist Widerstand. Zumindest sieht die Führung in der DDR das so, die keine Kritik an ihrer Politik duldet und daher mit allen Mitteln versucht, jede Opposition aus der Öffentlichkeit zu verbannen. Doch die einzelnen Gruppen wollen längst mehr, als öffentlich zu widersprechen. Sie wollen unter dem Dach der Kirche hervortreten und heraus aus Privaträumen. Neue Bewegungen, gar Parteien mit eigenem Programm sollen entstehen, die nicht nur regional, sondern DDR-weit agieren. Man will für die Bevölkerung erkennbar werden, näher heran an die politisch Inaktiven. Doch noch scheint das Ziel utopisch, als Opposition wie in Polen oder Ungarn wählbar zu werden.

Das spätsommerliche Wetter am zweiten September-Wochenende 1989 ist perfekt für ein Gartenfest. Deshalb wundert sich am 9. und 10. September auch niemand in der Nachbarschaft von Katja Havemann in Grünheide bei Berlin über die vielen Autos vor ihrem Haus. Doch den 30 Menschen, die im Haus an einem großen runden Tisch sitzen, ist nicht nach Grillen und Bier zumute. Sie wollen das Land aufrütteln. Als sie sich wieder trennen, haben sie den Gründungsaufruf für eine Bewegung formuliert und ihr einen Namen gegeben: Neues Forum.

Für den mit Berufsverbot belegten Anwalt Rolf Henrich hat der Aufbruch schon Monate zuvor begonnen. Bei einem Treffen mit Bärbel Bohley und Katja Havemann zu Ostern ist aus einer vagen Idee ein konkreter Plan geworden. Weil viele DDR-Bürger ein Problem damit haben, auf die Kirche zuzugehen, wollen die drei eine Bewegung gründen, in der sich normale Bürger repräsentiert fühlen. Die Menschen Mut macht, sich zu engagieren. Auch indem ihre Initiatoren signalisieren: Seht her, wir sind auch nicht geschützter als ihr und wagen trotzdem, etwas zu tun.

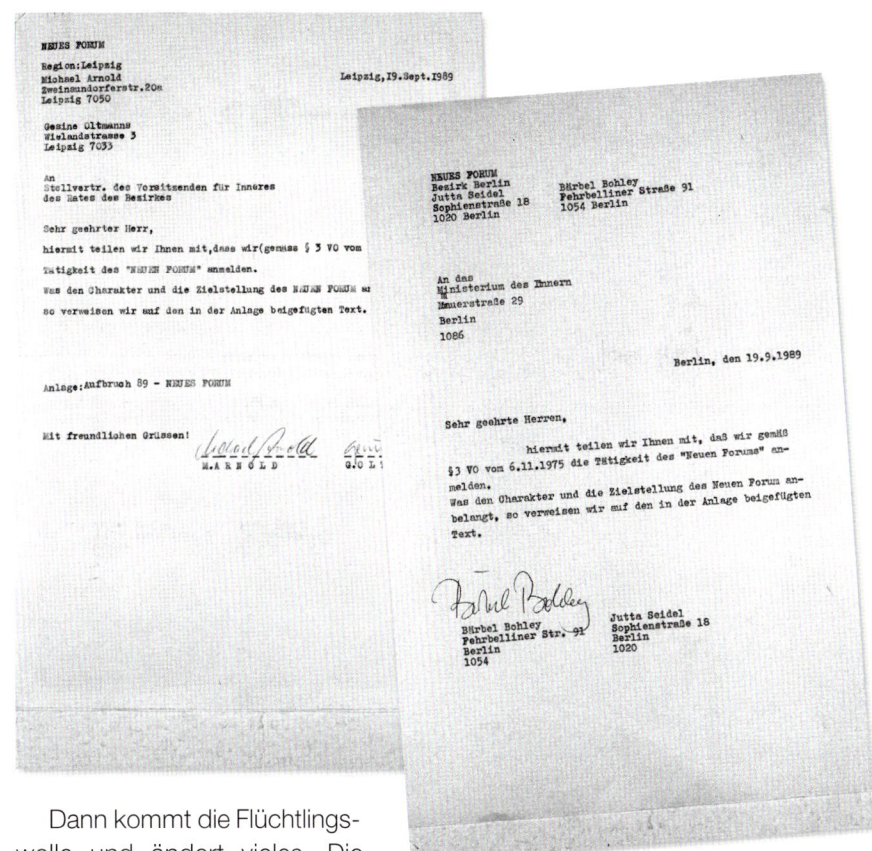

Dann kommt die Flüchtlingswelle und ändert vieles. Die SED-Führung ist gelähmt, der Großteil der Bevölkerung orientierungslos. Der Zeitpunkt für eine neue Oppositionsbewegung könnte nicht günstiger sein. Die Gruppe in Grünheide ist sehr heterogen. Zu ihr gehören Künstler wie die Malerin Bohley, Naturwissenschaftler wie die Physiker Rudolf Tschäpe und Sebastian Pflugbeil oder der Molekularbiologe Jens Reich, Ärzte wie Eberhard und Jutta Seidel, Pfarrer wie Hans-Jochen Tschiche, aber auch der Maurer Reinhard Schult, der Fotolaborant Olaf Freund und der Jurist Henrich, der eine schonungslose Analyse des real existierenden Sozialismus verfasst und im Westen Anfang 1989 als Buch unter dem Titel *Der vormundschaftliche Staat* veröffentlicht hat. Ihre Erfahrungen spiegeln sich im Aufruf zum Neuen Forum.

Die Zulassungsanträge des Neuen Forums (NF): Die Opposition im Arbeiter- und Bauernstaat formiert sich und verlangt die Anerkennung als gesellschaftliche Gruppierung. Links der durch Michael Arnold und Gesine Oltmanns aus Leipzig, rechts der durch Jutta Seidel und Bärbel Bohley aus Berlin gestellte Antrag.

Frühherbst '89

Blick auf das Podium bei einer Diskussionsveranstaltung mit den Gründern der DDR-Oppositionsgruppe Neues Forum in der evangelischen Kirche Oberschöneweide in Ost-Berlin am 26. Oktober 1989, oben rechts die Mitbegründerin der Organisation Bärbel Bohley, links daneben Pfarrer Heinrich Busse.

„In unserem Lande ist die Kommunikation zwischen Staat und Gesellschaft offensichtlich gestört", beginnt der Text, und er endet mit den Worten: „Die Zeit ist reif." Dazwischen skizzieren die Initiatoren den Zustand der DDR und benennen Probleme, die viele Bürger aus ihrem eigenen Erleben kennen. Geschickt verknüpfen sie die Analyse mit der Aufforderung, sich einzumischen. „Wir verzetteln uns in übelgelaunter Passivität und hätten doch Wichtigeres zu tun für unser Leben, unser Land und die Menschheit", heißt es etwa. Im privaten Kreis sage jeder leichthin, woran die DDR leide, und benenne die wichtigsten Gegenmaßnahmen. Doch um die Verkrustungen im Land zu lösen, brauche es einen demokratischen Dialog. Und weiter: „Wir wollen Spielraum für wirtschaftliche Initiative, aber keine Entartung in eine Ellenbogengesellschaft." Oder: „Wir wollen geordnete Verhältnisse, aber keine Bevormundung. Wir wollen freie, selbstbewusste Menschen, die doch gemeinschaftsbewusst handeln. Wir wollen vor Gewalt geschützt sein und dabei nicht einen Staat von Büttetn und Spitzeln ertragen müssen." Wichtig ist den Initiatoren, dass niemand bei gesellschaftlichen Veränderungen auf der Strecke bleibt.

Am 19. September beantragt das Neue Forum als erste oppositionelle Gruppierung den Status einer „politischen Vereinigung". Der Antrag beruft sich auf Artikel 29 der DDR-Verfassung, in dem es heißt: „Die Bürger der Deutschen Demokratischen Republik haben das Recht auf Vereinigung, um durch gemeinsames Handeln in politischen Parteien, gesellschaftlichen Organisationen, Vereinigungen und Kollektiven ihre Interessen in Übereinstimmung mit den Grundsätzen und Zielen der Verfassung zu verwirklichen." Am gleichen Abend ist die Gethsemanekirche in Ost-Berlin brechend voll. Der Friedenskreis der Gemeinde hat zur Veranstaltung „Brauchen wir eine Opposition?" geladen. Unter den rund 250 Interessenten ist Jürgen Vandersee. Der 34-jährige West-Berliner ist seit Januar 1989 Mitarbeiter der Ständigen Vertretung der Bundesrepublik in Ost-Berlin, im Referat „Innenpolitik der DDR". Er soll sich die neuen Bewegungen ansehen, sondieren, wer dort agiert, und beurteilen, welche Auswirkungen das auf die deutsch-deutschen Beziehungen haben könnte. Konkrete Hilfe soll er nicht anbieten, denn unverändert reagiert das SED-Regime ungehalten auf „Westkontakte" seiner Bürger.

Bärbel Bohley erhält das Wort und berichtet, dass inzwischen 2000 DDR-Bürger den Gründungsaufruf des Neuen Forums unterschrieben hätten. Täglich kämen Menschen in ihre Wohnung, die mitarbeiten wollten. Sie erzählt, dass die Initiatoren beim Innenministerium offiziell die Zulassung beantragt hätten, aber ohne Hoffnung auf Erfolg.

Dass sie deshalb weiter die West-Medien nutzen müssten, um ihr Ziel, die „Demokratisierung der DDR", zu verbreiten. Abschließend sagt Bohley, dass sie selbst nicht wisse, was eines Tages aus der Bewegung werden könne. Das weckt den Widerspruch der Zuhörer: Es müssten doch jetzt Strukturen entstehen, um im ganzen Land wirken zu können. Unterschriftenlisten brächten gar nichts, wenn nicht konkrete Taten folgten. Bärbel Bohley ist irritiert, offensichtlich wollen sich die Zuhörer nicht beim Dialog aufhalten.

Jürgen Vandersee verfolgt die Diskussion verwundert. Sind das die Hoffnungsträger, von denen die bundesdeutschen Medien geradezu euphorisch berichten? Der Beamte, der bewusst in den Osten Berlins gezogen ist, findet die neue Opposition erfrischend im Vergleich zu dem, was er vom Politikbetrieb im Westen kennt. Andererseits überrascht ihn, wie unstrukturiert sie arbeitet. Inzwischen hat sich eine weitere neue Bewegung vorgestellt, Demokratie Jetzt, die ihren Gründungsaufruf am 12. September öffentlich gemacht hat. Sie will in einem ersten Schritt den Staatssozialismus und das Machtmonopol der SED beenden. Nach gut anderthalb Stunden ist die Veranstaltung zu Ende. Vandersee sieht viele ratlose Gesichter.

Der Westbeamte beschließt, ungeschönt zu berichten; sein Text landet bereits am nächsten Tag im Bundeskanzleramt. Die Veranstaltung zeige, „dass die Arbeit neuer und alter Gruppen der DDR weit entfernt ist von effektiver Oppositionsarbeit". Die Berichte über die Opposition in der DDR seien „übertrieben und aufgebauscht". Selbst einfachste Organisationsaufgaben würden nicht erfüllt: Weder hätten ausreichend Kopien der Gründungsaufrufe bereitgelegen, noch sei bedacht worden, einen Termin für das nächste Treffen zu vereinbaren. Bohleys Auftreten beschreibt Vandersee als amateurhaft; er konstatiert, dass unter den Teilnehmern keine politischen Talente sichtbar geworden seien. Der Mitarbeiter der Ständigen Vertretung lobt jedoch die Gruppe Demokratie Jetzt, die wenigstens feste Strukturen schaffen und eigene Kandidaten für Volkskammerwahlen aufstellen wolle. Doch auch ihr Vertreter habe keine konkreten Vorschläge für das weitere Vorgehen machen können. Der Bericht endet mit dem Satz: „Die Arbeit des Staatssicherheitsdienstes wird auch weiterhin dafür sorgen, dass die Aufbruchstimmung nicht zu einem tatsächlichen Aufbruch wird."

Die Stasi, die mit in der Gethsemanekirche sitzt, kann sich geschmeichelt fühlen. Ihre Spitzel berichten am 19. September nüchtern über Teilnehmer und Ablauf und registrieren zwei Fahrzeuge der Ständigen Vertretung in der Nähe der Kirche. Das Interesse des MfS ist deutlich anders als das von Vandersee: Weitere Aktivitäten des Neuen Forums sollen unterbunden und gegen deren Anhänger „nach der Identifizierung differenzierte Maßnahmen" eingeleitet werden. Wer neue Organisationen gründen wolle, dem sei in persönlichen Gesprächen mitzuteilen, dass den Anträgen nicht entsprochen werden könne, weil es in der DDR bereits genügend Vereinigungen gebe. Auf Diskussionen sollten sich die Behörden nicht einlassen und mit rechtlichen Konsequenzen bei Nichtbefolgung des Verbots drohen. Stasi-Chef Erich Mielke lässt sogar eine Formulierungsvorlage für die Ablehnung entwerfen. So gesehen hat Vandersee recht: Der Repressionsapparat der DDR funktioniert.

Knapp eine Woche nach der Veranstaltung in der Gethsemanekirche lehnt das Innenministerium die Zulassung des Neuen Forums ab. Die Bewegung solle ihre Arbeit einstellen; es bestehe für sie „keine gesellschaftliche Notwendigkeit". Auch von einer „staatsfeindlichen Plattform" ist die Rede. Die Initiatoren legen Widerspruch ein. Ex-Anwalt Henrich und Bohley haben mit dem Nein gerechnet, ja der Konflikt um die Anmeldung gehört zu ihrer Taktik: Sie wollen mit dem Verweis auf die Legalität ihres Vorhabens Menschen emotional binden. Das gelingt: Immer weniger Menschen lassen sich vom Stigma der „Staatsfeindlichkeit" abschrecken und melden sich, weil sie der Meinung sind, wenn die Gründung des Neuen Forums den Gesetzen entspreche, dann müsse sie erlaubt werden. Weitere tausend Menschen unterschreiben den Aufruf. 3000 Mitunterzeichner sind

Im Neuen Forum sammelt sich eine gesellschaftlich stark durchmischte Gruppe. Hier die Malerin Bärbel Bohley und der prominente Mitbegründer der von der SED als „staatsfeindliche Plattform" deklarierten DDR-Oppositionsgruppe, der Molekularbiologe Professor Jens Reich, im Oktober 1989 auf einer Podiumsdiskussion in Ost-Berlin.

Frühherbst '89

Der mit einem Berufsverbot belegte DDR-Rechtsanwalt und Mitbegründer des Neuen Forums, Rolf Henrich, möchte eine offene Diskussion – die Oppositionsgruppe soll eine „Bewegung" bleiben.

wenig angesichts von fast 100.000 Menschen, die die DDR im laufenden Jahr schon verlassen haben. Doch die Dynamik der neuen Bewegung ist enorm: Auf Demonstrationen wird offen die Zulassung verlangt. Versammlungen, etwa in Erfurt, Dresden und Plauen, sind überfüllt. In Zittau wollen 20.000 Menschen hören, was die neue Gruppe zu sagen hat. Sie müssen sich auf mehrere Kirchen der Stadt verteilen. In den Diskussionen geht es darum, eigene Ideen zu verwirklichen und bestehende Machtstrukturen aufzubrechen. Die Menschen in der DDR scheinen nur auf diese Chance gewartet zu haben.

Eigentlich wollte sich die Gründungsgruppe erst am 2. Dezember wieder treffen, doch dieser Termin ist längst hinfällig. Menschen aus allen Schichten, vom Wissenschaftler bis zur Hausfrau, aus Großstädten und kleinen Kommunen geben ihre Anpassungshaltung auf. Sie organisieren sich oder bieten dem Neuen Forum in Briefen ihre Unterstützung an. Das ist durchaus riskant, denn die Absender müssen davon ausgehen, dass die Schreiben abgefangen, gelesen und zu ihrem Nachteil ausgelegt werden. Offen lassen sie darin ihren Gedanken freien Lauf. Ein Bausoldat aus Saßnitz schreibt von der kranken Gesellschaft, die von „unten" verändert werden muss, „wenn die notwendigen Erneuerungen ‚von oben' nicht durchgeführt werden". Eine Ärztin aus Schwerin meint: „Man muss nur das Gehen erst wieder lernen." Und ein Dresdener stellt fest: „Ausreisen ist keine Lösung. Schimpfen und Meckern auch nicht. Ich will etwas tun."

Neben Zustimmung gibt es aber auch Kritik am allgemeinen Inhalt des Aufrufs. Wieder geht es um konkrete Schritte und ein Programm. Doch genau das wollen die Initiatoren nicht: Menschen gleich wieder auf eine Richtung festlegen. Sie sollen Gelegenheit bekommen, sich ohne Druck politisch zu artikulieren, findet Henrich. Seine Vorstellung ist es, dass das Neue Forum bis zur ersten freien Wahl besteht, und danach jeder dort aktiv wird, wo er sich politisch beheimatet fühlt. Deshalb entscheiden sich die Initiatoren dafür, eine Bewegung zu bleiben und nicht den Status einer Partei anzustreben. Für ein griffiges Programm haben schon die Mitbegründer zu unterschiedliche politische Überzeugungen; Einigkeit besteht nur über große Linien: die SED stürzen, die Mauer öffnen, einen Rechtsstaat schaffen, die Wirtschaft reformieren.

Angesichts der Entwicklung ändert die SED ihre Haltung. Wäre es nicht besser, das Neue Forum doch zuzulassen, um den Druck zu mindern? Vorsichtig wird sondiert, wie die Mitbegründer eventuell einzubinden sind. Gesundheitsminister Klaus Thielmann trifft sich Mitte Oktober mit Jens Reich, den er aus gemeinsamer Assistenzzeit in den 1960er-Jahren kennt, und tauscht sich mit ihm über die Haltung des Neuen Forums zu aktuellen politischen Problemen und Fragen aus, zu denen auch die Wiedervereinigung zählt. Offenkundig will er auch erfahren, welchen Stand Reich in der neuen Bewegung hat und welchen Einfluss, „um Aktivitäten in eine konstruktive Richtung zu lenken", wie Thielmann anschließend in seinem Bericht schreibt. Er rät zudem, Vertreter der Bewegungen „durch unsere Initiative" in das gesellschaftliche Leben zu integrieren, sprich, ihre Wirkung zu absorbieren. Den Bericht leitet Chefideologe Kurt Hager an Egon Krenz mit seiner Einschätzung zum Umgang mit den neuen Bewegungen weiter. Der Vorschlag an ihre Mitglieder, in bestehenden Massenorganisationen tätig zu werden, „wird wohl vielfach nicht akzeptiert werden", vermutet Hager. Er empfiehlt aber, etwa zwischen dem Neuen Forum und der neuen Sozialdemokratischen Partei SDP zu unterscheiden und durch Gespräche mit Initiatoren und Anhängern herauszufinden, wie „man die Gutwilligen, die sich zum Sozialismus in der DDR bekennen", irgendwie zur aktiven Mitarbeit und „Mitgestaltung unserer Republik" gewinnen kann, „ohne dass ich bereits völlige Klarheit habe, wie das im Einzelnen erfolgen könnte", schränkt Hager ein. Daraufhin treffen sich auch das Politbüro-Mitglied Günter Schabowski und der Dresdener Bezirkschef Hans Modrow mit Vertretern der „staatsfeindlichen Plattform". Sogar die Stasi listet Argumente auf, die für eine Zulassung sprechen. Jetzt ist von der Gefahr die Rede, dass die Massenaktionen eskalieren könnten, davon, dass die immer breitere Solidarisierung die staatliche Autorität schwäche – und dass dies nicht mehr allein mit den Mitteln der Staatssicherheit zu kontrollieren sei. Das ist wohl als dringender Appell an die Staatsführung gemeint, endlich aktiv zu werden. In Wirklichkeit aber handelt es sich um die Bankrotterklärung Mielkes.

„Liebe Landsleute, wir sind zu Ihnen gekommen ..."

Der Zusammenbruch des SED-Staates beginnt in Prag

Ein Wort nur, ein einfaches Wort: „Ausreise". Es ist dieses Wort, das am frühen Abend des 30. September 1989 den Schlussakkord der DDR einläutet. Hans-Dietrich Genscher, gebürtiger Hallenser, ist in die westdeutsche Botschaft in Prag gereist, um einen mittelgroßen diplomatischen Erfolg zu verkünden. Es ist genau 18.58 Uhr, als der Bundesaußenminister auf den Balkon des Palais Lobkowitz tritt; neben ihm stehen Kanzleramtsminister Rudolf Seiters und der Botschafter der Bundesrepublik in Prag, Hermann Huber – aber alles sieht nur auf Genscher, der neben dem kleinen, aber gleißenden Lichtkegel einer Baustellenlampe zu sprechen beginnt: „Liebe Landsleute, wir sind zu Ihnen gekommen, um Ihnen mitzuteilen, dass heute Ihre Ausreise..." In diesem Moment löst sich aus mehr als 4000 Kehlen der wartenden Menschen im Garten der Botschaft ein Aufschrei. Es ist der Schrei der Freiheit. Die letzten Worte von Genschers kurzer Mitteilung hört niemand mehr; sie sind auch nicht so wichtig: „... in die Bundesrepublik Deutschland möglich geworden ist."

TV-Kameras sind vor Ort und zeichnen die Reaktionen auf. Ehepaare küssen sich, völlig Fremde fallen einander in die Arme, die Freude ist riesengroß. Für die Tausenden DDR-Bürger, die teilweise wie die fünfköpfige Familie Kuhn aus Thüringen seit drei Monaten in der Botschaft ausgeharrt haben, ist es eine Erlösung. Das barocke Palais ist schön, aber für Hunderte, gar Tausende Zufluchtsuchende völlig ungeeignet. In praktisch allen Räumen hat Huber Doppel- und Dreistockbetten aufstellen lassen müssen; auch im berühmten Kuppelsaal, in dem schon Ludwig van Beethoven und Carl-Maria von Weber Konzerte gegeben haben. Ende September ist gerade noch ein schmaler Weg zwischen den improvisierten Schlafgelegenheiten frei zum Balkon, von dem aus der Blick auf ein Zeltlager im Garten fällt.

Am 11. September, fünf Wochen nach der Schließung der Ständigen Vertretung in Ost-Berlin und drei Wochen nach der „einmaligen" Ausreise von Botschaftsflüchtlingen aus Budapest, hatte Huber noch dem Auswärtigen Amt nach Bonn gemeldet, dass er 434 DDR-Bürger im Palais Lobkowitz beherbergt. Obwohl sich mit Wolfgang Vogel und Gregor Gysi die beiden prominentesten SED-Anwälte um die Rückkehr der Flüchtlinge in die DDR bemühen, geben etwa 170

Versorgungszelte des Deutschen Roten Kreuzes im Innenhof der bundesdeutschen Botschaft in Prag im September 1989. Als sich Tausende DDR-Bürger auf das Botschaftsgelände in Prag retten, steht zunächst nur eine einzige westdeutsche Krankenschwester mit einer Kollegin den Flüchtlingen bei.

Frühherbst '89

von ihnen nicht auf – überwiegend junge Menschen; Botschafter Huber berechnet als Durchschnittsalter 28 Jahre. Zwei Wochen später hat sich die Zahl der Zufluchtsuchenden schon wieder verfünffacht, auf 865. Hubers Mitarbeiter räumen weitere Büros und entfernen Sträucher im Park, um Zelte aufstellen lassen zu können. Zu seinem Bedauern muss der Botschafter den bisher organisierten Schulunterricht für Kinder auf die Jüngsten beschränken, weil einfach nicht mehr genügend Räume für die improvisierten Klassen verfügbar sind. Dabei beginnt der eigentliche Ansturm erst.

Gleichzeitig sinkt die Stimmung bei den Flüchtlingen von Tag zu Tag. Immer wieder muss Huber beschwichtigen, etwa wenn Flüchtlinge glauben, ein Mitglied der Stasi im Lager enttarnt zu haben. Inzwischen, am 26. September, drängen sich auf dem exterritorialen Botschaftsgelände mehr als 1600 Menschen, und es strömen immer mehr hinzu. Tschechoslowakische Polizisten und Milizionäre bilden eine Kette um den eingezäunten Park, doch sie können nicht verhindern, dass verzweifelte DDR-Bürger sich bis an das Gitter vordrängen, hinüberklettern, teilweise ihre Kleinkinder hinüberreichen. Dramatische Fotos und Filmaufnahmen entstehen. In der Umgebung des Palais stehen Hunderte Trabants, Wartburgs und Skodas mit DDR-Kennzeichen herum. In einer leerstehenden Wohnung gegenüber der Botschaft hat der Anwohner Jan Rippl einige Dutzend weitere Menschen einquartiert, die es noch nicht aufs Botschaftsgelände geschafft haben. Tagsüber ist es sonnig und warm, doch nachts fallen die Temperaturen deutlich unter zehn Grad Celsius: „Auf dem Fußboden zu schlafen ist immer noch angenehmer als draußen", findet Rippl.

Für diesen Sonntag hat die DDR sich vorgenommen, einen letzten Versuch zur Regelung der Situation in ihrem Sinne zu machen. Wieder reist Erich Honeckers Vertrauter Vogel nach Prag, um die Flüchtlinge zur Rückkehr in die DDR zu bewegen. Doch fast niemand hört ihm noch zu; seine Versprechungen glaubt ohnehin niemand mehr. Im Gegenteil spitzt sich die Situation zu: Aus Protest gegen die Weigerung der DDR, das Drama in der Botschaft zu beenden, haben sich die Männer aus Zelt 16 alle die Haare abrasiert. Sie sehen martialisch aus, findet Botschafter Huber. Er ist zudem beunruhigt, weil etwa 20 lange Brotmesser verschwunden sind, die eigentlich nach der Essensausgabe an den Feldküchen wieder eingesammelt werden sollten. Haben sich etwa verzweifelte Menschen bewaffnet? Droht möglicherweise eine Geiselnahme? Der Diplomat macht sich Sorgen, aber nicht um sich selbst, eher um den Vermittler aus der DDR. Doch als Vogel sich an die Menschen im Botschaftsgarten wendet, schlägt ihm nicht Gewalt entgegen, sondern nur eisige Feindseligkeit, ja Verachtung. Der Anwalt merkt, dass hier mit seinen üblichen Methoden, meist vagen Zusagen auf Genehmigung von Ausreiseanträgen in Verbindung mit Forderungen an die westliche Seite, nichts mehr zu erreichen ist.

Das Auswärtige Amt bemüht sich von Bonn aus, der Tschechoslowakei die Zusage für ein Ausweichquartier unter diplomatischem Schutz abzuhandeln. Doch ohne Erfolg: Die Machthaber in Prag, kommunistische Hardliner wie Honecker, lehnen jeden Vorstoß in diese Richtung kategorisch ab. Andererseits sehen sie, dass die absehbare humanitäre Katastrophe dem Ansehen ihres Regimes schaden wird, und dringen deshalb in Ost-Berlin auf eine Lösung, doch noch sträubt sich die SED-Spitze. Auch gegen die Vorschläge von Hans-Dietrich Genscher, der eigentlich für innerdeutsche Verhandlungen nicht zuständig, aber als Außenminister für die Zustände in den westdeutschen Botschaften eben doch verantwortlich ist. Er hat signalisieren lassen, die DDR könne doch die Botschaftsflüchtlinge aus eigenem Entschluss aus ihrer Staatsbürgerschaft entlassen. Weil jedem Deutschen laut Grundgesetz ein bundesdeutscher Pass zusteht, wäre damit das Problem schnell geregelt – es müssen nur genügend Blankopapiere nach Prag geschafft werden. Ein örtlicher Fotograf ist schon angeheuert, der Porträts vor einer improvisierten weißen Wand schießt.

Mit allen Mitteln versuchen die Flüchtlinge auf das Gelände der bundesdeutschen Botschaft in Prag zu gelangen. Dieser ausreisewillige DDR-Bürger wird von einem tschechoslowakischen Polizisten am Erklettern des Zauns gehindert.

Am 29. September tagt in New York die Vollversammlung der Vereinten Nationen. Ein glücklicher Zufall, denn so treffen sich die Außenminister aller relevanten Staaten. Genscher drängt seinen Ost-Berliner Kollegen Oskar Fischer, doch der hat keine Weisung und stellt sich deshalb stur. Der Bundesaußenminister wendet sich an den aus Moskau angereisten Eduard Schewardnadse, und gleichzeitig nimmt der Druck der tschechoslowakischen Spitzengenossen weiter zu. Schließlich ruft Erich Honecker nach einer Festveranstaltung zum Nationalfeiertag der Volksrepublik China das SED-Politbüro im Apollosaal der Staatsoper Unter den Linden zusammen. Er will auf keinen Fall die Jubelfeiern zum 40. Jahrestag der DDR ab dem 5. Oktober von der Situation in der Prager Botschaft überschattet sehen. Der Generalsekretär hat entschieden, dass die Botschaftsflüchtlinge ausreisen dürfen – aber nur auf einem Umweg über Dresden. Auf diese Weise soll die Souveränität der DDR gewahrt bleiben: Auf dem eigenen Staatsgebiet wird die Staatsmacht die Menschen aus der Staatsbürgerschaft entlassen.

Ein Meilenstein auf dem Weg zur Deutschen Einheit: Die westdeutsche Botschaft in Prag am 30. September 1989 während der Ansprache des Bundesaußenministers Hans-Dietrich Genscher auf dem Balkon im Palais Lobkowitz.

In New York ist es sechs Stunden früher als in Mitteleuropa, und so erfährt die bundesdeutsche Delegation noch am Abend des 29. September von der Entscheidung. Umgehend lässt Genscher seine Rückreise an den Rhein organisieren, mit Anschlussflug nach Prag, wo er gegen 18.30 Uhr an der Botschaft eintrifft. In den Gassen um die Botschaft liegt an diesem Nachmittag eine seltsame Mischung aus Vorfreude, Angst und Ungewissheit in der Luft. Die Menschen, Tschechen wie Deutsche, spüren, dass etwas geschehen wird – nur was? Zehn Minuten nach Genschers Eintreffen geht die Sonne unter, es wird rasch dämmerig. Der Außenminister ist in Begleitung des für innerdeutsche Beziehungen zuständigen Kanzleramtschefs Seiters und informiert Botschafter Huber rasch. Dann bahnen die drei sich einen Weg auf den Balkon des Palais Lobkowitz, wo Genscher die wichtigste Mitteilung seines politischen Lebens macht: „Liebe Landsleute, wir sind zu Ihnen gekommen, um Ihnen mitzuteilen, dass heute Ihre Ausreise..."

Wenig später beginnt der Abtransport der ersten Flüchtlinge zu Bussen, die von der Botschaft der DDR bereitgestellt werden. Noch einmal kommt Unsicherheit auf. Handelt es sich eventuell um einen Trick? Doch hohe Beamte des Auswärtigen Amts, teilweise aus der Delegation aus New York, und Botschaftsangehörige begleiten sie. Genscher wollte ursprünglich selbst mitfahren, doch das hat Ost-Berlin abgelehnt. Per Zug geht es Richtung Dresden, dann nach Hof. Die ganze Nacht über ist Hermann Huber tätig, begleitet Busse, spricht auf Bahnsteigen Mut zu, versichert zweifelnden Flüchtlingen, dass alles gutgehen werde. Erst um acht Uhr morgens kommt er völlig erschöpft zurück zur Botschaft und legt sich schlafen. Da sind die ersten „seiner" Flüchtlinge schon in der Bundesrepublik angekommen, wo sie einen begeisterten Empfang erleben. Viele, darunter die Familie Kuhn, nehmen die Begrüßungsreden gar nicht wahr, sondern sind einfach froh, als sie in Bundeswehrkasernen und ähnliche Übergangsquartiere eingewiesen werden, wo sie sich etwas weniger beengt als in der Prager Botschaft ausruhen können.

Dort findet Botschafter Huber keine Ruhe. Schon um zehn Uhr ist er wieder auf den Beinen und schaut sich den Hof, den Park, das Gebäude

Frühherbst '89

an. Eine gespenstische Stille liegt über dem Chaos, das die abgezogenen Flüchtlinge hinterlassen haben. Der Diplomat spürt, dass die größte Herausforderung seiner Laufbahn noch nicht vorbei ist. Tatsächlich stehen gegen Mittag schon wieder knapp 200 DDR-Bürger vor dem Tor der Botschaft und verlangen, eingelassen zu werden. Sie hatten sich irgendwo in der Stadt versteckt, haben nun durch Hörensagen von der Ausreise der Botschaftsflüchtlinge erfahren und

Auch wenn Erich Honecker ihnen „keine Träne" nachweint, die Flüchtlinge aus der Prager Botschaft sind überglücklich, als sie am 5. Dezember 1989 von einer jubelnden Menschenmenge in Hof empfangen werden.

hoffen, ebenfalls auf diesem Weg in den Westen zu kommen. Huber hält Rücksprache mit dem Auswärtigen Amt und versucht, den Menschen klarzumachen, dass sich diese außergewöhnliche Ausreise wohl nicht wiederholen lässt. Doch er dringt damit nicht durch. Gegen 17 Uhr ordnet er an, das Tor zu öffnen. Die inzwischen 300 Wartenden stürmen an ihm vorbei in den Park. Schnell räumen sie das Chaos des überstürzten Aufbruchs am vorangegangenen Abend auf und richten sich in den Zelten ein.

Derweil hat sich auch Ost-Berlin zu Wort gemeldet. Ein Regierungssprecher erklärt, man habe die Botschaftsflüchtlinge ausreisen lassen, „obwohl sie grob die Gesetze der DDR verletzt haben". Dann fügt er einen fatalen, von Honecker persönlich formulierten Satz hinzu, der auch SED-Mitglieder empört: „Sie alle haben durch ihr Verhalten die moralischen Werte mit Füßen getreten und sich selbst aus unserer Gesellschaft ausgegrenzt, man sollte ihnen deshalb keine Träne nachweinen." Einsicht zeigen geht anders.

So ist es nicht erstaunlich, dass der Zustrom in die Prager Botschaft ungebremst weitergeht. Am 2. Oktober meldet Huber bereits 1622 und einen Tag später geschätzte 3800 bis 4000 Flüchtlinge nach Bonn. Das Kalkül der SED ist nicht aufgegangen, im Gegenteil: Sie steht jetzt mehr denn je unter Druck. Es sind nur noch 48 Stunden bis zum Beginn der Staatsfeierlichkeiten rund um den 40. Jahrestag der DDR. Inzwischen ist der visafreie Reiseverkehr in die ČSSR ausgesetzt worden, um das Schlupfloch Richtung Westen zu stopfen. Doch in der bundesdeutschen Botschaft halten sich am 4. Oktober insgesamt 7600 Menschen auf.

Aus „humanitären Gründen", wie die DDR-Nachrichtensendung *Aktuelle Kamera* verkündet, dürften auch diese Menschen ausreisen. Auf demselben Weg, per Reichsbahn-Zug über Dresden nach Hof. Doch inzwischen hat sich herumgesprochen, welche Strecke die Züge nehmen, und entlang der Gleise warten Hunderte Menschen auf die Chance, auf die dahinratternden Waggons aufzuspringen. Ein lebensgefährliches Vorhaben. Durch Bahnhöfe dagegen müssen die Züge langsamer fahren, das weiß auch die Volkspolizei. Deshalb wird die größte Station auf der Strecke, der Dresdener Hauptbahnhof, am Abend des 4. Oktober von Sicherungskräften abgesperrt. Doch das erregt die Wartenden. Es kommt zu Ausschreitungen. Videoaufnahmen zeigen, dass Ausreisewillige „Freiheit, Freiheit!" skandieren, als Volkspolizisten in voller Montur mit Schlagstöcken auf sie zustürmen. Andererseits werfen auch Demonstranten Steine, Flaschen und weitere Gegenstände. Wer die Eskalation ausgelöst hat, bleibt unklar. Zurück bleiben ein verwüsteter Bahnhof und die größte Gewaltexplosion in der DDR seit dem 17. Juni 1953. Genau das haben SED-Führung und Stasi zu vermeiden gesucht.

„Schluss mit der Humanität"

Nach den Feiern zum 40. Jahrestag der DDR wird wahllos zugeschlagen

Ein Bild sagt mehr als tausend Worte. Nie hat die abgenutzte Metapher mehr gestimmt als am Abend des 7. Oktober 1989. Die Spitze der DDR versammelt sich im hell erleuchteten Palast der Republik, angeblich einem „Haus des Volkes", feiert den 40. Jahrestag der DDR – und schaut durch getönte Fenster hinüber zum anderen Ufer der Spree. Hier steht im Dunkeln das Volk, wenigstens ein paar Tausend Vertreter, aufgehalten durch grünuniformierte Polizisten. Der Palast wird zur Trutzburg der Führenden. Die Spitze des Staates, die Gäste aus aller Welt und ein paar Prominente aus Kultur, Sport und Wissenschaft um sich versammelt hat, kann das Volk sehen, aber nicht hören: Die schalldichten Scheiben verhindern das. Eine durchsichtige Mauer trennt Volk und Spitze. Wären die Fenster offen, wären Rufe wie „Gorbi, hilf uns", „Keine Gewalt" oder „Freiheit" zu vernehmen.

Dass an diesem Sonnabend Inszenierung und Wirklichkeit aufeinandertreffen, ist kein Zufall. Zu viel ist in den vergangenen Monaten in der DDR passiert, was die Menschen protestieren lässt oder gleich außer Landes treibt. So kommen an jedem Siebten eines Monats junge Oppositionelle an der Weltzeituhr auf dem Alexanderplatz in Ost-Berlin zusammen, um an die Manipulationen bei der Kommunalwahl am 7. Mai zu erinnern. Meist schweigend, aber allein die Gruppenbildung ist für die DDR-Sicherheitsbehörden Grund genug, hart durchzugreifen. Mehr denn je an diesem 7. Oktober, an dem die DDR 40 Jahre alt wird. Im Haus des Lehrers vis-à-vis der Weltzeituhr koordinieren Stasi-Vize Wolfgang Schwanitz, Innenminister Friedrich Dickel, Polizei-Oberst Dieter Dietze und NVA-General Fritz Streletz in einer provisorischen Leitstelle den Einsatz der Sicherheitskräfte. „Feindliche Aktivitäten sind mit allen Mitteln entschlossen zu unterbinden", hat Honecker für den Festtag angeordnet. Stasi-Chef Erich Mielke will diesen Befehl mit allen Mitteln erfüllen. Regelmäßig ruft er aus dem Palast in der Leitstelle an, um sich nach dem Stand der Dinge zu erkundigen. Zahlreiche Stasi-Mitarbeiter stehen bereit, ebenso Polizei, Kampfgruppen der Betriebe, SED-Kader und Einheiten der Volksarmee. Doch noch halten sie sich zurück, denn der Staatsführung ist nicht daran gelegen, dass die internationalen Gäste etwas von Auseinandersetzungen auf der Straße mitbekommen. Außerdem ertönen, als Polizisten einige Jugendliche am Rande des Alexanderplatzes aus der Menge zerren, Pfiffe und Rufe wie „Freiheit! Freiheit!" Westdeutsche Kamerateams, die sich nicht behindern lassen, filmen mit.

Schnell gesellen sich zur kleinen Gruppe der Demonstranten mehr und mehr Bürger. Mit etwa 3000 Teilnehmern setzt sich der Zug schließlich die wenigen hundert Meter Richtung Palast der Republik in Bewegung. Dort wird längst diniert. Extra starke Putenbouillon, Forellenröllchen mit Dillsauce und Lachskaviar sowie portionierte Räucherzunge, sogenanntes Schaumbrot, stehen ebenso auf der Menü-Karte wie Zuchtwachtelbrüstchen mit Maispüree und das Dessert „Surprise" aus Eis und Schokoladen-Marzipan-Biskuit. Eine echte Überraschung ist Honeckers Rede, die ursprünglich acht DIN-A5-Seiten umfasst, von denen der Staats- und Parteichef aber fünf Seiten weglässt – und damit Sätze wie „Die DDR ist der Zukunft zugewandt" oder, man sei zu qualitativ

Ungeachtet der Proteste im eigenen Land und der Massenflucht der Bevölkerung findet am 7. Oktober 1989 in Ost-Berlin die Militärparade statt, mit der die Führung die Gründung der Deutschen Demokratischen Republik vor 40 Jahren feiert.

Frühherbst '89

neuen Schritten auf allen gesellschaftlichen Gebieten imstande, „um die Herausforderungen der Neunzigerjahre zu bewältigen". Der ranghöchste Ehrengast Michail Gorbatschow nimmt die Rede ohne Regung hin. In einem spontanen Interview an der Neuen Wache hat er zuvor geäußert: „Gefahren warten nur auf jene, die nicht auf das Leben reagieren!" Vor dem SED-Politbüro hat er diesen Satz variiert: „Wenn wir zurückbleiben, bestraft uns das Leben sofort." Sein außenpolitischer Sprecher Gennadi Gerassimow gibt dem Gedanken am Abend die berühmte Form: „Wer zu spät kommt, den bestraft das Leben!"

den auch völlig Unbeteiligte drangsaliert, ebenso Anwohner, die den Bedrängten helfen wollen. Um die Demonstrationen aufzulösen, setzt die Polizei Wasserwerfer und neu entwickelte Fahrzeuge mit Räumgittern ein. Hunderte Demonstranten werden auf bereitstehende Lastwagen gezwungen und in nahegelegene Polizeireviere in den Ost-Berliner Stadtteilen Mitte und Prenzlauer Berg verfrachtet. Als die Zellen und Garagen dort voll sind, werden weitere Festgenommene in ganz Ost-Berlin verteilt: in Hellersdorf, Weißensee, Lichtenberg, Treptow oder Johannisthal. Die DDR-Staatsgewalt übt noch einmal ihre ganze Macht aus.

Ob in Berlin, Leipzig oder Plauen, jenseits der offiziellen Feierlichkeiten kommt es landesweit zu Demonstrationen, Prügelattacken und gewaltsamen Festnahmen. Stasi-Chef Erich Mielke macht nicht nur „Schluss mit der Humanität", ein ganzer Staatsapparat gerät außer Kontrolle.

Doch daran will im Palast niemand denken. Es wird geplaudert und getanzt, man beobachtet die Ehrengäste, etwa PLO-Chef Jassir Arafat oder Rumäniens Staatschef Nicolae Ceaușescu. Natürlich wird im Großen Saal, in den verschiedenen Restaurants und auf den Fluren auch über die aktuelle Situation getuschelt. Die Verantwortlichen für die Sicherheit sind nervös. Allen voran Stasi-Chef Mielke, der sich die Demonstration vor dem Palast im Freien ansieht und brüllt: „Was ist das hier für eine Schweinerei!"

Nachdem Gorbatschow das Bankett und die DDR verlassen hat, legen die Sicherheitsbehörden ihre Zurückhaltung ab. „Jetzt ist Schluss mit der Humanität", soll Mielke als Losung ausgegeben haben. Zuerst wird der Zug zwischen Palast der Republik und Alexanderplatz weitgehend gewaltfrei Richtung Prenzlauer Berg, weg aus dem Zentrum Ost-Berlins, gelenkt. Dort kommt es zur Eskalation: Polizei, Stasi und andere Sicherheitskräfte greifen und schlagen willkürlich zu. Oft werden

Im kleinen Ort Schwante bei Berlin kündet dagegen ein Ereignis von der neuen Zeit: Während im Palast der Republik die SED feiert und auf den Straßen der Hauptstadt Demonstranten zusammengeprügelt werden, gründen im Pfarrhaus des Dorfes etwa 40 Oppositionelle aus der gesamten DDR eine „Sozialdemokratische Partei in der DDR", die sich für Demokratisierung und eine Teilung der Macht in Staat und Gesellschaft einsetzt sowie konkrete Ziele formuliert: Trennung von Partei und Staat, Streikrecht und Reisefreiheit, Einführung der sozialen Marktwirtschaft. Um sich von der westdeutschen SPD formell abzugrenzen, nennt sich die neue Gruppe SDP. Im Gegensatz zu den vielen Oppositionsbewegungen, die wie etwa das Neue Forum für jeden Bürger der DDR Anlaufpunkt sein wollen, bildet sich die SDP bewusst als Partei.

Am folgenden Tag zeigt die *Aktuelle Kamera*, wie ausländische Delegationen Betriebe der DDR besuchen. Die ARD im Westen berichtet in der *Tages-*

schau stattdessen von der gewaltsamen Auflösung einer Großdemonstration in Ost-Berlin tags zuvor und zeigt Bilder von prügelnden Polizisten. Zeitgleich wird die Mahnwache für inhaftierte Bürgerrechtler in der Gethsemanekirche fortgesetzt. Nach den Ereignissen des Vorabends machen sich mehr Menschen als üblich dorthin auf den Weg. Auch Ekkehard Maaß interessiert, was geschieht. Von seiner Wohnung braucht er nur fünf Minuten bis zur Schönhauser Allee. Wenig Zeit, um über Einfälle und ihre Folgen nachzudenken. Gerade, als er sich mit seiner Frau in die Schaulustigen einreiht, laufen Polizisten los und kreisen die Passanten ein. Zügig werden auch sie auf Lastwagen verladen. Als seiner losrumpelt, betrachtet Maaß die anderen Insassen. Einige scheinen direkt aus dem Café oder dem Theater gekommen zu sein. Manche sind angeheitert und stimmen das Lied „Hoch auf dem gelben Wagen" an. Auf einem Polizeihof in Marzahn endet die Fahrt. 15 Uniformierte mit Schlagstöcken warten. Beklommenheit macht sich breit auf der Ladefläche. Als einer der Festgenommenen sagt, das sei ja wie bei den Nazis, wird er zusammengeschlagen. Alle werden in eine Garage getrieben, wo sie sich breitbeinig hinstellen und die Arme an die Wand stemmen müssen. Die Polizisten, angefeuert von ihren Vorgesetzten, registrieren jede Bewegung. Als Maaß vor Anspannung mit den Zähnen knirscht, wird das als Grinsen gedeutet und mit dem Schlagstock bestraft.

Wie ihm ergeht es einem Lokführer aus Ost-Berlin, der auf ein Brett das Robert-Musil-Zitat geschrieben hat: „Wer nicht weiß, was er will, muss wenigstens wissen, was die anderen wollen." Dieses Schild hat er am Abend mehrmals hochgehoben – was reicht, um ihn ins Untersuchungsgefängnis nach Rummelsburg zu bringen, ihm schweres Rowdytum und Rädelsführerschaft anzulasten, oder zumindest damit zu drohen. Er muss sich als „altes Schwein" oder mit „du Hund" beschimpfen lassen.

Früh, gegen fünf Uhr, ist der Spuk für Ekkehard Maaß vorbei. Der Reihe nach werden die „Zugeführten" zu einem Vernehmer gerufen. Einem freundlichen Herrn, der Kaffee anbietet und erklärt, sie sollten doch die Erregung der bewaffneten Organe verstehen, aber es ginge doch um die DDR. Dann dürfen sie gehen. Maaß, der in seiner Küche einen „literarischen Salon" veranstaltet, in dem die Dichterszene von Prenzlauer Berg auftritt, fährt mit der S-Bahn nach Hause. Er beschließt, dass er sich zu schade ist für diesen Staat. Der Lokführer in Rummelsburg bleibt fünf Tage in Gewahrsam, dann muss er eine Erklärung unterschreiben, in der er sich verpflichtet, sich künftig gesellschaftsmäßig zu verhalten.

Ähnliche Prügelszenen wie in Ost-Berlin spielen sich am 7. und 8. Oktober auch in anderen DDR-Städten ab, etwa in Leipzig, Plauen, Jena, Magdeburg, Ilmenau, Arnstadt, Karl-Marx-Stadt und Potsdam. In Dresden haben mehrere Hundert Menschen friedlich demonstriert, mit Kerzen und der Aufforderung: „Schließt euch an, wir brauchen jeden Mann" oder „Wir bleiben hier, Reformen wollen wir". Plötzlich stürmen am Fetscherplatz Polizeiketten aus den Seitenstraßen, bilden einen Ring um die Demonstranten, die sich auf die Straße setzen, nehmen den Großteil mit und internieren sie in einer Kaserne und später im Gefängnis in Bautzen. In der DDR werden insgesamt etwa 3500 Bürger festgenommen; viele werden dabei misshandelt, allein in Ost-Berlin schätzungsweise 1000.

Die ersten von ihnen melden sich unmittelbar nach dem traumatischen Erlebnis am eigens eingerichteten Kontakttelefon der Gethsemanegemeinde. Andere „Zugeführte" stehen aufgewühlt und in Sorge um Freunde vor der Tür. Jugendreferentin Marianne Birthler versucht, die Menschen zu beruhigen und lässt sie erzählen. Als aber immer mehr kommen, sagt sie, der Not gehorchend: „Hier sind Papier und Stifte, schreibt das auf." Als sie die ersten „Gedächtnisprotokolle" liest, kommt ihr eine Idee. Denn diese authentischen Berichte über Polizeiwillkür sind wichtige Zeitzeugnisse. Alle sollen ihre Erlebnisse aufschreiben. Sie ermuntert die Betroffenen – auch Ekkehard Maaß. Kirchenmitarbeiter tippen die Berichte ab; dann wird die Sammlung mit einer Wachsmatritzenmaschine im Stadtjugendpfarramt vervielfältigt. Auflage: 200 Stück. Die Exemplare gehen von Hand zu Hand und lösen Bestürzung aus. Beim Lesen denkt sich ein Journalist: „Das werden diese Menschen dem Staat nie verzeihen."

Frühherbst '89

„Wir sind das Volk"

In Leipzig gelingt der Friedlichen Revolution der Durchbruch

Es hilft fast immer, klare Worte zu wählen. Es erspart Missverständnisse, mehr noch: Man weiß dann meist, woran man ist. Ein Leserbrief im SED-Bezirksblatt *Leipziger Volkszeitung* am 6. Oktober 1989 ist an Klarheit kaum zu überbieten. Unter der Überschrift „Staatsfeindlichkeit nicht länger dulden" schimpft Günter Lutz, Kommandeur einer Hundertschaft der betrieblichen Kampfgruppe „Hans Geiffert", über die „gewissenlosen Elemente" in der Stadt, die seit einiger Zeit kirchliche Veranstaltungen missbrauchten, um staatsfeindliche Provokationen gegen die DDR durchzuführen: „Wir fühlen uns belästigt, wenn wir nach getaner Arbeit mit diesen Dingen konfrontiert werden." Mit „Elementen" meint der Kampfgruppenkommandeur die friedlichen Demonstranten, die seit Anfang September jeden Montag nach einem Friedensgebet in der Leipziger Nikolaikirche durch die Stadt ziehen und dabei Freiheit, Demokratie und Menschenrechte einfordern.

Nach Ansicht des Leserbriefschreibers müssen diese „konterrevolutionären Aktionen endgültig und wirksam" unterbunden werden. „Wir sind bereit und willens, das von uns mit unserer Hände Arbeit Geschaffene wirksam zu schützen." Und er kündigt wirklich unmissverständlich an: „Wenn es sein muss, mit der Waffe in der Hand!" Drei Tage vor der nächsten Montagsdemonstration ist das eine offene Drohung, die auch als solche verstanden werden soll. Das Verhalten der Verantwortlichen in Leipzig gibt den Befürchtungen zusätzlich Nahrung. Am 2. Oktober sind bereits die paramilitärischen Kampfgruppen herangezogen worden, um Demonstrationen aufzulösen. Hinzukommen die brutalen Übergriffe von Polizei und Stasi am

„Wir wollen keine Gewalt! Wir wollen Veränderungen!" ist auf dem Transparent zu lesen, das Demonstranten bei der Montagsdemonstration am 9. Oktober 1989 in Leipzig mit sich führen. Mehr als 70.000 Menschen nehmen an dem Protestmarsch teil, die Staatsmacht greift nicht, wie von vielen Seiten befürchtet, mit Gewalt ein.

Rande der Feierlichkeiten zum 40. Jahrestag der DDR am Wochenende. Droht jetzt die finale Eskalation?

So ist die Montagsdemonstration schon am Morgen des 9. Oktobers Stadtgespräch. Vorgesetzte warnen ihre Mitarbeiter, am Abend in die Innenstadt zu gehen. Ebenso Lehrer ihre Schüler. Gerüchte schwirren umher: Krankenhausstationen seien geräumt und Blutkonserven herangeschafft worden, heißt es. Uniformen bestimmen das Stadtbild. Die Lage ist gefährlich gereizt.

Die Sorge, dass der Staat eine gewaltsame Lösung sucht, bedrückt Bernd-Lutz Lange. Er hat mitbekommen, dass an der letzten Montagsdemonstration zwischen 10.000 und 20.000 Menschen teilgenommen haben, dass am Ende eine Kompanie der Volkspolizei mit Sonderausrüstung eingegriffen und zahlreiche Bürger festgenommen hat. Und auch er hat den „Leserbrief" des Kampfgruppenkommandeurs in der Zeitung gelesen. Der langjährige Kabarettist der Leipziger „academixer" hält die Gefahr für real, dass vor Auerbachs Keller ein Massaker wie wenige Monate zuvor auf dem Platz des Himmlischen Friedens in Peking geschieht.

Lange ist verzweifelt, weil sein Sohn unbedingt mitdemonstrieren will. Da klingelt gegen 14 Uhr sein Telefon. Am Apparat ist Roland Wötzel, Sekretär für Wissenschaft in der SED-Bezirksleitung. Ob man sich treffen könne, fragt der Funktionär. Lange kennt Wötzel durch die leidigen offiziellen „Abnahmen" der Kabarettprogramme. Er hat ihn aber auch als undogmatisch erlebt, als jemanden, mit dem man reden kann. Im Sommer hat sich der Kabarettist dem Funktionär als Vermittler angeboten, um einen Dialog zwischen SED und Opposition zu beginnen. Wötzel ist zuerst bereit gewesen, hat sich dann aber zurückgezogen, weil das Neue Forum als „verfassungsfeindlich" eingestuft wurde. Trotzdem hat der Kontakt gehalten. In der Hoffnung auf Einsicht, obwohl Wötzel weiter mit „geradezu extremer Gutgläubigkeit", wie der Kabarettist findet, auf Honecker setzt.

Wötzel teilt Lange mit, man werde jetzt zu Kurt Masur fahren, um einen Aufruf für einen „Beginn des Dialogs" zu formulieren. Der Direktor

Kurt Masur während eines Gesprächsforums Ende Oktober 1989 im Leipziger Gewandhaus, links neben ihm Bernd-Lutz Lange, Roland Wötzel, Peter Zimmermann. Der prominente Gewandhauskapellmeister ruft am 9. Oktober zur beiderseitigen Gewaltlosigkeit bei den Demonstrationen in Leipzig auf.

des Gewandhauses und Dirigent seines weltberühmten Orchesters hat zuvor den SED-Sekretär für Kultur, Kurt Meyer, angerufen und ihm seine Besorgnis mitgeteilt. Bei Masur warten außer Meyer der Theologe Peter Zimmermann und der SED-Sekretär für Agitation, Jochen Pommert – wie seine beiden Parteigenossen offenkundig bereit, die verordnete Disziplin abzulegen. An Masurs Wohnzimmertisch entsteht der Aufruf, den Lange gegen 16.30 Uhr im Gewandhaus abtippt. Zimmermann rast damit in die Kirchen, Masur fährt mit einem herbeigerufenen Redakteur des Stadtsenders ins Studio, um den Aufruf aufzunehmen.

So tönt am späten Nachmittag die sonore Stimme des Dirigenten aus den Lautsprechern des Stadtfunks. „Unsere gemeinsame Sorge und Verantwortung haben uns heute zusammengeführt", hebt er an. „Wir alle brauchen einen freien Meinungsaustausch über die Weiterführung des Sozialismus in unserem Land. Deshalb versprechen heute die Unterzeichneten allen Bürgern, ihre ganze Kraft und Autorität dafür einzusetzen, dass dieser Dialog nicht nur im Bezirk Leipzig, sondern auch mit unserer Regierung geführt wird. Wir bitten Sie dringend um Besonnenheit, damit der friedliche Dialog möglich wird."

Frühherbst '89

Die Stimmung in Leipzig ist angespannt: Nur zwei Tage zuvor, bei den Feierlichkeiten zum 40. Jahrestag der DDR am 7. Oktober, kommt es bei den Demonstrationen immer wieder zu Übergriffen der Volkspolizei (l.), Sonderkommandos (r.) versuchen, die Straßen zu räumen.

Die Wirkung ist enorm. Nach dem ersten Schrecken – viele Leipziger denken, jetzt werde der Ausnahmezustand verhängt – fassen die Menschen Mut. Am Abend erlebt Leipzig die größte Protestdemonstration der DDR seit dem 17. Juni 1953. Von der Nikolaikirche ziehen etwa 70.000 Menschen friedlich durch die Innenstadt. Ihre Rufe sind ein Statement: „Wir bleiben hier" und „Wir sind das Volk." Diese Worte sind, wie sich der Teilnehmer Martin Jankowski erinnert, das erste Mal am 2. Oktober zu hören gewesen, als Folge eines „Wortgefechts" zwischen Polizei und Demonstranten. Als die Uniformierten sich per Lautsprecher ankündigen: „Hier spricht die Volkspolizei", entgegnet die Menge: „Wir sind das Volk." So geht es ein paar Mal hin und her, sehr zur Schadenfreude der Demonstranten.

Noch im Frühjahr ist bei den ersten zaghaften Versuchen, sich nach dem Montagsgebet in der Nikolaikirche auch außerhalb zu artikulieren, gerufen worden: „Wir wollen raus!" Nun, unter dem Eindruck der Massenfluchten über Ungarn und die Tschechoslowakei, hat die Stimmung gewechselt. Am 4. September, dem ersten Montagsgebet nach der Sommerpause, hat sich erstmals ein echter Demonstrationszug mit etwa 1200 Teilnehmern formiert. Auf Transparenten ist zu lesen: „Für ein offenes Land mit freien Menschen". Die Stasi behindert den Protest mit Polizeiketten, lässt die Demonstranten aber ansonsten unbehelligt. Eine Begrenzung der staatlichen Macht fordert dann am 25. September Pfarrer Christoph Wonneberger in seiner Predigt und mahnt die DDR-Spitze: „Wer andere willkürlich der Freiheit beraubt, hat bald selbst keine Fluchtwege mehr." Die eigenen Reihen ruft der Pfarrer zu Gewaltlosigkeit auf. An der anschließenden Demonstration beteiligen sich etwa 6000 Menschen, obwohl 1500 Polizisten die Leipziger Innenstadt abgeriegelt haben. Erstmals schließen sich in größerer Zahl Passanten an.

Am 9. Oktober erschallt nun der Ruf „Wir sind das Volk" so laut, dass er bis zur Turmspitze der Reformierten Kirche zu hören ist. Dort oben stehen die beiden Ost-Berliner Siegbert Schefke und Aram Radomski mit ihrer Videokamera. Die beiden sind illegal Reporter für das West-Berliner TV-Magazin *Kontraste*. Nun nehmen sie mit zittrigen Händen die Szenerie unter sich auf. Weil ihnen das große Polizeiaufgebot aufgefallen ist, haben sie einen sicheren Standort gesucht. Nach einigem Zögern hat sie der Pfarrer der Kirche auf den Turm gelassen. Schefke und Radomski kennen jede Phase der Leipziger Montagstradition,

unter anderem von Dreharbeiten über den dramatischen Häuserverfall in der Stadt. Sie kennen Menschen, die für Meinungsfreiheit demonstriert haben und dabei festgenommen worden sind. Deren Freunde haben Schefke und Radomski bei Mahnwachen gefilmt. Nach der Ausstrahlung in der ARD bekommen die Oppositionellen in Leipzig Aufmerksamkeit und Zulauf. Dass aber aus diesen Protesten eine Massenbewegung werden könnte, hätten beide nicht im Traum gedacht. Als sie hören, dass offiziellen West-Korrespondenten die Arbeit in Leipzig am 9. Oktober verboten worden ist, springen sie ein. Ihre heimlich gedrehten Aufnahmen sind schon bald im westdeutschen Fernsehen und dann in aller Welt zu sehen.

Die 70.000 Menschen auf der Straße hinterlassen einen bleibenden Eindruck. Dass die Demonstration in Leipzig friedlich verläuft, löst überall in der DDR Erleichterung und Jubel aus. Dabei geht unter, dass in Halle am gleichen Abend Teilnehmer einer Demonstration an der Marktkirche noch einmal die volle Brutalität des Staates zu spüren bekommen. Sie treten schweigend für das Bleiben in der DDR, für Reformen und die Freilassung von Inhaftierten ein. Polizisten kesseln sie ein; andere werden geschlagen, getreten und mit Hunden gehetzt. Darunter auch Unbeteiligte, die am Marktplatz eigentlich nur die Straßenbahn wechseln wollten.

Doch das sind die letzten Übergriffe von Volkspolizisten gegen das Volk. Vom 9. Oktober 1989 und von Leipzig geht die Botschaft „Keine Gewalt" aus. Nun kommt es in vielen DDR-Städten zu Protesten. Bis dahin hat es lediglich in Dresden, Plauen, Magdeburg oder Potsdam vereinzelte Demonstrationen mit eher wenigen Teilnehmern gegeben, doch nun gehen die Menschen in Hunderten Städten auf die Straße: von Rostock bis Bad Schandau, von Forst bis Limbach-Oberfrohna. Mitunter nehmen nicht einmal 50 Einwohner teil wie in Pockau und Frauenstein, aber oft sind es auch Tausende – was prozentual gemessen an der Einwohnerzahl vieler Orte beeindruckt – selbst die, die sich noch nicht trauen.

In Leipzig treffen sich nach der Demonstration am 9. Oktober die sechs Unterzeichner des Aufrufs im Gewandhaus. Sie sind erleichtert und genießen das Gefühl, einen Sieg errungen zu haben. Bernd-Lutz Lange kann es nicht fassen, dass die SED einfach vor dem gewaltlosen Volk kapituliert hat. Und er beginnt zu ahnen: „Das wird die DDR verändern. Jetzt kann nichts mehr so sein, wie es war."

Frühherbst '89

„Erich, du musst gehen"

Das Politbüro stürzt nach 18 Jahren seinen Generalsekretär

Zeitungen sind gewöhnlich nicht für hellseherische Fähigkeiten bekannt. Im besten Fall für gut recherchierte und belegte Informationen, mitunter vielleicht auch für Spekulationen, in ganz schlechten Fällen für Falschmeldungen. In welche Kategorie gehört die Schlagzeile der *Bild-Zeitung* am 13. Oktober 1989? Auf Seite 1 steht zu lesen: „Honecker: Mittwoch letzter Arbeitstag". Das wäre der 18. Oktober. Die Exklusivmeldung, so deutet das Blatt an, soll aus „höchstrangigen SED-Kreisen in Ost-Berlin" kommen.

Pünktlich um zehn Uhr sitzen die Mitglieder und Kandidaten des SED-Politbüros am Dienstag, den 17. Oktober, fast vollzählig im Sitzungssaal. Aktenstapel liegen vor jedem auf dem Tisch, dazu das übliche silberne Tablett mit einem Kännchen Kaffee und einem Teller mit Wurst- und Käseschnittchen. Der Platz von DDR Verteidigungsminister Heinz Keßler ist leer, er reist mit einer Militärdelegation durch Mittelamerika. Auch Erich Honecker fehlt noch. Das ist ungewöhnlich, denn normalerweise kommt der SED-Chef nicht zu spät. Gegen 10.10 Uhr betritt Honecker schließlich den Saal. Er scheint gut gelaunt. „Entschuldigt, Genossen", sagt er, „Hans Modrow hat gerade angerufen. Er will auf mich zukommen. Wir wollen miteinander reden."

Egon Krenz zuckt zusammen. Ausgerechnet Modrow! Der SED-Bezirkschef von Dresden ist einer der wenigen außerhalb des Politbüros, der eingeweiht ist, was an diesem Vormittag geschehen soll. Hat er etwas verraten, spielt vielleicht sein eigenes Spiel? Doch Honecker beginnt die wöchentliche Runde im Machtzentrum der DDR wie immer und fragt, ob es noch Vorschläge zur Tagesordnung gibt. Willi Stoph meldet sich zu Wort. Betont sachlich stellt der Vorsitzende des Ministerrates den Antrag, Honecker von seiner Funktion zu entbinden. Minimal persönlicher folgt die Begründung: „Erich, es geht nicht mehr. Du musst gehen." Schweigen. Das von Krankheit gezeichnete Gesicht des Generalsekretärs wirkt auf einmal noch schmaler. Doch er fängt sich: „Gut, beginnen wir mit der Aussprache."

Krenz, zweiter Mann nach Honecker, schaut den SED-Chef an. Was mag jetzt in dessen Kopf vorgehen? Mit fast den gleichen Worten hat Honecker 18 Jahre zuvor Walter Ulbricht zum Rücktritt gezwungen. Krenz selbst geht noch ein-

Erich Honecker hält unbeirrt seinen Kurs und blendet aus, wie einsam es um ihn wird. Am 40. Jahrestag der DDR am 7. Oktober 1989 lässt er sich inmitten der Politbüro-Mitglieder und der anwesenden Ostblock-Staatschefs feiern.

mal im Schnelldurchlauf die vergangenen Tage durch. Hektische Tage, in denen er – weitgehend konspirativ – den Sturz seines Ziehvaters vorbereitet hat. Weil nur noch destruktiver Starrsinn das Handeln des Parteichefs diktiert. Weil Moskau deutlich auf Distanz zu Honecker geht. Weil der Rückhalt selbst in der Partei bis hin zum Zentralkomitee bedrohlich abnimmt. Krenz hofft, die Krise in der DDR lasse sich durch einen Wechsel an der Spitze lösen. Er will den Fehler vom Sommer nicht wiederholen, als Honecker das Politbüro während eines Krankenhausaufenthalts führungslos zurückgelassen hatte und Krenz, ganz der Parteidisziplin ergeben, sich fügte.

Nach seiner Rückkehr aus der Klinik hat der 77-jährige Honecker die Wirklichkeit noch stärker ausgeblendet: die Massenflucht, das Erstarken der Opposition, die Bereitschaft der Bürger, auf die Straße zu gehen. Seine ganze Aufmerksamkeit ist auf den 40. Jahrestag der DDR am 7. Oktober gerichtet gewesen, den er mit fast kindlicher Freude genossen hat. Seine Genossen haben ihn gewähren lassen. Denn das Jubiläum sieht Honecker nicht nur als Sternstunde seines Staats. Es ist der Höhepunkt seiner Karriere, die den einstigen Dachdeckerlehrling aus dem Saarland nach Ost-Berlin geführt hat. Sein Gesellenstück 1961 hat er mit der Organisation des Mauerbaus abgeliefert und sein Meisterstück zehn Jahre später mit dem Komplott gegen Ulbricht. Seitdem ist Honecker der führende Mann im Staat. Seinen damals eingeleiteten Kurs der Einheit von Wirtschafts- und Sozialpolitik hält er noch an diesem 17. Oktober 1989 für eine vorgezogene Perestroika.

Alle Anwesenden ergreifen nacheinander das Wort, doch keiner nimmt Honecker in Schutz. Für fast jeden aktuellen Missstand wird er verantwortlich gemacht, als habe es nie kollektive Entscheidungen gegeben. Günter Schabowski erweitert gar Stophs Antrag und fordert Honeckers Absetzung auch als Staatsratsvorsitzender und Vorsitzender des Nationalen Verteidigungsrates. Selbst Günter Mittag, sein engster Vertrauter, stellt ungerührt fest, der Generalsekretär habe das Vertrauen der Partei verloren. Ein Rücktritt sei schon lange fällig. Alfred Neumann, stellvertretender Vorsitzender des Ministerrates, attackiert Honecker: „Bevor du das Politbüro übernommen hast,

Emblem der Einheitspartei an der Fassade des Gebäudes des Zentralkomitees, das seit 1959 dort seinen Sitz hat, Aufnahme von 1989.

hatten wir einen handlungsfähigen Staat, eine intakte Partei, die zu kämpfen bereit war. Und die Staatsfinanzen waren in Ordnung." Jetzt sei die Lage in der SED so schlecht wie nie. Angesichts der als Heuchelei empfundenen Stellungnahme Mittags fordert Neumann spontan auch dessen Ablösung sowie die von Propagandachef und Oberzensor Joachim Herrmann. Stasi-Chef Erich Mielke spricht von einer „sehr, sehr ernsten Lage" und macht Honecker für alle „unbequemen Maßnahmen" verantwortlich. Als der Staatschef ihm etwas mehr Zurückhaltung empfiehlt, blafft ihn Mielke an: Er würde noch einmal auspacken, da würden sich alle wundern. Dies zielt auf Gerüchte, Honecker habe sich in seiner Haft während der NS-Zeit nicht so heldenhaft verhalten, wie es immer dargestellt worden ist. Schließlich erklärt Krenz seine Bereitschaft, Honeckers Funktionen zu übernehmen.

Zum endgültigen Bruch zwischen beiden ist es nach dem DDR-Jubiläum gekommen, als Honecker im Vieraugengespräch und danach im Politbüro jede Veränderung schroff ablehnt, ja sogar jede Diskussion zur Lage in der DDR, und die Probleme allein auf das Wirken „äußerer Kräften" zurückführt. Dass für einige das Maß voll ist, hätte Honecker merken können, als es in der Politbürositzung am 10. Oktober erstmals Widerspruch gegen seine Linie gegeben hat. Es ist heftig über die Lage gestritten worden, aber niemand hat die in der Luft liegende Forderung nach Rücktritt ausgesprochen. Stattdessen ist halbherzig die Bereitschaft zum Dialog mit dem Volk verkündet worden. Immerhin haben die SED-Oberen erklärt, es sei ihnen nicht gleichgül-

Frühherbst '89

Egon Krenz im Herbst 1989 als letzter Generalsekretär der SED vor der Presse. Er löst am 18. Oktober 1989 Staats- und Parteichef Honecker ab.

tig, dass Menschen sich von der DDR lossagen. Der Sozialismus brauche jeden und habe für alle Platz und Perspektiven. Ungewohnten Gegenwind hat der SED-Generalsekretär zwei Tage später auch beim Treffen mit den SED-Bezirkschefs zu spüren bekommen. Hans Modrow attackiert als Erster den Kurs und äußert Unmut über die Misere im Land. Deutliche Kritik am Führungsstil übt der Potsdamer Günter Jahn, der Honecker auffordert, „die persönliche Kaderkonsequenz" zu ziehen, also zurückzutreten. Die Forderung bleibt im Raum stehen.

Nun sieht der 52-jährige Krenz seine Stunde gekommen. Noch am 12. Oktober tauscht er sich mit einigen Politbüromitgliedern über die Chance aus, Honecker abzulösen. Sie informieren Modrow, obwohl der nicht Mitglied des höchsten Parteigremiums ist. Der Dresdener SED-Chef reagiert reserviert. Zwar ist auch er der Meinung, dass Honecker zurücktreten sollte. Und er hat nicht vergessen, wie Honecker ihn nach einem Besuch in der Bundesrepublik öffentlich gescholten hat, nicht die Linie der Partei vertreten zu haben. Modrow hatte die Anweisung des Politbüros missachtet, keine Interviews zu geben, und erklärt, dass die Probleme der DDR intern seien und er sich einsetzen werde, sie zu lösen. Daraufhin ist er vom Westen zum Hoffnungsträger ausgerufen worden, was die Genossen im Politbüro verärgert hat, die Modrow misstrauen. Offenkundig wollen sie nun den möglichen Konkurrenten einbinden, um ihn zu neutralisieren.

Doch Modrow hat wenig Vertrauen zu den Verschwörern. Krenz hat ihm vor der Politbürositzung am 10. Oktober am Telefon Teile aus seiner Stellungnahme vorgelesen, die er aber für nicht weitgehend genug hält. Auch was er zwei Tage später hört, überzeugt Modrow offenbar nicht. Er kann kein Konzept und keinen neuen Kurs erkennen und hat zudem den Eindruck, dass sich Krenz nicht traut, Honecker offen entgegenzutreten. Deshalb bittet er Honecker, den er seit Jahrzehnten kennt, um ein Gespräch, in dem er mit ihm über die Lage reden und ihm klarmachen will, dass er im Interesse der SED nicht länger an der Spitze bleiben kann. Unter vier Augen hat Modrow Honecker stets zugänglicher erlebt. Zudem spekuliert er: Würde Honecker ihn absetzen wollen, bräuchte er dafür die Zustimmung des Politbüros. Und das ist ja gerade dabei, den Chef fallen zu lassen.

Die Tage bis zur Politbürositzung am 17. Oktober nutzt Krenz, um weitere Funktionäre auf die Seite der Verschwörer zu ziehen. Er sichert sich auch die Unterstützung von Armee und Stasi. Hilfe erhält er dabei von Gerhard Schürer, dem Chef der Staatlichen Plankommission, der angesichts der verheerenden Wirtschaftsdaten immer wieder einen Kurswechsel eingefordert hat und schließlich in kleinem Kreis den Rücktritt Honeckers. Schürer spricht bei Mielke vor, der sich geduldig den Vortrag über die Wirtschaftsmisere und die Ignoranz Honeckers anhört – sogar die Bemerkung Schürers, dass der Generalsekretär jetzt gehen müsse. Der Stasi-Chef verabschiedet seinen Besucher freundlich, ohne sich zu positionieren. Aber er unternimmt auch nichts gegen Schürer, was der als verdeckte Zustimmung wertet. Inzwischen arrangiert Krenz ein Treffen zwischen Gorbatschow und dem Politbüromitglied Harry Tisch, der den Kremlchef einen Tag vor der Politbürositzung über die geplante Absetzung Honeckers informiert. Gorbatschow wünscht viel Glück. Das ist das Zeichen, auf das Krenz und die anderen gewartet haben.

Im Saal des Politbüros ergreift Erich Honecker nach fast drei Stunden Aussprache als Letzter das Wort. Er weiß nicht, dass sich auf Rat von Mielke zuverlässige Mitarbeiter vor dem Sitzungssaal aufhalten, falls Honecker seinen Personenschutz hineinrufen sollte, um die Verschwörer festnehmen zu lassen. Der Noch-Generalsekretär wehrt sich, doch nur mit einer verbitterten Rede. Die Mitglieder der SED-Führung sollten nicht glauben, dass mit seiner Ablösung alle Probleme gelöst würden, dass sie verschont blieben und der Feind nachlasse. Das Auswechseln von Personen zeige vielmehr, „dass wir erpressbar sind". Tief enttäuscht stellt er fest, dass Genossen gegen ihn gesprochen hätten, „von denen ich das nie erwartet habe". Als letzter Satz ist überliefert: „Ich sage das nicht als geschlagener Mann, sondern als Genosse, der bei bester Gesundheit ist." Dann stimmt Honecker seiner eigenen Ablösung zu: Er bricht das Prinzip der Einstimmigkeit im Politbüro nicht.

Bereits am folgenden Tag wird der Wechsel auf einer ZK-Tagung formal vollzogen. Die Bezirksparteichefs werden am Morgen des 18. Oktobers auf den „vorgeschlagenen Kaderwechsel" eingeschworen: Egon Krenz werde alle Funktionen Honeckers übernehmen. Eine Diskussion ist nicht erwünscht; damit wird auch eine Debatte zum künftigen politischen Kurs verhindert. Hans Modrow, der das moniert, wird von den Genossen angegiftet: „Welche der Funktionen willst du denn haben?" Er schweigt.

Gegen 14 Uhr beginnt die Tagung. Niemand weiß, ob sich Honecker als pro forma noch mächtigster Mann im Staat DDR an den besprochenen Ablauf halten wird. Nur wenige der 222 Mitglieder und Kandidaten des Zentralkomitees fehlen, darunter Honeckers Ehefrau, Bildungsministerin Margot Honecker. Seit Jahren hat dieses Parteigremium nur Entscheidungen des Politbüros abgenickt. So auch heute: Ohne Debatte wird Honeckers „Bitte" entsprochen, ihn wegen seiner angegriffenen Gesundheit von allen Funktionen zu entbinden. Die einzige Gegenstimme kommt von der 81-jährigen früheren Direktorin der Parteihochschule, Hanna Wolf.

Zweimal bringt der bisherige Parteichef aber trotzdem den Ablauf durcheinander. Zum einen lässt es sich Honecker nicht nehmen, die Sitzung zu eröffnen; außerdem schlägt er selbst den „Königsmörder" Krenz als seinen Nachfolger vor, was eigentlich als Entscheidung des Politbüros verkauft werden sollte. Damit entsteht der Eindruck, Krenz übernehme nahtlos die Rolle Honeckers. Unmittelbar nach der Abstimmung bittet Ministerpräsident Stoph um Verständnis, dass Honecker wegen seines Gesundheitszustands der Tagung nicht länger beiwohnen könne. Sichtlich bewegt schreitet der gestürzte Machthaber aus dem Saal. Seine Ära ist zu Ende. Egon Krenz wird zum neuen mächtigen Mann gewählt und hält eine Rede, in der er eine „Wende" der SED ankündigt, um „die politische und ideologische Offensive wieder zu erlangen". Stunden später verliest er diese Rede noch einmal im DDR-Fernsehen. Dabei begeht er den Fauxpas, die Zuschauer als „Genossen" anzusprechen.

Hunderttausende, wenn nicht Millionen im Land haben in den vergangenen Wochen und Monaten einen Wechsel an der Spitze des Staates und der SED herbeigesehnt. Doch als Krenz vor die Kameras tritt, bewegen sich die Reaktionen zwischen Ungläubigkeit, Spott und Entsetzen. Die Bevölkerung empfindet seinen Aufstieg nicht als Neuanfang, sondern als das, was es ist – als letzten Sieg der Kaderpolitik. „Das darf doch nicht wahr sein, doch nicht der", entfährt es in Hamburg auch einer Lehrerin aus der Nähe von Halle, die das erste Mal seit dem Mauerbau ihre Verwandten im Westen besuchen darf. Schnell sind sich Onkel Kurt und seine Nichte aus dem Osten einig, dass Krenz nur eine Zwischenlösung sein kann. Aber was kommt dann? Tante Karla sagt mit nahezu hellseherischer Fähigkeit zu ihrer 51-jährigen Nichte: „Na men Deern, dann werden wir wohl wieder eins werden."

Der neue Mann an der Spitze: Die Volkskammer der DDR wählt am 24. Oktober 1989 Egon Krenz zum neuen Staatsratsvorsitzenden und zum Chef des Nationalen Verteidigungsrates.

Spätherbst '89
Die Grenzöffnung ist der Wendepunkt

21. Oktober: Vor der erweiterten Führung des MfS bedauert Erich Mielke, gegen die „antisozialistischen Sammlungsbewegungen" nicht so vorgehen zu können, wie es „diese Kräfte eigentlich verdienen".

21. Oktober: 40.000 Menschen demonstrieren in Plauen. Zum ersten Mal wird offen die Deutsche Einheit gefordert.

23. Oktober: Marianne Birthler übergibt die Gedächtnisprotokolle zu den Übergriffen am 7. und 8. Oktober West-Journalisten. Günter Schabowski hat zuvor Manfred Stolpe darum gebeten, das zu verhindern.

23. Oktober: 300.000 Menschen demonstrieren in Leipzig, jeweils Zehntausende in weiteren Städten von Schwerin bis Zwickau und von Stralsund bis Dresden.

24. Oktober: Während die Volkskammer Egon Krenz zum neuen Vorsitzenden des Staatsrats wählt, sind vor dem Palast der Republik Rufe zu hören: „Wir sind keine Fans von Egon Krenz" oder „Egon allein, das darf nicht sein."

24. Oktober: Das DDR-Fernsehen überträgt eine Podiumsdiskussion aus Ost-Berlin zum Thema „DDR – wie ich sie träume". Beteiligt sind erstmals Vertreter der Opposition und der SED, unter anderem Bärbel Bohley und Jens Reich vom Neuen Forum, die Schriftsteller Stefan Heym und Christoph Hein sowie Ex-Stasi-General Markus Wolf.

Die vereinzelten Proteste und Friedensgebete sind inzwischen zu Massendemonstrationen geworden: Am 23. Oktober 1989 ziehen Hunderttausende durch die Straßen Leipzigs.

Chronik Spätherbst '89

Bei Protesten in Plauen werden Feuerwehrfahrzeuge als Wasserwerfer eingesetzt.

25. Oktober: Die Rechtsanwaltskollegien fordern, Verwaltungsgerichte und ein Verfassungsgericht einzuführen. Nötig sei auch ein neues Wahlrecht.

26. Oktober: Rund 10.000 Dresdener kommen zu einem öffentlichen Gespräch mit SED-Bezirkschef Hans Modrow und Oberbürgermeister Wolfgang Berghofer.

27. Oktober: Der CSU-Abgeordnete Klaus Rose schlägt vor, eine Konföderation mit der DDR einzugehen und Krenz zum Vize-Kanzler zu machen.

27. Oktober: Der DDR-Staatsrat verkündet eine Amnestie für alle Flüchtlinge. Ab 1. November 1989 soll wieder der visafreie Reiseverkehr in die ČSSR möglich sein.

28. Oktober: Der Schauspieler Ulrich Mühe liest im überfüllten Deutschen Theater aus dem Buch *Schwierigkeiten mit der Wahrheit* des SED-Dissidenten Walter Janka, das nur im Westen erschienen ist.

28. Oktober: Die Zeitung *Der Morgen*, Zentralorgan der Blockpartei LDPD, veröffentlicht das erste Interview mit einem Oppositionellen, mit Rolf Henrich.

30. Oktober: Nach mehr als 29 Jahren und 1519 Folgen stellt das DDR-Fernsehen die Propagandasendung *Der Schwarze Kanal* mit Karl-Eduard von Schnitzler ein.

30. Oktober: Pfarrer Christoph Wonneberger, Begründer der Friedensgebete in der Leipziger Nikolaikirche, erleidet einen Schlaganfall.

30. Oktober: Der 23-jährige Dietmar Pommer wird tot aus der Oder geborgen. Er ist auf dem Weg zur bundesdeutschen Botschaft in Warschau ertrunken. Pommer ist das letzte Todesopfer des DDR-Grenzregimes.

31. Oktober: Das SED-Politbüro erörtert die katastrophale wirtschaftliche Lage der DDR. Vertraulich wird empfohlen, der Bundesregierung im Tausch für neue Kredite die Öffnung der Mauer anzubieten.

Hans Modrow (M.), Erster Sekretär der Bezirksleitung der SED in Dresden, der Dresdener Oberbürgermeister Wolfgang Berghofer (l. daneben) und Mitglieder der oppositionellen Gruppe der 20 nehmen Ende Oktober 1989 an einer Montagsdemonstration in Dresden teil.

Chronik Spätherbst '89

Er hat eigens die historische Reise nach Polen unterbrochen und ist einen Tag nach der Maueröffnung nach Berlin gereist. Helmut Kohl – links von ihm Willy Brandt und Berlins Regierender Bürgermeister Walter Momper – wird bei der Kundgebung am 10. November 1989 vor dem Schöneberger Rathaus mit einem Pfeifkonzert empfangen.

1. November: In Moskau berichtet Egon Krenz Gorbatschow ausführlich über die ökonomische Situation der DDR. Der KPdSU-Chef versichert, die Deutsche Frage stehe aktuell nicht auf der Tagesordnung.

2. November: Weil Luxusimmobilien für Funktionäre auf Kosten der Einheitsgewerkschaft FDGB gebaut worden sind, tritt ihr Chef Harry Tisch zurück.

3. November: Nach Wiedereinführung des passfreien Reiseverkehrs in die ČSSR schwillt die Zahl der Flüchtlinge wieder an. Die Regierung in Prag verlangt Gegenmaßnahmen.

4. November: Auf dem Ost-Berliner Alexanderplatz demonstrieren Hunderttausende Menschen für Meinungs-, Presse- und Versammlungsfreiheit.

4. November: Vize-Innenminister Dieter Winderlich gibt in der *Aktuellen Kamera* bekannt, dass nunmehr Anträge auf ständige Ausreise „unbürokratisch und schnell" entschieden und „nur in ausgesprochenen Ausnahmefällen" abgelehnt würden. Kaum jemand glaubt ihm.

6. November: Die SED veröffentlicht den Entwurf für ein neues Reisegesetz, der enttäuscht, weil weiterhin von Reisefreiheit nicht die Rede sein kann. Auf Demonstrationen wird er als „Verdummung schwarz auf weiß" kritisiert. Fordernd heißt es: „Wir brauchen keine Gesetze, die Mauer muss weg."

6. November: Erich Mielke weist lokale MfS-Dienststellen an, brisantes Material zu vernichten oder in die Bezirkszentralen auszulagern.

7. November: Der Ministerrat unter Willi Stoph tritt geschlossen zurück.

7. November: Kanzleramtsminister Seiters teilt Alexander Schalck-Golodkowski mit, die Bundesrepublik sei zu finanzieller Hilfe bereit, wenn die Opposition zugelassen, freie Wahlen zugesagt und auf den Führungsanspruch der SED verzichtet werde.

8. November: In Ost-Berlin beginnt eine dreitägige Sitzung des SED-Zentralkomitees. Das Politbüro tritt geschlossen zurück.

8. November: Mehr als 40.000 DDR-Bürger sind in den vergangenen Tagen über die ČSSR in die Bundesrepublik ausgereist. Der Druck aus Prag auf die DDR nimmt ultimative Formen an.

9. November: Durch missverständliche Äußerungen löst Günter Schabowski einen Zustrom von DDR-Bürgern auf die Grenzübergänge aus, dem die Kontrolleure der Stasi schließlich nachgeben müssen und die Tore öffnen. Ganz Berlin feiert den Mauerfall.

10. November: Eduard Schewardnadse erklärt, die Sowjetunion betrachte die „Ereignisse in der DDR als eine ureigene Angelegenheit ihrer neuen Führung und ihres Volkes und wünscht ihnen dabei vollen Erfolg".

Chronik Spätherbst '89

10. November: Vor dem Schöneberger Rathaus sprechen Walter Momper, Hans-Dietrich Genscher, Willy Brandt und Helmut Kohl. Der Bundeskanzler wird von den Anhängern des rot-grünen Senats gnadenlos ausgepfiffen.

12. November: Die CDU in der DDR wählt den Rechtsanwalt Lothar de Maizière zu ihrem Vorsitzenden.

13. November: Die Volkskammer-Abgeordneten der Blockparteien kündigen der SED die bedingungslose Gefolgschaft. Trotzdem wird Hans Modrow mit nur einer Gegenstimme zum neuen Ministerpräsidenten gewählt. Für Gelächter sorgt die Rede von Erich Mielke („Ich liebe, ich liebe doch alle").

14. November: West-Berliner gehen jenseits der Mauer in Teltow einkaufen – und werden dabei vom *Rias* interviewt.

16. November: In Bonn diskutiert der Bundestag über eine mögliche Vereinigung. Laut Helmut Kohl müssen die „Landsleute in der DDR" selbst entscheiden, welchen Weg sie gehen wollen.

17. November: Die Volkskammer wählt eine neue Regierung. Ministerpräsident Hans Modrow bietet in seiner Regierungserklärung der Bundesrepublik eine weit über den Grundlagenvertrag hinausgehende „Vertragsgemeinschaft" an. Der neugewählte Vorsitzende der NDPD, Günter Hartmann, geht weiter und spricht von einer deutschen Konföderation.

17. November: Das Ministerium für Staatssicherheit wird in Amt für Nationale Sicherheit umbenannt.

19. November: Am zweiten Wochenende nach dem Fall der Mauer besuchen *ADN* zufolge über drei Millionen DDR-Bürger die Bundesrepublik und West-Berlin.

20. November: In Leipzig gehen 250.000 Menschen auf die Straße. Die lauteste Parole heißt jetzt „Deutschland – einig Vaterland".

22. November: Das SED-Politbüro erklärt sich bereit, nach polnischem Beispiel mit den Blockparteien sowie Vertretern der Bürgerbewegung und der neuen Parteien einen Runden Tisch zu bilden.

23. November: Im Ost-Berliner Kino „International" wird der seit 1966 verbotene Film *Spur der Steine* von Frank Beyer gezeigt. Auch Hauptdarsteller Manfred Krug kommt.

26. November: Namhafte Intellektuelle wie Christa Wolf und Stefan Heym sowie Reformer wie Konrad Weiß und Friedrich Schorlemmer fordern in dem Aufruf *Für unser Land*, die Eigenständigkeit der DDR zu bewahren.

28. November: Bundeskanzler Kohl verkündet im Bundestag seinen Zehn-Punkte-Plan. Binnen fünf bis zehn Jahren sollen konföderative Strukturen zur Wiedervereinigung führen.

Manfred Krug (l.) und der Staatsratsvorsitzende Egon Krenz am 23. November 1989 im Kino „International" bei der Wiederaufführung des 1966 verbotenen Films *Spur der Steine* von Frank Beyer nach dem Roman von Erik Neutsch.

„Helmut, kauf' uns auf, ehe es zu spät ist"

In Plauen vollzieht sich der Schwenk zur Einheit

Was nicht berichtet wird, hat nicht stattgefunden – jedenfalls nicht in den Augen der Öffentlichkeit. Das weiß auch Anneliese Saupe aus der sächsischen Stadt Plauen, obwohl oder vielleicht, weil sie schon 77 Jahre alt ist. Deshalb nutzt die Rentnerin, die wegen ihrer christlichen Überzeugung schon 1958 aus dem staatlichen Schuldienst entfernt worden ist, den Vorteil ihres Alters. Als Rentnerin darf sie nahezu uneingeschränkt die DDR verlassen. Kontrolliert wird aber auch sie, und deshalb ist es ein beträchtliches Risiko, als sie am 10. Oktober 1989 zum ersten Mal zur Redaktion der Tageszeitung in Hof genau auf der anderen Seiten des Todesstreifens aufbricht. Denn sie bringt Beweise mit, die eine Sensation dokumentieren: eine Freiheitsdemonstration in der Provinz, eben in Plauen, am 7. Oktober. Um das Material auf jeden Fall sicher in den Westen zu schmuggeln, hat Anneliese Saupe es in ihre Unterwäsche eingenäht. Zwar zittert sie vor Angst, als die DDR-Kontrolleure am Bahn-Grenzübergang Gutenfürst ihre Papiere überprüfen, aber die Stasi-Leute in Grenzer-Uniformen merken ihr nichts an.

In Hof staunt Thomas Hanel, Redaktionsleiter der *Frankenpost*, wenig später nicht schlecht, als ihm plötzlich eine rüstige Frau gegenübersteht und von Ereignissen im kaum 30 Kilometer entfernten Plauen berichtet. Dort sollen viele

Tausende gehen am 7. Oktober 1989 in Plauen für ihre Freiheit auf die Straße.

Tausend Menschen gegen die SED demonstriert, gar „Wir sind das Volk!" skandiert haben? Nichts davon ist bis dahin im Westen bekannt geworden. Hanel glaubt es zuerst nicht. Doch Anneliese Saupe kann nicht nur die Ereignisse am 40. Jahrestag der DDR genau beschreiben, sie hat auch einen belichteten Film mit Fotos dabei. Der Redaktionsleiter räumt kurzerhand die Titelseite seiner Regionalzeitung frei; am folgenden Tag erscheint die *Frankenpost* mit der wichtigsten Überschrift ihrer Geschichte: „Mehr als 15.000 Menschen demonstrieren in Plauen", heißt es am 11. Oktober – eine Meldung, die weltweit Resonanz findet. Zumal vier Aufnahmen zeigen, dass die Demonstration tatsächlich so groß gewesen ist, wie es im Aufmacher heißt, und die Teilnehmer friedlich.

Die Plauener Regionalausgabe der SED-Zeitung *Freie Presse* dagegen schlägt einen ganz anderen Tonfall an. Ihrem Bericht nach sollen „Provokateure von langer Hand" geplant haben, die Feiern zum DDR-Jubiläum zu stören, unter anderem durch einen Schweigemarsch. Außerdem sollen sich bis zu 4000 Menschen, darunter viele Schaulustige, in der Innenstadt versammelt haben. Angeblich hätten sie Scheiben eingeschlagen, ein Auto in Brand gesetzt und „gegen die Staatsordnung der DDR gerichtete Drohungen und Parolen" gebrüllt. Das „besonnene Handeln der Sicherheitsorgane", die „das von den Provokateuren bedrängte Rathaus und die Sicherheit der Bürger schützen", habe „Schlimmeres verhindert". Mit der Wirklichkeit hat diese Darstellung nichts gemein, denn die Staatsmacht hat gegen friedliche Demonstranten Feuerwehrfahrzeuge als improvisierte Wasserwerfer eingesetzt, musste aber mangels Weisungen von oben, aus dem feiernden Ost-Berlin, ihre Bereitschaftspolizei zurückziehen und die Innenstadt räumen. Zum Abschluss haben die Protestierenden: „Wir kommen wieder!" gerufen. Ein Satz, den die SED-Stadtoberen durchaus als Drohung empfinden.

Diese und viele weitere Details dringen erst durch Anneliese Saupe über den Kreis der Beteiligten und Augenzeugen vor Ort hinaus. Fortan berichtet sie der *Frankenpost* nach jeder neuen Demonstration; in Plauen versammeln sich die Menschen immer an Samstagen, nicht wie in Leipzig montags. Saupe läuft verkehrt herum im Protestzug mit und fotografiert, manchmal stellt sie sich auch an den Straßenrand und stenografiert, was sie an Parolen aufschnappt. Einmal wird sie gefragt, ob sie etwa für die Stasi arbeite? Die Rentnerin kann sich ein Lachen nicht verkneifen – informiert sie doch nach jeder Demonstration den „Klassenfeind" jenseits des Eisernen Vorhanges!

Auch am 23. Oktober kommt Anneliese Saupe wieder nach Hof, und diesmal schildert sie, dass zwei Tage zuvor zum ersten Mal ein neues Thema die Demonstration in Plauen dominiert habe: Es geht nicht mehr nur um den Protest gegen die SED-Herrschaft, um Meinungsfreiheit und Reisemöglichkeiten. Nun ist auf einmal die Wiedervereinigung ein Thema: Es werden erste schwarz-rot-goldene Fahnen ohne Hammer, Zirkel und Ährenkranz gezeigt, also westdeutsches Tuch, und sogar Flaggen, aus denen das DDR-Emblem herausgeschnitten worden ist. Das ist eine ultimative Herausforderung für die SED. Saupe schildert den *Frankenpost*-Redakteuren, dass „Klatschen und Jubeln unter der Menge" losgebrochen sei, als diese Symbole ausgerollt wurden.

Nach Angaben der DDR-Agentur *ADN* sollen 20.000, nach Schätzung des örtlichen Neuen Forums bis zu 50.000 Menschen am 21. Oktober auf die Straße gegangen sein – die Wahrheit liegt irgendwo in der Mitte. Die Demonstranten fordern Reisefreiheit und Meinungsfreiheit, der SED-Oberbürgermeister Norbert Martin verspricht den Bürgern eine gerechtere Verteilung von Wohnungen und die baldige Anpassung der Baukapazität der Stadt an die Plauener Probleme, denn die Innenstadt ist in sehr schlechtem Zustand, gebaut werden fast nur Plattenbauten

Anneliese Saupe berichtet vor der *Frankenpost* von den Demonstrationen im nur knapp 30 Kilometer entfernten Plauen.

Spätherbst '89

Feuerwehrfahrzeuge werden als Wasserwerfer eingesetzt, hier zu sehen auf der Rückfahrt von der Bahnhofstraße kommend ins Stadtzentrum, dem sogenannten Tunnel.

am Stadtrand. Solche Zusagen sind Teil einer neuen Strategie der SED: Die Staatspartei versucht, mit der Bevölkerung ins Gespräch zu kommen. Seit dem Rücktritt Honeckers rechnet sich die Funktionärskaste Chancen aus, auf diese Weise die eigene Macht jedenfalls teilweise zu verteidigen. Allerdings muss auch Norbert Martin, seit 1981 im Amt, rasch erkennen, dass er damit keinen Erfolg haben wird. Zu stark ist bei großen Teilen der Menschen der Wunsch nicht nur nach Meinungs- und Reisefreiheit, sondern grundsätzlich nach einem selbstbestimmten Leben. Und so gibt es auf der Plauener Demonstration am 21. Oktober eben auch Plakate, auf denen zu lesen ist: „Helmut, kauf' uns auf, ehe es zu spät ist!" Viel deutlicher kann man den Wunsch nach einer schnellen Wiedervereinigung nicht formulieren.

Zwar stand der Slogan „Wir sind ein Volk" schon auf einem Flugblatt zur Leipziger Montagsdemonstration am 9. Oktober, doch mit der Einheit hatte dieses Schlagwort noch nichts zu tun. Die Botschaft dieses Blattes war vielmehr an die Volkspolizisten und NVA-Soldaten gerichtet, die an diesem Tag von der SED zusammengezogen wurden, um die Demonstration zu zerschlagen. Sie sollte ihnen klar machen, dass Demonstranten und Sicherheitskräfte zum selben Volk gehören. Formuliert hat den Satz Thomas Rudolph vom oppositionellen Arbeitskreis Gerechtigkeit. Er will damit deutlich machen, dass „diejenigen, die zwangsweise gerade beim Militär sind, jetzt in der Gefahr stehen, gegen die Bevölkerung vorzugehen". Doch nicht alle in dem Arbeitskreis sehen das so: Kann man, ja darf man sich tatsächlich unmittelbar so an die uniformierte Staatsmacht wenden?

Nach dieser ersten Verwendung der Variante des bekannteren „Wir sind das Volk" verschwand die Parole zuerst wieder. In Jena soll sie zwar am 16. Oktober verwendet worden sein, doch die akribischen Berichterstatter der Stasi haben das nicht in ihren Berichten verzeichnet, im Gegensatz zu anderen Slogans. Erstmals in Plauen vollzieht sich am 21. Oktober der Wandel, den Anneliese Saupe und die *Frankenpost* dokumentieren, und fortan setzt sich der Ruf „Wir sind ein Volk" rasch durch. In der neuen Bedeutung des einen, einigen deutschen Volkes in Ost und West.

„Helft euch selbst"

Der neue SED-Chef sucht Rückhalt bei Gorbatschow – und wird enttäuscht

Veränderungen kündigen sich manchmal schleichend und trotzdem brachial an. Auch die Erkenntnis, dass plötzlich nicht mehr zählt, was lange als unverbrüchlich galt. Besuche der DDR-Führung in Moskau sind von jeher rituell: Öffentlich soll der unzerstörbare Bruderbund demonstriert werden. Als Egon Krenz am 31. Oktober 1989 nach Moskau reist, deutet nichts auf eine Veränderung dieser Tradition hin. Zwar verlangt die DDR-Bevölkerung lautstark Reformen und zunehmend die Deutsche Einheit. Und Krenz hat die neuesten Wirtschaftszahlen im Gepäck, wonach seinem Staat die Zahlungsunfähigkeit droht. Deshalb will er beim Gespräch mit Michail Gorbatschow am 1. November aus erster Hand erfahren, was der Kreml-Chef mit der DDR vorhat.

Krenz wähnt sich in guter Position. Der neue SED-Generalsekretär ist am 24. Oktober von der DDR-Volkskammer zum Staatsratsvorsitzenden und zum Vorsitzenden des Nationalen Verteidigungsrates gewählt worden. Wie einst Honecker vereint er damit alle Macht im Staate. Es hat zwar erstmals Gegenstimmen und Stimmenthaltungen gegeben – jeweils 26. Aber das kann Krenz auch als Zeichen der neuen Zeit verkaufen, als Beleg der politischen „Wende", die er per TV-Ansprache ausgerufen hat.

Allerdings hat Krenz in einer Sitzung der SED-Fraktion unmittelbar vor seiner Wahl erfahren, wie verunsichert die Parteibasis ist und wie groß der Druck aus der Bevölkerung. Der Schriftsteller Hermann Kant etwa bittet Volkskammer-Präsident Horst Sindermann um Rat, wie er sich als Abgeordneter zu verhalten habe, wenn er seit Tagen mit Hunderten von Schreiben aus seinem Wahlkreis zu einem bestimmtem Verhalten aufgefordert werde und zur gleichen Zeit in anderen Pflichten gegenüber seiner Partei stehe?

Eine Abgeordnete nimmt die Kritik der *Leipziger Volkszeitung*, dass die Volkskammer die aktuellen Probleme noch immer nicht beraten habe, zum Anlass, in die Runde zu werfen: „Genossen, den Vorwurf dürfen wir nicht auf uns sitzen lassen." Es gehe „vielen darum, dass die Partei die führende Rolle behält, dass der Sozialismus eine feste Basis hat. Und dazu brauchen wir auch sozialistische Demokratie. Wir müssen den Mut haben, das zu praktizieren. Und dazu müssen wir darüber nachdenken, dass in diesen Funktionen doch auch eine Gewaltenteilung möglich ist."

Dagegen erhebt sich sofort Widerspruch: Gewaltenteilung könne man sich jetzt schon gar nicht leisten. Ein langjähriges SED-Mitglied meint, wer unter die Räder komme, sei selber schuld. Und rät zu radikalen Mitteln: „Ich würde die Waffe ziehen. Ich lasse mich nicht totschlagen, ein Kommunist von einem Konterrevolutionär." Die aufgeheizte Stimmung kann Egon Krenz schließlich beruhigen. „Ich verstehe die Emotionen, die ausgedrückt worden sind. Keiner möge mir unterstel-

Die SED-Basis ist nach der Machtübernahme durch Egon Krenz verunsichert und sieht dringende Fragen der Bevölkerung weiterhin ungeklärt. Auch der Schriftsteller und Präsident des Schriftstellerverbands der DDR, Hermann Kant (r.), steht als Abgeordneter zwischen den konkreten Anliegen der Wähler und dem Anspruch seiner Partei.

len, dass ich nicht selbst auch Emotionen hätte. Es ist keine einfache Sache, in dieser schweren Zeit eine solche Verantwortung zu übernehmen." Er werde es trotzdem tun, aber zugleich macht der Parteichef klar, dass es Grenzen gebe: „Wir müssen unsere führende Rolle besser wahrnehmen, wir sind nicht bereit, sie abzugeben."

Eine Woche später sitzt Krenz dem Mann gegenüber, der ihm Garantien geben soll. Doch kann und will Gorbatschow das? Eine Zusicherung auf Hilfe unter allen Umständen und für alle Zeit? Krenz kommt Gorbatschows Politik widersprüchlich vor, vor allem dessen Äußerungen zur Zukunft Europas. Sie machen auf ihn den Eindruck, als rede da ein Träumer. Zunächst erinnert Gorbatschow seinen Gast an die Gefahr für jene, die mit den Veränderungen nicht Schritt halten: „Wir haben schon in Berlin gesagt, dass man stets verliert, wenn man zurückbleibt." Es sei gut, dass „ihr die Notwendigkeit des Dialogs erkannt habt, sonst kann eine ernsthafte Partei nicht handeln". Man dürfe sich vor dem eigenen Volk nicht fürchten, auch wenn die Veränderungen so manchen Genossen „in einen Zustand der Niedergeschlagenheit" versetzten. Krenz räumt ein, dass sich viele Probleme über Jahre angehäuft hätten. Propaganda und Realität in der DDR klafften weit auseinander, weshalb die Partei das Vertrauen des Volkes zu verlieren begonnen habe. Noch besäße man kein Konzept für die Lösung dieser Probleme.

Mit aller Kraft sucht Krenz einen gemeinsamen Ausgangspunkt für das Gespräch, das so zäh beginnt. Vielleicht abschätzige Bemerkungen über Honecker? Gorbatschows Abneigung gegen den gestürzten SED-Chef ist bekannt. Also schildert Krenz, wie sehr Honecker sich gegen Veränderungen gesperrt habe. Als der KPdSU-Generalsekretär einschiebt, Honecker sei auch ihm in letzter Zeit so erschienen, „als sei er blind", beeilt sich Krenz, beizupflichten: Honeckers Realitätsverlust habe sich wahrscheinlich genau mit dem Aufstieg Gorbatschows 1985 vollzogen, „weil er sich für den dynamischsten politischen Führer hielt".

Ein Hilferuf und ein letzter Versuch, das Ruder nicht aus der Hand geben zu müssen: SED-Generalsekretär und Staatschef der DDR Egon Krenz in herzlicher Umarmung mit dem sowjetischen Staats- und Parteichef Michail Gorbatschow anlässlich einer Unterredung in Moskau am 1. November 1989.

Dann kommt der Gast auf die wirtschaftliche Lage zu sprechen. Wenn er die Wahrheit über die DDR-Volkswirtschaft auf der nächsten ZK-Tagung darlege, dann könne dies einen Schock mit schlimmen Folgen auslösen. In der Sowjetunion sei die Situation bekannt, unterbricht Gorbatschow und fügt hinzu, woher er die Informationen habe: aus der Bundesrepublik. Krenz wundert sich, dass Moskau offenbar mit Bonn über die DDR spricht, und ahnt, dass die sowjetische Loyalität für den sozialistischen Bruder schwindet. Fahrig präsentiert er die mitgebrachten Zahlen. Die Auslandsverschuldung der DDR werde bis Ende 1989 auf 26,5 Milliarden US-Dollar wachsen, das Defizit zwischen Einnahmen und Ausgaben betrage 12,1 Milliarden US-Dollar. An Zinsen müssten 4,5 Milliarden US-Dollar gezahlt werden – 62 Prozent der jährlichen Exporterlöse der DDR.

All die Zahlen laufen auf dasselbe Problem hinaus: Was soll die SED tun? Da zeigt sich Gorbatschow überfragt. Er schlägt vor, der DDR-Bevölkerung mitzuteilen, man habe in den letzten Jahren über die eigenen Verhältnisse gelebt. Außerdem solle man die Ost-Mark auf dem Markt konvertierbar machen. Doch das würde zu einem Einbruch des Lebensstandards führen und Krenz' politisches Ende bedeuten – also streicht er diese Idee gleich wieder. Wenigstens kann er Gorbatschow die Zusage abringen, dass die Sowjetunion an den Rohstofflieferungen festhalten wird. Doch dann klagt der KP-Chef über die Schulden Ungarns und Polens, die längst vom Internationalen Währungsfonds abhängig sind: „Es ist absurd anzunehmen, die Sowjetunion könne 40 Millionen Polen aushalten."

Krenz erkennt, was das heißt: Helft euch selbst. Doch er unternimmt noch einen Versuch: „Für die SED bleibe es das Entscheidende, den Gleichklang der Herzen mit der KPdSU und der UdSSR wieder herzustellen", schmeichelt er und möchte wissen, welchen Platz der Kremlchef der DDR und der Bundesrepublik in seinen Plänen von einem gemeinsamen europäischen Haus zuweise. Schon das Verb „zuweisen" zeigt, wie Krenz denkt. Er versucht auch, witzig zu sein. Man gehe davon aus, dass die DDR das Kind der Sowjetunion sei, „und anständige Menschen anerkennen stets ihre Kinder" und stünden zu ihrer Vaterschaft. Während übersetzt wird, beobachtet er Gorbatschow,

„Helft euch selbst"

der leise einen Satz vor sich hin murmelt. Krenz glaubt ein russisches Sprichwort zu verstehen, das sinngemäß lautet: „Wie lang sich die Schnur auch windet, es kommt doch ein Ende."

Die direkte Frage, ob die Sowjetunion für die Deutsche Einheit sei, stellt der SED-Chef lieber gar nicht erst. Gorbatschow berichtet von Konsultationen mit den USA, Frankreich, Großbritannien und Willy Brandt; sie alle hielten eine Vereinigung ebenfalls nicht für aktuell, obwohl die Bundesrepublik in vielem bereit sei, der Sowjetunion entgegenzukommen, „im Austausch für unsere Mitwirkung bei der Vereinigung Deutschlands". Krenz erkennt, dass Moskau offenbar auch zu diesem Thema schon mit allen Seiten geredet hat – nur nicht mit der DDR. Gorbatschow erwähnt, dass er engere Beziehungen zur Bundesrepublik anstrebe, ein Dreieck DDR-Bundesrepublik-Sowjetunion. Und er dringt auf Erleichterungen beim Reiseverkehr. Offenbar sieht Gorbatschow in einer engen Zusammenarbeit beider deutschen Staaten die einzige Chance für die DDR – und für sich.

Eine ähnliche Haltung spürt zur gleichen Zeit ZK-Mitglied Günter Sieber, Leiter der Abteilung Internationale Verbindungen, als er mit Valentin Falin spricht, dem Deutschland-Experten im Moskauer ZK. Sieber erinnert an die Bitte der SED um Austausch von „Spezialisten der verschiedensten gesellschaftlichen Bereiche". Doch Falin blockt ab: Die sowjetischen Genossen seien gegenwärtig im eigenen Land sehr gefordert. Falin rät der DDR zur strikten Sparsamkeit, zur Verkleinerung der Nationalen Volksarmee sowie zu Kürzungen bei Polizei- und Sicherheitsorganen. Dann fragt er überraschend, welche Gedanken es in der DDR zur Möglichkeit gebe, West-Berlin in eine Art Hongkong oder Singapur zu verwandeln. Das böte doch Perspektiven zum Erschließen von Devisen: „Es könnte doch direkt an der Grenze oder in West-Berlin oder in der DDR etwas entwickelt werden, was die ganz besonderen ökonomischen Interessen der Stadt sichert und für die DDR eine ständige Quelle für Geld, Technologien, Erfahrungen und Erzeugnisse sein kann." Wieder die Botschaft: Helft euch selbst!

Nach den Treffen fertigt Krenz für die Politbüromitglieder daheim eine 42-seitige Zusammenfassung seines Gesprächs und versieht sie handschriftlich mit dem Vermerk „streng geheim". Darin steht nichts von seinen Zweifeln an Gorbatschow. Auch eine Passage zu Stasi-Chef Erich Mielke fehlt, dessen Bitte um Pensionierung Krenz laut dem Protokoll der Sowjets bedauert hat, „denn er ist mein Freund, sozusagen mein Vater". Vielmehr strotzen die Seiten seiner Zusammenfassung von sozialistischen Floskeln und alten Feindbildern. Auch in den Passagen des Kreml-Chefs. Richtiger liegen einige Genossen der SED-Delegation: Als Egon Krenz sich noch in Moskau mit ihnen austauscht, äußern sie, Gorbatschows sozialistischer Bruderkuss zur Begrüßung sei wohl ein Judaskuss gewesen.

Seit Monaten schon lotet Gorbatschow das Verhältnis zur Bundesrepublik und die Möglichkeiten einer engeren Zusammenarbeit aus. Mit dem Zug reist der sowjetische Staats- und Parteichef während seines Staatsbesuchs im Juni 1989 von Bonn nach Dortmund, um vor mehreren Tausend Stahlarbeitern der Hoesch AG zu sprechen. Während der Zugfahrt scheinen sich Gorbatschow, ein Dolmetscher, der nordrhein-westfälische Ministerpräsident Johannes Rau und Alt-Bundeskanzler Willy Brandt bestens zu verstehen.

Spätherbst '89

„Rücktritt ist Fortschritt"

Die erste genehmigte Demonstration in der DDR wird zum Erfolg

Große Demonstrationen brauchen viel Platz. Am besten Straßen, die dafür hergerichtet sind, auf denen es also möglichst wenig Stolperfallen gibt, außerdem leistungsfähige öffentliche Verkehrsmittel, um die Menschenmassen hin- und wieder abzutransportieren. Der Alexanderplatz und die angrenzenden Straßen sind perfekt geeignet für Kundgebungen. Hier finden regelmäßig, immer zum 1. und zum 8. Mai sowie zum 7. Oktober, große Umzüge statt, mit denen die SED-Führung sich feiern lässt. Die Teilnehmer, immer mehrere Hunderttausend, sind in der Regel von ihren Betrieben und Organisationen abgeordnet, um an der Parteispitze vorbeizudefilieren. Am 4. November 1989 ist das anders; an diesem Samstag kommen die Menschen, die scharenweise auf dem Vorzeigeplatz der „sozialistischen Hauptstadt" zusammenströmen, ganz freiwillig.

Zwischen 200.000 und einer Million Menschen sollen es sein; die Schätzungen variieren stark. Es sind Junge und Alte, darunter auch ganze Familien mit Kinderwagen. Anfangs ist die Stimmung noch angespannt. Zwar hat die Staatsmacht schon seit dem 9. Oktober in Leipzig nicht mehr zu offener Gewalt gegriffen, aber es hat auch noch keine Demonstration solcher Größe in unmittelbarer Nähe der SED-Zentrale am Werderschen Markt und des Palastes der Republik gegeben. Nicht uniformierte Volkspoli-

Es ist die erste Kundgebung ihrer Art: Protestdemonstration in Ost-Berlin am 4. November 1989, veranstaltet von Kunst- und Kulturschaffenden der DDR.

zisten oder NVA-Soldaten wie bei den üblichen SED-Kundgebungen laufen mit, sondern viele freiwillige Ordner; sie tragen gelbgrüne Schärpen, auf denen „Keine Gewalt" steht. Die allermeisten Demonstranten hoffen, dass diese Botschaft ankommt.

Aufgerufen zu dem Treffen haben zahlreiche Mitarbeiter der Ost-Berliner Theater, in deren Kantine auch beraten worden ist, wer auf der Kundgebung sprechen soll. Der Schauspieler Ulrich Mühe etwa findet es „beschämend, dass die Menschen in Leipzig seit Wochen an jedem Montagabend auf die Straße" gehen, „während hier an der Spree nichts Derartiges" geschehe. Die Initiatoren verbinden mit dem Aufruf ein klares Bekenntnis: für Reformen in der DDR, also gegen eine schnelle Vereinigung mit der Bundesrepublik. In diesem Sinne ist auch der Antrag auf Genehmigung der Demonstration formuliert, der Mitte Oktober beim Polizeipräsidenten eingereicht und dem nach neun Tagen stattgegeben worden ist. Es ist die erste Kundgebung in der DDR überhaupt, die offiziell zugelassen worden ist, obwohl sich keine der zahlreichen SED-Organisationen daran beteiligt.

Um zehn Uhr vormittags beginnt der Zug, sich durch das Ost-Berliner Zentrum zu bewegen. Anderthalb Stunden später ist die weite Fläche zwischen Bahnhof Alexanderplatz und Karl-Marx-Allee dunkel vor Menschen. Hier soll die Abschlusskundgebung stattfinden, von einem Lastwagen mit Lautsprechern herab. Eine Tribüne zu benutzen wie die SED-Führung bei ihren rituellen Großdemonstrationen kommt für die Theatermitarbeiter nicht infrage. Mit der Volkspolizei haben die Initiatoren eine „Sicherheitspartnerschaft" vereinbart; das Wort ist aus dem Westteil der Stadt entlehnt. Gemeinsam will man Ausschreitungen verhindern – deshalb die Ordner mit ihren Schärpen, deshalb die Bitte an alle Teilnehmer, ruhig und besonnen zu bleiben.

Inzwischen glauben die meisten, dass die Staatsmacht die Demonstranten tatsächlich gewähren lassen wird. Viele haben vorbereitete Transparente herausgeholt, die sie nun selbstbewusst zeigen; niemand fürchtet noch, dass Greiftrupps der Stasi kommen, die Demonstrationsplakate wegreißen und ihre Träger festnehmen werden. Dabei sind die Botschaften deutlich, mitunter provozierend. „Eure Politik ist zum Davonlaufen" heißt es etwa, oder: „Wir wollen endlich Taten sehen, sonst sagen wir auf Wiedersehen". Direkt gegen die alt-neue Führung der SED richtet sich der Spruch „Rücktritt ist Fortschritt". In dieselbe Kerbe schlägt die Parole „Das Volk sind wir, gehen sollt ihr", und ein anderes Plakat formuliert gewitzt: „Mein Vorschlag für den 1. Mai – die Führung zieht am Volk vorbei!"

Auf den Transparenten der Teilnehmer werden auch konkrete Ziele formuliert. Die Demonstranten fordern freie Wahlen: Das Volk will seine Macht zurück.

Eher konkret sind Botschaften wie „Freie Presse für freie Menschen" oder „Tag der offenen Tür in Wandlitz". Unter dem stilisierten Händedruck des SED-Parteisymbols steht auf einem kleinen Plakat schlicht „Tschüss", und unter einer Karikatur von Egon Krenz als Wolf mit Oma-Mütze aus dem Märchen Rotkäppchen hat der angehende Bühnenbildner Joachim Damm hintersinnig geschrieben: „Großmutter, warum hast du so große Zähne?"

Die Initiatoren sind eindeutig für einen reformierten Sozialismus; die Eröffnungsrednerin, die 64-jährige Schauspielerin Marion van de Kamp, begrüßt deshalb auch ausdrücklich alle „Mitdenker und Hierbleiber". Als die Kundgebung beginnt, heißt es klar, dass Meinungsfreiheit praktiziert werden soll – weshalb neben den Initiatoren und Bürgerrechtlern auch Vertreter der SED zu Wort kommen werden. Insgesamt 26

Spätherbst '89

Genau vier Wochen zuvor ist das Volk an der Parteispitze vorbei defiliert, am 4. November 1989 stehen die Bürger allein im Mittelpunkt. Unter dem Motto „Keine Gewalt" wird die friedliche Herbstrevolution fortgesetzt.

Redner sprechen in den folgenden drei Stunden, darunter ist auch Gregor Gysi, oberster Rechtsanwalt der DDR und eng im Kontakt mit Zentralkomitee und Stasi. Er „beglückwünscht" die Teilnehmer „zu dieser größten Demonstration in der Geschichte der DDR". Allerdings gratuliert er nicht nur den Protestierenden, sondern auch „dem Präsidium der Volkspolizei Berlin". Dann wirbt Gysi um Verständnis für Egon Krenz, obwohl der neue SED-Generalsekretär noch vor wenigen Monaten die gewaltsame Niederschlagung der Demonstrationen in Peking gelobt hat. Beschwörend sagt Gysi, er wisse, „dass Egon Krenz am 9. Oktober 1989 in Leipzig die Hauptverantwortung für die Entscheidung trug: chinesische Lösung oder demokratische Wende. Und er entschied sich für die zweite Alternative, obwohl er noch nicht wusste, ob dies die Billigung der Führung am nächsten Tag finden würde. Damit hat er einen Beitrag zur Rettung dieses Landes geleistet. Diese Tat wiegt für mich schwerer als die früheren Worte." Auch der langjährige, 1986 aus dem Amt geschiedene Chef der DDR-Auslandsspionage Markus Wolf darf reden – doch seine Worte werden von Sprechchören und Pfeifkonzerten unterbrochen. Er hat von seinem früheren Vorgesetzten Erich Mielke erfahren, dass die Initiatoren der Demonstration über eine Einladung an ihn diskutiert haben, und zwar mehrere Tage, bevor das Angebot dann tatsächlich ausgesprochen worden ist.

Ohnehin hat die Stasi kräftig mitorganisiert. So haben Mielkes Mannen zu verhindern gewusst, dass der 1976 ausgebürgerte Dissident Wolf Biermann bei der Kundgebung auftritt. Noch viel wichtiger aber sind der Geheimpolizei zwei weitere Punkte. Die erste Maßnahme zeigt allerdings keinen nennenswerten Erfolg: nämlich der Versuch, die Parolen auf Plakaten zu beeinflussen und „Provokationen, die das Ansehen von Partei, Staat und Staatsorganen schädigen" zu verhindern. Zwar tragen einige Teilnehmer Plakate mit sich, die eindeutig im Sinne der SED-Spitze um Krenz und Günter Schabowski sind, etwa „Parteikonferenz – jetzt!" oder eine neue Deutung für das Parteikürzel: „SED = selbstkritisch, engagiert, demokratisch". Doch spielen diese relativ wenigen Plakate in

„Rücktritt ist Fortschritt"

der Wahrnehmung der Teilnehmer und auch der westlichen Medien praktisch keine Rolle.

Dafür schafft es die Stasi, den größtmöglichen Zwischenfall zu vermeiden: einen Sturm auf die innerstädtische Grenze. Krenz hat zwar vor der Demonstration Gorbatschow versprochen, er werde auf keinen Fall Polizei gegen die Demonstranten in Marsch setzen, sofern jedoch, so der SED-Chef, „ein Massendurchbruch durch die Mauer versucht werde, müsste die Polizei eingesetzt und müssten gewisse Elemente eines Ausnahmezustandes eingeführt werden". Dafür ist das Kommando der DDR-Landstreitkräfte in Alarmzustand versetzt worden. Um eventuelle Durchbrüche zu verhindern, stellen Grenztruppen und Volkspolizei an Übergängen und neuralgischen Punkten wie dem Brandenburger Tor demonstrativ sichtbar militärisch ausgerüstete Kräfte auf. Insgesamt 14 NVA-Hundertschaften stehen als Reserve bereit. Krenz hat sich diese Vorbereitungen sogar am Vorabend vom Politbüro absegnen lassen – er will nicht allein verantwortlich sein, wenn es zur Eskalation kommt. Zur Sicherheit hat er auch eine Standleitung zum sowjetischen Oberkommandierenden in der DDR bestellt und kann notfalls Gorbatschow direkt erreichen.

Der KPdSU-Chef verbringt jedoch einen friedlichen Samstagnachmittag: Die Demonstranten, die dem Aufruf der Theaterschaffenden gefolgt sind, haben nicht vor, die Mauer niederzureißen. Zwar gibt es durchaus Sprechchöre, die auf bessere Reisemöglichkeiten drängen, etwa „Pässe für alle" oder „Visafrei – bis Hawaii". Doch sich diese Freiheit selbst zu nehmen, kommt den Kundgebungsteilnehmern nicht in den Sinn. Als die Rednerliste um 14.30 Uhr abgearbeitet ist, ruft der Moderator dazu auf, möglichst viele Plakate für eine künftige Ausstellung abzugeben und dann geordnet den Alexanderplatz zu verlassen. Die Demonstration ist ein ungeheurer Erfolg für die Initiatoren, die SED und Stasi das Heft des Handelns aus der Hand genommen haben.

Das macht Krenz ratlos; er hat die Übertragung der Demonstration im DDR-Fernsehen angesehen und ruft nun die Mitglieder des SED-Politbüros zusammen, um eine gemeinsame Haltung zu finden. Nach kurzer Diskussion einigt man sich. „Kein Redner hat sich für die Restaurierung des Kapitalismus ausgesprochen", heißt es im Fernschreiben an die SED-Bezirkschefs. Das gilt der Parteiführung inzwischen schon als hervorhebenswert. Wichtig sei zudem, dass Gewalt vermieden worden sei: „Das ist für die Atmosphäre im Land bedeutsam." Der Generalsekretär glaubt noch, die Lage wieder in den Griff bekommen zu können.

Rotkäppchen oder ein Wolf im Schafspelz? Ein Transparent wie dieses, das den SED-Generalsekretär als Märchenfigur darstellt, wäre nur wenige Wochen zuvor noch undenkbar gewesen.

Spätherbst '89

„Tor auf! Tor auf!"

Am 9. November bringen Zehntausende DDR-Bürger die Mauer zum Einsturz

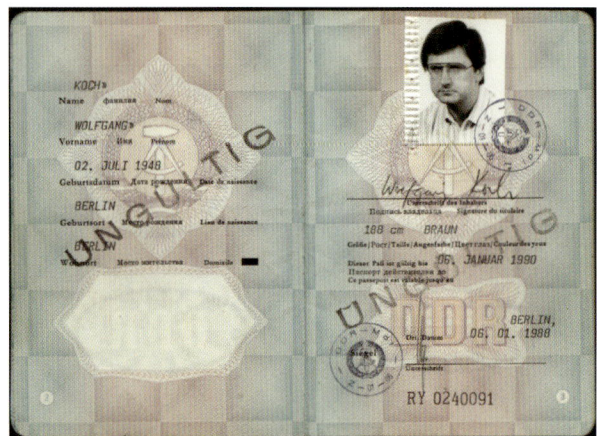

Wolfgang Koch erhält am Morgen des 9. November einen Reisepass und ein Besuchsvisum für die Bundesrepublik – noch am gleichen Abend fällt die Mauer.

Wer Grenzen rechtmäßig überqueren will, braucht meistens Reisedokumente. Das gilt auch für DDR-Bürger. Weil Wolfgang Koch das weiß, hat er einen Pass mit Besuchsvisum für West-Berlin beantragt. Denn die Mutter des 41-Jährigen ist eine Treppe heruntergefallen und liegt verletzt im Krankenhaus Westend. Doch das Hospital liegt, also von Ost-Berlin aus gesehen, auf der anderen Seite der Mauer. Unerreichbar für Koch, jedenfalls ohne Pass und Visum. Ihm pocht das Herz am Morgen des 9. November 1989, bevor er sich auf den Weg zum zuständigen Volkspolizeikreisamt macht, denn er hat sich etwas vorgenommen: Wenn ihm das Visum für 30 Besuchstage in West-Berlin innerhalb der kommenden sechs Monate verweigert werden sollte, will er umgehend einen Antrag auf ständige Ausreise stellen. Ein Risiko, denn er ist Freiberufler, Kabarettist in einem Staat, in dem Witze über Politiker mit Gefängnis bestraft werden können. Stellt er einen Ausreiseantrag, wird ihn das mit großer Wahrscheinlichkeit viele der Engagements seines Reisekabaretts „Berliner Sündikat" kosten. Pünktlich um neun Uhr steht Koch vor dem Dienstzimmer mit dem Schild „Entscheidungsabholung", klopft an und tritt ein. Zu seiner großen Überraschung greift der Volkspolizist hinter dem Tresen in einen Stapel mit blauen DDR-Pässen, holt Kochs Dokument heraus und übergibt es ihm im Austausch gegen den Personalausweis. Berauscht, fast euphorisch verlässt der Kabarettist die Dienststelle. Die neue Reisefreiheit sofort in Anspruch zu nehmen, kommt für ihn aber nicht infrage: Am Abend hat er einen Auftritt in Hoyerswerda, südlich von Cottbus.

An diesem Morgen freut sich auch Angela Merkel, aber eher über einen kleinen Triumph. Die 35-jährige Physikerin stört sich nicht am durchwachsenen Wetter, das für diesen Donnerstag vorhergesagt ist, denn sie hat eine der begehrten Vorverkaufskarten für das Thälmann-Bad ergattert, für vier Mark der DDR. Donnerstagabends wird dort die Sauna angeheizt, und hier zu schwitzen ist für Merkel die perfekte Entspannung. Bei einem guten Aufguss stören weder Schauer noch Böen – nur muss man hineinkommen ins moderne Bad. Weil die Mitarbeiterin am Institut für Physikalische Chemie der Akademie der Wissenschaften in Ost-Berlin aber am Tag zu arbeiten hat, ist der Vorverkauf die einzige Chance, am Saunatag teilzunehmen. Fröhlich bricht sie nach Adlershof auf, zu ihrem Arbeitsplatz. Alles scheint wie immer.

Doch das ist ein Irrtum. Etwa fünf Kilometer südlich von Merkels Wohnung, in der Mauerstraße in Mitte, kommen gegen neun Uhr in Gerhard Lauters Büro im DDR-Ministerium des Inneren vier Juristen zusammen. Der 39-Jährige ist verantwortlich für das Pass- und Meldewesen im SED-Staat. Am Nachmittag zuvor hat der Oberst, der seine Volkspolizei-Uniform ungern trägt, einen besonders eiligen Auftrag erhalten: Er soll eine neue, vorläufige Reiseregelung ausarbeiten. Lauter glaubt aber, dass neue Vorschriften allein für die ständige Ausreise die Erwartungen der meisten DDR-Bürger nicht erfüllen können. Also schlägt er seinen drei Besuchern, darunter zwei

"Tor auf! Tor auf!"

Stasi-Offizieren, vor, den Auftrag der Partei- und Staatsführung eigenmächtig auf die Regelung von „Privatreisen" zu erweitern. Allerdings soll weiterhin kontrolliert werden, sollen Ausreise und Ausflüge auf die andere Seite der Berliner Mauer abhängig bleiben vom Besitz eines Reisepasses, den bisher nur wenige DDR-Bürger haben. Die vier Offiziere beschließen, dem SED-Politbüro und dem Ministerrat eine in Juristendeutsch abgefasste, sehr allgemeine Formulierung vorzuschlagen: „Privatreisen nach dem Ausland können ohne Vorliegen von Voraussetzungen (Reiseanlässe und Verwandtschaftsverhältnisse) beantragt werden. Die Genehmigungen werden kurzfristig erteilt. Versagungsgründe werden nur in besonderen Ausnahmefällen angewandt." Als passenden Zeitpunkt der Veröffentlichung legen Lauter und seine Kollegen den 10. November um vier Uhr morgens fest. So bleibt genug Zeit, die zuständigen Dienststellen der Volkspolizei über die neue Regelung zu informieren. Wirksam werden soll die Reisefreiheit mit Vorbehalt erst am Wochenende und gültig bleiben, bis ein neues, weitergehendes Reisegesetz in Kraft tritt. Am späten Vormittag geben sie ihren Entwurf in den Geschäftsgang – zuerst zum Politbüro der SED, dann an die Regierung.

Parallel verbreiten sich Gerüchte, was die Möglichkeiten zum Reisen betrifft. Wichtige Entscheidungen stünden bevor, heißt es. West-Berlins Regierender Bürgermeister Walter Momper hört gegen Mittag davon; sogar die Worte „Heute Abend geht die Mauer auf" fallen. Woher die Information kommt, bleibt unklar; ebenso, wie zuverlässig sie ist. Der SPD-Politiker, erst seit acht Monaten im Amt, reagiert vorsichtig, warnt aber die für Verkehr und für Inneres zuständigen Senatoren. Alles erscheint denkbar in der DDR, seit Erich Honecker abgetreten ist. Polizei und BVG sollen sich auf den Fall der Fälle vorbereiten. Gleichzeitig geben Mompers Mitarbeiter Tipps an Journalisten weiter. In Hamburg zum Beispiel bekommt Peter Brinkmann von der *Bild-Zeitung* einen Anruf aus der Senatskanzlei, dass sich im anderen Teil der Stadt Wichtiges tue. Der Reporter macht sich sofort auf den Weg nach Ost-Berlin.

An diesem Donnerstag tagt erneut das Zentralkomitee der SED. In einer Raucherpause gegen zwölf Uhr trifft sich das Politbüro zu einer kurzen Besprechung. Während sich die gerade erst neu gewählten Mitglieder des Gremiums bei einer Zigarette kurz entspannen, berichtet Generalsekretär Egon Krenz von der neuen Reiseregelung, die Gerhard Lauter ausgearbeitet hat. Die Hälfte der obersten Parteiführung ist anwesend. Krenz verliest den Entwurf, der noch am selben Tag verabschiedet werden soll. Es gibt nur eine kurze Diskussion, die sich vor allem um die Frage dreht, ob die Regelung mit der Sowjetunion abgestimmt sei? Krenz bestätigt das. Damit ist für die anderen die einzig entscheidende Frage geklärt: Als treue Parteisoldaten wollen sie nicht gegen den Willen des Großen Bruders in Moskau handeln. Auf zusätzlichen Ärger mit Michail Gorbatschow ist keiner aus. Das Politbüro reicht den Entwurf für die neue Reiseregelung mit ganz wenigen Änderungen weiter an den formal zuständigen DDR-Ministerrat. Im Umlaufverfahren sollen die 44 Minister das Papier absegnen, bis 18 Uhr.

Wolfgang Koch ahnt davon nichts, als er sich am frühen Nachmittag mit seinen Kabarettkollegen trifft. Sie wollen gemeinsam nach Hoyerswerda fahren, die kleine Truppe ist für einen Auftritt im „Haus der Berg- und Energiearbeiter" gebucht. Das „Sündikat" soll eine Erfinderkonferenz auflockern; als Muntermacher werden seine Kollegen und er zwischen den Vorträgen die eine oder andere Nummer aus ihrem Programm spie-

Nachdenkliches, sorgenvolles Gesicht: Günter Schabowski, Mitglied des Politbüros der SED und 1. Sekretär der SED-Bezirksleitung Berlin, auf der Pressekonferenz am 9. November 1989, bei der er die Öffnung der Grenze bekanntgibt.

Spätherbst '89

Das DDR-Fernsehen informiert in der Nachrichtensendung *Aktuelle Kamera* am Abend des 9. November um 19.30 Uhr die Bevölkerung über die neue Reiseregelung für DDR-Bürger. Zuvor ist die Pressekonferenz mit SED-Politbüromitglied Günter Schabowski (oben Mitte), der die sensationelle Nachricht bekanntgibt, direkt übertragen worden.

len. Kein schönes Engagement, aber gut bezahlt. Voll Stolz zeigt der Kabarettist auf der Fahrt in die Oberlausitz seinen Mitstreitern den Pass mit dem stempelfrischen Visum.

Völlig normal ist das Überschreiten der Grenzen für den Bundesbürger Peter Brinkmann. Nach der Transitfahrt von Hamburg nach West-Berlin reiht er sich am innerstädtischen Grenzübergang Heinrich-Heine-Straße in die Schlange von Autos nach Ost-Berlin ein. Bei der Kontrolle durch die DDR-Posten fällt ihm nichts Besonderes auf. Was immer sich zusammenbraut – von einer bevorstehenden Öffnung der Grenze gibt es an dem speziell für Westdeutsche eingerichteten Übergang noch keine Anzeichen. Brinkmanns Ziel ist das Internationale Pressezentrum der DDR-Regierung in der Mohrenstraße. Normalerweise werden hier nur langatmige Verlautbarungen verkündet – kaum der Stoff, der Journalisten interessiert. Brinkmann bezweifelt, dass dies heute anders werden soll.

Während das Reisekabarett „Sündikat" in zwei Trabants gen Hoyerswerda rollt und Peter Brinkmann im Pressezentrum Gerüchte aufzuschnappen versucht, informiert Egon Krenz das ZK über die neue Reiseregelung. Der Generalsekretär unterbricht die Tagesordnung des strikt geheim tagenden Gremiums: „Was wir auch machen in dieser Situation, wir machen den falschen Schritt." Dann trägt der SED-Chef Punkt für Punkt den Entwurf vor, einschließlich der Frist 10. November 1989 für die Veröffentlichung. Aber Krenz geht davon aus, dass sich die Reiseregelung auf die ständige Ausreise von DDR-Bürgern beziehe – die Bedeutung der Formulierung über die „Privatreisen" hat er übersehen. Nach kurzer Diskussion beschließt das Zentralkomitee einen minimal abgeänderten Entwurf. Die meisten ZK-Mitglieder sind im Saal; ein wichtiger Funktionär fehlt allerdings: Günter Schabowski.

In Hoyerswerda beginnen Wolfgang Koch und sein Ensemble, ihren Auftritt vorzubereiten. Dabei hören sie den Vortrag eines Erfinders mit, der die Produktion einer neu konstruierten Kaffeemaschine vorschlägt, die aus weniger Bohnen mehr Kaffee bereiten soll. Braucht man angesichts solcher Vorschläge ein professionelles Unterhaltungsprogramm überhaupt? Immerhin gibt es Kaffee im Überfluss, allerdings muss man dazu auf die andere Seite der Mauer gelangen. Dafür braucht man als DDR-Bürger einen Pass mit Visum. Oder man hat Verwandte, die Kaffee ins Westpaket packen.

Gegen 18 Uhr betritt Günter Schabowski den Saal des DDR-Pressezentrums. Als Sprecher des SED-Politbüros soll der frühere Chefredakteur des Parteiorgans *Neues Deutschland* von der ZK-Sitzung berichten. Doch mehr als eine Dreiviertelstunde lang ergeht er sich in üblichen SED-Floskeln. *Bild*-Reporter Brinkmann ist enttäuscht, ja gelangweilt. Er will wissen, was an den Gerüchten über eine neue Reiseregelung dran ist. Ein zuvor bekannt gewordener Entwurf ist in der Bevölkerung auf einhellige Ablehnung gestoßen. Doch als er das Mikrofon bekommt, ist er zu aufgeregt, um danach zu fragen. Ein Anfängerfehler, eigentlich. Die Pressekonferenz neigt sich nach 50 Minuten ihrem Ende zu. Wird noch etwas Berichtenswertes passieren? Da kommt der italienische Korrespondent Riccardo Ehrman an die Reihe. Er ist zu spät gekommen, hat keinen Sitzplatz mehr gefunden, also verfolgt er die Pressekonferenz kauernd vom Rande des Podiums. Er hat am Nachmittag einen Tipp erhalten: Er solle doch nach dem Entwurf des Reisegesetzes fragen.

Genau um 18.52 Uhr formuliert Ehrman in ungelenkem Deutsch: „Herr Schabowski, Sie haben von Fehler gesprochen. Glauben Sie nicht, dass es war ein großer Fehler, diesen Reisegesetzentwurf, das Sie haben jetzt vorgestellt vor wenigen Tagen?" Schabowski reagiert instinktiv. Ein Mitglied des Politbüros wird gefragt, ob die SED einen Fehler gemacht habe? Da kann es nur eine Antwort geben: „Nein, das glaube ich nicht." Gleichzeitig erinnert er sich, dass Krenz ihm doch bei der ZK-Sitzung ein Papier in die Hand gedrückt hat, mit einer neuen Reiseregelung. Er solle es mitnehmen in die Pressekonferenz, hat der Generalsekretär dazu noch gesagt. Doch Schabowski ist nicht dazu gekommen, die Vorlage vor seinem Auftritt zu lesen. Er sucht im dicken Bündel vor sich nach den zwei Blättern und gibt derweil stammelnd floskelhafte Sätze von sich: „Es ist eine Abfolge von Schritten, und die Chance, also durch Erweiterung von Reisemöglichkeiten, die Chance also, durch die Legalisierung und Vereinfachung der Ausreise, die Menschen aus einer, sagen wir einmal psychischen Drucksituation zu befreien – viele dieser Schritte sind ja im Grunde genommen unüberlegt erfolgt."

Diese Sätze bekommt auch Angela Merkel mit. Sie ist nach einem ganz gewöhnlichen Arbeitstag nach Hause gekommen und hat den Fernseher angeschaltet, während sie ihre Sachen für den Saunabesuch zusammensucht. Zu sehen ist Schabowski, der von der künftigen Reiseregelung berichtet, aber darüber wird in der DDR seit Tagen gesprochen, ohne dass bisher viel herausgekommen wäre. Merkel hört mit höchstens einem Ohr hin. Ähnlich geht es Annemarie Reffert. Die Chefanästhesistin am Krankenhaus Gommern-Vogelsang bei Magdeburg hat Rufbereitschaft und sitzt daheim vor dem Fernseher; die Übertragung aus Ost-Berlin läuft. Ein Notfall könnte ihre Ruhe stören, doch sie hofft, dass nichts passieren wird. Schlau wird die 46-jährige Medizinerin aus den Sätzen, die Schabowski von sich gibt, aber auch nicht.

Fast drei Minuten braucht der SED-Sprecher, bis er in seinem Stapel das Papier mit der Reiseregelung endlich gefunden hat. Er macht eine Atempause und setzt neu an: „Allerdings ist heute, soviel ich weiß, eine Entscheidung getroffen worden. Es ist eine Empfehlung des Politbüros aufgegriffen worden, dass man aus dem Reisegesetz den Passus herausnimmt und in Kraft treten lässt, der – wie man so schön oder so unschön sagt – die ständige Ausreise regelt, also das Verlassen der Republik." Und nach einer kurzen Atempause geht es weiter: „Weil wir es für einen unmöglichen Zustand halten, dass sich diese Bewegung vollzieht über einen befreundeten Staat, was ja auch für diesen Staat nicht ganz einfach ist. Und deshalb haben wir uns dazu entschlossen, heute eine Regelung zu treffen, die es jedem Bürger der DDR möglich macht, über Grenzübergangspunkte der DDR auszureisen."

Im Saal ist es unruhig geworden. Viele der versammelten Journalisten haben das Gerücht gehört, es werde eine neue Reiseregelung geben. Ein Reporter ruft Schabowski zu: „Das gilt ...", ein anderer: „Ab wann tritt das ..." Gleichzeitig hakt Ehrman nach: „Ohne Pass?" In diese Unruhe hinein stellt Peter Brinkmann, dessen Stimme weit trägt, eine klare Frage: „Ab sofort?" Schabowski ist überrascht und verwirrt. Er spricht die Vertreter der Weltpresse als „Genossen" an und fährt fort: „Mir ist das hier also mitgeteilt worden, dass eine solche Mitteilung heute schon verbreitet worden ist. Sie müsste eigentlich in ihrem Besitz sein." Es ist genau 18.57 Uhr. Vom Blatt liest der Spitzenfunktionär die Sätze über „Privatreisen" ab, die Gerhard Lauter und seine drei Offizierskollegen am Vormittag aufgeschrieben haben: „Privatreisen nach dem Ausland können ohne Vorliegen von Voraussetzungen (Reiseanlässe und Verwandtschaftsverhältnisse) beantragt werden. Die Genehmigungen werden kurzfristig erteilt. Versagungsgründe werden nur in besonderen Ausnahmefällen angewandt." Zahlreiche Reporter spüren, dass sie gerade etwas sehr Wichtiges erleben. Aber was genau? Gilt die eben verkündete neue Reiseregelung wirklich ab sofort? Schabowski reagiert auf die Nachfragen nervös: „Das tritt nach meiner Kenntnis ... ist das sofort, unverzüglich."

Peter Brinkmann ruft: „Gilt das auch für Berlin-West?" Wieder weiß der SED-Mann nicht, was er antworten soll, und schaut in seine Papiere: „Also, doch, doch ..." und liest ab: „Die ständige Ausreise kann über alle Grenzübergangsstellen der DDR zur BRD beziehungsweise zu Berlin-West erfolgen." Verunsichert beendet er nun die Pressekonferenz rasch – er hat dem US-Sender *NBC* ein persönliches Interview versprochen. Es ist 19.01 Uhr. Wie die meisten

Spätherbst '89

Die Menschen liegen sich in den Armen, die Freude ist in der Nacht vom 9. auf den 10. November unfassbar. Die West-Berliner empfangen ihre Mitbürger aus Ost-Berlin mit Applaus.

Journalisten im Saal des Pressezentrums ist auch Peter Brinkmann unschlüssig. Was hat er gerade erlebt? Ist das wirklich wahr? Und was bedeutet die neue Reiseregelung tatsächlich? Fällt jetzt die Berliner Mauer? Am schnellsten fängt sich der Vertreter der britischen Agentur *Reuters*. Nur eine Minute nach dem Ende der Pressekonferenz gibt der deutsche Dienst seines Unternehmens bereits die erste Eilmeldung heraus: „Ausreise über alle DDR-Grenzübergänge ab sofort möglich – Schabowski" lautet der Text schlicht. Unmittelbar darauf reicht *Reuters* Details nach: „Ausreisewillige DDR-Bürger können ab sofort über alle Grenzübergänge der DDR in die Bundesrepublik Deutschland ausreisen. Das teilte SED-Politbüromitglied Günter Schabowski am Donnerstagabend vor Journalisten in Ost-Berlin mit. Schabowski sagte, die Ausreisewilligen bräuchten nicht mehr den Umweg über die Tschechoslowakei zu nehmen. Die zuständigen Ämter der Polizei seien angewiesen worden, Visa für die Übersiedlung sofort auszustellen." Um 19.04 Uhr sendet die wichtigste westdeutsche Agentur, *dpa*, ihre erste Vorrangmeldung: „Von sofort an können DDR-Bürger direkt über alle Grenzstellen zwischen der DDR und der Bundesrepublik ausreisen." Auch in Ost-Berlin reagiert man schnell. Bei *ADN* liegt der vollständige Text der neuen Reiseregelung sendefertig bereit. Eigentlich sollte diese Meldung erst am kommenden Morgen um vier Uhr verschickt werden.

Doch da Schabowski die Sperrfrist außer Kraft gesetzt hat, lösen die Redakteure die Sendung jetzt bereits aus. Damit liegt binnen weniger Sekunden der genaue Text der Verlautbarung bei Dutzenden Agenturen, Zeitungsredaktionen und Fernsehsendern vor.

Angela Merkel hat Schabowski zugehört, aber sie glaubt nicht, dass diese Verlautbarung Folgen haben wird. Trotzdem greift sie zum Telefon und ruft ihre Mutter an: „Wenn die Mauer auf ist, gehen wir Austern essen im Kempinski", sagt sie – ein Familienscherz, der die Hoffnungen auf eine Änderung des DDR-Grenzregimes karikiert. Ein wenig Hoffnung macht sie sich aber doch, denn sie schiebt nach: „Vielleicht ist es bald soweit ..." Anders reagiert Annemarie Reffert: „Habe ich mich jetzt verhört?", fragt sie laut und schaltet vom DDR-Fernsehen auf die *Heute*-Nachrichten des *ZDF* um. Dort wird aber erst um 19.17 Uhr die leicht redigierte Tickermeldung ins Studio gereicht. Das hört Angela Merkel schon nicht mehr. Sie hat sich nach dem Telefonat mit ihrer Mutter ihre Tasche mit den Saunatüchern geschnappt und auf den Weg ins Thälmannbad gemacht. Sie ist verabredet mit knapp einem Dutzend anderer Frauen. Die Magdeburger Ärztin dagegen schaltet um 19.30 Uhr zur *Aktuellen Kamera* um. Auch die offizielle DDR-Nachrichtensendung meldet die neue Reiseregelung, jedoch in der ausführlicheren *ADN*-Version. „Das würde ich jetzt am liebsten ausprobieren", ruft Reffert spontan. Ihre Tochter Juliane, die ein Abenteuer wittert, stimmt zu: „Lass uns fahren." Während die Familie noch diskutiert, ob man wagen solle, was bisher unmöglich war, blendet die *ARD-Tagesschau* den Schriftzug „DDR öffnet Grenze" ein. Es ist 20 Uhr.

Zur selben Zeit betritt Angela Merkel die voll aufgeheizte Sauna und kommt schnell ins Schwitzen. Für einige Redakteure der linken *Tageszeitung*, die gerade noch ein Feierabendbier genossen haben, geht es ähnlich heiß zu. Aber ganz ohne Sauna. Sie überschreiten den weißen Strich, der quer über die Friedrichstraße, am Checkpoint Charlie, die Grenze zwischen West-Berlin und der DDR markiert, betreten die ausgedehnte Kontrollstelle und werden höflich, aber bestimmt zurückgewiesen. Die *taz*-Redakteure kommen zurück nach West-Berlin. Ein Fotograf drückt auf den Auslöser; seine Aufnahmen gehen um die Welt, mit der Erläuterung „Erste DDR-Flüchtlinge nach dem neuen Reiseerlass mit großem Jubel begrüßt".

In Hoyerswerda macht das „Sündikat" gerade Pause. Die Kabarettisten sitzen in einem Nebenraum, als ein Kellner hereinkommt: „In Berlin ist irgendwas los!" Angeblich soll die Mauer offen sein. Wolfgang Koch ist sich sicher, dass der Mann einen über den Durst getrunken hat. Doch wenig später berichtet eine Serviererin dasselbe. Die Kabarettisten werden unruhig. Einer geht zum Telefon und ruft daheim an, doch niemand hebt ab. Die Kabarett-Truppe hat noch einige Nummern vor sich. Wie nie zuvor sehnen sie das Ende ihres Auftritts herbei. Annemarie Reffert dagegen hat ihre Entscheidung getroffen: Sie wird mit ihrer Tochter zum Grenzübergang Marienborn fahren, etwa 60 Kilometer weit. Ihren Mann lässt die Ärztin daheim – er hat schon ein Bier und einen Schnaps intus, in der DDR aber gilt absolutes Alkoholverbot am Steuer. Und überhaupt, sie hat Rufbereitschaft, und deshalb muss ihr Mann das Telefon bewachen und für den Fall der Fälle eine Kollegin alarmieren.

Um 20.45 Uhr nähert sich das „Sündikat" in Hoyerswerda dem Ende des gebuchten Programms. Kaum ist die letzte Nummer abgespielt, packen die Kabarettisten ein; auf die üblichen Zugaben muss das Publikum an diesem Abend verzichten. Zurück nach Berlin, so schnell wie möglich – das ist es, was Wolfgang Koch und seine Kollegen wollen. Mindestens zwei Stunden Fahrt liegen vor ihnen. Mit ihren beiden Trabis rauschen sie los, doch nur einer hat ein Autoradio, das aber lediglich Lang- und Mittelwelle empfängt. Auf diesen Frequenzen scheint kein Sender über die aktuellen Ereignisse zu berichten.

In ihrem beigen Wartburg haben Annemarie Reffert und ihre Tochter das Grenzgebiet erreicht – das Schild „Letzte Ausfahrt vor dem Grenzgebiet" ignorieren sie und rollen weiter Richtung der ersten Sperre, an der sie anhalten. Ein Grenzsoldat nähert sich verwundert und fragt: „Was wollen Sie?" Die Ärztin, die schon mal einen Notfalleinsatz in Marienborn hatte, antwortet: „Ich habe gehört, die Grenze ist ab sofort offen, und wir wollen das ausprobieren." Der Kontrolleur stutzt:

„Auf welcher Grundlage?" Reffert gibt selbstbewusst zurück: „Schabowski hat das verkündet, hier ist mein Ausweis, und ich möchte jetzt rüber." Der Name des Politbüromitglieds wirkt auf den Uniformierten. Er geht, um sich zu erkundigen, kommt etwas ratlos zurück und öffnet dann den Schlagbaum mit den Worten: „Na, da kommen ja noch weitere Kontrollen." Er will keinen Ärger mit der resoluten Frau, denn er weiß nicht, ob sie Recht hat oder nicht. Am nächsten Haltepunkt wiederholt sich die Prozedur. Wieder versucht man halbherzig, sie zum Umkehren zu bewegen. Und erneut benennt die Ärztin als Kronzeugen Günter Schabowski, und erneut reicht sie nur ihren Personalausweis heraus. Es ist fast 21 Uhr, als sie die eigentliche Grenzübergangsstelle Marienborn erreicht, hell erleuchtet und so groß wie 15 Fußballfelder.

Während ihre Tochter und sie die einzigen DDR-Bürger auf dem riesigen Areal sind, kommen in Ost-Berlin immer mehr Menschen zögernd zu den Grenzübergängen. Doch von einem massenhaften Ansturm kann noch nicht die Rede sein. Nur an der Bornholmer Straße, dem großen Übergang von Prenzlauer Berg nach Wedding, stehen schon gegen 21.20 Uhr über hundert Trabant, dazu 500 bis 1000 DDR-Bürger. Sie wollen wissen, was die Ankündigung von Schabowski wert ist – und werden enttäuscht: „Liebe Bürger, wir machen Ihnen eine Mitteilung

Niemand ist mehr aufzuhalten, wie Szenen am Grenzübergang Sonnenallee in Berlin am 9. November 1989 gegen 23 Uhr bezeugen.

Spätherbst '89

über die Möglichkeit des Ausreisens an der unmittelbaren Staatsgrenze nach Berlin (West) und BRD", verkündet ein Volkspolizist per Megafon: „Es ist nicht möglich, Ihnen hier und jetzt die Ausreise zu gewähren!" Ärger macht sich breit. Die Kontrolleure, Stasi-Leute in Uniformen der Grenztruppen, wissen sich nicht mehr anders zu helfen, als besonders lautstarke und unzufriedene DDR-Bürger einzeln durch die Kontrollbaracken zu lassen. Jeder bekommt einen Stempel in den Personalausweis gedrückt, quer über das Foto. So werden sie kurzerhand ausgebürgert aus der DDR, denn Ausweise mit einem solchen Aufdruck gelten als ungültig. Später soll ihnen die Wiedereinreise verweigert werden. Zwischen Stasi-Zentrale und Kontrollstellen ist diese „Ventillösung" ausgeheckt worden.

Ganz ohne Stempel in ihrem Ausweis ist Annemarie Reffert inzwischen bis zum DDR-Zoll vorgerollt. Der Zöllner blickt verblüfft in den leeren Kofferraum. „Sie wollen ausreisen, und dann haben Sie nichts mit?", fragt er ungläubig. „Ich will nicht ausreisen", erwidert die Ärztin. Sie zwingt sich, ruhig und bestimmt aufzutreten, doch ihre Tochter merkt an der Stimme, wie aufgeregt sie ist. Beide dürfen weiterfahren. Noch einmal 200 Meter weiter stoppen die Refferts zum letzten Mal. Kaum steht ihr Auto, wird es mit Absperrgittern umstellt. Ein unfreundlicher Kontrolleur hört sich ihre Geschichte an, verlangt nach den Papieren und bleibt etwa zehn Minuten weg. Es kommt ihnen wie eine Ewigkeit vor. „Sie können fahren", blafft er nach der Rückkehr und lässt die Absperrung wegräumen. Annemarie Reffert zögert. Der Weg ist frei, doch die Ampel steht noch auf Rot. Kann das eine Falle sein? Soll sie provoziert werden, gegen die Verkehrsregeln zu verstoßen? „Die Ampel ist rot", sagt sie mit leiser Stimme. Unwirsch schaltet der Kontrolleur auf Grün. Der Wartburg fährt an und ist kurz darauf in der Dunkelheit verschwunden. „Wir haben es geschafft", jubelt Juliane und fragt dann: „Was ist, wenn sie uns nicht zurücklassen?" Ihre Mutter beruhigt sie: „Die sind über jeden froh, der wiederkommt." Sie weiß nicht, wie sehr sie sich irrt. Trotzdem würde sie am liebsten sofort umkehren. Weil es aber keine Wendemöglichkeit gibt, fährt sie weiter bis in den Westen. Es ist 21.25 Uhr. Die Zollstation auf westdeutscher Seite ist auch erleuchtet. Kamerateams drängen sich an der Straße. „Du sagst kein Wort", ermahnt Reffert ihre Tochter, dann hält sie an und kurbelt die Scheibe herunter. Jetzt nur kein falscher Satz! Mikrofone werden ihr entgegengestreckt. „Ich bin fürchterlich aufgeregt", sagt Annemarie Reffert. „Weil ich das nicht geglaubt habe, dass man so einfach rüberfahren kann." Ein Reporter fragt: „Wollen Sie jetzt öfter kommen?", und die Ärztin antwortet: „Vielleicht besuchsweise, um mal das Leben bei Ihnen anzusehen, aber nicht ganz." Eine überraschende Antwort: Kann man denn freiwillig in der DDR leben wollen? Mit dem Hinweis, dass sie am folgenden Tag einen vollen OP-Plan habe, beendet die Ärztin die Fragerunde. Ihre Zurückhaltung hat Gründe. Einerseits ist sie mit ihrem Leben in Magdeburg

Berliner aus beiden Teilen der Stadt erstürmen die Mauer, der Todesstreifen ist Geschichte.

durchaus zufrieden, andererseits fällt ihr ein, dass sie eigentlich gar nicht nach Marienborn und weiter hätte fahren dürfen – immerhin hat sie Rufbereitschaft. Juliane bittet, wenigstens bis Helmstedt zu fahren. Dort ist fast niemand auf den Straßen zu sehen. Der Wartburg dreht langsam eine Runde durch die Kleinstadt, dann kehren sie um. An einer kleinen Raststätte fällt Juliane ein, worum ihr Vater sie im Scherz gebeten hat: „Wir sollen doch eine Büchse Bier mitbringen." Aber die Refferts haben kein Westgeld dabei. Juliane geht trotzdem hinein. Als sie sieht, dass ein Bier fast zwei Mark kostet, traut sie sich nicht, jemanden anzubetteln, dreht um und geht. Annemarie Reffert wendet und fährt zurück Richtung Osten. Nun warten Einreiseformalitäten auf ihre Tochter und sie. Jetzt gibt es einen Stempel in den Ausweis.

Wegen einer Fußballübertragung beginnen die *ARD-Tagesthemen* verspätet, um 22.42 Uhr. „Guten Abend, meine Damen und Herren", setzt Moderator Hanns-Joachim Friedrichs an: „Im Umgang mit Superlativen ist Vorsicht geboten, sie nutzen sich leicht ab. Aber heute Abend darf man einen riskieren: Dieser 9. November ist ein historischer Tag. Die DDR hat mitgeteilt, dass ihre Grenzen ab sofort für jedermann geöffnet sind. Die Tore in der Mauer stehen weit offen." Doch das kann Robin Lautenbach eigentlich nicht bestätigen. Der *SFB*-Reporter steht auf westlicher Seite der Mauer und nimmt live, exakt um 22.47 Uhr, die Vorlage von Friedrichs auf: „Hier in der Invalidenstraße auf der anderen Seite haben die Grenzpolizisten offenbar diese Weisung noch nicht bekommen, oder sie haben sie nicht verstanden." Nur gerüchteweise hat Lautenbach gehört, dass DDR-Bürger in den Westen gelassen werden. Er fährt fort: „Aber an sehr vielen anderen Grenzübergängen, nicht nur in der Bornholmer Straße, wir haben es auch gehört von der Sonnenallee und vom Ausländerübergang Checkpoint Charlie, ist es offenbar bereits möglich, mit dieser neuen Regelung völlig komplikationslos nach West-Berlin zu kommen." Lautenbach weiß nichts von der „Ventillösung", denn noch hat kein DDR-Bürger mit dem Stempel im Ausweis versucht, wieder nach Ost-Berlin zurückzukehren.

Der Bericht in den *Tagesthemen* löst einen wahren Ansturm von Menschen auf die Kontrollstellen aus. Auch Angela Merkel lässt sich mitreißen. Der Saunaabend ist vorüber, und als sie das Thälmannbad verlässt, sieht sie schon Menschen Richtung Grenze streben. Eine ältere Frau fällt ihr auf, die nur einen Mantel über ihr Nachthemd geworfen und ein quengelndes Kleinkind bei sich hat, offenbar einen Enkel. Vor der großen Kontrollstelle stauen sich jetzt die Ost-Berliner, doch von einer Öffnung der Grenze gibt es keine Spur. Nur vereinzelte Menschen werden durchgelassen. Dafür werden die Sprechchöre immer lauter: „Tor auf! Tor auf!", schallt es jetzt aus Tausenden Kehlen. Die Stasi-Leute, Grenzer und DDR-Zöllner auf dem eingezäunten Areal der Kontrollstelle bekommen es mit der Angst zu tun. Sie sind vielleicht 55, höchstens 60 Mann – jenseits der Gittertore und Schlagbäume stehen aber zwanzig-, vielleicht auch dreißigtausend Menschen. Gewiss: Die Uniformierten um Oberstleutnant Harald Jäger haben Waffen. Jeder trägt eine Makarow, außerdem liegen in den Wachlokalen einige Kalaschnikows. Doch der Gebrauch von Schusswaffen an der Mauer ist seit Monaten untersagt. Und was würde passieren, wenn Jäger seine Leute in die Masse feuern ließe? Dem Stasi-Mann schwant, dass die Menschenmassen dann nicht zurückweichen, sondern vorwärtsstürmen könnten, um ihn und seine Leute zu lynchen. Der Oberstleutnant erkennt: Wenn er schießen lässt, verurteilt er seine Männer zum Tode. Und sich selbst auch.

Annemarie Reffert überquert als erste DDR-Bürgerin am 9. November 1989 die Grenze.

Spätherbst '89

Annemarie Reffert hat derweil in Marienborn andere Probleme: Die DDR-Grenzer sind überrascht, sie und ihre Tochter schon wieder zu sehen. Inzwischen stauen sich Hunderte Trabants und Wartburgs auf den Spuren Richtung Westen – aber die beiden wollen zurück nach Magdeburg. Mit professioneller Entschlossenheit fordert die Chefanästhesistin, ihre Tochter und sie wieder einreisen zu lassen. Bald nach 23 Uhr sind sie zurück auf der DDR-Autobahn. Zur selben Zeit ringt Harald Jäger mit sich. Er telefoniert mit seinen Vorgesetzten, bekommt aber keine klare Weisung. Dann, gegen 23.30 Uhr, ordnet er eigenmächtig an: Kontrollen einstellen, Tore öffnen und Schlagbäume aus dem Weg schwenken! Ein Stasi-Offizier teilt die unabwendbare Entscheidung dem diensthabenden Grenztruppen-Major mit den Worten mit: „Wir fluten jetzt!" Wenig später sind alle Grenzübergänge rund um West-Berlin und die meisten Kontrollstellen an der innerdeutschen Grenze offen.

Auf der Autobahn Richtung Berlin kommen die beiden „Sündikat"-Trabis zur selben Zeit in den Empfangsbereich des *Rias*. Vor ihnen macht ein anderes Auto wilde Lichtzeichen; gemeinsam rollen die drei Fahrzeuge auf den nächsten Parkplatz. Der Wagen hat ein Autoradio, das UKW empfängt, und Wolfgang Koch hört zum ersten Mal an diesem Abend mit eigenen Ohren die Sensation: „Ganz Berlin feiert eine große Party!", haucht der Moderator heiser ins Mikrofon. Es ist wahr, die Mauer ist offen. Nach kurzer Beratung entschließt sich die Truppe, den nächsten Grenzübergang nach West-Berlin anzusteuern, die Sonnenallee zwischen den Bezirken Treptow und Neukölln. Die neue Reisefreiheit wollen sie sofort ausprobieren. Irgendwann nach Mitternacht kommen Wolfgang Koch und seine Kollegen an ihrem Ziel an. Sie haben sich in einen Riesenstrom von Menschen eingereiht, der langsam gen Westen vorrückt. Die Stimmung ist gelöst, ja fröhlich. Manche fallen Koch auf, weil sie sich mit Koffern und Kisten abschleppen. Auch in dieser Nacht gibt es DDR-Bürger, die an eine dauerhafte Öffnung der Grenzen nicht glauben und deshalb sofort die Chance nutzen möchten, die SED-Diktatur für immer zu verlassen. Der Kabarettist sieht das anders, hat er doch einen gültigen Reisepass mit Visum bei sich. Freilich: Als er zusammen mit seinen Freunden in die enge und völlig überfüllte Kontrollstelle geradezu hineingeschoben wird, interessieren sich die Grenzer nicht im Geringsten für den Stempel, der ihm nur wenige Stunden zuvor so große Freude gemacht hat.

„Die Tore in der Mauer stehen weit offen": Überall an den Grenzübergängen strömen die Menschen zusammen, wie hier an der Bornholmer Straße, wo auch Angela Merkel in jener Nacht in den Westen der Stadt aufbricht.

„Tor auf! Tor auf!"

An der Bornholmer Straße rückt auch Angela Merkel zusammen mit Zehntausenden anderen Ost-Berlinern durch die geöffneten Tore zur Bösebrücke vor. Bald darauf ist sie im Wedding, in West-Berlin. Ihr fällt ein, was sie immer hat tun wollen, wenn sie es mal in den Westen schafft: ihre Tante in Hamburg anrufen. Und Austernessen am Kurfürstendamm. Doch beides gelingt nicht. Sie findet keine Telefonzelle, und sie hat ohnehin kein Westgeld bei sich. Statt in die City-West schafft sie es nur mit wildfremden Menschen in eine Wohnung, wo Dosenbier ausgegeben wird. Als alles ausgetrunken ist, will die zusammengewürfelte Runde Richtung Kudamm weiterziehen. Doch Merkel mag nicht, muss sie doch am nächsten Morgen wieder arbeiten. Also macht sie sich auf den Rückweg nach Ost-Berlin, über die Bösebrücke und durch die immer noch geöffnete Grenzkontrollstelle Bornholmer Straße. Als sie wenige Stunden später, genau um 7.15 Uhr, an ihrem Arbeitsplatz erscheint, fehlen einige Kollegen.

Wolfgang Koch hat noch ein paar Stunden länger in West-Berlin verbracht; er kommt erst am frühen Morgen in seine Wohnung im Bezirk Pankow zurück. Doch schon um neun Uhr ist er wieder auf den Beinen, um erneut nach West-Berlin zu fahren und seine Mutter im Krankenhaus zu besuchen. Arbeiten muss er erst wieder am Abend, in einem Jugendclub in Marzahn hat das „Sündikat" einen Auftritt. Dagegen erscheint Annemarie Reffert am Morgen des 10. November 1989 pünktlich zum Dienst. In der Klinik beraten die Kollegen, wann sie ihr Visum abholen sollen. „Das braucht ihr nicht", sagt die Anästhesistin und schaut in verdutzte Gesichter: „Ich war gestern schon drüben." Tatsächlich ist die Ärztin, die um 21.25 Uhr über die Grenze gefahren ist, die erste DDR-Bürgerin, die nach Günter Schabowskis Ankündigung die neue Reisemöglichkeit ausprobiert hat. Sogar fünf Minuten, bevor in Berlin die hinterhältige „Ventillösung" umgesetzt wurde. Doch dieser letzte Versuch der Stasi, das Grenzregime aufrechtzuerhalten, ist unter dem friedlichen Ansturm der Menschen zusammengebrochen. In ganz Berlin und überall im innerdeutschen Grenzgebiet wird jetzt die größte Party der deutschen Geschichte gefeiert. Um Pässe und Visa kümmert sich an diesem Tag niemand mehr.

Jubelnd laufen drei junge Ost-Berliner am 10. November 1989 durch einen Berliner Grenzübergang. Die Mauer in Berlin hat 28 Jahre nach dem Bau ihren Sinn verloren.

der vielen Demonstranten auf der Straße, die vehement Veränderungen verlangen, und der Unterstützung ganzer Betriebskollektive, die bereits ihre Bereitschaft zeigen, dafür zu streiken, ließe sich Druck ausüben.

Doch die Gelegenheit verstreicht. In den meisten Oppositionsgruppen herrscht die Meinung vor, die bisherigen Machthaber sollten die Probleme, die sie verursacht haben, auch selbst lösen. Zudem hegen viele Oppositionelle aus Erfahrung eine tiefe Abneigung gegen staatliche Macht; sie pflegen ein nahezu ethisches Verständnis von Politik. Auch Unerfahrenheit spielt eine Rolle, außerdem die Sorge, ob man einen unbekannten Apparat führen könne. Die SED hat erfolgreich verhindert, dass es eine nicht-kommunistische politische Elite gibt. Die einzigen gesellschaftlichen Bereiche, in denen sich Oppositionelle bewegen konnten, sind „Kirche, Kunst und Chaos" gewesen, merkt der Pfarrer Neubert ironisch an.

Vor allem aber ist die Opposition wie die SED schlichtweg überwältigt vom Mauerfall. Bereits am 10. November trifft sich die Kontaktgruppe der Opposition, einige sind übernächtigt und euphorisiert – aber es steht die Frage im Raum, die einst schon Lenin aufgeworfen hat: „Was tun?" Den Bürgerrechtlern schwant, dass ihre Überlegungen zu einem gesellschaftlichen Dialog oder zu Reformen des bestehenden Systems bald überholt sein werden. Bärbel Bohley bringt das Gefühl am Tag der Volkskammersitzung auf den Punkt, ihre Worte werden in der *Berliner Zeitung* abgedruckt: „Die Menschen sind verrückt, und die Regierung hat den Verstand verloren." Vierzig Jahre hätten diese Leute in der DDR geschlafen. Vor acht Wochen hätten „wir alle" noch geschlafen, und heute sei alles anders. „Haben wir jetzt noch die Kraft, eigene Perspektiven zu entwickeln?"

Schon am 12. November reagiert das Neue Forum mit einer Erklärung auf die Grenzöffnung. Darin wird zunächst das Ereignis pathetisch gefeiert: „Mauerkrank haben wir an den Gitterstäben des Käfigs gerüttelt. Die Jugend wuchs mit dem Traum auf, einst frei zu werden und die Welt zu erfahren. Dieser Traum wird jetzt erfüllt sein: Es ist ein Festtag für uns alle!" Doch dann warnt die Erklärung vor einem möglichen Ausverkauf der DDR, vor einem Ansturm zahlungskräftiger Westdeutscher auf „unsere Erholungsgebiete" und Spezialkliniken. Die Bewegung bittet, sich nicht ablenken zu lassen vom politischen Neuaufbau mit echten Wahlen und echten Reformen. Und sie appelliert an die Bürger, sich kein Sanierungskonzept aufdrängen zu lassen, „das uns zum Hinterhof und zur Billiglohnquelle des Westens macht". Die DDR werde sicherlich „für längere Zeit arm bleiben, aber wir wollen keine Gesellschaft haben, in der Schieber und Ellenbogentypen den Rahm abschöpfen". Noch radikaler argumentiert Wolfgang Ullmann von Demokratie Jetzt. Er schlägt Ehrhart Neubert vor, die Opposition solle zur Grenzschließung aufrufen, da die DDR sonst wirtschaftlich schnell ausblute. Dahinter steckt vor allem die Sorge, die große Chance einer gesellschaftlichen Erneuerung jenseits von Sozialismus und Marktwirtschaft zu verpassen, den Dritten Weg.

Jedenfalls will die Opposition eine solche Entwicklung nicht mit einer übereilten Machtübernahme ausbremsen, sondern gesellschaftliche Veränderungen mit Hilfe von Runden Tischen durchsetzen. Hier sollen zunächst ihre zentralen Forderungen – freie Wahlen und Zerschlagung der Repressionsorgane – durchgesetzt werden. Der Weg ist frei für Hans Modrow.

Der DDR-Staatsratsvorsitzende Egon Krenz (l.) und Hans Modrow im Gespräch. Am 13. November 1989 wählt die Volkskammer den SED-Parteichef von Dresden, Hans Modrow, zum neuen Ministerpräsidenten.

„Tor auf! Tor auf!"

Jubelnd laufen drei junge Ost-Berliner am 10. November 1989 durch einen Berliner Grenzübergang. Die Mauer in Berlin hat 28 Jahre nach dem Bau ihren Sinn verloren.

An der Bornholmer Straße rückt auch Angela Merkel zusammen mit Zehntausenden anderen Ost-Berlinern durch die geöffneten Tore zur Bösebrücke vor. Bald darauf ist sie im Wedding, in West-Berlin. Ihr fällt ein, was sie immer hat tun wollen, wenn sie es mal in den Westen schafft: ihre Tante in Hamburg anrufen. Und Austernessen am Kurfürstendamm. Doch beides gelingt nicht. Sie findet keine Telefonzelle, und sie hat ohnehin kein Westgeld bei sich. Statt in die City-West schafft sie es nur mit wildfremden Menschen in eine Wohnung, wo Dosenbier ausgegeben wird. Als alles ausgetrunken ist, will die zusammengewürfelte Runde Richtung Kudamm weiterziehen. Doch Merkel mag nicht, muss sie doch am nächsten Morgen wieder arbeiten. Also macht sie sich auf den Rückweg nach Ost-Berlin, über die Bösebrücke und durch die immer noch geöffnete Grenzkontrollstelle Bornholmer Straße. Als sie wenige Stunden später, genau um 7.15 Uhr, an ihrem Arbeitsplatz erscheint, fehlen einige Kollegen.

Wolfgang Koch hat noch ein paar Stunden länger in West-Berlin verbracht; er kommt erst am frühen Morgen in seine Wohnung im Bezirk Pankow zurück. Doch schon um neun Uhr ist er wieder auf den Beinen, um erneut nach West-Berlin zu fahren und seine Mutter im Krankenhaus zu besuchen. Arbeiten muss er erst wieder am Abend, in einem Jugendclub in Marzahn hat das „Sündikat" einen Auftritt. Dagegen erscheint Annemarie Reffert am Morgen des 10. November 1989 pünktlich zum Dienst. In der Klinik beraten die Kollegen, wann sie ihr Visum abholen sollen. „Das braucht ihr nicht", sagt die Anästhesistin und schaut in verdutzte Gesichter: „Ich war gestern schon drüben." Tatsächlich ist die Ärztin, die um 21.25 Uhr über die Grenze gefahren ist, die erste DDR-Bürgerin, die nach Günter Schabowskis Ankündigung die neue Reisemöglichkeit ausprobiert hat. Sogar fünf Minuten, bevor in Berlin die hinterhältige „Ventillösung" umgesetzt wurde. Doch dieser letzte Versuch der Stasi, das Grenzregime aufrechtzuerhalten, ist unter dem friedlichen Ansturm der Menschen zusammengebrochen. In ganz Berlin und überall im innerdeutschen Grenzgebiet wird jetzt die größte Party der deutschen Geschichte gefeiert. Um Pässe und Visa kümmert sich an diesem Tag niemand mehr.

Spätherbst '89

„Kirche, Kunst und Chaos"

Die Opposition nutzt die Chance zur Machtübernahme nicht

Eine Macht, der man die wichtigsten Instrumente wegnimmt, wird hilflos. Das zeigt sich am 13. November 1989 in der Volkskammer. Die Mauer ist seit vier Tagen gefallen, das Volk nicht mehr eingesperrt. Und prompt zerbröselt die scheinbar unbeschränkte Autorität der SED. Zum ersten Mal in seiner Geschichte wird im DDR-Parlament über die Lage im Land wirklich gestritten, wird ein neuer Parlamentspräsident aus fünf Kandidaten tatsächlich gewählt statt nur abgenickt. Außerdem setzt die Volksvertretung, die allerdings vom Volk nicht wirklich gewählt worden ist, einen Untersuchungsausschuss ein. Er soll Fälle von Amtsmissbrauch, Korruption und persönlicher Bereicherung einst führender Staats- und Parteifunktionäre unter die Lupe nehmen.

Die Debatte über die wirtschaftliche Situation und die Verfehlungen der Spitze ist so richtig im Gange, als ein Abgeordneter der FDGB-Fraktion völlig überraschend eine Frage an Erich Mielke richtet. Der langjährige Chef des Ministeriums für Staatssicherheit hat sechs Tage zuvor mit den anderen Ministern der Regierung sein Amt zur Verfügung gestellt, das er nur noch pro forma ausübt. Auch gehört er seit dem Rücktritt des SED-Politbüros dem Führungszirkel nicht mehr an. Aber er ist noch Abgeordneter. Was sein Ministerium über die Dinge, die hier diskutiert werden, gewusst habe und welche Maßnahmen er, Mielke, ganz konkret unternommen habe, um diese Dinge wieder ins Lot zu bringen, will der Parlamentskollege wissen. Mielke, im blauen Anzug und sichtlich verunsichert, setzt zu einer improvisierten Rede an. Er verteidigt seine Mitarbeiter, die auch die Abgeordneten der Volkskammer bespitzelt haben, und erntet bereits nach wenigen Sekunden erste Lacher, als er versichert: „Wir haben, Genossen, liebe Abgeordnete, einen außerordentlich hohen Kontakt zu allen werktätigen Menschen." Als ein Abgeordneter aufsteht und sich beim Volkskammer-Präsidium dagegen verwehrt, mit „Genosse" angesprochen zu werden, stutzt Mielke und stammelt: „Das ist doch eine formale Frage. Ich liebe, ich liebe doch alle, alle Menschen. Na ich liebe doch, ich setze mich doch dafür ein!" Der einst so gefürchtete Stasi-Chef erntet hämisches Gelächter. Das Volkskammer-Präsidium hinter Mielke ruft die Abgeordneten nicht zur Ordnung, es kann selbst nur mit Mühe Haltung bewahren. Der Rest der knapp zehnminütigen Rede geht unter. Der Auftritt ist selbst Mielke so peinlich, dass das geplante Stehbankett mit der Stasi-Generalität am gleichen Tag, bei dem der „liebende Chef" förmlich verabschiedet werden sollte, ausfällt. Der neue Amtschef versetzt ihn am 18. November in den Ruhestand.

Selbst das Volkskammer-Präsidium schaut am 13. November 1989 dem peinlichen letzten Auftritt Erich Mielkes nur fassungslos zu. Am 18. November wird er schließlich in den Ruhestand versetzt.

Angesichts von Mielkes jämmerlichen Abgang kommt es vielen Abgeordneten wie eine Erlösung vor, Hans Modrow zum neuen DDR-Ministerpräsidenten zu wählen, in offener Abstimmung, bei nur einer Gegenstimme. Mit seiner zurückgenommenen Art und seinem als bescheiden geltenden Lebensstil wirkt er auf den ersten Blick wie ein Gegenentwurf zu den üblichen Parteifunktionären. Doch auch wenn der SED-Bezirkschef von Dresden mitunter angeeckt hat und manchen gar als Reformer gilt: Der Erneuerer, als der er erscheinen will, ist er sicher nicht. Als Vorsitzender der Bezirkseinsatzleitung ist Modrow verantwortlich für das harte Durchgreifen gegen Demonstranten am Hauptbahnhof in den ersten Oktobertagen, für das er sogar NVA-Einheiten angefordert hat. Und im Juni ist er als erster SED-Spitzenpolitiker nach der Niederschlagung der Studentenrebellion nach China gereist, vor Egon Krenz.

Modrow selbst ist sich bewusst, wie wenig Spielraum er hat. Auf dem 10. Plenum des ZK der SED am 8. November hat er bereits erklärt, er werde im Falle freier Wahlen wohl nur sehr beschränkte Zeit Ministerpräsident bleiben. Und beim 11. Plenum, am Tag seiner Wahl in der Volkskammer, prophezeit er den Genossen: „Wenn wir gegenwärtig Wahlen machen, können wir uns alle ausrechnen, wie hoch der Prozentsatz für die SED sein wird." Er rechnet nicht mit mehr als einem Fünftel der Stimmen. Zur gerade für die Opposition wichtigen Frage freier Wahlen äußert sich Modrow daher nur vage. Er bleibt im alten Denken verhaftet und hält nur wenig von den neuen Bewegungen im Land. Scheitere die SED, sagt Modrow vor dem ZK im Glauben, die Äußerung bleibe vertraulich, werde das Land „von Leuten regiert werden, die darauf in keiner Weise vorbereitet sind". Mit anderen Worten: Dann drohe Chaos.

Natürlich ist die Opposition von der plötzlichen Grenzöffnung und den Möglichkeiten, die sich nun bieten, genauso überrascht worden wie die SED. Doch im Gegensatz zur Opposition, die weiter Zulauf hat, bricht der „führenden Partei" die Basis weg. In Ost-Berlin fordern Tausende Mitglieder eine Parteiführung, „die auf das Volk hört", und eine Partei, die „von den Füßen bis zum Kopf" erneuert sein muss. Die amtierende Parteispitze, die zum großen Teil noch die alte ist, ist dafür nicht geeignet. Die Basis erzwingt einen Sonderparteitag im Dezember.

Diese Debatte ist auch der Opposition nicht entgangen. Beim Treffen der sogenannten Kontaktgruppe, der Vertreter aller wichtigen Gruppierungen angehören, herrscht Einigkeit: Jetzt gibt es die günstige Gelegenheit, in ein Machtvakuum zu stoßen. Vieles scheint möglich. Einzelne Gruppen von SED-Reformern haben Kontakt zur Opposition aufgenommen. Am 10. November erscheint Wolfgang Schnur, Anwalt und Vorsitzender des Demokratischen Aufbruchs, aber auch extrem fleißiger Stasi-IM, bei Mitbegründer Ehrhart Neubert mit einer provisorischen Kabinettsliste. Sie setzen sich an den Küchentisch und fügen weitere Namen hinzu. Schnur ist im „Küchenkabinett" als Ministerpräsident vorgesehen und Konsistorialpräsident Manfred Stolpe als Finanzminister; Neubert selbst soll das Bildungsressort übernehmen. Schnur erklärt sich bereit, mit den anderen zu reden. Viel Zeit ist nicht, um die Wahl Modrows am 13. November zum Ministerpräsidenten zu verhindern und die anschließende Neubesetzung der Ministerposten. Neubert hält es für möglich, einfach in den Dienstsitz zu gehen und zu sagen: Angesichts der Krise bilden wir jetzt eine Regierung. Mit dem Rückhalt

Er sieht sich schon als Ministerpräsident im „Küchenkabinett": Wolfgang Schnur, Mitbegründer des Demokratischen Aufbruchs (DA). Der Opposition gelingt eine Machtübernahme jedoch nicht, die Ereignisse in den Novembertagen 1989 sind zu rasant.

Spätherbst '89

der vielen Demonstranten auf der Straße, die vehement Veränderungen verlangen, und der Unterstützung ganzer Betriebskollektive, die bereits ihre Bereitschaft zeigen, dafür zu streiken, ließe sich Druck ausüben.

Doch die Gelegenheit verstreicht. In den meisten Oppositionsgruppen herrscht die Meinung vor, die bisherigen Machthaber sollten die Probleme, die sie verursacht haben, auch selbst lösen. Zudem hegen viele Oppositionelle aus Erfahrung eine tiefe Abneigung gegen staatliche Macht; sie pflegen ein nahezu ethisches Verständnis von Politik. Auch Unerfahrenheit spielt eine Rolle, außerdem die Sorge, ob man einen unbekannten Apparat führen könne. Die SED hat erfolgreich verhindert, dass es eine nicht-kommunistische politische Elite gibt. Die einzigen gesellschaftlichen Bereiche, in denen sich Oppositionelle bewegen konnten, sind „Kirche, Kunst und Chaos" gewesen, merkt der Pfarrer Neubert ironisch an.

Vor allem aber ist die Opposition wie die SED schlichtweg überwältigt vom Mauerfall. Bereits am 10. November trifft sich die Kontaktgruppe der Opposition, einige sind übernächtigt und euphorisiert – aber es steht die Frage im Raum, die einst schon Lenin aufgeworfen hat: „Was tun?" Den Bürgerrechtlern schwant, dass ihre Überlegungen zu einem gesellschaftlichen Dialog oder zu Reformen des bestehenden Systems bald überholt sein werden. Bärbel Bohley bringt das Gefühl am Tag der Volkskammersitzung auf den Punkt, ihre Worte werden in der *Berliner Zeitung* abgedruckt: „Die Menschen sind verrückt, und die Regierung hat den Verstand verloren." Vierzig Jahre hätten diese Leute in der DDR geschlafen. Vor acht Wochen hätten „wir alle" noch geschlafen, und heute sei alles anders. „Haben wir jetzt noch die Kraft, eigene Perspektiven zu entwickeln?"

Schon am 12. November reagiert das Neue Forum mit einer Erklärung auf die Grenzöffnung. Darin wird zunächst das Ereignis pathetisch gefeiert: „Mauerkrank haben wir an den Gitterstäben des Käfigs gerüttelt. Die Jugend wuchs mit dem Traum auf, einst frei zu werden und die Welt zu erfahren. Dieser Traum wird jetzt erfüllt sein: Es ist ein Festtag für uns alle!" Doch dann warnt die Erklärung vor einem möglichen Ausverkauf der DDR, vor einem Ansturm zahlungskräftiger Westdeutscher auf „unsere Erholungsgebiete" und Spezialkliniken. Die Bewegung bittet, sich nicht ablenken zu lassen vom politischen Neuaufbau mit echten Wahlen und echten Reformen. Und sie appelliert an die Bürger, sich kein Sanierungskonzept aufdrängen zu lassen, „das uns zum Hinterhof und zur Billiglohnquelle des Westens macht". Die DDR werde sicherlich „für längere Zeit arm bleiben, aber wir wollen keine Gesellschaft haben, in der Schieber und Ellenbogentypen den Rahm abschöpfen". Noch radikaler argumentiert Wolfgang Ullmann von Demokratie Jetzt. Er schlägt Ehrhart Neubert vor, die Opposition solle zur Grenzschließung aufrufen, da die DDR sonst wirtschaftlich schnell ausblute. Dahinter steckt vor allem die Sorge, die große Chance einer gesellschaftlichen Erneuerung jenseits von Sozialismus und Marktwirtschaft zu verpassen, den Dritten Weg.

Jedenfalls will die Opposition eine solche Entwicklung nicht mit einer übereilten Machtübernahme ausbremsen, sondern gesellschaftliche Veränderungen mit Hilfe von Runden Tischen durchsetzen. Hier sollen zunächst ihre zentralen Forderungen – freie Wahlen und Zerschlagung der Repressionsorgane – durchgesetzt werden. Der Weg ist frei für Hans Modrow.

Der DDR-Staatsratsvorsitzende Egon Krenz (l.) und Hans Modrow im Gespräch. Am 13. November 1989 wählt die Volkskammer den SED-Parteichef von Dresden, Hans Modrow, zum neuen Ministerpräsidenten.

„Die Angst ist weg"

Vertreter der neuen Bewegungen und Parteien stellen sich im Westen vor

Einen Gedanken auf den Punkt zu bringen ist die Kunst des Aphorismus. „Eine Reise ist ein vortreffliches Heilmittel für verworrene Zustände", hat zum Beispiel Franz Grillparzer geschrieben. Immanuel Kant empfiehlt: „Reisen bildet sehr; es entwöhnt von allen Vorurteilen des Volkes." Und Laotse weiß: „Eine Reise von tausend Meilen beginnt mit einem einzigen Schritt." Tausend Meilen weit muss Katrin Eigenfeld am 18. November 1989 nicht reisen, sondern nur rund 580 Kilometer Luftlinie: von Ost-Berlin nach Saarbrücken. Und doch fällt es der 43-Jährigen an diesem Samstag nicht leicht, den ersten Schritt zu machen. Als Kontaktperson des Neuen Forums in Halle hat sie alle Hände voll zu tun; oft weiß Eigenfeld gar nicht, wo ihr der Kopf steht. Da kommt die Einladung zum Parteitag der westdeutschen Grünen ins Saarland ziemlich ungelegen.

Andererseits reizt es sie ungemein, die neue Freiheit zu nutzen. Um zu sehen, wie die Parteien im Westen die Veränderungen in der DDR wahrnehmen. Um Politiker kennenzulernen, die sie bislang nur aus dem Fernsehen kennt. Aber auch, um langjährige Unterstützer zu begrüßen. Von allen Bundestagsparteien haben die Grünen, etwa Antje Vollmer, am ehesten regelmäßige Kontakte zur Opposition in der DDR gesucht. Es hat, oft unter konspirativen Bedingungen, Treffen in der DDR gegeben und auch Gespräche mit in den Westen ausgereisten Dissidenten, etwa mit Roland Jahn und Jürgen Fuchs.

Freunde helfen Katrin Eigenfeld bei den Vorbereitungen für ihre erste Reise in den Westen. Sie ist unsicher, ob sie einen Pass beantragen muss? Und falls ja: Wird er rechtzeitig fertig sein? Welche Rolle spielt das totale Reiseverbot noch, das wegen ihrer politischen Tätigkeit gegen sie verhängt worden ist? Doch keine ihrer Sorgen ist begründet: Problemlos kann sie ihre Reise antreten.

Als sie in Saarbrücken ankommt, fällt ihr gleich auf, wie locker es bei den Grünen zugeht. Die Ostdeutschen – neben Eigenfeld haben auch andere Vertreter der DDR-Opposition die Einladung angenommen – werden wie Prominente begrüßt und begeistert herumgereicht. Völlig unvorbereitet werden einige der Gäste auf Podien gebeten, um zum Mauerfall, zum Neuen Forum und zu den politischen Plänen der Bürgerrechtler Stellung zu nehmen. Emotional berührt von dem, was sie erlebt, antwortet Eigenfeld aus dem Bauch heraus. „Macht ihr uns das erst einmal nach und geht auf die Straße", schlägt sie vor. „Ruft doch: Wir sind das Volk." Das klingt ziemlich vorlaut, doch die Grünen, von denen viele kaum etwas über die DDR wissen, applaudieren.

Katrin Eigenfeld hat allen Grund, selbstbewusst zu sein. Sie hat sich in der DDR für jugendliche Aussteiger aus der Gesellschaft eingesetzt und für die Frauen von inhaftierten Wehrdienstverweigern. Als sie 1983 einen Friedensmarsch organisiert hat, ist sie festgenommen worden, aber nach internationalen Protesten wieder freigekommen – auch durch den Einsatz von Petra Kelly, der bekanntesten Grünen in der Bundesrepublik. Danach hat sich Eigenfeld bei der Initiative Frieden und Menschenrechte engagiert und gehört im Herbst 1989 zu den Mitbegründern des Neuen Forums.

Das Signet der am 24. November 1989 in Ost-Berlin gegründeten Grünen Partei. Die Mitglieder der ökologisch ausgerichteten Partei wollen sich u. a. für ein qualitatives statt quantitatives Wirtschaftswachstum einsetzen.

Spätherbst '89

Steffen Reiche, hier in einer Aufnahme von 1990, reist im Oktober 1989 in den Westen, um die Sozialdemokratische Partei SDP bekannt zu machen. Er ist der erste SDP-Vertreter, der in Bonn an einer SPD-Bundesvorstandssitzung teilnimmt.

Wohltuende Zuneigung erleben die Oppositionellen aus der DDR beim Grünen-Parteitag auch in den Pausengesprächen. Man will viel von ihnen erfahren, doch in die Neugier mischen sich auch unwillkommene Ratschläge. Etwa, die Betriebe jetzt wirklich zu Volkseigentum zu machen. Katrin Eigenfeld gewinnt den Eindruck, dass viele Grüne im Westen von den Ostdeutschen erwarten, ihre linken Träume zu verwirklichen. Stellvertretend gewissermaßen. Dass es in der DDR längst um andere Dinge geht, die Frage der Wiedervereinigung etwa, scheinen die West-Grünen nicht zu verstehen. Und ein Großteil will diese Frage auch gar nicht behandeln. Unmittelbar vor dem Parteitag hat der Bundesvorstand die Bundesregierung dazu aufgerufen, die DDR völkerrechtlich anzuerkennen und damit die Zweistaatlichkeit festzuschreiben. Das wird in Saarbrücken bekräftigt, wie der Berichterstatter der SED in einem Bericht an Egon Krenz über den Parteitag und das Verhalten der DDR-Opposition zufrieden feststellt. Kritisch merkt er an, dass Ludwig Mehlhorn von Demokratie Jetzt sich nicht auf die Zweistaatlichkeit habe festlegen wollen und für Marktwirtschaft und bürgerlichen Parlamentarismus eingetreten sei. Als letztes Hauptergebnis des Parteitags notiert der SED-Berichterstatter, dass die Grünen damit rechneten, dass 1990 für die DDR und die Bundesrepublik ein Jahr der Entscheidung werde und dass die Delegierten den Gästen aus dem Osten empfehlen: „Getrennt marschieren, vereint schlagen: für eine Bundesrepublik ohne Kohl und eine DDR ohne Krenz."

Katrin Eigenfeld, die sich im Verlauf des Parteitages immer mehr wundert, wie theoretisch oft debattiert wird, beginnt zu ahnen: Es könnte ein langer Weg werden, zueinanderzufinden – obwohl man dieselbe Sprache spricht.

Eine ähnliche Erfahrung hat auch schon Steffen Reiche von der Sozialdemokratischen Partei in der DDR gemacht. Knapp zehn Tage nach deren Gründung am 7. Oktober tritt er eine im August beantragte Westreise an, die zu seinem Erstaunen genehmigt worden ist – zum 80. Geburtstag seiner Großmutter. Im Westen sucht der Pfarrer mit Dreitagebart, großer Brille und Flickenlederjacke Kontakte, um die Gründung der SDP, wie sich die neue Partei abkürzt, bekannt zu machen. Rias und Spiegel laden ihn zu Interviews ein, und als in Ost-Berlin Erich Honecker zurücktritt, sitzt der 29-Jährige beim ARD-Brennpunkt in einer Runde mit Helmut Schmidt, Rudolf Seiters und Oskar Lafontaine. SPD-Politiker treffen sich mit ihm und reichen Reiche herum. So ist er der erste SDP-Vertreter, der an einer Sitzung des SPD-Bundesvorstandes in Bonn teilnimmt und mit Parteichef Hans-Jochen Vogel spricht.

Auch er lernt Menschen kennen, die für ihn bislang nur Gesichter im Fernsehen gewesen sind, er wird freundlich begrüßt und erzählt, wie es zur Parteigründung gekommen ist, wie die Gründer in Schwante bei Berlin diskutiert haben, ob sie sich nicht gleich SPD nennen sollen, und was sie wollen: eine politische Größe werden, die der SED den Führungsanspruch streitig macht. Das sagt er auch dem Spiegel, der das Interview am 30. Oktober 1989 veröffentlicht. „Die Menschen in der DDR sind sich ihrer Kraft bewusst geworden, die Angst ist weg, und deshalb werden die Reformgruppen ihren Schwung auch nicht verlieren", stellt er darin fest. Klare Vorstellungen äußert Reiche darüber, was er vom Westen erwartet. Von der SPD speziell jede Unterstützung für die neue Schwesterpartei, von

„Die Angst ist weg"

der Bundesregierung vor allem wirtschaftliche Hilfe für die DDR, nicht als Kredit, sondern als Ausgleich für die einseitig geleisteten Kriegsreparationen. Reiche tritt selbstbewusst auf: „Wir wollen mit unserer Politik dafür sorgen, dass die DDR nicht als Konkursmasse von über 40 Jahren SED-Politik an die Bundesrepublik fällt. Wir wollen ein schrittweises Zusammenwachsen der beiden deutschen Staaten im Rahmen des europäischen Hauses."

Allerdings merkt Steffen Reiche auch, wie schwer es den westdeutschen Genossen fällt, die SDP einzuschätzen. Schon auf erste Hinweise über die Initiative für eine sozialdemokratische Partei in der DDR hat die SPD skeptisch reagiert. Als es die Partei dann tatsächlich gibt, begrüßen das die westdeutschen Sozialdemokraten nicht ausdrücklich. Was daran liegt, dass sie diese Neugründung gar nicht als Partei wahrnehmen, sondern nur als eine weitere Gruppe oder Plattform, die einen demokratischen Sozialismus anstrebt, also eine Reform innerhalb des Systems. Genau das aber will die SDP ausdrücklich nicht. Zudem befürchten SPD-Vordere wie Egon Bahr, dass der bewährte Entspannungskurs mit der SED gefährdet wird, weil sie sich durch eine vom Westen unterstützte kleine sozialdemokratische Gruppierung in der DDR provoziert fühlen könnte. Auch die SPD-Spitze sieht die SED als erste Ansprechpartnerin und traut ihr sogar Reformen zu. Kleine Gruppen könnten dagegen in der DDR nichts bewegen. Steffen Reiche deutet die Zurückhaltung anders. Vielleicht habe die SPD gedacht, „dass eine sozialdemokratische Partei in der DDR als fünfte Legitimationspartei für die SED im Rahmen der Blockparteien mitarbeitet", sagt er dem *Spiegel*. Das käme für die SDP aber ebenso wenig infrage „wie irgendeine Form der Abhängigkeit von der westdeutschen SPD". Bei seiner Rückkehr muss sich der Neu-Politiker Vorwürfe seiner SDP-Mitstreiter gefallen lassen. Er sei ohne Absprache und Legitimierung als Vertreter der Partei aufgetreten und habe sich unbedarft zu politischen Dingen geäußert. Das ist nicht ganz falsch, aber Reisen bringt eben auch Risiken mit sich.

Kreative Interpretation des Parteinamens: ein Transparent bei einer Demonstration auf dem Olaf-Palme-Platz in Stralsund, aufgenommen am 5. November 1989.

Winter '89/90
Die DDR lernt im Eiltempo Demokratie

Im Zuge der Montagsdemonstrationen werden, wie hier in Leipzig, am 4. Dezember 1989 Gebäude der Staatssicherheit besetzt.

1. Dezember: Zum ersten Mal seit 24 Jahren darf Wolf Biermann wieder in der DDR singen. In Leipzig jubeln ihm 5000 Zuhörer zu – am lautesten bei der neuen „Ballade von den verdorbenen Greisen".

1. Dezember: Die Volkskammer streicht den Führungsanspruch der SED aus der DDR-Verfassung.

2. Dezember: In der Volkskammer kommt es zu Wutausbrüchen und Weinkrämpfen, als der Untersuchungsausschuss zum Amtsmissbrauch seinen Zwischenbericht über die Korruption der SED-Spitze vorlegt.

3. Dezember: Von West-Berlin aus beauftragt der Devisenbeschaffer der SED, Alexander Schalck-Golodkowski, den Honecker-Vertrauten und Rechtsanwalt Wolfgang Vogel mit seiner Verteidigung.

3. Dezember: Eine Menschenkette durchspannt nahezu die gesamte DDR von Nord nach Süd – als Zeichen für eine demokratische Erneuerung.

4. Dezember: In Erfurt, Suhl und Leipzig werden Gebäude der MfS-Bezirksverwaltungen friedlich besetzt.

5. Dezember: Der Generalstaatsanwalt der DDR leitet gegen Erich Honecker strafrechtliche Ermittlungen ein.

6. Dezember: Egon Krenz tritt als Staatschef zurück, sein Nachfolger wird LDPD-Chef Manfred Gerlach.

7. Dezember: In Ost-Berlin konstituiert sich der Zentrale Runde Tisch.

7. Dezember: Erich Mielke, Minister für Staatssicherheit a. D., wird festgenommen.

8./9. Dezember: Die SED lehnt auf ihrem außerordentlichen Parteitag die Selbstauflösung ab. Neuer Parteichef wird Gregor Gysi.

9. Dezember: Das EG-Gipfeltreffen in Straßburg erkennt grundsätzlich das Recht der Deutschen auf staatliche Einheit an.

11. Dezember: In West-Berlin treffen sich das erste Mal nach 18 Jahren die Botschafter der Vier Mächte im Gebäude des Alliierten Kontrollrats. Vor allem Moskau geht es darum, eine Gesprächsebene zu schaffen, um ohne deutsche Vertreter über die Zukunft der beiden Staaten zu beraten.

14. Dezember: Die frühere SED-Politbürosiedlung Wandlitz bei Berlin soll ein Rehabilitationszentrum werden.

16. Dezember: Die SED variiert ihren Namen und ergänzt ihn durch PDS, was für „Partei des Demokratischen Sozialismus" steht.

16. Dezember: Der Stürmer Andreas Thom (BFC Dynamo) wechselt als erster DDR-Fußballer legal in die Bundesliga zu Bayer 04 Leverkusen.

17. Dezember: Der Demokratische Aufbruch gründet sich formal als Partei. Den Vorsitz übernimmt der Anwalt Wolfgang Schnur.

17. Dezember: Laut Meinungsumfragen sprechen sich 73 Prozent der Befragten für eine selbstständige DDR aus. Allerdings sind die Zahlen nicht repräsentativ.

19. Dezember: Bundeskanzler Helmut Kohl wird in Dresden begeistert gefeiert.

20. Dezember: Demonstrativ besucht Frankreichs Präsident François Mitterrand die DDR.

21. Dezember: DDR-Verteidigungsminister Theodor Hoffmann hebt offiziell den Schießbefehl auf.

22. Dezember: Das Brandenburger Tor wird für den Grenzverkehr geöffnet.

24. bis 26. Dezember: Zwei Millionen DDR-Bürger fahren während der Weihnachtsfeiertage in den Westen, 760.000 West-Berliner und 380.000 Westdeutsche in die andere Richtung.

31. Dezember: Erste deutsch-deutsche Silvesterparty am Brandenburger Tor.

1. Januar: Für Bundesbürger entfällt bei Reisen der Zwangsumtausch.

2. Januar: Der Erfurter Gemüsehändler Peter Voigt setzt sein Recht auf Gewerbefreiheit

Großer Andrang: die Öffnung des Grenzübergangs am Brandenburger Tor am 22. Dezember 1989.

Chronik Winter '89/90

durch: Er erhält von der Handelskette Edeka einen Kredit und verkauft Südfrüchte gegen D-Mark.

3. Januar: Im Ost-Berliner Stadtbezirk Treptow wird das sowjetische Ehrenmal mit rechtsradikalen und antisowjetischen Parolen beschmiert. Die SED-PDS fordert deshalb, die DDR brauche weiter einen Geheimdienst. Die Täter werden nie gefasst.

8. Januar: In Leipzig findet die erste Montagsdemonstration des Jahres statt. Ein Meer von schwarz-rot-goldenen Fahnen beherrscht das Bild.

10. Januar: Die DDR-Außenhandelsfirma Limex erhält die Erlaubnis für den Verkauf von Mauersegmenten. Der Erlös soll ins DDR-Gesundheitswesen und die Denkmalpflege fließen.

13. Januar: Bei der ersten deutsch-deutschen Wirtschaftskonferenz in Ost-Berlin treffen sich Kombinatsdirektoren und Manager.

13. Januar: Die erste Delegiertenkonferenz der ostdeutschen SDP beschließt die Umbenennung in SPD.

15. Januar: Der Runde Tisch erfährt, dass die Stasi 85.000 hauptamtliche Mitarbeiter und 109.500 „inoffizielle Mitarbeiter" gehabt habe. Die Sitzung wird am Nachmittag abgebrochen, da Tausende Demonstranten in die MfS-Zentrale in Berlin-Lichtenberg stürmen.

15. Januar: Helmut Kohl will über engere Zusammenarbeit erst mit einer frei gewählten DDR-Regierung verhandeln.

17. Januar: Laut Innenministerium haben sich in der DDR 13 neue Parteien gegründet, 154 Vereinigungen sind staatlich anerkannt.

20./21. Januar: Der SED-PDS-Vorstand lehnt erneut eine Selbstauflösung der Partei ab. Daraufhin erklärt Parteivize Wolfgang Berghofer seinen Austritt.

21. Januar: Mit Koffern in der Hand laufen Zehntausende Bewohner des Eichsfelds über den Grenzübergang Duderstadt nach Hessen. Sie wollen zeigen, was passiert, wenn die SED an der Macht bleibt.

26. Januar: In Moskau tagen Deutschland-Experten. Sie teilen Michail Gorbatschow mit, dass die DDR nicht zu halten sein wird.

28. Januar: Die Volkskammer-Wahl wird vom 6. Mai auf den 18. März 1990 vorgezogen.

29. Januar: Die Umwelt ist in der DDR schwer geschädigt; im Raum Cottbus und in der Region Leipzig-Halle liegt die Schadstoffbelastung der Luft noch um das Zehn- bis Zwanzigfache höher als im übrigen Land.

29. Januar: Staatssekretär Horst Köhler und Ministerialrat Thilo Sarrazin vom Bundesfinanzministerium verwerfen angesichts der Übersiedlerzahlen – allein im Januar 73.000 DDR-

Helmut Kohl (r.) und Michail Gorbatschow (2.v.l.) sprechen am 10. Februar 1990 in Moskau über die Deutsche Einheit. Links der sowjetische Außenminister Eduard Schewardnadse, neben Kohl Bundesaußenminister Hans-Dietrich Genscher.

Bürger – das Konzept einer allmählichen Währungsangleichung und plädieren für eine schnelle Einführung der D-Mark in der DDR.

30. Januar: Pfarrer Uwe Holmer, Leiter und Bürgermeister der Hoffnungstaler Anstalten Lobetal bei Berlin, nimmt das Ehepaar Honecker bei sich auf.

31. Januar: Modrow erklärt Gorbatschow in Moskau, dass die DDR-Bevölkerung sich von der Einheit nicht abbringen lassen werde.

31. Januar: An der Evangelischen Akademie Tutzing diskutieren DDR-Oppositionelle mit West-Politikern über die Wiedervereinigung. Willy Brandt befindet: „Die Sache ist gelaufen."

1. Februar: In Ost-Berlin stellt Hans Modrow unter dem Titel „Deutschland, einig Vaterland" einen Vierstufenplan für die Deutsche Einheit vor.

2. Februar: In Schweden werden die Gruppen für die Qualifikation zur Fußball-EM 1992 ausgelost: DDR und Bundesrepublik kommen in eine Gruppe. Die *Bild-Zeitung* titelt: „Wir gegen uns!"

4. Februar: Die SED-PDS nennt sich nur noch PDS.

5. Februar: Acht Oppositionelle, vom Runden Tisch benannt, werden von der Volkskammer zu Ministern der Regierung ohne Geschäftsbereich gewählt.

5. Februar: Die bürgerlichen Parteien CDU, Demokratischer Aufbruch und DSU bilden für die Wahl die Allianz für Deutschland.

6. Februar: Nach einer Umfrage befürworten 76 Prozent der DDR-Bürger eine Vereinigung beider deutschen Staaten.

7. Februar: Das Bundeskabinett beschließt, der DDR sofortige Verhandlungen über eine Wirtschafts- und Währungsunion anzubieten. Die Übersiedlerzahlen und die desolate wirtschaftliche Lage in der DDR erfordern das.

10. Februar: Gorbatschow erklärt Bundeskanzler Kohl in Moskau seine prinzipielle Zustimmung zur Deutschen Einheit. Die Bündnisfrage bleibt vorerst offen.

13. Februar: Die vier Siegermächte des Zweiten Weltkriegs und die beiden deutschen Staaten beschließen Verhandlungen, um die außenpolitischen Bedingungen der Einheit zu klären.

19. Februar: Der Runde Tisch lehnt einen Beitritt der DDR zur Bundesrepublik nach Artikel 23 des Grundgesetzes ab und fordert einen entmilitarisierten Status für ein geeintes Deutschland.

22. Februar: Zwei Drittel der Bundesbürger erkennen einen moralischen Anspruch der DDR auf wirtschaftliche Hilfe an. Mehr als die Hälfte lehnt jedoch den geforderten Solidaritätsbeitrag von 15 Milliarden D-Mark ab.

22.–25. Februar: Auf dem ersten Parteitag der DDR-SPD in Leipzig warnt der westdeutsche SPD-Kanzlerkandidat Oskar Lafontaine vor einer zu schnellen Vereinigung.

26. Februar: An den Montagsdemonstrationen beteiligen sich nur noch rund 10.000 Menschen. Das Interesse gilt mehr dem Wahlkampf.

27. Februar: Mehr als zwei Drittel der Bundesbürger sind dagegen, weitere Übersiedler aus der DDR aufzunehmen.

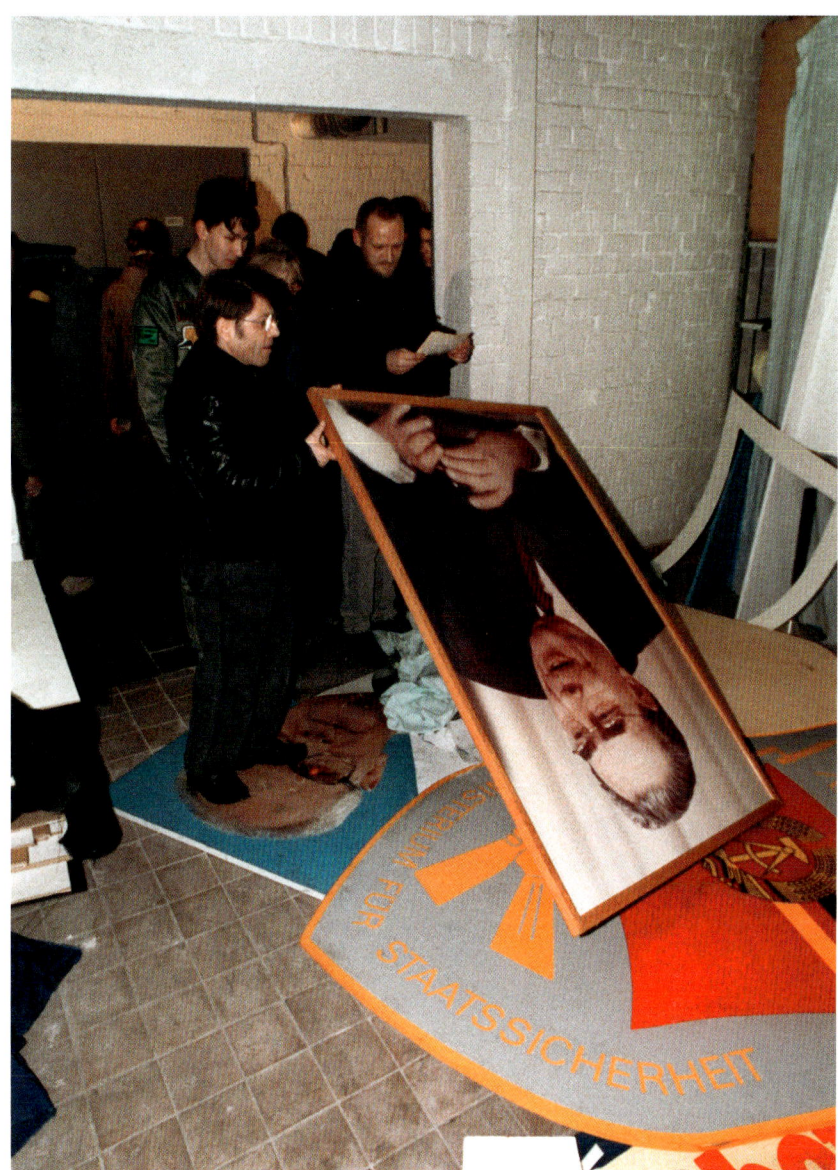

Tausende Demonstranten stürmen am 15. Januar 1990 die Zentrale des Amtes für Nationale Sicherheit – die Stasi-Zentrale – im Ost-Berliner Stadtteil Lichtenberg.

Winter '89/90

„Legitimieren kann uns nur der Erfolg"

Am Runden Tisch treffen sich alte Machthaber und Bürgerbewegung

Wenn Gesprächspartner sehr unterschiedlich sind, behindert das gewöhnlich effiziente Verhandlungen. Außer, es geschieht in Zeiten größter Unsicherheit. Vertreter der DDR-Regierung, der Blockparteien, der Opposition und der Kirchen kommen am 7. Dezember 1989 im Gemeindehaus der Herrnhuter Brüdergemeinde in Ost-Berlin zusammen. Über ihnen hängt der typische Adventsstern der Herrnhuter, hinter ihnen drängen sich Reporter und Fotografen. Es ist die erste Sitzung des Zentralen Runden Tisches, mit dem vor allem die neuen Bürgerbewegungen und Parteien an der demokratischen Umgestaltung der DDR mitwirken wollen. Doch die Teilnehmer sitzen an einer viereckigen Tafel – eigens einen Tisch anfertigen lassen wie in Polen wollte die Opposition nicht. Es geht darum, auf Augenhöhe mit den bislang Mächtigen zu sprechen. Sie sind zwar nicht mehr allmächtig, haben aber noch das Sagen. Die Opposition liebäugelt schon länger mit einer solchen Übergangsinstitution nach polnischem Vorbild – auch wenn bislang alle Dialogversuche mit der SED gescheitert sind.

Treibende Kraft ist der Theologe Wolfgang Ullmann von der Bewegung Demokratie Jetzt. Am 27. Oktober hat er in der Gethsemanekirche eine Volksabstimmung über die führende Rolle der SED und einen Runden Tisch gefordert. Knapp sechs Wochen später sitzt er zufrieden im Gemeindesaal und genießt den Trubel. Er hat sein erstes Ziel erreicht: Die Opposition ist eingebunden in die Politik, sie erreicht die Öffentlichkeit, um ihre Vorstellungen und ihr Personal präsentieren zu können. Alle am Tisch wirken etwas nervös. Regierung und Bürgerrechtler mustern einander skeptisch. Es hat immer wieder Debatten gegeben, ob sich die Opposition wirklich mit der SED zusammensetzen soll. Entsteht da nicht zwangsläufig der Eindruck von Kungelei? Wird man über den eckigen Runden Tisch gezogen werden? Vor allem das Neue Forum hat sich lange geziert und sogar mit der Idee gespielt, eine Gegenregierung zu bilden und ein Vetorecht zu verlangen.

Eine ausgeklügelte Zusammensetzung soll die Bedenken der Opposition zerstreuen. Auf

Der DDR-Staatsratsvorsitzende Manfred Gerlach (r.) beim ersten Treffen des Runden Tisches in Ost-Berlin am 7. Dezember 1989. Die Teilnehmer beschließen in dieser ersten Sitzung die Auflösung des Amtes für Nationale Sicherheit und die Durchführung von Wahlen zur Volkskammer am 6. Mai 1990.

der einen Seite sind die in der Volkskammer vertretenen Parteien berücksichtigt: SED, CDU, die Liberal-Demokratische Partei Deutschlands, die National-Demokratische Partei und die Deutsche Bauernpartei mit zusammen 15 Vertretern. Die SED-nahen Massenorganisationen wie FDJ und Kulturbund, die Abgeordnete im DDR-Parlament haben, bleiben außen vor. Mit der Einladung an die Blockparteien, die 40 Jahre lang das SED-Regime gestützt haben, sind nicht alle in der Opposition einverstanden. Doch ohne sie geht es nicht, argumentiert Ullmann: Das Spektrum muss breit sein. Für die Opposition sind ebenfalls 15 Plätze reserviert: für den Demokratischen Aufbruch, Demokratie Jetzt, das Neue Forum, die Grüne Partei, die SDP, die Initiative Frieden und Menschenrechte und die Vereinigte Linke. Als Moderatoren haben sich drei Kirchenvertreter zur Verfügung gestellt: Oberkirchenrat Martin Ziegler, Monsignore Karl-Heinz Ducke und Pfarrer Martin Lange.

Doch das Prinzip der Parität droht gleich zu Beginn zu scheitern. Als die Einladungen zur ersten Sitzung bereits verschickt sind, erfährt Wolfgang Ullmann von einer neuen Gruppe – dem Unabhängigen Frauenverband. Er lädt sie ein, vergisst aber, das den Moderatoren mitzuteilen. Die Kirchenvertreter wollen den lautstark protestierenden Frauen die Teilnahme zunächst verwehren. Das wird schnell geklärt, doch nun verlangt auch die SED-Einheitsgewerkschaft FDGB ihr Recht. So werden neue Stühle an den Tisch gestellt.

Der 60-jährige Ullmann ist froh, dass der Runde die Anwesenheit von Egon Krenz erspart bleibt. Der ist am Vortag als Staatschef zurückgetreten, nachdem er bereits seine Funktion als SED-Chef losgeworden ist. Krenz hat zwar öffentlich erklärt, dass er dem polnischen Modell zustimme. Aber intern hat er versprochen zu verhindern, dass die SED am Runden Tisch Macht abgeben muss. Der solle überhaupt besser nur in „loser Folge tagen": Je nach Notwendigkeit hat Krenz dazu einladen wollen. Das weiß die Opposition nicht, aber ihr ist auch so klar, dass Krenz den Runden Tisch nur als Instrument für den Versuch gesehen hat, sie zu vereinnahmen. Doch das scheint Vergangenheit. Statt Krenz sitzt nun der neue SED-Chef Gregor Gysi am Tisch, und

die Volkskammer hat wenige Tage zuvor die führende Rolle der SED aus der Verfassung gestrichen. Aber noch sind die Abgeordneten nicht demokratisch gewählt.

Wolfgang Ullmann und seine Mitstreiter wollen bewusst kein „Nebenparlament" installieren, auch keine Regierungsfunktionen im eigentlichen Sinne ausüben. In der Übergangsphase bis zu echten Wahlen sollen die Beratungen am Runden Tisch zu verbindlichen Vereinbarungen führen und den Staat so regierbar halten. Das schon. Ähnlich denkt auch der neue Vorsitzende der CDU, Lothar de Maizière. Diese Treffen können das Land vor dem Chaos bewahren, hofft er, und den Menschen das Gefühl vermitteln, dass aufmerksame Köpfe die Regierung Modrow im Auge behalten.

Bild oben: Sitzung des Zentralen Runden Tisches der Parteien und Bürgerbewegungen im Berliner Schloss Niederschönhausen am 22. Januar 1990. Nebeneinander sitzen die Mitbegründer der DDR-Bürgerrechtsbewegung Demokratie Jetzt Wolfgang Ullmann (r.) und Konrad Weiß.
Bild unten: SPD-Mitglied Markus Meckel (l.) und SPD-Vorstandsmitglied Ibrahim Böhme am 15. Januar 1990 bei Gesprächen am Runden Tisch in Ost-Berlin. Die Institution wird rasch von der Bevölkerung akzeptiert.

Entsprechende Grundsätze werden auf der ersten Sitzung des Runden Tisches beschlossen. Die Teilnehmer träfen sich „aus tiefer Sorge um das in die Krise geratene Land", wird erklärt. Nötig sei die Offenlegung der ökologischen, wirtschaftlichen und finanziellen Situation. Weiterhin wollen die Oppositionsvertreter der Öffentlichkeit Lösungen für die Krise vorschlagen. Und sie verlangen, rechtzeitig von Entscheidungen der Volkskammer und der Regierung informiert zu werden. Das ist forsch angesichts der Tatsache, dass dem Runden Tisch jede demokratische Legitimität fehlt. Aber die Teilnehmer, vor allem der Opposition, haben ein schlagendes Argument: Die spontan gegründete Institution wird von der Bevölkerung akzeptiert. Das ist für Wolfgang Ullmann entscheidend. Außerdem hält er Kritikern entgegen: „Legitimieren kann uns nur der Erfolg."

Gleich in der ersten Sitzung vereinbart man als Termin für die demokratische Wahl der Volkskammer den 6. Mai 1990. Außerdem sollen eine neue Verfassung sowie ein Wahl- und ein Parteiengesetz entstehen. Die in „Amt für Nationale Sicherheit" umbenannte Staatssicherheit soll unter ziviler Kontrolle aufgelöst werden. Daran ist der Opposition besonders gelegen, doch diese Forderung führt zu heftigen Debatten und zum Zerwürfnis mit Ministerpräsident Modrow, der Strukturen des Geheimdienstes erhalten und den Stasi-Kadern Entschädigungen gewähren will. Es gibt genug Potenzial zum Streit.

Neben dem Zentralen Runden Tisch etablieren sich zahlreiche andere Gesprächskreise nach ähnlichen Regeln auf Bezirks-, Kreis- und Stadtebene, aber auch für Spezialthemen wie Frauen, Medien oder Sport. Diese Runden haben fast noch größere Bedeutung für den Übergang in eine freie Gesellschaft als die Ost-Berliner Treffen. In Rudolfstadt beispielsweise setzt der Runde Tisch einen Untersuchungsausschuss zur Aufklärung von Amtsmissbrauch und Korruption ein, der unangemeldet Zutritt zu allen Ämtern und Volkseigenen Betrieben hat. Viele Menschen wollen sich in ihren Orten an der Neugestaltung des politischen Lebens beteiligen, vielfach in Bürgerkomitees, ob in Schwerin und Crivitz im Norden, in Magdeburg und Halle oder im Süden in Erfurt, Suhl und Rudolfstadt. Ihnen ist es zunächst darum gegangen, Stasi-Liegenschaften zu besetzen und die Vernichtung von Akten zu beenden, aber um politische Strukturen zu verändern, haben diese Komitees nicht ausgereicht.

Allerdings sind auch die regionalen Runden Tische, obwohl thematisch nun breiter aufgestellt, dafür nur begrenzt geeignet. Oft nämlich versuchen Vertreter der alten Apparate, das neue Instrument für sich zu nutzen und den Teilnehmerkreis so zu bestimmen, dass der Verlust der eigenen Autorität gestoppt oder wenigstens verlangsamt wird. Nicht immer können sich die unerfahrenen Neulinge dagegen wehren, doch sie sammeln Erfahrungen und erleben erstaunt, dass ihnen zugehört wird. Mancherorts bilden Vertreter der Tische sogar Übergangsverwaltungen. In Plauen übernimmt der Runde Tisch die Leitung der Stadt, in Dresden agiert eine basisdemokratische Fraktion im Stadtparlament, und der Tisch in Werdau organisiert die Wahl eines freien Bürgerrats, der die Geschicke der Stadt leitet.

Schon am ersten Sitzungstag gewinnt Wolfgang Ullmann den Eindruck, dass der öffentliche politische Diskurs am Zentralen Runden Tisch ein Erfolg werden wird. Eine Errungenschaft der Friedlichen Revolution. Für die Teilnehmer – und für jene anderen, die dem Geschehen zuschauen. Alle können Unterricht nehmen im Fach praktische Demokratie.

Opposition und alte Machthaber setzen sich an einen Tisch: Christa Luft von der SED-PDS (r.) spricht zu den Teilnehmern des Runden Tisches am 22. Januar 1990. Daneben die Moderatoren Monsignore Dr. Karl-Heinz Ducke (Katholische Kirche, 2.v.r.), Pastor Martin Lange (Methodistische Kirche, 3.v.r.) und Oberkirchenrat Martin Ziegler (Bund der Evangelischen Kirchen der DDR, 2.v.l.).

"Jetzt greifen wir an"

Mit Andreas Thom wechselt erstmals legal ein Fußballer in den Westen

Schmerzt eine Niederlage besonders und grübelt man darüber, wie man sie hätte vermeiden können, lautet die Empfehlung oft: „Nimm's sportlich!" Besonders bitter ist es allerdings, wenn dieser Rat vom Sieger selbst kommt. Der heißt am 16. Dezember 1989 Reiner Calmund und trägt seine Freude ins Gesicht geschrieben. Auf zwei Pressekonferenzen, in Ost-Berlin und in Leverkusen, verkündet sein Verein den Transfer von Andreas Thom zu Bayer 04 Leverkusen offiziell. Das Interesse der Presse ist gewaltig, und Fußballmanager Calmund genießt den Erfolg.

Spekulationen über einen Wechsel des Stürmers vom DDR-Rekordmeister BFC Dynamo in die Bundesliga hat es seit Tagen gegeben; nun ist es amtlich. Was auf den ersten Blick wie ein gewöhnlicher Transfer aussehen mag, ist in Wirklichkeit ein Ereignis der Sportgeschichte: Thom ist der erste DDR-Fußballer, der einen Profivertrag mit einem westdeutschen Verein abschließt. Nach dem Mauerfall und legal. Bis zum 9. November hat der SED-Staat, der Sport als Zweig der Außenpolitik betrachtet, freiwillig keinen Spitzensportler ziehen lassen. Wer im Westen Geld verdienen wollte, dem blieb nur die Flucht bei Spielen seiner DDR-Mannschaft im Ausland – angesichts der Begleiter von der Staatssicherheit immer ein riskantes Unterfangen. Jetzt ist diese Hürde verschwunden.

Während sich viele in Ost und West in den Tagen nach der Grenzöffnung begeistert treiben lassen, schmiedet der Leverkusener Manager Pläne. Dabei ist auch der 41-Jährige am zweiten November-Wochenende nach Berlin geeilt, um die gelöste Atmosphäre zu genießen. Calmund, dessen Mutter aus Thüringen stammt, hat als Kind häufig die Verwandten in der DDR besucht – bis die Mauer gebaut wurde. Anschließend hat er Touren an die Grenze oder in den Osten immer auch als Geschichtskurs verstanden. Als er Ende Juni 1989 mit der U23-Mannschaft von Leverkusen in West-Berlin gewesen ist, als Gast beim Pokalfinale im Olympiastadion, hat er seine Mannschaft und sich im Ost-Teil der Stadt untergebracht – weil alle Hotels im Westen voll waren.

Nun, wenige Monate später, treiben ihn ganz andere Interessen in den Osten: Er will die besten Spieler der DDR für seinen Verein engagieren. Dabei hat Calmund wenig Skrupel, sein Motto ist: „Jetzt greifen wir an." Auf dem Wunschzettel stehen neben Thom auch Matthias Sammer und Ulf Kirsten von Dynamo Dresden. Der leichtfüßige, schnelle und technisch brillante Thom jedoch hat oberste Priorität. Wie sehr der Stürmer aus der Masse der DDR-Fußballer herausragt, hat sich 1985 in Leipzig beim Länderspiel gegen Europameister Frankreich gezeigt, das die DDR 2:0 gewonnen hat. Erstmals international gespielt

Ein Wechsel von Spitzensportlern in den Westen ist vor dem Mauerfall in der DDR undenkbar. Andreas Thom, hier in einer Aufnahme von 1986, schreibt mit seinem Transfer in die Bundesliga Sportgeschichte.

Winter '89/90

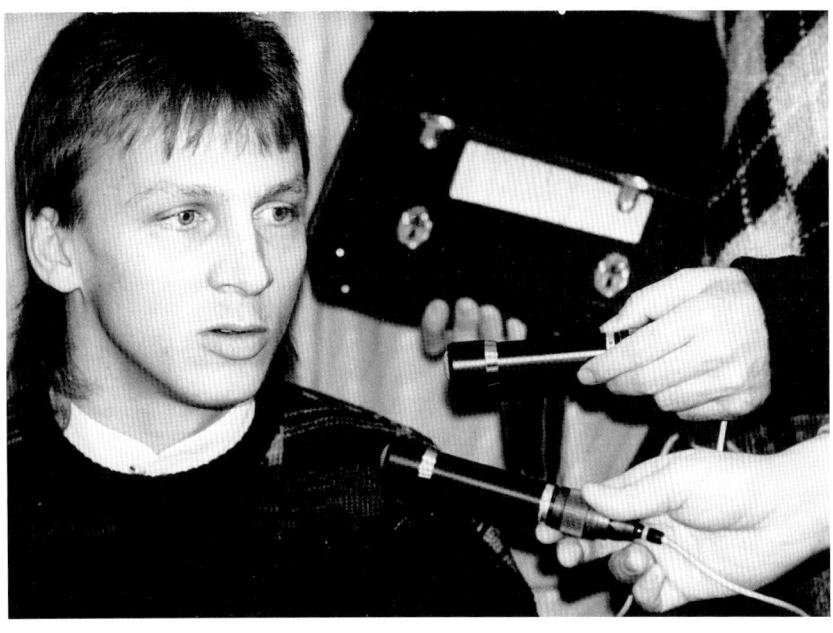

Andreas Thom nach der Bekanntgabe des Transfers zu Bayer Leverkusen. Der 24-jährige Nationalspieler des BFC Dynamo, kann ab 1. Februar 1990 für den BRD-Bundesligisten stürmen.

hat Thom schon im November 1983 mit 18 Jahren, im Europacup-Spiel gegen Partizan Belgrad: Da rückte er kurzfristig in die Dynamo-Elf als Ersatz für Falko Götz, der den Aufenthalt in Jugoslawien genutzt hatte, sich von der Mannschaft in den Westen abzusetzen. Seitdem hat sich Thom zum besten Spieler der DDR entwickelt.

Calmund muss sich beeilen, denn er weiß, dass auch andere Manager so denken wie er. Er sucht eine Gelegenheit, schnell an den Spieler heranzukommen. Sie ergibt sich am 15. November 1989: Im Praterstadion in Wien läuft die Creme des DDR-Fußballs auf. Die DDR-Nationalmannschaft tritt gegen Österreich an, zum entscheidenden Qualifikationsspiel für die Fußball-Weltmeisterschaft 1990. Calmund ruft in Leverkusen den Betreuer seiner A-Jugend, Wolfgang Karnath, ins Büro. Ihn hält er für gewieft genug, mögliche Kontrollen zu umgehen. Zur Tarnung wird der Bayer-04-Mitarbeiter als Fotograf akkreditiert. Calmund selbst fährt am 15. November nach Köln, wo die bundesdeutsche Mannschaft ihr entscheidendes Qualifikationsspiel gegen Wales absolviert.

Der Manager kann mit seinem Undercover-Werber zufrieden sein. Während in Wien die Spielerbeobachter der anderen Vereine auf der Tribüne sitzen, weitab vom Geschehen, hält sich der angebliche Fotograf Karnath immer in der Nähe der DDR-Bank am Spielfeldrand auf. Niemand schöpft Verdacht. Bei einer günstigen Gelegenheit spricht er die Spieler an. Er sei von Bayer Leverkusen, der Klub wolle sie unbedingt verpflichten. Thom, Sammer und Co. sind mit den Gedanken ohnehin längst im Westen – und verlieren das Qualifikationsspiel leichtfertig mit 0:3. Nach dem Abpfiff folgt Karnath den Umworbenen ins Mannschaftshotel, sorgt für gute Stimmung und lässt sich ihre Adressen geben. Am folgenden Tag ergattert er sogar einen Platz in der Linienmaschine nach Ost-Berlin, wo Reiner Calmund bereits im Grand-Hotel an der Friedrichstraße wartet. Noch am gleichen Tag klingelt der Manager bei Andreas Thom, der ebenfalls gerade aus Wien zurückgekehrt ist. Verunsichert lässt der Spieler den Manager aus dem Westen in die Wohnung. Calmund, der Pralinen und einen Blumenstrauß für Thoms Ehefrau dabeihat, glaubt, dass der Spieler des Stasi-Klubs Dynamo befürchtet, noch immer abgehört zu werden. Der schlagfertige Rheinländer sagt betont: „Andreas, wir gehen den offiziellen Weg. Wenn du mir dein Wort gibst, dass du künftig bei Leverkusen spielen willst, dann stehe ich morgen bei deinem Verband auf der Matte." Thom wirkt erleichtert. Nachdem Calmund mit einem guten Gefühl gegangen ist, meldet sich Thom bei seinem Kollegen Frank Rohde. „Bayer Leverkusen will mich haben, kann ich vorbeikommen?" Rohde, dem robusten Abwehrboss beim BFC, vertraut Thom. Die halbe Nacht überlegen sie, wie man mit der Situation umgehen soll.

Wie Calmund zugesagt hat, fährt er am nächsten Tag zum Deutschen Fußball Verband der DDR und bittet offiziell um Transferverhandlungen. Der Bayer-Manager beharrt auf einer Bestätigung, die er Thom zeigt, um ihn zu beruhigen. Die Verhandlungen laufen, aber weil er nicht sicher ist, wie sie ausgehen, bleibt Calmund in Thoms Nähe. Er fürchtet, der Stürmer könne doch noch abspringen oder sich für einen anderen Verein entscheiden. Als der Manager Anfang Dezember erfährt, dass der Ausnahme-Stürmer Gast in der *RTL*-Sendung *Anpfiff* sein soll, besorgt sich Calmund ein Flugticket und überrascht seinen Wunschspieler in der Maschine von Tegel nach Köln. BFC-Libero Rohde, der Thom begleitet, sieht das mit Unbehagen. „Mann, der nimmt den Andy ja in Manndeckung", denkt er. Im Westen schlägt Calmund auch noch eine Shopping-Tour vor. Rohde ist das zu viel.

Einige Tage später hat Andreas Thom erneut einen Gast in seiner Wohnung. Ein Verbandsvertreter überbringt die Nachricht, dass man sich mit Bayer über eine Ablösesumme von fast drei Millionen Mark einig geworden ist: Rekord für die Leverkusener. Der Großteil soll an den BFC gehen, ein kleiner Teil in die Kassen des DDR-Gesundheitswesens fließen. Der Stürmer erhält einen Vertrag über zweieinhalb Jahre. Das Ehepaar Thom ist froh, dass das Gezerre vorbei ist; zuletzt sind Anfragen auf ihn eingeprasselt. Doch zugleich gibt es jetzt kein Zurück mehr – das Abenteuer Bundesliga wartet.

Im Grand-Hotel wird der Transfer besiegelt; dabei sind die Funktionäre des DDR-Verbands, sein bisheriger Trainer und die Bayer-Verantwortlichen. Thom ist die Anspannung anzusehen. Schmächtig, fast schüchtern, mit einem viel zu großen, glänzenden Jackett stellt er sich für ein Foto zwischen die Funktionäre. Hinter ihm, in der letzten Reihe steht Reiner Calmund. Ein dichter Schnurrbart verdeckt ein Lächeln.

Am 16. Dezember macht er seinen Coup im Haus des Deutschen Turn- und Sportbundes öffentlich. Bereits am Morgen aber hat das *Neue Deutschland* den Transfer verkündet, mit der Überschrift: „Heute wird der erste Fußballspieler verkauft." Das SED-Blatt bedauert den Wechsel, der „vor wenigen Wochen noch als Utopie empfunden wurde". Einen Trost findet das *ND* wenigstens: Auch wenn der wohl beste Spieler in den Westen verkauft werde, bleibe der „verkaufte" Andreas Thom doch „auch im Dress des Bundesliga-Klubs Bayer Leverkusen Bürger der DDR".

Das sieht auch der Hauptdarsteller ähnlich. Wenn er eingeladen werde, stehe er der DDR-Auswahl natürlich weiterhin jederzeit zur Verfügung, versichert Thom. Der Wechsel sei „kein einfacher Entschluss gewesen" und keinesfalls diktiert von Angst, dass Erich Mielkes Lieblingsklub BFC „dicht gemacht" werde. Er sehe für sich „eine ganz große sportliche Herausforderung", die er ohne Furcht angehe, auch wenn es sicherlich nicht einfach sein werde, sich in der neuen Umgebung einzugewöhnen. Die Verlautbarungsfloskeln hat der Neu-Profi schnell gelernt.

Über die finanziellen Modalitäten wollen sich weder BFC-Vorsitzender Herbert Krafft noch Bayer-Präsident Gert-Achim Fischer äußern, obwohl die Journalisten immer wieder nachfragen. Krafft sagt lediglich, ein bedeutender Anteil aus dem Erlös werde dem Gesundheitswesen der DDR zur Verfügung gestellt. Dabei ist das der geringere Teil. Bayer-Chef Fischer versucht, den Transfer herunterzureden. Der Verein habe schon seit anderthalb Jahren über die Verpflichtung von Andreas Thom nachgedacht. Es handele sich also nicht um ein „schnelles Einzelgeschäft, koste es, was es wolle". Man lege Wert auf „längerfristige Kooperation" und bedaure natürlich die Lücke, die der Ausnahmespieler in der DDR hinterlasse: „Aber so sind nun mal die Spielregeln."

Ein historischer Moment: Im Berliner Grand Hotel werden der Vertrag und der Transfer von Andreas Thom Ende 1989 perfekt gemacht. In der hinteren Reihe, Mitte, Reiner Calmund.

Winter '89/90

„Das läuft"

Bei seinem Besuch in Dresden erlebt Helmut Kohl einen Triumph

Große Erwartungen: Der erste offizielle Besuch von Bundeskanzler Helmut Kohl in der DDR am 19. Dezember 1989. Die Dresdener Bürger warten vor dem Hotel Bellevue auf Kohl, zahlreiche Transparente und die Deutschlandfahnen bringen den Wunsch nach Einheit zum Ausdruck.

Geschenke am Heiligen Abend sollen erfreuen und sind manchmal sogar überraschend. Doch mitunter bietet auch die Vorweihnachtszeit Ähnliches. In Dresden strömen die Menschen in der dritten Dezemberwoche 1989 auf den berühmten „Striezel-Markt". Lichterketten und weihnachtliche Düfte betören die Besucher und machen die Kälte erträglich. Am 19. Dezember allerdings ist fast alles anders. Die Weihnachtsstimmung tritt, dem Schmuck auf den Straßen zum Trotz, in den Hintergrund. Die Innenstadt leuchtet vielmehr Schwarz-Rot-Gold, denn Bundeskanzler Helmut Kohl ist für zwei Tage zu Besuch. Schon der Empfang und die Fahrt vom Flughafen hinein nach Dresden sind ein Triumph. „Helmut, Helmut", schallt es ihm entgegen, und: „Einheit, Einheit". Überall wehen die Farben der Bundesrepublik. Vor dem Hotel wird er von begeisterten Menschen regelrecht eingeschlossen. „Das Regime ist zu Ende", erkennt Kohl; er kann sein Glück kaum fassen.

Dabei ist der Kanzler mit ziemlichen Bauchschmerzen nach Dresden gefahren, um Ministerpräsident Hans Modrow zu treffen. Interne Papiere seiner Berater warnen, dass die Lage in der DDR angespannt sei und kaum mehr kalkulierbar. Nach einer bewundernswert friedlichen Entwicklung im Oktober und November seien zunehmend Aggressivität und Polarisierung zu verzeichnen. Es gebe vermehrt Übergriffe gegen staatliche Institutionen, vornehmlich die Staatssicherheit. Bürgerrechtler befürchteten Gewaltakte. Viele DDR-Bürger verlangten sofort zu bekommen, was nur Ergebnis längerer Entwicklungen sein könne. Neben die Euphorie trete vermehrt Hoffnungslosigkeit und Lähmung, und damit wachse die Bereitschaft, die DDR Richtung Westen zu verlassen. Schließlich, so die Analyse, befürchteten die bisherigen Wortführer der Erneuerungsbewegung eine Ermüdungsstrategie der SED, um die Menschen vom demokratischen Engagement abzubringen.

Angesichts dieser Lage mag sich Helmut Kohl nicht nachsagen lassen, er hätte diese Stimmung mit seinem Besuch noch weiter angeheizt. Also wählt er seine Worte und Gesten bewusst zurückhaltend. Ein paar Tage zuvor hat er auf einem kleinen CDU-Parteitag in West-Berlin betont, die Menschen in der DDR bestimmten Richtung und Tempo der Veränderungen. Beides könnte nicht vom grünen Tisch der Politik oder mit dem Terminkalender in der Hand geplant werden. Dies sagt Kohl auch in Richtung seiner Partner im Westen und in Moskau, die ihn seit seinem Zehn-Punkte-Plan scharf beobachten. Auf Drängen seiner Berater hat Kohl diesen Plan erarbeiten lassen und bereits am 28. November im Bundestag vorgestellt. Diese deutschlandpolitische Initiative ist vorher mit den internationalen Partnern bis auf US-Präsident George Bush praktisch nicht abgesprochen gewesen. Kohls Außenpolitikexperte Horst Teltschik hatte zuvor zwar Signale aus Moskau empfangen, dass man dort einer Wiedervereinigung nicht im Wege stehen würde – aber nur „unter Umständen". In seinem Plan betont Kohl das Selbstbe-

stimmungsrecht der Deutschen und fordert als ersten Schritt „konföderative Strukturen" mit der DDR, also einen Staatenbund. Das bedeutet, dass zunächst zwei Staaten fortbestehen sollen. Die zehn Punkte bleiben in vielem vage, sie sollen ausdrücklich kein „Masterplan zur Herstellung der Deutschen Einheit" sein. Mit dem Zusammenschluss von Bundesrepublik und DDR rechnet Kohl ohnehin erst in fünf bis zehn Jahren. Wichtiger ist ihm, in der Deutschen Frage die Meinungsführerschaft zu übernehmen, statt sie der SPD, speziell Willy Brandt zu überlassen. Und schon gar nicht Modrow, der in seiner ersten Regierungserklärung am 17. November eine „Vertragsgemeinschaft" der beiden deutschen Staaten angeregt hat.

Trotz der vorsichtigen Formulierungen hat der Zehn-Punkte-Plan Verärgerung ausgelöst. Gorbatschow fühlt sich übergangen. Er hält die deutsche Teilung für ein Ergebnis der Geschichte; und jeder Versuch, sie zu beenden, müsse zu einer gefährlichen Lage führen. Zudem war mit Kohl vereinbart, sich über Schritte in diese Richtung auszutauschen; das aber hat der Kanzler unterlassen. Auch Außenminister Hans-Dietrich Genscher muss sich von seinem Kollegen Eduard Schewardnadse anfahren lassen: „Nicht einmal Hitler hat sich derartiges erlaubt." Entsprechend eisig ist der Empfang für Kohl beim EG-Gipfel in Straßburg am 8. und 9. Dezember. Was ihm bei seinem Plan eigentlich durch den Kopf gegangen sei, wie man überhaupt „auf den Gedanken kommen könne, eine solche Rede zu halten", wird Kohl angeblafft. Die britische Premierministerin Margaret Thatcher fordert beim Abendessen, Kohl solle die Unverletzlichkeit der polnischen Westgrenze umgehend garantieren; das darf der Kanzler ohne entsprechenden Beschluss des Bundestages aber nicht. Ruud Lubbers aus den Niederlanden kritisiert, dass Kohls Plan die Wiedervereinigung beschleunige. Er halte es für gefährlich, vom Selbstbestimmungsrecht der Deutschen zu reden. Nur mit Mühe kann Kohl die Wogen glätten.

In Dresden sind ihm diese Kontroversen präsent, als er Modrow trifft. Deshalb beginnt er mit einer persönlichen Bemerkung: Er sei sich der Bedeutung wohl bewusst. Es sei eine historische Stunde, in der die Empfindungen der Deutschen, aber auch die der Menschen in der Welt draußen stark berührt würden. Dann betont Kohl, wie von seinen Beratern vorgeschlagen, er werde respektieren, wenn die Menschen in der DDR einen selbstständigen Staat wollten, aber ebenso, wenn sie sich für die Einheit aussprächen. Wichtig sei, dass die Entwicklung sich in jedem Fall ruhig vollziehen könne. Nichts dürfe überstürzt werden. Daher solle man den Gedanken einer Konföderation „jetzt beiseite lassen und sehen, was heute getan werden kann". Entscheidend sei, den Menschen in der DDR schnell überzeugende Perspektiven zu geben, wie das soziale und wirtschaftliche Gefälle zum Westen abgebaut werden könne. Kohl und Modrow vereinbaren, dazu Kommissionen einzurichten und einen Fonds von Reisedevisen in Höhe von zwei Milliarden D-Mark zu schaffen. Außerdem sollen direkte Zahlungen und Kredite für die DDR erhöht werden. Im Gegenzug sagt Modrow die bereits angekündigte Abschaffung der Visumspflicht und des Zwangsumtauschs zu; die verbliebenen politischen Häftlinge sollen noch vor Weihnachten freikommen.

In Begleitung von DDR-Ministerpräsident Hans Modrow (l.) lässt sich der Bundeskanzler von der jubelnden Menschenmenge in Dresden feiern.

Ursprünglich hat Kohl nicht vorgehabt, bei seinem ersten offiziellen Besuch in der DDR eine Rede zu halten. Noch zwei Wochen zuvor ist das Kanzleramt lediglich von einer öffentlichen Kranzniederlegung ausgegangen. Daraus entwickelt sich die Idee einer Ansprache. Oberbürgermeister Wolfgang Berghofer schlägt die Ruine der Frauenkirche als Kulisse vor, er werde für eine provisorische Tribüne und die nötige Technik sorgen. Im Hotel bereitet sich der Kanzler mit einigen Vertrauten vor und macht sich mit schwarzem Filzstift auf einem DIN-A4-Blatt Notizen. Er weiß, dass diese Rede sehr schwierig ist: Er darf weder die Hoffnungen der DDR-Bürger enttäuschen noch die internationalen Partner brüskieren.

Der Platz vor der Kirchenruine ist schwarz vor Menschen, unzählige schwarz-rot-goldene Flaggen wehen, als Kohl um 16.31 Uhr das Podest betritt. Schon als er zur Begrüßung den „lieben Landsleuten" einen herzlichen Gruß ihrer Mitbürger aus der Bundesrepublik zuruft, brandet Beifall auf. Kohl spricht dann über seine Bewunderung für die

Friedliche Revolution, die einmalig in der Geschichte sei, betont das Selbstbestimmungsrecht der DDR-Bürger, äußert den Wunsch, dass sie in der Heimat bleiben und dort ihr Glück finden. Dabei werde die Bundesrepublik die Landsleute nicht im Stich lassen, fügt der Kanzler unter Beifall hinzu und skizziert, was er mit Modrow vereinbart hat.

Doch die Atmosphäre reißt ihn mit, und so kommt Kohl doch auf seine Vorstellungen vom Zusammengehen der beiden Staaten zu sprechen. Von den Chancen, die sich ergeben. Von der Einheit der Nation, die sein Ziel sei. Die Nachbarn brauchten sich davor nicht zu fürchten. In tosenden Jubel hinein endet Kohl mit dem Satz: „Gott segne unser deutsches Vaterland!" Spät abends lässt der Kanzler den emotionalen Tag bei einem Umtrunk in seinem Hotelzimmer ausklingen. Weit nach Mitternacht zieht er das Fazit: „Das läuft." Er glaube, die Einheit sei nicht aufzuhalten, „die Menschen wollen das". Und er fügt hinzu: „Dieses Regime ist definitiv am Ende."

Von all dem weiß Hans-Jürgen Fischbeck nichts, als er am 20. Dezember früh in Ost-Berlin in den Zug nach Dresden steigt. Der Physiker steckt bis zum Hals in Arbeit: Als Mitglied der Bürgerbewegung Demokratie Jetzt beschäftigen ihn die Affäre um den DDR-Devisenbeschaffer Alexander Schalck-Golodkowski und die Verhandlungen am Runden Tisch. Für die kurzfristig eingegangene Einladung zu einem Treffen mit Kohl nimmt Fischbeck sich dennoch Zeit. Er ist gespannt auf die erste Begegnung des Bundeskanzlers mit Vertretern der DDR-Opposition. Will sich Kohl mit ihnen beraten, wie man zur Einigung Deutschlands kommen und wie die Opposition einbezogen werden kann? Oder diskutieren, ob Verhandlungen mit der amtierenden DDR-Führung die durch nichts legitimierte Modrow-Regierung ungewollt stabilisieren? Fischbeck glaubt, für einen Dialog gute Karten zu haben, denn Demokratie Jetzt hat einen Drei-Stufen-Plan für die Einheit vorgelegt, der Anknüpfungspunkte zu Kohls Zehn-Punkte-Plan bietet.

Um 10 Uhr beginnt das Treffen. Knapp 20 Vertreter der Opposition sitzen in einer langen Reihe, Kohl und seine Begleiter gegenüber. Der Kanzler, unter dem Eindruck des begeisterten Empfangs sichtlich guter Laune, lässt kaum jemanden zu Wort kommen. Er hält einen Monolog. Fischbeck fühlt sich behandelt wie ein „kleines Würstchen". In einer der seltenen Pausen des Kanzlers bringt er seine Bedenken vor, doch Kohl reagiert nicht. Nach anderthalb Stunden ist das Treffen vorbei – und Fischbeck enttäuscht. Als er am Nachmittag mit Wolfgang Schnur im Auto nach Berlin zurückfährt, grübelt der Oppositionelle über das Treffen. Eigentlich glaubt er, dass man in einer Demokratie Probleme sachlich erörtert. Nun aber hat er ein Lehrstück dafür erhalten, welche Rolle Machtpolitik spielt. Die Macht in der DDR hat Modrow, also redet Kohl mit ihm. Die neuen Bewegungen scheinen für den Kanzler offenkundig keine ernstzunehmenden Partner zu sein. Dass andere Akteure ins Spiel kommen werden, hat Fischbeck beim Treffen mit Kohl gemerkt. Zwei Teilnehmer, die bis dahin bei den Bürgerrechtlern keine Rolle gespielt haben, haben sich als Vertreter einer künftigen Schwesterpartei der CDU vorgestellt: Hans-Wilhelm Ebeling und Peter-Michael Diestel.

Kohl vergisst das Treffen mit der Opposition schnell, denn der euphorische Empfang der Dresdener überstrahlt alles. Später lassen ihn die Oppositionellen ihre Enttäuschung spüren. Der Sprecher von Demokratie Jetzt, Konrad Weiß, beschwert sich in einem dreiseitigen Brief über die „kurzsichtige Politik", ohne Einbindung der demokratischen Opposition mit Modrow „über die Zukunft unseres Landes" zu verhandeln. Zum Treffen in Dresden schreibt Weiß: „Sie waren nicht wirklich bereit, auf das zu hören, was wir Ihnen zu sagen hatten, oder Kritik anzunehmen, sondern haben uns Ihre Sicht auf die DDR aufgedrängt."

Kohl wird von der Stimmung in Dresden am 19. Dezember 1989 überwältigt: Dem Bundeskanzler wird bewusst, die Einheit ist zum Greifen nah.

„Wo ist meine Akte?"

Das Ministerium für Staatssicherheit wird gestürmt – mit unerwarteter Unterstützung

Wut ist ein schlechter Ratgeber, und selbst berechtigte Empörung kann gefährliche Folgen haben. Weit über zehntausend Menschen haben sich am späten Nachmittag des 15. Januar 1990 vor dem Dienstsitz des Ministeriums für Staatssicherheit im Ost-Berliner Bezirk Lichtenberg versammelt. Ihre Stimmung ist gereizt, denn sie sehen seit Wochen, dass in der Geheimdienstzentrale weitergearbeitet wird, obwohl das SED-Regime längst am Ende ist. Offenbar klammert sich die Staatspartei noch an die alte Machtformel Walter Ulbrichts. „Es muss demokratisch aussehen, aber wir müssen alles in der Hand haben", hatte Stalins Mann in Ostdeutschland gefordert, und genau nach diesem Prinzip gehen jetzt seine indirekten Erben vor: Ministerpräsident Modrow und SED-PDS-Chef Gregor Gysi. Das wichtigste Machtmittel jeder Diktatur ist ihre Geheimpolizei, und deshalb versuchen alte Kader zusammen mit den neuen, die in Amt für Nationale Sicherheit umbenannte Stasi zu retten.

Einfach aber ist das nicht, denn seit Anfang Dezember 1989 sind vielerorts die Stasi-Dienststellen friedlich besetzt und geschlossen worden. Zuerst in den Bezirksstädten Erfurt und Leipzig, dann in Halle, Suhl und Potsdam, außerdem in 84 kleineren Orten. Doch die Zentrale arbeitet weiter, und die Regierung von Modrow versucht, das nun „Nasi" abgekürzte Amt nicht ersatzlos aufzulösen, sondern nach westlichem Vorbild zu einem „Verfassungsschutz" umzufirmieren. Doch den meisten Bürgerrechtlern und vielen DDR-Bürgern reicht das nicht. Ihre Befürchtungen bringt ein Flugblatt auf den Punkt: „Die Regierung nimmt den Runden Tisch und damit das Volk nicht ernst. Die SED fühlt sich wieder mächtig. Die Stasi wird ‚Verfassungsschutz'." Das wollen sie nicht hinnehmen; der verhasste Unterdrückungsapparat muss tatsächlich aufgelöst werden.

Mehrere Tausend Demonstranten versammeln sich am 15. Januar 1990 vor der Zentrale der Stasi, jetzt Amt für Nationale Sicherheit genannt, im Ost-Berliner Stadtteil Lichtenberg.

Symbolisch soll die Macht des Geheimdienstes gebrochen werden, unmittelbar nachdem am Runden Tisch zum ersten Mal Details über die Arbeit der Stasi in den knapp 40 Jahren ihrer Existenz bekanntgegeben worden sind. Das Thema steht auf der Tagesordnung seiner 7. Sitzung am Montag, den 15. Januar. Üblicherweise tagt das Gremium, das sich aus Staats- und Oppositionsvertretern zusammensetzt, von neun Uhr morgens an sieben bis acht Stunden. Also hat das Neue Forum für 17 Uhr zu einer Demonstration vor der Stasi-Zentrale aufgerufen, unter dem Motto „Mit Fantasie gegen Stasi und Nasi". Gefordert werden die sofortige Schließung aller Einrichtungen und Hausverbot für alle Stasi-Mitarbeiter, außerdem die Aufnahme von Ermittlungen gegen das Ministerium, die Offenlegung der Befehlsstrukturen zwischen SED und Stasi sowie der sofortige Stopp aller Sonderzahlungen und

209

Demonstranten stürmen eines der Nebengebäude – nach Jahrzehnten der Unterdrückung bahnt sich ungezügelte Wut ihren Weg. Schränke werden aufgebrochen, ein Warenlager zerstört, Unterlagen vernichtet.

Privilegien für gegenwärtige und ehemalige Mitarbeiter. Das Flugblatt macht auch Vorschläge, wie diesen Erwartungen Nachdruck verliehen werden kann: „Schreibt eure Forderungen an die Mauern der Normannenstraße! Bringt Farbe und Spraydosen mit!" Und noch eine Idee haben die Initiatoren: „Wir schließen die Tore der Stasi! Bringt Kalk und Mauersteine mit!" Das ist ein blendender Einfall: Ausgerechnet der Geheimdienst, der jahrzehntelang Fluchtwillige verfolgt hatte, soll eingemauert werden.

Schon bald nach 17 Uhr sind die drei wichtigsten Zugänge zum Ministeriumssitz, einem ganzen Häuserblock zwischen Magdalenen- und Ruschestraße, von unzähligen Menschen umlagert. Sprechchöre schwellen an: „Mauert die Stasi ein! Mauert die Stasi ein!" Und tatsächlich beginnen einige Demonstranten, vor den Toren Ziegelsteine aufzuschichten. TV-Kameras sind vor Ort und Fotoreporter. Dann, etwa um 17.30 Uhr, beginnt die Stimmung zu kippen. Von hinten drängen immer mehr Menschen und drücken die Protestierenden vorn auf die verrammelten Portale zu. Gleichzeitig verlangen auffällig viele junge Männer unter den Demonstranten, ins Ministerium eingelassen zu werden. Auf der anderen Seite der Torflügel zur Ruschestraße stehen nicht nur einige MfS-Offiziere sowie uniformierte Wachposten des Stasi-eigenen Wachregiments, meist Wehrpflichtige. Auch ein paar Bürgerrechtler sind dabei; sie sind zu einer Besichtigung eingeladen worden, nachdem die Regierung Modrow nach langem Ringen am 13. Januar zugestanden hat, den Geheimdienst kontrolliert aufzulösen. Jetzt bekommen es alle auf der inneren Seite der Ministeriumszugänge mit der Angst zu tun. Denn der Pegel der Erregung steigt.

Per Lautsprecherwagen der Volkspolizei versuchen die Bürgerrechtler, die Lage zu beruhigen: „Wir haben alles unter Kontrolle", lassen sie verkünden. Aber vor dem Tor will das niemand glauben. Und außerdem ändert das nichts am Druck der nachpressenden Protestierenden, die von der Durchsage nichts mitbekommen. Der Pfarrer Martin Montag, einer der Bürgerrechtler, will verhindern, dass es zu Verletzten, gar zu Toten kommt. Als einige Steine fliegen und ein Demonstrant versucht, die Verriegelung zu öffnen, weist er die Wachposten an: „Macht das Tor auf!" Rasch strömen Hunderte Menschen auf das weitläufige Gelände, sie schreien: „Stasi raus!" oder „Stasi in den Tagebau!" Aggression liegt in der Luft. Ein Bürgerrechtler, der um seinen Körper eine selbstgemalte Schärpe mit den Worten „Keine Gewalt" trägt, zuckt hilflos mit den Armen – er wird einfach ignoriert. In einem großen Gebäude linkerhand brennt Licht; die meisten Demonstranten laufen dahin.

Aber als gerade die ersten von ihnen an dem großen, riegelartigen Bau ankommen, fliegen aus den Fenstern der oberen Geschosse schon Stühle, Schreibmaschinen und Akten-Bündel; auch Fotos von Honecker und Mielke sind dabei. Es handelt sich um Haus 18, das die „Verwaltung Rückwärtige Dienste" der Stasi beherbergt, intern treffend „Sozialgebäude" genannt. Hier gibt es eine bevorzugt belieferte Kaufhalle, eine Ladenzeile mit Friseursalon, Reisebüro, einem Geschäft für Fanartikel des Stasi-Clubs BFC Dynamo und einer Buchhandlung, außerdem Speise- und Konferenzsäle. Einen politisch unwichtigeren Bau kann man auf dem gesamten Gelände nicht finden. Trotzdem reagieren viele der erregten Protestierenden hier ihre Wut ab, ausgelöst von den bereits aus den Fenstern fliegenden Gegenständen: Büros werden durchwühlt, Spinde aufgebrochen, ein Warenlager mit westlichen Kosmetika verwüstet. An die Wände sprühen Demonstranten Parolen, etwa die Frage „Wo ist meine Akte?" Unzählige Mengen Papier liegen herum, zerknüllt, zerrissen oder fast unbeschädigt – aber durchweg unwichtiges Material: Formulare, Verwaltungsunterlagen, Propagandaschriften. Das stört niemanden: Jahrzehntelang aufgestauter Hass bricht sich Bahn.

Während in Haus 18 Chaos herrscht, bleibt Haus 1, der Sitz des Stasi-Chefs und seines Leitungsstabes, praktisch unbehelligt. Der Mittelpunkt der MfS-Macht liegt im Dunkeln; vor dem Eingang steht ein Sichtschutz aus Betonwerksteinen. Im Keller liegen in einem besonderen Raum die Akten aus dem „Büro des Ministers", die alle für die Stasi-Spitze wichtigen Vorgänge dokumentieren. Ebenfalls unbehelligt bleiben die Häuser 7 und 8, das zentrale Archiv, in dem Dutzende Kilometer Unterlagen und viele Millionen Karteikarten verwahrt werden.

Wenige Minuten, nachdem die erregte Masse durch das Tor ins Ministerium gestürzt ist, bricht der Runde Tisch seine Sitzung ab. Die Volkspolizei hat sich gemeldet und dringend darum gebeten, dass Repräsentanten der Opposition nach Lichtenberg kommen, um die Situation zu beruhigen. Bevor Bärbel Bohley, Rainer Eppelmann, Wolfgang Ullmann und andere in Berlin-Niederschönhausen losfahren, in eigens bereitgestellten Regierungsfahrzeugen mit Blaulicht, wird noch schnell ein Aufruf der Opposition beschlossen und verkündet, der vor allem eine Botschaft hat: „Keine Gewalt." Mehrere Radio- und Fernsehsender übertragen live, als Konrad Weiß die improvisierte Mitteilung verliest. Dann macht man sich auf den Weg, um mit der Autorität des Wortes eine weitere Eskalation zu verhindern. Gegen 19.30 Uhr gelingt es endlich, die Lage zu beruhigen.

Wenig Interesse daran hat Ministerpräsident Hans Modrow. Er schimpft über die Ausschreitungen und deutet an, zum Schutz vor derartigen Übergriffen brauche man eben einen Sicherheitsdienst. Dazu passt, dass das *Neue Deutschland* vom „schwarzen Montag" fabuliert und behauptet, „ein Teil" der Demonstranten habe mit „Heil-Rufen die Gebäude gestürmt". Sofort verbreitet sich das Gerücht, die Stasi selbst könnte die Eskalation herbeigeführt haben, um ihre eigene Auflösung abzuwenden. Teilnehmer der Demons-

tration erinnern sich an kräftige junge Männer, die am lautesten gerufen haben und als erste auf den Versorgungstrakt zugestürzt sein sollen. Doch zu sehen ist von ihnen jetzt niemand mehr. Um den befürchteten Rückschlag zu verhindern, bildet sich spontan ein Bürgerkomitee, das mit Hilfe von Volkspolizei und Militärstaatsanwälten anstelle des MfS-Personals den großen Komplex ab dem späten Abend des 15. Januar 1990 sichert. Das Schreckensszenario vom angeblich bevorstehenden faschistischen Putsch nimmt der SED niemand mehr ab. Trotz der von Ärger auf die Verzögerungstaktik der Regierung Modrow getriebenen Eskalation geht die Revolution friedlich weiter.

Im Nachhinein versucht die SED die Eskalation für ihre Zwecke auszunutzen – erfolglos. Die Kundgebung in der Normannenstraße, zu der das Neue Forum aufgerufen hat, ist ein weiterer Schritt auf dem Weg der Friedlichen Revolution.

Winter '89/90

"SED wählen heißt Koffer packen"
Kreativ demonstriert das Eichsfeld gegen den Machterhalt der alten Kader

Wenn einer eine Reise tut, hat er einiges zu schleppen. Jedenfalls normalerweise. Die rund 50.000 Menschen, die sich am 21. Januar 1990 in der thüringischen Provinz auf den Weg über die innerdeutsche Grenze machen, tragen allerdings nichts bei sich – außer unzähligen leeren Koffern. An dem wolkenverhangenen Sonntag ist der Übergang Duderstadt-Worbis zwischen den Dörfern Teistungen im Osten und Gerblingerode im Westen von Fußgängern total blockiert; stundenlang kommt kein Auto durch. Sogar die Polizei gibt auf – beinahe, denn ein einzelner niedersächsischer Beamter steht mit seinem Motorrad bereit, eventuelle Probleme zu lösen. Er muss nicht tätig werden.

Seit 1973 haben fast sechs Millionen Menschen die ständig ausgebaute Kontrollstelle benutzt. Die meisten davon Bundesbürger, die im Rahmen des „kleinen Grenzverkehrs" ins Eichsfeld gefahren sind, das zum Bezirk Erfurt gehört. In die umgekehrte Richtung haben nur wenige DDR-Bürger den Übergang benutzen dürfen, denn Reisen in die Bundesrepublik sind in der Regel erst im Rentenalter möglich gewesen. Seit dem 10. November 1989 ist das anders. Genau um 0:35 Uhr hat das Personal aus DDR-Grenztruppen und Stasi die Schlagbäume geöffnet. In den wenigen Wochen seither haben jeden Tag mehr als zehntausend Ostdeutsche den Übergang benutzt. Aber so viele wie am 21. Januar sind es noch nie gewesen.

Die örtliche CDU, aber auch die Kirchen und Oppositionsgruppen wie das Christliche Zentrum in Dingelstädt haben zu einer Demonstration aufgerufen. Sie fordern die Menschen auf, ein Zeichen zu setzen. Vor allem gegen die Versuche der in SED-PDS umbenannten Staatspartei, die Macht zu verteidigen, sich als unverzichtbar für Ruhe und Ordnung darzustellen. Zwar ist in ihrem Apparat seit Wochen erbittert um einen klaren Schnitt gerungen worden, nämlich die Selbstauflösung – doch in den ersten Januar-Tagen zeichnet sich ab, dass sich jene Funktionäre durchsetzen werden, die diesen

„Wer SED wählt, wählt Massenflucht" – In der thüringischen Provinz will man ein Zeichen gegen die alten Kader setzen. Viele DDR-Bürger befürchten einen Machterhalt des SED-Apparates.

„SED wählen heißt Koffer packen"

Eindrucksvoll wird im Eichsfeld demonstriert, was es bedeutet, wenn ein ganzes Volk „auf gepackten Koffern" sitzt.

Schritt unbedingt vermeiden wollen. Immerhin geht es um große Werte: um Immobilien, Zeitungen, Verlage, außerdem um viel Geld auf Konten im In- und Ausland. Im Streit um dieses Erbe ist einen Tag vor der Demonstration im Eichsfeld Dresdens Oberbürgermeister Wolfgang Berghofer unter Protest von seinem Posten als Vizechef der SED-PDS zurück- und aus der Partei ausgetreten.

„Dieses Land gehört dem Volk", betonen die Christdemokraten, die zwar Mitglieder einer Blockpartei gewesen sind, aber im katholisch geprägten Eichsfeld vielfach trotzdem als integer gelten. Die Botschaft des Aufrufs, gedruckt auf Papier mit dem Logo der westdeutschen CDU, ist prägnant: „Für Demokratie, Marktwirtschaft und Einheit – gegen Massenflucht durch weitere Sozialismus-Experimente!" Die Parole richtet sich gegen die Regierung Modrow, aber auch gegen manche Bürgerrechtler in Ost-Berlin, Erfurt und andernorts, die von einem Dritten Weg jenseits von Kapitalismus und Kommunismus träumen. Doch das wollen die Menschen nicht. Sie sehen, seit sie die innerdeutsche Grenze problemlos passieren können, wie gut es ihre Nachbarn in Niedersachsen haben, obwohl sie im strukturschwachen Zonenrandgebiet leben. Nach diesem Wohlstand streben die Eichsfelder mehrheitlich, und der unerwartete Massenansturm zur Demonstration belegt es.

Nach einem Bericht der *Welt* spielen Mitte Januar 1990 zwei bis drei Millionen Menschen in der DDR mit dem Gedanken, in die Bundesrepublik umzuziehen. Niemand könnte sie daran hindern; als Deutsche genießen sie Freizügigkeit und dürfen sich überall in Deutschland niederlassen, wo sie wollen. Denn die CDU-FDP-Bundesregierung hat, anders als die SPD, stets an der einen deutschen Staatsbürgerschaft festgehalten. Doch wenn auch nur die Hälfte der Menschen, die nach den Schätzungen auf „gepackten Koffern" sitzen, tatsächlich aufbrechen, drohen in westdeutschen Kommunen chaotische Zustände bis hin zum Zusammenbruch der Sozialsysteme – und in Ostdeutschland aussterbende Landschaften. Zumal es meist jüngere, gut ausgebildete, leistungsfähige Menschen sind, die über einen Umzug nachdenken. Mit jedem abwandernden Facharbeiter und jeder Krankenschwester, jedem Handwerker und jeder

Winter '89/90

Auch den „neuen" Gesichtern der alten Staatspartei traut man nicht. Die SED hat ausgespielt, auch wenn sie krampfhaft versucht, sich an der Macht zu halten.

Ärztin sinkt jedoch die Chance der DDR, ihre rapide zunehmenden wirtschaftlichen Probleme wenigstens zum Teil aus eigener Kraft zu lösen. Ein Teufelskreis. Deshalb heißt es im Aufruf der Eichsfelder CDU auch: „Demonstriert mit Familie fürs Hierbleiben. Kommt bitte alle mit einem Koffer!"

Genau das tun Zehntausende, und viele von ihnen haben die Botschaften der Initiatoren kreativ weiterentwickelt. Auf ein Bettlaken haben einige Demonstranten geschrieben: „Kommt die SED wieder an die Macht, gehen wir noch in derselben Nacht!" Auf einem anderen Plakat steht in Knittelversen: „SED weg! Zack-Zack – sonst hau'n wir ab mit Sack und Pack!" Auch der körperlich kleine neue Chef der alten Staatspartei wird angesprochen: „Lügen haben kurze Beine. Gysi – wie lang sind Deine?" lautet der Spruch, den ein Demonstrant auf seinen leeren Koffer geklebt hat. Anspielend auf die für den 6. Mai geplanten Wahlen heißt es auch: „SED wählen heißt Koffer packen."

Die Stimmung ist friedlich, weitgehend still, große Reden gibt es nicht, nur einige Jubelszenen auf dem großen Warteparkplatz auf westlicher Seite. Niedersächsische CDU-Helfer verteilen schwarz-rot-goldene Fähnchen – doch nicht alle brauchen sie: Es gibt auch ein Plakat in diesen Farben und mit der Aufschrift „Ein Deutschland – ein Eichsfeld." Denn darum geht es den meisten Demonstranten: die unnatürliche Teilung in zwei deutsche Staaten überwinden. Friedrich Kaufhold vom Christlichen Zentrum, in Dingelstädt Lehrer für Polytechnik, bringt die Botschaft an die politischen Entscheidungsträger auf den Punkt: „Bitte sorgt auf allen Ebenen dafür, dass dem deutschen Volk die Einheit gestattet wird." Seine Freunde und er setzen darauf, dass die Bilder der Demonstration bekannt werden, am besten bis nach Moskau.

Die Nachricht von der Demonstration der Eichsfelder schafft es am 22. Januar 1990 immerhin als Spitzenmeldung auf die Titelseite der Bild-Zeitung. Unter der Überschrift „50.000 proben den Ausmarsch" fasst das Boulevardblatt zusammen, es habe sich um einen „Protest gegen die Politik der SED" gehandelt: „Wir wollen zeigen, wie es aussieht, wenn ein ganzes Volk sein Land verlässt", wird einer der Initiatoren zitiert. Massendemonstrationen gibt es zwar inzwischen oft in der DDR, aber ein derartig starker Aufmarsch in der tiefsten Provinz, Dutzende Kilometer von jeder größeren Stadt entfernt, ist noch nicht dabei gewesen. Und auch nur selten ein so eindeutiges und zugleich praktisches Zeichen für eine schnelle Einheit, denn die Teilnehmer der Kofferdemonstration gehen eben über die Grenze nach Gerblingerode – und wenig später wieder zurück.

Noch ist aber die Gefahr nicht gebannt, die von den alten Kadern ausgeht. Am gleichen 22. Januar 1990, an dem die Bild-Zeitung über die Kofferdemonstration berichtet, konfrontiert Ministerpräsident Hans Modrow die Mitglieder des Runden Tisches mit dem angeblich drohenden Einmarsch westdeutscher Rechtsextremisten in die DDR: „Was sich da andeutet und zusammenbraut, muss sehr ernst genommen werden." Einmal mehr spielt die SED-PDS die antifaschistische Karte und setzt darauf, die Ostdeutschen einschüchtern zu können, um möglichst viel von ihrer Macht zu verteidigen. Sogar über eine Verschiebung der geplanten Wahlen denken sozialistische Parteifunktionäre laut nach. Genau vor solchen Tricks haben die Demonstranten im Eichsfeld mit ihren Koffern gewarnt.

„Nie wieder Sozialismus"

Im Wahlkampf wird mit harten Bandagen gekämpft – auf allen Seiten

Fairness ist ein hoher Wert. Doch wenn es um wirklich Wichtiges geht, dann halten sich daran nur die wenigsten. Vor allem, wenn es sich zwar um unfaire, aber zweifelsfrei legale Mittel handelt. Seit sich die Regierung Modrow und die Opposition am 28. Januar 1990 informell geeinigt haben, die ersten freien Wahlen zur Volkskammer vom 6. Mai auf den 18. März vorzuziehen, herrscht Wahlkampf in der DDR. Eigentlich hat die SED-PDS den Wahltermin ursprünglich weiter ins Jahr verschieben statt vorziehen wollen. Doch Ende Januar setzt sich bei ihren Funktionären die Hoffnung durch, bei einem früheren Termin werde sich die Organisation der Partei bis hinunter ins kleinste Dorf als Vorteil erweisen – während die neu gegründeten Parteien, ob nun Demokratie Jetzt, Demokratischer Aufbruch und Grüne Partei oder auch die inzwischen als SPD firmierende ostdeutsche Sozialdemokratie jeweils höchstens wenige Hundert Aktive haben. Die einzige Ausnahme ist das Neue Forum, dessen Gründungsaufruf rund 200.000 DDR-Bürger unterschrieben haben und das im Januar 1990 etwa 10.000 Mitglieder zählt. Doch es ist keine Partei, sondern eine Bürgerbewegung und steht unmittelbar vor einer Spaltung. Gute Aussichten also, so hofft es jedenfalls die SED-PDS-Spitze, die eigenen Mittel zur Massenmobilisierung nutzen zu können.

Doch auch andere Parteien im beginnenden Wahlkampf verfolgen ihr eigenes, nicht unbedingt faires Kalkül. Die SPD etwa rechnet ebenfalls mit besseren Chancen für sich, je früher die Volkskammerwahl stattfindet – denn sowohl die Sozialisten als auch die alten Blockparteien CDU und LDPD seien in der Wahrnehmung der Bevölkerung diskreditiert, die SPD sei dagegen die einzige neue Kraft, die auf Unterstützung aus der Bundesrepublik hoffen kann. Jede Rede von Willy Brandt in der DDR führt zu einem Volksauflauf – ist der SPD-Ehrenvorsitzende doch so etwas wie das gesamtdeutsche Gewissen der

Bundeskanzler Helmut Kohl am 20. Februar 1990 bei einer Wahlkampfveranstaltung der konservativen Allianz für Deutschland auf dem Erfurter Domplatz. Bei seinem ersten Wahlkampfauftritt in der DDR jubeln Kohl rund 130.000 DDR-Bürger zu.

Sozialdemokratie und in Ostdeutschland mit Abstand der populärste Westdeutsche.

Genau solche Auftritte scheuen die anderen neu gegründeten Oppositionsparteien, die nicht auf Schwergewichte aus dem Westen zurückgreifen können. Die Initiative Frieden und Menschenrechte stellt deshalb am 5. Februar einen Antrag: „Die am Runden Tisch vertretenen Parteien und Gruppierungen erklären im Sinne der Chancengleichheit und eines fairen Wahlkampfes, bei allen Veranstaltungen bis zum 18. März 1990 auf Gastredner aus der Bundesrepublik und West-Berlin zu verzichten." Eine absurde Vorstellung: Vor der ersten demokratischen Wahl seit fast 60 Jahren soll festgelegt werden, dass bestimmte, vom Publikum gewünschte Redner keine Meinungsfreiheit genießen sollen? Scharf widerspricht Markus Meckel für die SPD, doch weil am Runden Tisch die einzelnen Gruppen paritätisch vertreten sind, lautet das Abstimmungsergebnis 22 Ja-Stimmen, 10-mal Nein und 6 Enthaltungen. Der Moderator der 11. Sitzung hält allerdings gleich fest: „Ich denke, es ist in den Wortmeldungen ja deutlich geworden, das es Sache der einzelnen Parteien ist, wie sie sich verhalten." Da der Runde Tisch aber seinerseits nicht demokratisch legitimiert ist,

Die Allianz für Deutschland bringt mit ihrem Slogan sicher den Wunsch vieler Wähler auf einen gemeinsamen Nenner. Wahlplakate der Ost-CDU und der Allianz an einem Ortseingangsschild von Ullersreuth, einem Ortsteil der DDR-Grenzgemeinde Hirschberg.

sind seine Beschlüsse nichts anderes als Empfehlungen, an die man sich halten kann – oder auch nicht.

Auch die ostdeutsche CDU denkt nicht daran, im Wahlkampf auf die Unterstützung aus dem Westen zu verzichten. Seit Lothar de Maizière im November 1989 deren Vorsitz übernommen hat, ist die Partei dabei, sich von der langjährigen Kooperation mit der SED zu distanzieren. Zwar gibt es auch mehrere bürgerlich geprägte Neugründungen, vor allem den Demokratischen Aufbruch um den Rechtsanwalt Wolfgang Schnur und Pfarrer Rainer Eppelmann, die im Süden der DDR starke Deutsche Soziale Union (DSU) und, mit etwas Abstand, die Deutsche Forumspartei, die sich aus Mitgliedern des Neuen Forums gebildet hat: Aber diese Gruppen haben keinen weit verzweigten Parteiapparat. Deshalb hat die westdeutsche CDU auf lokaler Ebene seit dem Mauerfall schon vielfach Kontakte zur gleichnamigen ostdeutschen Partei geknüpft. Allerdings gibt es in Bonn durchaus Vorbehalte. Denn einerseits ist die Ost-CDU mit drei Ministern im Kabinett Modrow vertreten, was im Wahlkampf Attacken auf die SED-PDS erschwert. Andererseits gibt es im westdeutschen Parteiapparat auch erhebliche Vorbehalte gegen viele der „Blockflöten", wie Mitglieder der ehemaligen Blockpartei genannt werden. Kohl macht einen pragmatischen Vorschlag: Sollte die SPD oder gar die SED-PDS stärkste Partei in der freien Volkskammer werden, würde das die Verhandlungen über eine Vereinigung beider deutscher Staaten enorm erschweren. Wenn aber das bürgerliche Lager überhaupt eine Chance haben soll, dann nur, wenn es gemeinsam antritt und mit massiver Wahlhilfe aus Westdeutschland gestützt wird.

Doch der Demokratische Aufbruch sträubt sich. Auch die DSU-Vertreter reisen zum ersten Sondierungsgespräch am 1. Februar im Gästehaus der Bundesregierung in Berlin-Dahlem mit gemischten Gefühlen an. DSU-Chef Hans-Wilhelm Ebeling begrüßt den Zusammenschluss zwar aus praktischen Erwägungen, doch andererseits hat sich die DSU bewusst als konservative Alternative gegründet, da Ebeling und die anderen Mitglieder davon ausgehen, dass „niemand in der DDR die Ost-CDU wählen wird". Und der DSU-Chef ist bis Ende Januar überzeugt, dass Kohl seine Partei als Partner wählt. Aber er schluckt seinen Ärger herunter, er weiß um die strukturelle und materielle Schwäche. Auch der Demokratische Aufbruch spielt schließlich mit, nachdem Kohl seine Vertrauten Rudolf Seiters und Norbert Blüm am 3. Februar zur Sitzung des DA-Hauptvorstandes nach Halle geschickt hat. Nur die Forumspartei schert am 4. Februar aus. „Wir fühlen uns als eine Art Schamtuch für die Ost-CDU", begründet die Parteispitze ihren Entschluss.

Einen Tag später steht das Wahlbündnis mit dem von Kohl erfundenen Namen Allianz für Deutschland. Zwar herrschen zwischen den drei verbliebenen Mitgliedsgruppierungen weiter erhebliche Spannungen, doch mit dem Motto „Freiheit und Wohlstand – nie wieder Sozialismus!" können sie alle leben, ebenso mit dem vorgesehenen schnellen Beitritt der DDR zur Bundesrepublik nach Artikel 23 des Grundgesetzes.

Gleichzeitig mit dem Zustandekommen der Allianz macht auch die SED-PDS einen wesentlichen Schritt im Hinblick auf die Wahl: Sie wirft den ersten Teil ihres langen Kürzels ab und nennt sich fortan nur noch PDS. Der Namenswechsel soll den vermeintlichen Neuanfang der Partei illustrieren, wiewohl sie sich in ihrem Wahlprogramm klar zu ihren kommunistischen Wurzeln bekennt. Für die DDR will die PDS eine Politik nach „sozialistischen Wertvorstellungen" betreiben und die Vereinigung der beiden deutschen Staaten als „Teil der Entwicklung Europas zu einem entmilitarisierten, friedlichen, demokratischen und sozialen Europa" erreichen.

Die Oppositionsgruppen und das Neue Forum machen Ende Januar und Anfang Februar 1990 heftige Tage durch: Es gibt Austritte ganzer Gruppen, Zusammenschlüsse mit anderen und schließlich am 7. Februar die Bildung von Bündnis 90 als Wahlbündnis der Bürgerrechtsbewegung. Ihr Fahrplan für die Deutsche Einheit sieht zunächst die Stabilisierung einer eigenständigen, tatsächlich demokratischen DDR vor und anschließend eine Volksabstimmung in beiden Staaten über eine mögliche Vereinigung.

Konkretere Vorstellungen hat die SPD, die sich auch nach der Bildung von Kohls Allianz für Deutschland in Führung fühlt – attestieren westdeutsche Demoskopen ihr im Februar 1990 doch, dass mehr als 50 Prozent der befragten DDR-Bürger sozialdemokratisch wählen wollen. Zwar wird die Vereinigung in naher Zukunft angestrebt, aber entsprechend Artikel 146 des Grundgesetzes: Bundestag und Volkskammer sollen eine gemeinsame neue Verfassung ausarbeiten und dem ganzen deutschen Volk zur Abstimmung vorlegen. Danach soll es zur Einheit kommen.

Zu Beginn der zweiten Februarwoche 1990 sind die Verhältnisse klar, kann der Wahlkampf beginnen. Er entwickelt sich zum Fernduell der beiden Spitzenpolitiker der Bundesrepublik: Kanzler Helmut Kohl wirbt bei seinen Auftritten für ein bürgerliches, liberalkonservatives, bald vereinigtes Deutschland, während Kanzlerkandidat Oskar Lafontaine vor den Gefahren einer raschen Vereinigung warnt und linke Verheißungen beschwört. Bündnis 90 und PDS bekommen wenig oder keine Unterstützung aus dem Westen. Aber warum soll es bei einer so wichtigen Entscheidung wie der Wahl zur Volkskammer schon fair zugehen?

Prominente Unterstützung aus dem Westen für den Wahlkampf im Osten: Der SPD-Ehrenvorsitzende Willy Brandt spricht während einer Wahlveranstaltung am 4. März 1990 auf dem Platz der Demokratie in Weimar.

Frühling '90

Das Ziel heißt Wiedervereinigung

Horst Köhler (r.), Staatssekretär im Bundesfinanzministerium, ist im Februar 1990 Gast der Modrow-Regierung in Ost-Berlin. Im Haus des DDR-Ministerrats führt er Gespräche mit Finanzminister Walter Romberg (l.).

1. März: Der DDR-Ministerrat beschließt die Gründung einer „Anstalt zur treuhänderischen Verwaltung von Volkseigentum". Erster Treuhand-Chef wird der langjährige LDPD-Funktionär Peter Moreth.

5./6. März: Hans Modrow reist nach Moskau. Mit Michail Gorbatschow verhandelt er über die Zukunft der DDR. Der KPdSU-Chef spricht sich gegen die Mitgliedschaft des vereinten Deutschlands in der Nato aus.

7. März: Zum letzten Mal tagt die alte Volkskammer der DDR, deren Abgeordnete durch die Nationale Front benannt worden sind. Sie beschließt, dass jeder DDR-Bürger das Recht auf Arbeit und Wohnen haben soll.

9. März: Insgesamt 24 Parteien, politische Vereinigungen und Listenverbindungen werden zu den ersten freien, allgemeinen, gleichen, direkten und geheimen Wahlen in der DDR am 18. März zugelassen.

12. März: Zum letzten Mal findet in Leipzig eine Montagsdemonstration statt. Am kommenden Montag wird bereits eine demokratisch legitimierte Volksvertretung gewählt sein.

14. März: Wolfgang Schnur, Vorsitzender und Spitzenkandidat des Demokratischen Aufbruchs, tritt von allen Ämtern und Funktionen zurück. Er ist überführt, seit 1965 für die Stasi gespitzelt und dabei zahlreiche Mandanten verraten zu haben.

17. März: Im Bürgerkomitee Erfurt wird diskutiert, ob man kurz vor der Volkskammerwahl die Namen mutmaßlicher Spitzel veröffentlichen darf. Nach dem Hinweis auf mögliche juristische Konsequenzen unterbleibt das.

18. März: Erstmals können die Bürger der DDR demokratisch eine Volksvertretung bestimmen. Die Allianz für Deutschland erreicht rund 48 Prozent, die SPD kommt auf enttäuschende 21,9 Prozent. Drittstärkste Kraft wird die in PDS umbenannte SED mit 16,4 Prozent, danach folgen die Liberalen mit 5,3 Prozent. Das Bündnis 90 der Bürgerrechtsbewegung bleibt unter fünf Prozent, zieht aber trotzdem in die Volkskammer ein, weil es keine Sperrklausel gibt.

22. März: Die Allianz für Deutschland einigt sich mit den Liberalen auf eine Koalition. Das ist im Kern die gleiche Konstellation wie in Bonn.

27. März: Die SPD signalisiert ihre Bereitschaft, sich an der Regierung unter Lothar de Maizière zu beteiligen.

30. März: Der Zentralbankrat der Bundesbank beschließt, grundsätzlich DDR-Mark im Verhältnis 2:1 in D-Mark umzutauschen. Für kleine

Guthaben gilt sogar ein Kurs von 1:1. Das bedeutet eine Aufwertung der DDR-Währung.

31. März: Mit der formellen Entlassung fast aller Mitarbeiter aus dem Staatsdienst endet nach 40 Jahren und sieben Wochen die Existenz des Ministeriums für Staatssicherheit offiziell. Wenige Hundert werden zur Auflösung weiterbeschäftigt.

2. April: Der Vorsitzende der SPD, Ibrahim Böhme, tritt von seinen Ämtern zurück. Er zieht damit die Konsequenz aus Vorwürfen, für die Stasi gespitzelt zu haben, die er jedoch bestreitet.

3. April: Zum ersten Mal bietet ein DDR-Reiseveranstalter die Möglichkeit, in ein westeuropäisches Feriengebiet zu fliegen. An Bord des in Berlin-Schönefeld gestarteten Airbus A-310 der Interflug sind 95 DDR-Bürger und zahlreiche Journalisten. Die viertägige Pauschalurlaubsreise geht nach Mallorca.

3. April: Erich Honecker und seine Frau Margot flüchten sich vor dem Zugriff der DDR-Justiz auf exterritoriales Gelände eines Militärhospitals der Roten Armee in Beelitz.

5. April: Im Palast der Republik tritt die erste frei gewählte Volkskammer zusammen. Zur Präsidentin wird die Ärztin Sabine Bergmann-Pohl von der CDU gewählt, die auch als Staatsoberhaupt amtiert.

6. April: Der Bundesrat in Bonn fordert, das Notaufnahmeverfahren für DDR-Bürger in der Bundesrepublik schnellstmöglich zu beenden. Nach den freien Wahlen gebe es keine Notwendigkeit mehr dafür.

7. April: Eine Protestwelle gegen die geplante Umstellung der DDR-Mark auf D-Mark im Verhältnis von 2:1 baut sich auf. Ökonomen warnen, der Vorschlag der Bundesbank sei viel zu günstig für die DDR-Wirtschaft; realistisch sei eher ein Kurs von 3,5:1.

10. April: Die große Koalition in Ost-Berlin fordert die Umstellung von Ost-Mark auf D-Mark im Verhältnis 1:1, auch bei Löhnen und Renten, die zeitgleich auf 70 Prozent des Durchschnittseinkommens angehoben werden sollen. Lediglich die Rechtmäßigkeit der Sparvermögen hoher und höchster ehemaliger Staatsfunktionäre soll überprüft werden.

12. April: Die Volkskammer wählt den CDU-Vorsitzenden de Maizière zum Ministerpräsidenten eines Kabinetts aus Allianz für Deutschland, SPD und Liberalen. Der Koalitionsvertrag sieht einen zügigen Beitritt der DDR zur Bundesrepublik gemäß Artikel 23 des Grundgesetzes vor.

17. April: Laut dem Statistischen Amt der DDR verfügt der durchschnittliche Privat-Haushalt über ein monatliches Nettoeinkommen von

Wähler bei der Stimmabgabe in einem Wahllokal im Ost-Berliner Bezirk Pankow. Nach dem Fall der Mauer und der Öffnung der Grenzen im November 1989 finden am 6. Mai 1990 in der DDR die ersten freien Kommunalwahlen statt.

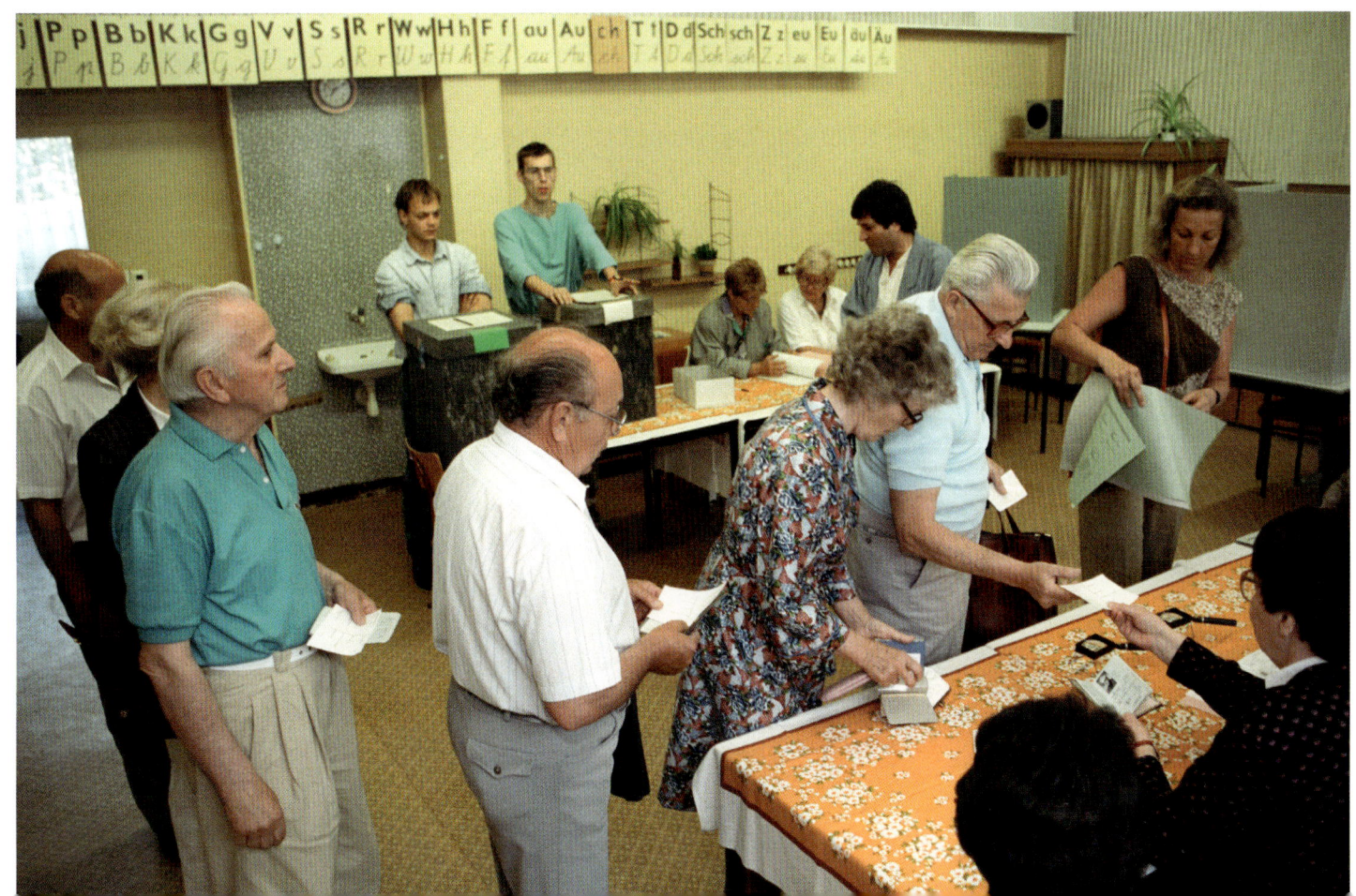

Chronik Frühling '90

Am 6. Juni 1990 wird in Chemnitz das erste der neuen Ortsschilder angebracht. Knapp eine Woche zuvor hat die Stadtverordnetenversammlung die Umbenennung von Karl-Marx-Stadt in Chemnitz verabschiedet.

2078 Mark. Nur knapp vier Prozent davon werden für die Warmmiete ausgegeben. In der Bundesrepublik sind es mehr als 25 Prozent.

19. April: Ab Ende Mai soll „der Erwerb von Grund und Boden und Immobilien in der DDR ohne Einschränkung für jeden Interessenten möglich sein", sagt der neue Wirtschaftsminister Gerhard Pohl. Die Folge seiner Ankündigung ist Angst vor einem Ausverkauf.

20. April: Die CDU/CSU-Fraktion im Bundestag warnt vor einem Umtauschkurs 1:1. DDR-Finanzminister Walter Romberg (SPD) sei sich offenbar nicht über die Folge im Klaren: den Zusammenbruch der DDR-Wirtschaft.

23. April: Mit 76 Prozent der abgegebenen Stimmen entscheidet die Bevölkerung von Karl-Marx-Stadt sich für die Rückbenennung ihrer Stadt in Chemnitz.

27. April: In Ost-Berlin beginnen die Verhandlungen zur Währungsunion. Grundlage ist ein Vorschlag der Bundesregierung, der einen Umtauschkurs von 1:1 für Einkommen und Renten vorsieht ebenso wie für Bargeld und Sparguthaben bis zu 4000 DDR-Mark je Einwohner.

2. Mai: Zum 1. Juli soll die Wirtschafts- und Währungsunion der beiden deutschen Staaten in Kraft treten, geben beide Regierungen bekannt. Ziel ist, dass in der DDR so schnell wie möglich die soziale Marktwirtschaft eingeführt wird.

3. Mai: Lothar de Maizière nennt den 1. Januar als Termin für die Wiedereinführung der Länder in der DDR. Daraus folgt, dass er nicht mehr mit der Vereinigung im Jahr 1990 rechnet.

6. Mai: In der DDR finden, genau ein Jahr nach den letzten von der SED gefälschten Wahlen, die ersten freien Abstimmungen in den Kommunen statt. Durchschnittlich kommt die CDU auf 34,4 Prozent, die SPD auf 21,3 Prozent und die PDS auf 14,6 Prozent der Stimmen.

10. Mai: In der DDR finden landesweite Demonstrationen statt. Gefordert werden unter anderem Tarifverhandlungen über höhere Löhne, der Erhalt der Arbeitsplätze und ein Schutz des Binnenmarkts.

13. Mai: Die unterschiedliche Gesetzeslage zur Abtreibung, ein Stolperstein der Wiedervereinigung, soll salomonisch gelöst werden: Für eine Übergangszeit soll in Ostdeutschland die DDR-Fristenlösung weitergelten, in Westdeutschland die Indikationslösung.

15. Mai: Gefasst in Schwarz-Rot-Gold lautet die Schlagzeile der *Bild-Zeitung* „Weihnachten Deutschland". FDP-Chef Otto Graf Lambsdorff formuliert das Angebot der Bundesregierung: „Wir sind bereit, der Braut DDR schon vor der Hochzeit den Unterhalt zu bezahlen, aber dann muss sie auch bereit sein, das Jawort und den Hochzeitstermin mitzuteilen."

17. Mai: Um die Währungs-, Wirtschafts- und Sozialunion mit der Bundesrepublik möglich zu machen, ändert die Volkskammer die Verfassung der DDR. Die sieben neuen Artikel sind ausdrücklich für die „Übergangszeit" gedacht.

18. Mai: Der Vertrag über die Schaffung einer Währungs-, Wirtschafts- und Sozialunion zum 1. Juli 1990 zwischen der Bundesrepublik und der DDR wird unterschrieben.

Chronik Frühling '90

Im Frühjahr 1990 versucht man, eine Lösung zur unterschiedlichen Gesetzeslage zur Abtreibung zu finden. Frauen demonstrieren gegen die Übernahme der bundesdeutschen Abtreibungsgesetzgebung in der DDR.

24. Mai: Der DDR-Wirtschaft stehen durch die Währungsunion drei „Schocks" bevor, warnen Abgeordnete der Volkskammer: ein Qualitäts- und Designschock, ein Kostenschock sowie ein Zinsschock. Trotzdem gebe es keine Alternative: „Anders kommt die DDR nicht auf die Füße", stellt der Ost-Berliner Wirtschaftswissenschaftler Hans-Joachim Dubrowsky fest.

29. Mai: Die West-SPD streitet über den geplanten Staatsvertrag mit der DDR. Parteichef Hans-Jochen Vogel distanziert sich von seinem Stellvertreter, dem SPD-Kanzlerkandidaten Oskar Lafontaine. Auch der Vorstand der DDR-SPD appelliert an Lafontaine, seine Ablehnung zu überdenken und dem Staatsvertrag doch zuzustimmen.

31. Mai: Alle Fraktionen der Volkskammer beantragen die Einsetzung eines Sonderausschusses zur Kontrolle der Auflösung des Ministeriums für Staatssicherheit.

Der 1. Mai 1990: erste gemeinsame Maifeier von Gewerkschaftern aus Ost- und West-Berlin seit 44 Jahren auf dem Platz der Republik.

Frühling '90

„So etwas hat es noch nie gegeben"

Die Treuhandanstalt soll die verstaatlichte DDR-Wirtschaft privatisieren

Die „Volkseigenen Betriebe" stehen am Ende der DDR vor allem für eines – Schulden.
Die Privatisierung soll die Industrie des Landes wieder auf die Gewinnschiene bringen. Werksgelände der Buna-Werke in Schkopau im März 1990.

Was allen gehört, gehört niemandem; zumindest fühlt sich kaum jemand verantwortlich dafür. Das ist die Lehre aus dem gesellschaftlichen Experiment mit „Volkseigenen Betrieben" (VEB) in der DDR, das im Frühjahr 1990 vor dem Zusammenbruch steht. Jahrzehntelang haben die Mitarbeiter ihre Anlagen gezwungenermaßen auf Verschleiß gefahren, sind dringend nötige Investitionen aufgeschoben oder durch Improvisationen ersetzt worden. Angesichts der von Millionen DDR-Bürgern geforderten schnellen Vereinigung steht außer Frage, dass für die Überführung der Planwirtschaft in eine marktorientierte Ökonomie radikale Reformen notwendig sind. Denn in der Struktur der Bundesrepublik gibt es keinen Platz für gesellschaftlichen Besitz, sondern nur für Staats- und Privateigentum.

Mitglieder der Bürgerrechtsbewegung sorgen sich angesichts dessen um die Erträge von „40 Lebensjahren voller Arbeit und Mühen für die Bürger der DDR". Der Theologe Wolfgang Ullmann, inzwischen Minister ohne Geschäftsbereich in der Regierung Modrow, hat deshalb mit einigen Mitstreitern am 12. Februar 1990 einen Vorschlag beim Runden Tisch eingebracht, wie das Volkseigentum an das Volk verteilt werden kann. Der Gedanke hinter dem Antrag ist bestechend: Die VEBs werden in eine Holdinggesellschaft eingebracht, die als erste Handlung Anteilsscheine an alle DDR-Bürger herausgibt. Die gesamte Bevölkerung soll also zu gleichberechtigten Aktionären des vormaligen Volkseigentums werden, idealerweise bis zur Volkskammerwahl am 18. März.

Ganz so schnell geht es aber nicht. Immerhin schafft es das Kabinett von Hans Modrow, am 1. März einen „Beschluss zur Gründung der Anstalt zur treuhänderischen Verwaltung des Volkseigentums" zu fassen. Darin ist ausdrücklich vorgesehen, dass die neue öffentlich-rechtliche Anstalt „berechtigt ist, Wertpapiere zu emittieren". Erster Leiter der neuen Anstalt wird Peter Moreth, langjähriger Funktionär der Blockpartei LDPD, seit 1986 Mitglied der Volkskammer und des Staatsrates der DDR, zuletzt stellvertretender Ministerpräsident unter Modrow. Ein Mann des alten Systems. Entsprechend richtet der Vorsitzende des Direktoriums der Treuhandanstalt seine Institution aus: Im Mittelpunkt steht für ihn die Sanierung von Industriebetrieben in einer weiterhin sozialistischen Gesellschaft. Die von Ullmann geforderte Verteilung des Eigentums an die Bevölkerung rückt in den Hintergrund.

Moreth steht der weltweit größten Staatsholding vor; sie umfasst 127 zentrale und 95 regionale Kombinate sowie 12.993 einzelne industrielle Unternehmen und den umfangreichen staatlichen Grundbesitz mit vielen darauf errichteten Gebäuden. Mehr als vier Millionen Menschen arbeiten für Treuhand-Betriebe, das ist

Mitarbeiter bei der Überprüfung von Motoren im VEB Barkas-Werke Karl-Marx-Stadt, aufgenommen im Februar 1990. Die Viertaktmotoren werden in Volkswagen-Lizenz von Barkas produziert.

fast die Hälfte aller Beschäftigten in der DDR. Zugleich ist die Treuhand die vielfältigste Dachgesellschaft aller Zeiten, denn zum verwalteten Eigentum gehören Güterhäfen ebenso wie Wälder, Kinos ebenso wie Zirkustiere, Stadien ebenso wie Ferienhäuser. Doch bis zur Volkskammerwahl geschieht wenig. Die Treuhand hat anfangs nicht einmal genügend Mitarbeiter, um die eigene Organisation aufzubauen.

Nach den eigenen statistischen Daten ist die DDR die zehntstärkste Volkswirtschaft der Welt. Auch im Westen haben viele an diese Zahlen geglaubt. Doch den Verantwortlichen für die Planwirtschaft in der SED ist schon seit Langem bekannt, dass es sich bei den öffentlich gefeierten Erfolgen um reine Propaganda handelt, denn die VEBs befinden sich überwiegend in schlechtem Zustand, die Planziele sind Jahr für Jahr verfehlt worden. Immer wieder hat der Staatskasse akute Zahlungsunfähigkeit gedroht, gleichzeitig ist die Verschuldung in West wie Ost immer weiter gestiegen. Privatwirtschaftlich betrachtet hat sich die SED spätestens seit Anfang der 1980er-Jahre der anhaltenden Konkursverschleppung ihrer Industrie schuldig gemacht. Im Frühjahr 1990 pfeifen Kombinate und andere VEBs auf dem letzten Loch.

Nach der Volkskammerwahl vom 18. März schwenken Moreth und seine Berater auf ein anderes Konzept um: Nun soll die Treuhandanstalt möglichst viele VEBs privatisieren, also meistbietend verkaufen. Dafür braucht man aber Personal, das Angebote und Bewerber prüft, die Abwicklung überwacht und die Rechte der Betriebsangehörigen wahrt. Die Anstalt, bisher eher eine Briefkasteninstitution, wächst rasch zu einer Großverwaltung mit 3000 Mitarbeitern heran, die teils in der Berliner Zentrale, teils in einem der 15 Regionalbüros tätig sind.

Es sind vorwiegend jüngere Westdeutsche, die bald in verantwortliche Positionen der Holding wechseln. Die meisten haben einen Hochschulabschluss und erste Berufserfahrungen, wenngleich ihnen bald nachgesagt wird, ihre Qualifikation hätte „im Westen nicht einmal gereicht, eine Frittenbude zu führen". Wirklich vorbereitet sind sie auf die Aufgabe, die sie zu übernehmen haben, allerdings tatsächlich nicht: „Wie soll man von etwas eine Ahnung haben, wenn es so etwas noch nie gegeben hat?", fragt der Jurist Justus Nitzsche rhetorisch, der selbst zur Treuhand wechselt und sich dort mit Personalfragen beschäftigt, vor allem mit Entlassungen.

Frühling '90

Am 17. Juni 1990 legt die demokratisch legitimierte Regierung de Maizière die Ziele der Treuhandanstalt genauer fest: Sie soll den Bestand des volkseigenen Vermögens und mögliche Erträge erfassen, die unternehmerische Tätigkeit des Staates rasch und umfassend zurückführen, möglichst viele Unternehmen wettbewerbsfähig machen und so Arbeitsplätze sichern oder sogar neu schaffen. Außerdem soll Grund und Boden für Investitionen bereitgestellt werden, denn ohne Eigentum an Flächen als Sicherheit geben Banken keine Kredite. Für dieses völlig neue und andersartige Programm ist der DDR-Altfunktionär Peter Moreth ungeeignet und wird abgelöst. Zuerst durch den Chef der westdeutschen Bundesbahn, Reiner Maria Gohlke, der aber nach wenigen Wochen entnervt aufgibt, dann durch Detlev Karsten Rohwedder.

Schnell wird klar, dass der Zustand der VEBs noch weitaus schlechter ist als angenommen. Die Fabriken sind marode, die Produkte vielfach überholt, die Maschinen oft nur behelfsmäßig zusammengeflickt, die Böden nicht selten verseucht. Die Produktivität der meisten Betriebe erreicht nicht einmal die Hälfte des Westniveaus. Sie zu privatisieren, ist eine Mammutaufgabe, bei der auch Fehler passieren. Irren ist menschlich, und bei Hunderttausenden Entscheidungen kommt es zu Tausenden Missgriffen. So werden zum Beispiel ganze Großbetriebe für symbolische Preise an geschickte Einkäufer abgegeben, die sie vorher schlechtgeredet haben. Manchmal übernehmen westdeutsche Unternehmen potenzielle Konkurrenten aus der DDR, nur um sie so rasch wie möglich abzuwickeln und so ihren eigenen Marktanteil zu stabilisieren oder sogar zu erhöhen. In einigen Hundert Fällen machen auch Investoren und Treuhandmitarbeiter unter der Hand unsaubere Geschäfte auf Kosten der Allgemeinheit. Der Gesamtschaden liegt je nach Schätzung zwischen einem halben und vier Prozent des Gesamtwerts von mehreren Hundert Milliarden D Mark, den die Mitarbeiter der Treuhandanstalt bewegen.

Mit dem schlechten Ruf, unter dem die Institution von Beginn an leidet, haben die schwarzen Schafe wenig zu tun – allerdings bestätigen aufgedeckte Mauscheleien die ohnehin verbreitete Ablehnung. Dabei ist nicht die Treuhand verantwortlich für den Zusammenbruch der DDR-Wirtschaft; sie macht lediglich den wahren Zustand der meisten Betriebe sichtbar, der durch jahrzehntelange Planwirtschaft herbeigeführt worden ist. Gemessen an Wolfgang Ullmanns Vision von Anteilsscheinen am Volkseigentum für alle DDR-Bürger ist das Ergebnis niederschmetternd, denn es gibt nichts zu verteilen – im Gegenteil: Der westdeutsche Steuerzahler muss für jede bei der Privatisierung erlöste D-Mark das Dreifache an Subventionen bezahlen. Weil aber aus Eigentum nicht nur Rechte, sondern auch Pflichten folgen, hätte das bei einer Verteilung an die Bevölkerung mittels Aktien bedeutet, dass jeder einzelne Anteilseigner aus seinen meist nicht allzu großen Ersparnissen massiv Geld in die Betriebe hätte investieren müssen. Denn die Planwirtschaft hat vor allem eines hinterlassen: Schulden. Politisch ist eine Verteilung der Verbindlichkeiten per Anteilsschein an die Menschen natürlich undenkbar – das würde Ostdeutschland für mehrere Jahrzehnte ruinieren. Also übernimmt mittels der Treuhand der west- und anschließend der gesamtdeutsche Staatshaushalt dieses Erbe der SED. Die sanierten Unternehmen, knapp zwei Drittel der Betriebe mit etwa zwei Fünfteln der vormaligen Belegschaft, arbeiten privat weiter. Fortan sind ihre Eigentümer für Gewinne oder Verluste verantwortlich.

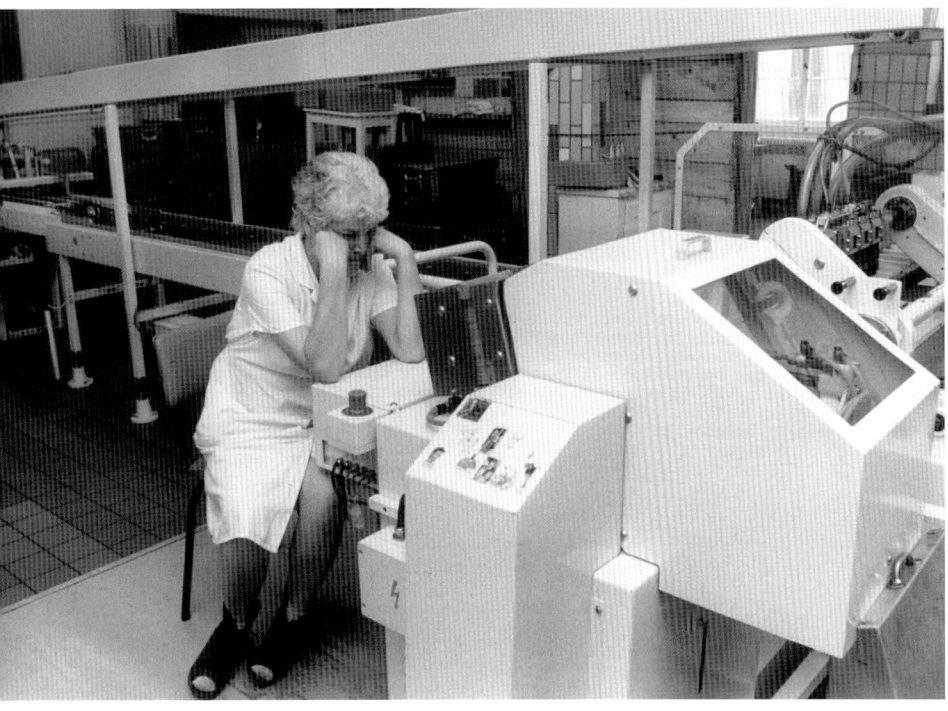

Produktion eingestellt – der VEB Dresdner Süßwarenfabriken „Elbflorenz" ist dem Konkurrenzkampf auf dem Schokoladenmarkt nicht gewachsen. Der Handel storniert alle Aufträge, ab dem 23. März 1990 stehen die Maschinen in den drei Dresdener Betriebsteilen still.

„Plebiszit für die Einheit"

Bei der Volkskammerwahl ist das Ergebnis unerwartet eindeutig

Die Letzten werden die Ersten sein und die Ersten die Letzten. Für einen Christen, der sein Neues Testament kennt, ist das keine neue Einsicht, steht diese Weisheit doch schon im Matthäus-Evangelium. Zwischen religiösem Glauben und politischer Realität klafft gewöhnlich aber eine große Lücke – außer bei der Volkskammerwahl am 18. März 1990. Die SPD hat sich schon als sicherer Sieger gefühlt, ist doch keine andere Kraft in der DDR einerseits politisch unbelastet und bekommt andererseits Unterstützung von einem gleichnamigen Partner aus der Bundesrepublik. Beste Voraussetzungen für einen Triumph. Außerdem hat die SPD auch bei den letzten freien Wahlen im Abstimmungsgebiet, die allerdings schon 58 Jahre zurückliegen, eindeutig obsiegt.

Und dann das Bild, das die Konkurrenz Allianz für Deutschland abgibt! Alles andere als strahlend, eher blass und von der Last der Vergangenheit niedergedrückt. Lothar de Maizière, der Spitzenkandidat der früheren Blockpartei Ost-CDU und ihr Mitglied seit 1956, ist kaum ein Volksredner. Eher schmächtig und mit leiser Stimme entfaltet der Rechtsanwalt auf Marktplätzen keinerlei Charisma. Sein Konkurrent um die Führungsposition des bürgerlichen Lagers, Wolfgang Schnur, aber hat am 14. März von allen seinen Ämter zurücktreten müssen, nachdem gezielt seine Vergangenheit als Stasi-Spitzel aufgedeckt worden ist. Die neu gegründete Deutsche Soziale Union findet Unterstützung vor allem im Süden der DDR.

Die übrigen Parteien und Gruppierungen, da sind sich die westdeutschen Wahlforscher weitgehend einig, werden keine Rolle spielen: Der PDS wird zwar ein Stimmenanteil von 13 bis 17 Prozent vorausgesagt, aber mangels potenzieller Partner steht der Weg in die Opposition für die umbenannte SED außer Frage. Die kleinen Parteien, die gewendeten Liberaldemokraten wie auch die Gruppierungen der DDR-Bürgerrechtsbewegung, schwanken um oder unter 5 Prozent. Da spielt es auch keine Rolle, dass gerade das Bündnis 90 die freien Wahlen überhaupt erst möglich gemacht hat.

Am Wahlsonntag sorgt das Hochdruckgebiet „Nero" für freundliches, warmes Wetter. Sonne und bis zu 22 Grad herrschen überall in der DDR. Vor allem in Ost-Berlin drängeln sich internationale Journalisten. Auf dem Marx-Engels-Platz steht ein Übertragungslaster mit Satellitenschüssel neben dem nächsten. Kein großer TV-Sender aus den USA, Großbritannien oder Japan will die erste wirklich freie Wahl in einem ehemals kommunistischen Land verpassen. Vor den Wahllokalen, in denen die Spitzenkandidaten ihre

Die Wahlsieger: der CDU-Vorsitzende Lothar de Maizière (r.) und sein Generalsekretär Martin Kirchner am 18. März 1990 in Ost-Berlin. Die Allianz für Deutschland aus Ost-CDU, Deutscher Sozialer Union (DSU) und Demokratischem Aufbruch (DA) geht überraschend als Sieger aus der Wahl hervor.

Stimme abgeben werden, haben sich Pulks von Reportern gebildet – es sind so viele, dass de Maizière es mit der Angst zu tun bekommt.

So groß wie die Spannung auf den Wahlausgang sind auch die Emotionen, als um 18 Uhr die Prognose ein völlig anderes Ergebnis voraussagt, als die Umfragen erwarten ließen: einen Sieg der Allianz. Zuerst herrscht noch Zurückhaltung, doch 50 Minuten später flimmern die ersten belastbaren Hochrechnungen über die Bildschirme der Wahlstudios im Ost-Berliner Palast der Republik. Die SPD, der zeitweise bis zu 54 Prozent vorausgesagt worden sind, in den letzten Umfragen immer noch 44 Prozent, landet mit 21,9 Prozent bei knapp der Hälfte. Dagegen triumphiert die Allianz für Deutschland, vor allem aber die CDU. Anfangs erscheint sogar eine absolute Mehrheit für das Wahlbündnis möglich, schließlich pendelt sich der Anteil bei gut 48 Prozent der Stimmen ein, mit überragenden 40,8 Prozent für de Maizières CDU. Der so hoffnungsvoll gestarteten neuen Partei Demokratischer Aufbruch hat die Schnur-Enthüllung im Wahlkampf-Endspurt schwer geschadet, sie trägt nur 0,9 Prozent zum Ergebnis der Allianz bei, die DSU fährt 6,3 Prozent ein.

Richtig vorausgesagt haben die Umfrageinstitute dagegen das Ergebnis der PDS, die etwa 16,4 Prozent bekommt, und der kleineren Gruppierungen und Bündnisse, die alle bei oder unterhalb von 6 Prozent landen. Ihre Fehlprognose bei den großen Parteien liege, so verteidigen sich die Meinungsforscher umgehend, einerseits an fehlenden Vergleichsdaten aus der DDR, andererseits hätten sich viele Wähler erst in den letzten Tagen vor dem 18. März entschieden. Tatsächlich sind sich nach den letzten Umfragen eine Woche vor der Wahl noch 55 Prozent unsicher gewesen, wem sie ihre Stimme geben sollten. Immerhin gelingt den Instituten bei der Prognose der Wahlbeteiligung eine Punktlandung: Neun von zehn Wählern wollten abstimmen, haben sie vorhergesagt – die tatsächliche Beteiligung liegt am Ende bei 93,4 Prozent. Ein einsamer Rekord, der nie vorher bei freien Parlamentswahlen in Deutschland erreicht worden ist.

Wirklich freuen kann sich der klare Wahlsieger Lothar de Maizière aber nicht. Das liegt nicht einmal daran, dass er an diesem Abend geradezu gefährlich lebt: Sein Schienbein wird im Gedränge im Palast der Republik vom Knie bis zum Fuß total aufgerissen. „Ich weiß nicht, wie das passiert ist", sagt er, als er darauf angesprochen wird. Und das ist noch nicht einmal die schlimmste Blessur: Sein Büroleiter Fritz Holzwarth bekommt, als er ihn durch das Gedränge bugsieren will, eine TV-Kamera so unglücklich an die Stirn, dass er eine klaffende Wunde davonträgt – die „Wahlkampfgedächtnisnarbe", wie er scherzt.

Zur ersten freien Wahl der Volkskammer in der DDR befindet sich das Internationale Pressezentrum im Palast der Republik. Weltweit wird mit Spannung der Ausgang der Abstimmung erwartet.

„Plebiszit für die Einheit"

Für die Zurückhaltung des CDU-Spitzenkandidaten in den ersten Interviews sorgt vielmehr das Gefühl für die Last der Verantwortung, die ihm vom Wähler übertragen worden ist. Etwas gequält erklärt er, natürlich freue er sich über „das unerwartet gute Ergebnis". Aber zugleich bedeute dieses Resultat, dass „man auch hart arbeiten" müsse. Im ARD-Wahlstudio merkt de Maizière, dass die altgedienten Wahlprofis des öffentlich-rechtlichen Senders nicht damit gerechnet haben, ihn zu interviewen: Sie werfen ihre Spickzettel weg und improvisieren das Gespräch. Wie in jedes andere Mikrofon, das ihm hingehalten wird, sagt de Maizière auch ihnen, dass der Wahlausgang ein „Plebiszit für die Einheit" sei, der Auftrag für den schnellen Zusammenschluss der beiden deutschen Staaten. Doch diese Botschaft geht fast unter in der Verwunderung über den Wahlsieg, den die West-CDU umgehend für Bundeskanzler Helmut Kohl beansprucht.

FDP-Chef Otto Graf Lambsdorff im *ARD*-Wahlstudio.

Sie sind die Verlierer der ersten freien Wahl: Der Mitbegründer und erste Vorsitzende der Sozialdemokratischen Partei in der DDR, Ibrahim Böhme (r.), und das Mitglied des Sprecherrats der Bürgerrechtsbewegung Demokratie Jetzt, Konrad Weiß (l.), im Wahlstudio der *ARD* im Palast der Republik.

Völlig erschöpft und überfordert wirkt de Maizière nach dem gut halbstündigen Interview-Parcours, als er gegen 19.30 Uhr das von der CDU gemietete Restaurant „Ahornblatt" auf der Ost-Berliner Fischerinsel betritt. Er wird von Fotografen und Kameraleuten geradezu in den Saal unter dem zeltartigen Betondach hineingeschubst. Plötzlich hat er nur noch das Bedürfnis „abzuhauen". Aber dem „Mords-Trubel" kann er nicht ausweichen. Also flüchtet er mit seiner Frau und einem Freund in die Küche, setzt sich erst mal einen Moment hin und trinkt eine Tasse Kaffee. Er muss begreifen, was eigentlich passiert ist.

Als er sich gefangen hat, verkündet de Maizière, er wolle nicht mit den Liberalen allein regieren, auch wenn so ein Bündnis eine stabile absolute Mehrheit in der Volkskammer haben wird. Der designierte letzte Ministerpräsident der DDR möchte lieber eine ganz große Koalition mit der SPD und den Liberalen bilden. Er weiß, dass auf dem Weg zur Einheit ständig verfassungsändernde Mehrheiten nötig sein werden, also die Stimmen von mindestens zwei Dritteln der Abgeordneten. Die kann er nicht jedes Mal einzeln überzeugen, ohne gegen den Wählerauftrag für eine schnelle Vereinigung zu verstoßen. Außerdem will er möglichst viele

Menschen einbinden, die den Herbst 1989 mitgetragen haben. Und das sind eben nicht nur die Mitglieder der Bürgerbewegung, die vom Wähler für ihre Träume von einem Dritten Weg geradezu abgestraft worden ist, sondern auch all die Unzufriedenen, die Ausreiseanträge gestellt oder darüber nachgedacht haben. So geht Demokratie.

227

Frühling '90

„So, bitte mal mir zuhören"

Das erste frei gewählte DDR-Parlament nimmt die Arbeit auf

Alles neu macht der Mai, macht die Seele frisch und frei. Heißt es in einer Volksweise. Im Fall der ersten frei gewählten Volkskammer der DDR muss der Vers abgewandelt werden: Alles neu macht der April, genaugenommen der 5. April. Denn an diesem Tag beginnen die Abgeordneten des DDR-Parlaments knapp drei Wochen nach der Wahl am 18. März ihre Arbeit. Von den 409 Mitgliedern haben nur wenige schon der vorherigen, noch von der Nationalen Front zusammengestellten Volkskammer angehört. Die überwiegende Mehrheit ist weitgehend unbelastet, aber eben auch unerfahren, was die Arbeit einer Volksvertretung angeht. Die Abgeordneten wissen nur eins: Sie haben die Aufgabe, die gesetzlichen Grundlagen für die Demokratisierung eines Staates zu schaffen, der sich dann möglichst rasch abschaffen soll. Denn so lautet der Wille des Volkes, das seit Monaten die Deutsche Einheit fordert. Und das, so man dem Wahlergebnis und den Umfragen glaubt, mit großer Majorität.

Ein frischer Wind weht durch die Volkskammer – auch durch die Präsidentin Sabine Bergmann-Pohl, hier während der letzten Arbeitssitzung in Ost-Berlin am 28. September 1990.

Die neuen Fraktionen wollen auch fast alles neu machen. Das beginnt schon bei der konstituierenden Sitzung, die Alterspräsident Lothar Piche von der DSU eröffnet, der eigentlich nur der Zweitälteste ist. Aber da sich der zwei Tage ältere Günter Kilias von der SPD krank gemeldet hat, darf Piche den ehrenvollen Akt vollziehen: begrüßen, an die Vergangenheit mahnen, Zukunft verheißen. Er beendet seine Rede in Anlehnung an den Wahlkampf von Helmut Kohl mit dem Satz: „Gott schütze unser deutsches Vaterland." Die Abgeordneten der bürgerlichen Parteien applaudieren stehend, die von PDS und SPD bleiben sitzen. Missstimmung soll eigentlich nicht sein bei dieser Premiere, die weltweit Beachtung findet. Doch bei aller Einigkeit, was den neuen Umgang miteinander betrifft: Hier sitzen Menschen mit unterschiedlichen politischen Ansichten.

Auch der Abgeordnete Werner Schulz vom Bündnis 90 legt nicht gerade feine englische Art an den Tag. Nachdem die Volkskammer mit 214 Stimmen eine Frau zur Parlamentspräsidentin gewählt hat, meldet sich Schulz und teilt den verdutzten Abgeordneten mit, er finde es merkwürdig, dass ihm vor der Abstimmung „Frau Bergmann-Pohls Anblick vorenthalten" worden sei. „Hätten Sie vorher gewusst, wie ich aussehe, hätten Sie mich dann nicht gewählt?", fragt sie spitz zurück. Doch Schulz zieht es vor zu schweigen. Sabine Bergmann-Pohl ist unverhofft zu dem Posten gekommen. Typisch für die Umbruchzeit. Als Arzttochter in Eisenach geboren, ist sie in Berlin aufgewachsen und hat nach der Ausbildung als Laborantin beim bekannten Gerichtsmediziner Otto Prokop gearbeitet. Es folgen Studium, Facharztausbildung und von 1979 an eine Laufbahn als Ärztin, Chefin einer Poliklinik und Leiterin im staatlichen Gesundheitsdienst, wo sie die fachliche Aufsicht über sämtliche Lungenfachärzte in Ost-Berlin hat. Für Politik bleibt da wenig Zeit. Der Lebenslauf von Bergmann-Pohl, die 1981 in die Blockpartei CDU eintritt, verzeichnet lediglich den Vorsitz der regionalen Gruppe „Aktives Gesundheits- und Sozialwesen" ihrer Partei. Als nach dem Mauerfall Ausschau nach unverbrauchten Mitgliedern gehalten wird, fällt die Ärztin auf.

Nach der Volkskammerwahl gehört die 43-Jährige der CDU-Fraktion an, die aber noch keinen Vorsitzenden hat. Ein Bekannter schlägt

„So, bitte mal mir zuhören"

Wolfgang Thierse als Abgeordneter am Rednerpult: dahinter im Präsidium der Volkskammer Reinhard Höppner (l.). Er unterliegt der CDU-Politikerin Bergmann-Pohl in einer Stichwahl zum Vorsitzenden der Volkskammer.

sie als Kandidatin vor, ohne ihr Einverständnis. Bergmann-Pohl will nicht kneifen und bekommt immerhin das zweithöchste Stimmergebnis. Sie hat keine Ambitionen auf Ämter, aber das macht sie nicht deutlich genug, denn als es um Kandidaten für die Leitung der Volkskammer geht, wird sie erneut nominiert. In der Sitzung am 5. April stehen vier Abgeordnete zur Wahl, von denen keiner in der ersten Runde eine absolute Mehrheit erzielt. In der anschließenden Stichwahl setzt sich die CDU-Politikerin dann gegen den Sozialdemokraten Reinhard Höppner durch, der ihr Stellvertreter wird.

Höppner ist wie Bergmann-Pohl politischer Quereinsteiger. Nach seinem Mathematikstudium hat er von 1971 bis zum Mauerfall als Lektor für mathematische Fachliteratur beim Berliner Akademie-Verlag gearbeitet. Im Dezember 1989 ist er der SDP beigetreten. Im Gegensatz zur Präsidentin kennt sich der 41-jährige Höppner aber mit parlamentarischen Regeln und Geschäftsordnungen aus: Er ist Präses der Synode der Kirchenprovinz Sachsen. Seine Erfahrungen sind gleich in der ersten Sitzung gefragt. Denn für die Wahl des Präsidiums muss die DDR-Verfassung geändert werden, weil deren Bestimmungen eine demokratische Konstituierung des Parlaments unmöglich machen. Üblich sind zwei Lesungen. Doch das Parlament will gleich loslegen, und die neuen Abgeordneten winken die Änderung in einfacher Abstimmung durch. So wird das Präsidium gewählt, zur Erleichterung der Präsidentin, die froh ist, „dass ich nicht mehr einsam und verlassen hier oben sitze". Die Volkskammer beschließt gleich noch eine Änderung der Verfassung: Mit dem neu eingefügten Artikel 75a erhält das Präsidium die Befugnisse des vormaligen Staatsrates. Sabine Bergmann-Pohl wird dadurch zusätzlich Staatsoberhaupt der DDR – ihr letztes.

Dann taucht ein Problem mit der für den 6. Mai geplanten Kommunalwahl auf. Das bisherige Wahlrecht schließt aus, dass jemand gleichzeitig für Gemeinderat und Kreistag kandidiert. Doch die neuen Parteien haben nicht genügend Bewerber und wollen Doppelkandidaturen. Höppner wird mitgeteilt, dass man das Gesetz noch heute ändern müsse, denn die Frist für die Nominierung der Bewerber läuft in wenigen Tagen aus – vor der nächsten Parlamentssitzung. Der

Frühling '90

Im Juni 1990 tagt die Volkskammer noch unter dem DDR-Emblem im Palast der Republik. Wenig später werden die Symbole entfernt und die Tagungen wegen der Asbest-Belastung des Palastes ins ehemalige ZK der SED verlegt.

frisch gewählte Vizepräsident lässt sich sofort das Wahlgesetz bringen. Tatsächlich: Für verschiedene kommunale Körperschaften kann man nicht gleichzeitig antreten. Er unterbricht die Sitzung, bedenkt dabei aber nicht, dass aus der Volkskammer live übertragen wird. So sieht der Kommunalwahlleiter zu Hause vor dem Fernseher, was das Parlament vorhat. Aufgeregt hetzt er los und darf nach kurzer Beratung zu den Abgeordneten im Plenarsaal sprechen. Das ist eigentlich nur gewählten Volksvertretern erlaubt.

Reinhard Höppner entwirft derweil auf einem Zettel die Änderung des Wahlgesetzes, den er dann einfach vorliest. Gregor Gysi von der PDS, gelernter Rechtsanwalt, hat zuvor kurz noch einen Blick darauf geworfen und ein paar Hinweise gegeben. Ohne schriftliche Vorlage stimmen die Abgeordneten über das erste Gesetz der neuen Volkskammer ab. So fix kann Demokratie sein, ist Höppner begeistert. Er scheint in seinem Element. Politische Beobachter jedoch sind entsetzt und reden von einer Laienspielschar. Bergmann-Pohl sieht das anders: „Spontanität macht den Charme der Volkskammer aus." Das unkonventionelle Vorgehen sei den Bedingungen geschuldet, denn die politisch und wirtschaftlich angespannte Lage im Land lasse sich mit Bestimmungen aus der SED-Zeit nicht mehr beherrschen. Die schrittweise überarbeitete Geschäftsordnung der Volkskammer lässt daher mehr Raum für Zwischenfragen. Das ist dem Präsidium wichtig, weil schwierige Themen zu debattieren sind.

Von der ersten Sitzung an ist die Tagesordnung jedes Mal übervoll. Um das Pensum zu bewältigen, muss man den Überblick behalten. Das fällt Sabine Bergmann-Pohl gerade zu Beginn nicht leicht. Sätze wie „So, bitte mal mir zuhören, auch wenn es Ihnen schwerfällt" oder „Es wird abgestimmt und damit Schluss" tragen eher zur Erheiterung der Abgeordneten als zum ordentlichen Sitzungsverlauf bei. Ihre erste Erklärung ist dagegen von Ernst getragen und reichlich pathetisch. Sie spricht von einer gerechten Politik, die die Hoffnung der Bürger erfüllen solle, erinnert an die Opfer der SED-Diktatur, denen man verpflichtet sei, und wünscht sich, dass die Abgeordneten, bei allen politischen Differenzen, gemeinsame Beschlüsse tragen: „Der Ruf ‚Wir sind das Volk' soll uns immer in den Ohren klingen." Dann gibt sie dem Parlament mit auf den Weg: „Das zarte Pflänzchen Demokratie, das mehr als 50 Jahre überwintert hat, ist nun erweckt. Tragen wir mit unserer Arbeit den Frühling ins Land."

„Der Zug ist abgefahren"

Die Zwei-plus-Vier-Verhandlungen ermöglichen ein souveränes Deutschland

Wenn Geschichte geschrieben wird, möchte man dabei sein – besonders wenn es um die eigene Zukunft geht. Obwohl die meisten Beamten des Auswärtigen Amtes in Bonn am Sonnabend, dem 5. Mai 1990, frei haben, sind viele von ihnen erschienen, um der ersten Verhandlungsrunde über Deutschland zuzusehen. Immerhin geht es um die Souveränität der beiden deutschen Staaten und ihr Recht, sich zusammenzuschließen. In der bundesdeutschen Hauptstadt machen die Außenminister Hans-Dietrich Genscher und Markus Meckel den ersten Schritt. Zusammen mit ihren Kollegen von den vier Siegermächten des Zweiten Weltkriegs: Eduard Schewardnadse (Sowjetunion), James Baker (USA), Roland Dumas (Frankreich) und Douglas Hurd (Großbritannien).

Der Gastgeber hat sich akribisch vorbereitet. Auf dem grün bezogenen Tisch im Weltsaal des Auswärtigen Amtes ist in der Mitte ein riesiges weiß-gelbes Blumengebinde drapiert. Die Wanduhren sind auf die Uhrzeiten der sechs Hauptstädte eingestellt. Und weil Genscher der Saal von der schwülen Mai-Luft zu aufgeheizt erscheint, wird in letzter Minute eine Klimaanlage installiert. Die Atmosphäre soll möglichst angenehm sein, denn den Diplomaten stehen hitzige Debatten bevor. Das haben schon die Vorbereitungen für die Zwei-plus-Vier-Verhandlungen gezeigt. Die Sechserrunde ist am 13. Februar 1990 am Rande der „Open-Skies-Konferenz" im kanadischen Ottawa beschlossen worden. Der Umbruch im Osten Europas hat Bewegung in die internationalen Beziehungen gebracht, wirkliche Entspannung scheint möglich – und damit eine Änderung des Status Quo an der Nahtstelle der politischen Blöcke, mitten in Deutschland. Die DDR-Bevölkerung will die Wiedervereinigung, Konzepte dafür liegen auf dem Tisch. Das Bundeskabinett hat sofortige Verhandlungen über eine Wirtschafts- und Währungsunion angeboten. Die desolate wirtschaftliche Lage der DDR und steigende Übersiedlerzahlen bestimmen das Tempo. Das State Department in Washington D.C. stellt intern fest, man müsse nun auf die „Zeitrafferversion der Vereinigung" umschalten.

Doch dem steht entgegen, dass die vier Siegermächte seit 1945 für Deutschland als Ganzes gemeinsam verantwortlich sind. Solange sich die Blöcke unversöhnlich gegenüber gestanden haben, ist das irrelevant gewesen – jetzt aber nicht mehr. Zudem gehören die beiden deutschen Staaten zu verschiedenen Bündnissen. Soll ein vereintes Deutschland Mitglied der Nato sein dürfen? Oder neutral? Und was geschieht mit den in Deutschland stationierten Truppen der Alliierten?

Solche Fragen stellt vor allem die Sowjetunion. Gorbatschow und Schewardnadse haben nicht vor, politischen Einfluss aufzugeben oder sich drängen zu lassen. Das ist Dieter Kastrup, der im Auswärtigen Amt für gesamtdeutsche Belange

Bundesaußenminister Hans-Dietrich Genscher (l.) im Gespräch mit seinem DDR-Kollegen Markus Meckel. Am 5. Mai 1990 findet in Bonn die erste Runde der Zwei-plus-Vier-Konferenz der Außenminister beider deutscher Staaten sowie der vier Siegermächte des Zweiten Weltkriegs statt.

zuständig ist, in einem vertraulichen Gespräch mit dem sowjetischen Botschafter in der Bundesrepublik, Julij Kwizinski, unverblümt bedeutet worden. Auf Kastrups Frage unmittelbar nach dem Mauerfall, was die deutschen Staaten nun machen sollen, antwortet der Botschafter: „Interessiert zuschauen." Die Sowjets demonstrieren diese Haltung auch öffentlich. Am 11. Dezember 1989 treffen sich auf Einladung Moskaus die Botschafter der Siegermächte das erste Mal seit 18 Jahren wieder im Gebäude des Alliierten Kontrollrats in Berlin zum Gedankenaustausch – ohne Deutsche.

Das Gruppenfoto schreckt Genscher auf. Als er zwei Tage später mit seinen westlichen Kollegen spricht, deutet er auf das Foto: „Ein solches Treffen ist hoffentlich das letzte seiner Art gewesen." Nach so vielen Jahren sei das keine angemessene Antwort auf die friedlichen Freiheitsdemonstrationen in der DDR, „auf die wir stolz sind". Nur mit Mühe lässt sich der Außenminister beruhigen. Von nun an achtet er auf jede Initiative der Alliierten. Als die sich zu Verhandlungen mit den beiden deutschen Staaten durchringen und vor allem Moskau die Formel „Vier plus zwei" anstrebt, dringt Genscher in enger Abstimmung mit den Amerikanern darauf, die Reihenfolge umzudrehen. Es soll klar werden, dass nicht die vier Alliierten über die beiden deutschen Staaten verhandeln, sondern die Deutschen mit den Siegermächten. Und Genscher legt Wert darauf, dass diese Verhandlungen in Deutschland beginnen – in Bonn und dann in Ost-Berlin. Der Außenminister will unbedingt vermeiden, dass die deutschen Delegationen wie bei den Genfer Konferenzen in den 1950er-Jahren am Katzentisch Platz nehmen müssen, mit „Beobachterstatus", wie es seinerzeit diplomatisch geheißen hat.

Uneingeschränkten Rückhalt bekommt er nur von den USA. Die Briten sind gegen eine schnelle Wiedervereinigung, die Franzosen plädieren für Verhandlungen im Rahmen der Konferenz für Sicherheit und Zusammenarbeit in Europa. So eine gesamteuropäische Lösung dürfte Jahre erfordern. Zeitraubend wäre ebenso eine Friedenskonferenz, bei der die deutschen Staaten womöglich mit den Reparationsforderungen aller früheren Kriegsgegner konfrontiert werden würden. Schließlich einigt man sich, zu sechst zu verhandeln, und zwar über die Ablösung der Siegerrechte, über Deutschlands Grenzen und die Bündnisfrage.

Doch diese Einigkeit droht gleich am ersten Verhandlungstag zu zerbrechen. Schewardnadse überrascht am 5. Mai mit dem Vorschlag, die inneren und äußeren Aspekte der Einheit zeitlich zu trennen. Dann würden die Rechte der Siegermächte auch nach einer Vereinigung fortwirken. Außerdem hält Moskau die Nato-Mitgliedschaft Deutschlands für inakzeptabel – auch wenn die Sowjets durch Vorgespräche genau wissen, dass Westdeutsche und Amerikaner davon nicht abrücken werden. Erst am 4. Mai hat Kremlchef Michail Gorbatschow ein Memorandum seines Beraters Anatolij Tschernjajew erhalten. Ihm zufolge sei offenkundig, dass ein geeintes Deutschland in der Nato sein werde und man keinerlei Hebel habe, das zu verhindern. Der Experte für internationale Beziehungen stellt weiter fest: „Wozu sollen wir auch in diesem Fall einen abfahrenden Zug einholen", wenn „wir keine Möglichkeiten haben, auf die Lokomotive aufzuspringen, aber, geb's Gott, irgendwo auf die Mitte des Zuges?" Schewardnadse kommt es offensichtlich nur darauf an, den Prozess zu bremsen und nach außen das Gesicht zu wahren. Innenpolitisch stehen Gorbatschow und er unter Druck: Ihre Reformen stocken, und nun droht ein außenpolitischer Machtverlust, mit der Folge, dass der Kriegsverlierer Deutschland bald als Sieger der Geschichte dastehen würde.

Von all dem hat DDR-Außenminister Markus Meckel nur am Rande etwas mitbekommen. Der 37-jährige Pfarrer, der die Sozialdemokraten in der DDR mitbegründet hat, ist erst drei Wochen im Amt. Es fehlt ihm nicht nur Erfahrung in der Diplomatie, er ist auch nicht in Vorgespräche eingebunden gewesen. Genscher, seit 16 Jahren Außenminister, hat den jüngeren Kollegen deshalb gleich nach dessen Wahl privat nach Bonn eingeladen und grob informiert. Genscher hat Sympathie für den bärtigen protestantischen Theologen. Er selbst ist in Ostdeutschland groß geworden, wo sein Bruder noch immer lebt, und hat regelmäßig seine Heimatstadt Halle besucht. Für die Zusammenarbeit bei den Verhandlungen sieht Genscher keine Probleme. Wichtig sei, dass Meckel und er gemeinsame Positionen vertreten, sich nicht gegeneinander ausspielen lassen. Sein Konzept ist, so wenig wie möglich zu verhandeln – nur, was für die Deutsche Einheit wirklich notwendig ist, soll auf die Tagesordnung. Der 63-Jährige ist auch sicher, dass Meckel ihm dabei folgt. Warum soll ein sich selbst auflösender Staat wie die DDR noch eigenständige Außenpolitik machen?

Meckel dagegen nimmt an, dass eine aktive Rolle der DDR gewünscht ist. Und er entwickelt nach dem ersten Zwei-plus-Vier-Treffen in Bonn eigene Vorstellungen für die nächste Zusammenkunft in Ost-Berlin, die er öffentlich macht. Der Einigungsprozess könne für den Aufbau eines neuen gesamteuropäischen Sicherheitssystems genutzt werden, bei dem auch die Nato ihren Charakter verändern werde. Als symbolischen Akt regt er eine Reduzierung der deutschen Truppen an, zudem sollen Nuklearwaffen aus Deutschland verschwinden. Außerdem plädiert der DDR-Außenminister für souveräne Verhandlungen der deutschen Seite mit Polen über die Grenzfrage, ohne Einbindung der Siegermächte. Die Bundesregierung hat zwar die Oder-Neiße-Linie im Warschauer Vertrag von 1970 als „faktische Westgrenze Polens" anerkannt – aber unter dem Vorbehalt einer Änderung im Rahmen einer Friedensregelung. Kohl lehnt ein eigenmächtiges Vorgehen ab, auch mit Rücksicht auf die Vertriebenen. Für den Ostdeutschen Meckel ist diese Haltung unverständlich, er will die Grenze ohne jede Einschränkung anerkennen. Ausdrücklich nicht als Preis der Deutschen Einheit, sondern in eigener Souveränität als Folge des Zweiten Weltkriegs.

Weil die Frage der Nato-Mitgliedschaft eine Lösung der Deutschen Frage zu verhindern droht, entwickelt Meckel den Plan einer zeitlich begrenzten Sicherheitszone in Mitteleuropa, zu der die DDR, Polen und die Tschechoslowakei gehören sollen. Diese neutrale Zone soll den Bedenken der Nachbarn gegen ein starkes Deutschland und der Ablehnung der Sowjetunion Rechnung tragen. Der Deutschland-Experte des Kreml, Valentin Falin, macht Meckel in einem Gespräch am 18. Mai klar, dass der Kreml die Nato-Mitgliedschaft für unmöglich halte. Selbst wenn Gorbatschow zustimmte, würde der Oberste Sowjet sein Veto einlegen. Ähnliches hat DDR-Regierungschef Lothar de Maizière Mitte April von Botschafter Wjatscheslaw Kotschemassow zu hören bekommen, der ihm nach seiner Amtseinführung mitgeteilt hat: „Die Eingliederung eines vereinten Deutschlands in die Nato ist unannehmbar."

Doch die Überlegungen Meckels zu einer Sicherheitszone laufen der bundesdeutschen Diplomatie zuwider und verwirren die westlichen Siegermächte. Zudem verärgert die Idee Genscher persönlich. Der DDR-Außenminister hat sich nicht vorab mit ihm abgestimmt. Schlimmer noch: Meckel versteht das freundlich zurückhaltende Interesse des Kollegen nicht als klare Ablehnung und geht mit seinem Vorschlag noch tagelang hausieren. Ganz so wie früher, als man bei Rotwein in der Küche des Pfarrhauses über Gott und die Welt philosophiert hat.

Das Verhältnis der beiden Außenminister kühlt spürbar ab, Bonn schränkt den Informationsfluss nach Ost-Berlin drastisch ein. Genschers Stab verdächtigt Meckels westdeutsche Berater im DDR-Außenministerium, den diplomatischen Neuling zu benutzen, um alte Ziele der Friedensbewegung durchzusetzen. Doch auch das Urteil im eigenen Haus fällt vernichtend aus. Meckels wenig durchdachter Vorschlag wirke „verheerend" und stelle „unsere Seriosität infrage". Beim nächsten Zwei-plus-Vier-Treffen ist der Vorschlag erledigt. Geblieben sind die Differenzen in der Runde. Die sechs Außenminister überspielen das mit einem symbolischen Akt: An der einstigen alliierten Kontrollstelle Checkpoint Charlie sind sie Zeugen, wie ein Kran den überflüssig gewordenen Bürocontainer von der Straße hievt.

Vertreter der vier alliierten Mächte sowie der Bundesrepublik und der DDR am 22. Juni 1990 während des Abbaus des Kontrollhauses am Kontrollpunkt Checkpoint Charlie an der Berliner Friedrichstraße: (v.l.n.r.) Markus Meckel, 4.v.l. Douglas Hurd, Außenminister Großbritanniens, Willy Brandt (SPD-Ehrenvorsitzender), USA-Außenminister James Baker, Frankreichs Außenminister Roland Dumas, Hans-Dietrich Genscher und Eduard Schewardnadse, Außenminister der UdSSR.

Sommer '90

Der Beitritt wird zur reinen Terminfrage

Der letzte Ministerpräsident der DDR, Lothar de Maizière (r.), wird am 11. Juni 1990 vom amerikanischen Präsidenten George Bush im Weißen Haus in Washington empfangen.

1. Juni: Die drittgrößte Stadt Sachsens, die seit 1953 Karl-Marx-Stadt heißt, wird in Chemnitz zurückbenannt.

5. Juni: Das mehr als drei Meter hohe DDR-Staatswappen wird vom Palast der Republik abmontiert. Bis zum 8. Juni müssen einem Beschluss der Volkskammer zufolge Hammer, Zirkel und Ährenkranz verschwunden sein, außer auf den Staatsflaggen.

6. Juni: In einer Plattenbausiedlung in Berlin-Marzahn wird die untergetauchte Terroristin Susanne Albrecht festgenommen. Sie ist die erste von mehreren RAF-Aussteigern, die verhaftet werden, nachdem sie jahrelang von der Stasi versteckt wurden.

7. Juni: Die Volkskammer setzt einen parlamentarischen Sonderausschuss ein, der die Auflösung des ehemaligen Ministeriums für Staatssicherheit überwachen soll. Vorsitzender wird der Rostocker Pfarrer und Abgeordnete Joachim Gauck.

11. Juni: US-Präsident George Bush empfängt den Ministerpräsidenten der DDR, Lothar de Maizière, im Weißen Haus. Die beiden fremdeln miteinander – nur vier Tage zuvor hat de Maizière eine Tagung des Warschauer Pakts geleitet.

12. Juni: 42 Jahre nach der Spaltung der Gesamtberliner Regierung durch die SED kommen der Ost-Berliner Magistrat und der West-Berliner Senat zu einer gemeinsamen Sitzung zusammen.

13. Juni: Berlin beginnt mit dem endgültigen Abriss der 43,7 Kilometer langen innerstädtischen Sperranlagen. In den nächsten zwei Wochen sollen neben den bisherigen 40 weitere 39 Übergänge geöffnet werden.

15. Juni: Die beiden deutschen Regierungen einigen sich, die Bodenreform der Jahre 1945 bis 1949 nicht rückgängig zu machen. Enteignungen ab 1949 sind dagegen im Prinzip zu revidieren.

17. Juni: Am Tag der Deutschen Einheit diskutiert die Volkskammer in einer Sondersitzung über einen sofortigen Beitritt der DDR zur Bundesrepublik gemäß Artikel 23. Die Mehrheit lehnt es ab, dadurch den laufenden Vereinigungsprozess zu gefährden.

21. Juni: Beide deutschen Parlamente verabschieden den Staatsvertrag über die Währungs-, Wirtschafts- und Sozialunion zwischen Bundesrepublik und DDR. Der Bundestag erkennt außerdem endgültig die polnische Westgrenze entlang von Oder und Neiße an.

22. Juni: Die sechs Außenminister Deutschlands und der Siegermächte treffen sich zur zweiten Runde der Zwei-plus-Vier-Gespräche in Ost-Berlin.

28. Juni: In Bonn bricht Streit über die Chancen für kleine ostdeutsche Parteien bei der ersten gesamtdeutschen Wahl aus. Die SPD besteht auf einer einheitlichen Fünf-Prozent-Klausel, die CDU will mit einer Drei-Prozent-Klausel für Ostdeutschland der Bürgerbewegung einen Weg in den Bundestag ebnen.

30. Juni: Nach 45 Jahren werden die innerdeutschen Grenzkontrollen eingestellt.

1. Juli: Seit Mitternacht ist die D-Mark offizielle Währung in der DDR. Das neue Geld ist Kern der Währungs-, Wirtschafts- und Sozialunion.

3. Juli: Der Termin für die erste gesamtdeutsche Wahl steht fest. Am 2. Dezember 1990 soll der neue Bundestag bestimmt werden.

6. Juli: In Ost-Berlin beginnen die Verhandlungen zum Einigungsvertrag zwischen der Bundesrepublik und der DDR.

7. Juli: In der DDR werden erste Schattenseiten der Marktwirtschaft spürbar. Jeder Händler legt seine Preise selbst fest – und je weiter westdeutsche oder West-Berliner Alternativen für den Einkauf entfernt sind, desto teurer wird es. Außerdem sind die meisten DDR-Produkte aus den Regalen verschwunden.

8. Juli: In Deutschland bricht schwarz-rot-goldene Feierstimmung aus, denn im Jahr der Wiedervereinigung wird die Elf von Teamchef Franz Beckenbauer Fußballweltmeister.

11. Juli: Der liberalen Fraktion in der Volkskammer geht die Vereinigung zu langsam voran. Sie beantragt, den Beitritt der DDR zum Geltungsbereich des Grundgesetzes noch vor Beginn der parlamentarischen Sommerpause zu erklären. Gültig werden soll der Schritt zum 1. Dezember 1990, einen Tag vor der geplanten gesamtdeutschen Wahl.

Jürgen Kohler und Guido Buchwald am 8. Juli 1990 mit dem WM-Pokal. Deutschland – West wie Ost – feiert den Sieg in Rom überschwänglich.

Chronik Sommer '90

Soldaten der Nationalen Volksarmee der DDR am 20. Juli 1990 beim Fahneneid. Die Eidesformel ist neu, das Staatssymbol, die Flagge mit Hammer und Zirkel, ist geblieben. Die Verpflichtung zur Verteidigung des Sozialismus ist aus der neuen Eidesformel gestrichen.

13. Juli: Der erste frei ausgehandelte Tarifvertrag für die DDR steht. Arbeitgeber und Gewerkschaften einigen sich nach einem Verhandlungsmarathon auf Gehaltserhöhungen für die Beschäftigten der Metallindustrie und des Handels. Schrittweise soll die Arbeitszeit auf 40 Stunden reduziert werden. Es gibt aber auch Kritik: Die Zugeständnisse seien zu groß und würden viele Unternehmen in die Pleite führen, warnen westdeutsche Experten.

16. Juli: Die Treuhandanstalt bekommt mit dem bisherigen Bundesbahn-Chef Reiner Maria Gohlke einen neuen Präsidenten.

20. Juli: 50.000 Soldaten der Nationalen Volksarmee schwören einen neuen Fahneneid. Er endet mit dem Satz: „Ich schwöre, meine ganze Kraft zur Erhaltung des Friedens und zum Schutz der DDR einzusetzen." Keine Rede ist mehr davon, „an der Seite der Sowjet-Armee den Sozialismus gegen alle Feinde zu verteidigen".

22. Juli: Die Volkskammer beschließt, dass im Oktober die Länder in der DDR wieder eingeführt werden. Zeitgleich sollen erstmals seit rund vier Jahrzehnten Landtage gewählt werden.

24. Juli: Die SPD droht die große Koalition in Ost-Berlin platzen zu lassen. Es geht um den Termin des Beitritts der DDR zur Bundesrepublik und die Regeln der ersten gesamtdeutschen Bundestagswahl.

27. Juli: Sechs Wochen nach Beginn des Abrisses sind ein Viertel der innerstädtischen Berliner Sperranlagen entfernt. Bis Ende August sollen alle Mauern, Zäune und Beobachtungstürme im Stadtzentrum beseitigt sein.

1. August: Lothar de Maizière reist kurzfristig zu Bundeskanzler Kohl nach Bonn. Grund ist das

Abgetaucht: Erich Honecker und seine Ehefrau Margot sind Anfang April 1990 von einem sowjetischen Militärkonvoi von Lobetal nach Beelitz nahe Berlin gebracht worden. Der Umzug in ein sowjetisches Militärhospital erfolgt auf persönliche Bitte Honeckers.

drohende Zusammenbrechen der DDR. Die 14 Milliarden D-Mark, die 1990 zur Stützung des Staates vorgesehen sind, reichen nicht. Nötig seien 80 bis 85 Milliarden D-Mark pro Jahr, vielleicht auch noch mehr. Der DDR-Ministerpräsident warnt, die Volkskammer könne einen sofortigen Beitritt beschließen.

5. August: Um bei der Bundestagswahl nicht an Sperrklauseln zu scheitern, schließen sich die Grüne Partei und das Bündnis 90 in der DDR zur Listenverbindung Bündnis 90/Grüne zusammen.

8. August: Die Volkskammer lehnt Anträge zum Beitritt der DDR zur Bundesrepublik sofort oder zum 15. September ab. Die Vereinigung soll einvernehmlich mit der Bundesregierung vollzogen werden.

16. August: Die Koalition in der DDR zerbröselt. Ministerpräsident de Maizière entlässt zwei SPD- und einen LDP-Minister.

19. August: Die SPD zieht auch ihre restlichen Minister aus dem Kabinett zurück.

20. August: Nach nur fünf Wochen im Amt tritt Treuhand-Chef Reiner Maria Gohlke zurück. Grund soll das Chaos in der DDR-Wirtschaft sein.

22. August: Um die Memoiren von Erich Honecker gibt es Wirbel. Zwei Publizisten haben für 1,2 Millionen D-Mark den Zeitschriften *Der Spiegel* und *Der Stern* ein Manuskript angeboten. Beide lehnen ab. Honecker versteckt sich weiter in einem sowjetischen Militärhospital vor dem Zugriff der Justiz.

23. August: Die Volkskammer beschließt den Beitritt zur Bundesrepublik zum 3. Oktober. Das ist mit der Bundesregierung abgestimmt.

24. August: Die Volkskammer verabschiedet fast einstimmig das „Gesetz über die Sicherung und Nutzung der personenbezogenen Daten des ehemaligen MfS". Das Gesetz verbietet die Vernichtung der Millionen Geheimdienstakten.

Beschlossene Sache: Die Abgeordneten der Volkskammer quittieren am 23. August 1990 den Beschluss über den Beitritt der Deutschen Demokratischen Republik zur Bundesrepublik Deutschland zum 3. Oktober 1990 mit Applaus.

27. August: Die Stiftung Warentest stellt fest, dass viele DDR-Produkte viel besser sind als ihr Ruf. Elektrische Schreibmaschinen, Entsafter, Fotoapparate oder Computer-Drucker halten mit westlicher Konkurrenz bei Qualität und Preis problemlos mit.

31. August: Am frühen Morgen werden die Verhandlungen über den Einigungsvertrag abgeschlossen. Beide Kabinette billigen das Ergebnis, dann unterzeichnen Bundesinnenminister Wolfgang Schäuble und der Parlamentarische Staatssekretär beim DDR-Ministerpräsidenten, Günther Krause, das Abkommen.

Sommer '90

„Beton vergoldet"

In Monaco werden Teile der Berliner Mauer versteigert –
doch der Run bleibt aus

Ein Kran hebt ein Segment der Berliner Mauer auf einem Lagerplatz der NVA in Bernau bei Berlin, um es abtransportieren zu lassen. Es ist für die Schwester des ehemaligen US-Präsidenten John F. Kennedy, Jean Smith-Kennedy, bestimmt.

Ausverkauf ist ein hässliches Wort. Es löst automatisch Gefühle der Beklemmung aus, man denkt an zu niedrige Preise, an Geschäftemacher und Schnäppchenjäger. Mindestens eine halbe Milliarde DDR-Mark hat das SED-Regime pro Jahr in Sperranlagen investiert, um die eigenen Bürger an der Flucht zu hindern. Die Personalkosten für die Grenztruppen noch nicht gerechnet. Ein Kilometer Berliner Mauer aus L-förmigen Stahlbetonsegmenten kostet einschließlich Aufstellung 640.000 DDR-Mark, und mindestens noch einmal soviel verschlingen die dazugehörigen Sperr- und Signalzäune sowie die Hinterlandmauer auf DDR-Seite zusammen. Jeder Wachturm schlägt mit 65.000 DDR-Mark zu Buche. Hinzu kommen Lichtmasten, jede Menge Kupferkabel und sonstiges Material. Allein die 143,1 Kilometer Todesstreifen rund um West-Berlin haben zum Zeitpunkt der Grenzöffnung einen Wert von wenigstens 250 Millionen DDR-Mark, eher mehr.

Angesichts dessen scheint das Angebot niedrig, das der US-Münz- und Goldhändler Barry Stuppler schon am 11. November 1989 abgegeben hat: 50 Millionen US-Dollar für die gesamte Mauer, bar auf die Hand, inklusive Abbau. Der Milliardär wittert ein gutes Geschäft, wenn er weltweit exklusiver Anbieter echter Reste der Berliner Mauer wird. Doch die Regierung Modrow hat das Angebot abgelehnt: An einem „Ausverkauf" werde man sich nicht beteiligen. Zudem glauben die Funktionäre, beim Verkauf auf eigene Rechnung wesentlich mehr verdienen zu können, und beauftragen Ende Dezember 1989 die DDR-Außenhan-

„Beton vergoldet"

Ein Mauerspecht der besonderen Art: Der ehemalige Präsident der USA, Ronald Reagan, besucht im September 1990 die Berliner Mauer.

delsfirma Limex mit der Vermarktung. Das Mindestgebot pro Element à 1,20 Meter Breite veranschlagt Limex-Chef Helge Möbius auf 25.000 Mark. Natürlich D-Mark, denn entsprechende Summen der nicht konvertierbaren DDR-Währung sind im Westen legal nicht verfügbar, und der offizielle Umtauschkurs beträgt eins zu eins. Macht theoretisch pro Kilometer Berliner Mauer 20 Millionen und insgesamt allein für das „vordere Sperrelement feindwärts", die eigentliche Mauer, 280 Millionen. Zuzüglich des Altmetallwerts für Zäune, Lichtmasten und Kabel.

Die Erträge soll Limex dem angeschlagenen DDR-Gesundheitswesen zukommen lassen, nach Abzug der Kosten. Seit Januar sind erste Segmente verkauft worden, aber die Nachfrage ist nicht so groß wie erhofft. Einige Dutzend der jeweils 2,75 Tonnen schweren Elemente werden zwar abgegeben, doch der große Run auf das Angebot bleibt aus. Enttäuscht ist auch der 24-jährige Jungunternehmer Irvin Dye aus Phoenix im US-Bundesstaat Arizona, der noch vor dem Vermarktungsauftrag an Limex eine Menge großer und kleinerer Segmente aufgekauft hat. Doch der smarte Yuppie verrechnet sich: In Amerika will niemand den Beton erwerben. Er bleibt auf der exotischen Ware sitzen. Alles in allem, mit Ankauf, Transport- und Lagerkosten sowie Zoll, kostet ihn seine Geschäftsidee 165.000 D-Mark. Dyer nimmt es gelassen: „Was soll's, ich kann es mir leisten."

Trotzdem gehen Mauerteile schon in den ersten Monaten des Jahres 1990 um die Welt. Denn die DDR-Regierung verschenkt Dutzende Stücke an prominente Politiker, an den Papst und den Uno-Generalsekretär oder die Familie Kennedy. Die in New Jersey lebende Bildhauerin Edwina Sandys, Enkelin des britischen Premierministers Winston Churchill, bekommt von der DDR gleich acht Segmente zur Verfügung gestellt und macht daraus ein Kunstwerk mit dem Titel „Breakthrough".

Auf den schleppenden Absatz reagiert Limex ganz kapitalistisch: Das Angebot wird verknappt und ein Verkaufsevent organisiert, natürlich mit internationaler Pressekonferenz vorneweg. Am 23. Juni 1990 ist es so weit: Im Metropole Palace Hôtel in Monte Carlo findet die Versteigerung bemalter Mauersegmente statt. Als Anschauungsobjekte sind sechs Stück ins Fürstentum Monaco transportiert worden. Angeboten werden insgesamt 81 Mauerteile, nämlich 70 vollständige Elemente und elf große Fragmente.

Vom nördlichen Spreeufer aus bietet sich 1990 eine neue Aussicht – Blick nach Süden über die Spree auf das Reichstagsgebäude.

Viele stammen von der Mauer zwischen Brandenburger Tor und Potsdamer Platz; sie werden im Auktionskatalog als „Schlüsselsteine im längsten Kunstwerk der Welt" angepriesen. Das Mindestgebot liegt für jedes Segment bei 50.000 Franc, also knapp 15.000 D-Mark. Doch von den finanzkräftigen Interessenten in der reichsten Stadt der Welt erhofft sich Limex weit höhere Zuschlagspreise, am besten 100.000 D-Mark und mehr pro Element. Dafür bekommen die Käufer ein offizielles Echtheits-Zertifikat. Die Mauer soll zum Kunst- und Sammelobjekt werden. Limex macht ungefähr das, was sich auch Barry Stuppler ausgedacht hat. Im Luxushotel soll „Beton vergoldet" werden, wie die eigens gegründete Firma Lele Berlin Wall GmbH mitteilt.

Zu den Interessenten zählt Ljiljana Hennessy, ehemalige Schauspielerin und Erbin des größten Cognac-Konzerns der Welt. Sie sichert sich ein Mauerelement für den Park ihres Landsitzes. Pascal Märkli aus Basel erwirbt für 377.000 Franc zuzüglich Zoll und Transportkosten zwei Teile, „Herz links" und „Herz rechts", die der West-Berliner Künstler Kiddy Citny bemalt hat. Die Verlegersgattin Jaguba Rizolli ersteigert für umgerechnet 27.000 D-Mark ein Mauersegment, ein Züricher Geschäftsmann gleich elf Stück für 1,3 Millionen Francs. Schweizer sind überhaupt besonders interessiert. Jerome Beurret, Besitzer einer Kette von Modegeschäften, und seine Lebensgefährtin Stefanie Schmid legen sich für 100.000 Franken drei Elemente zu. Er sammelt ausgefallene Objekte und ahnt, dass die gründliche Beseitigung der Sperranlagen ein Fehler sein wird: „Die Deutschen wollen damit etwas auslöschen, aber das wird ihnen noch leid tun." Beurret jedenfalls wird seine Mauerstücke nicht mehr herausrücken, „es sei denn für eine Million". Das wäre dann eine wirklich gute Geldanlage. Es kommt nicht dazu.

Insgesamt erlöst die Versteigerung in Monaco umgerechnet 1,8 Millionen D-Mark. Viel Geld für etwas, das in den Frachtpapieren lediglich als „Bauschutt" firmiert, doch enttäuschend im Vergleich zu den Erwartungen, die viermal so hoch gelegen haben. Offenbar sind die Mauerstücke doch kein Verkaufsrenner, und außerdem hat sich schnell herumgesprochen, dass man über Mitarbeiter von Limex oder Lele auch direkt und günstiger an Originalmauerteile kommt. Dann zwar ohne Echtheitszertifikat, aber auch ohne Rechnung. Wie viel Geld hier verdunstet, weiß niemand.

Noch weniger interessant sind die unbemalten Segmente, die den weitaus größten Teil des Limex-Bestandes ausmachen. Die meisten davon werden in Betonmühlen geschreddert und nach Gewicht verkauft, an Baufirmen vor allem, die das Bruchmaterial als Unterlage für Straßen verwenden, unter anderem für den vollständig erneuerten Berliner Ring. Der erlöste Preis pro kleingemahlener Tonne liegt bei 20 D-Mark, gerade einmal drei Prozent des Mindestgebots der Auktion von Monaco. Das deckt eben die Kosten des Schredderns. Den Abbau der Grenzanlagen bezahlt derweil die Staatskasse, denn zum Einsatz kommen bis zum 2. Oktober 1990 die nun beschäftigungslosen Angehörigen der DDR-Grenztruppen, ab der Vereinigung Pioniere der Bundeswehr. Auf 170 Millionen D-Mark werden im Nachhinein die Kosten taxiert. Den Erlösen aus dem Verkauf von Mauersegmenten und Schutt im mittleren siebenstelligen Bereich stehen schließlich Kosten für den Abbau von mehr als 200 Millionen D-Mark gegenüber. Die Berliner Mauer ist nicht nur ein unmenschliches Bauwerk gewesen, sondern auch noch ein ganz schlechtes Geschäft. Manchmal ist es doch besser, ein scheinbar zu niedriges Angebot wie das von Barry Stuppler anzunehmen.

„Money, Money, Money"

Währungssilvester: der Tag, an dem die D-Mark kommt

Wer das Gefühl nicht kennt, sehnlichst auf etwas zu warten, kann nicht verstehen, welch Glück es ist, wenn das Gewünschte eintritt. Von der Einführung der D-Mark als offizieller Währung in der DDR ist die Rede. Von dem Gefühl, in Greifswald, Suhl oder Berlin-Pankow an Bankschalter zu gehen oder einen der wenigen Geldautomaten zu bedienen und wie selbstverständlich Scheine mit dem Konterfei von Elsbeth Tucher oder Sebastian Münster zu bekommen. Banknoten, für die man all die Jahre zuvor, ja selbst noch im Juni 1990, ziemlich viel angestellt hätte. Zum Beispiel, einen horrenden Schwarzmarktkurs akzeptieren.

„Kommt die D-Mark, bleiben wir hier, kommt sie nicht, geh'n wir zu ihr", haben viele DDR-Bürger nach dem Mauerfall gerufen. Nun also, am 1. Juli 1990, ist sie da. Dabei hat sich in die Vorfreude auf den Tag der Währungsunion auch Unsicherheit gemischt. Sollte man nicht noch etwas von dem alten DDR-Geld kaufen? Einen Fernseher, eine Waschmaschine, Möbel? Alles Waren, für die durchschnittliche DDR-Bürger mehrere Monatsgehälter hinblättern müssen. Man weiß ja nie, was noch alles kommt. Und tatsächlich haben sich nicht wenige mit Lebensmitteln, bisherigen Luxusgütern oder Klopapier eingedeckt.

Der Großteil aber ist gelassen geblieben: Familien, Freunde, Nachbarn, ja ganze „Hausgemeinschaften" feiern am 30. Juni in den kommenden Tag hinein, mit einem Währungssilvester: Um Mit-

Rund 100.000 DDR-Bürger protestieren Anfang April 1990 gegen den Vorschlag der Bundesbank, bei der geplanten Einführung der D-Mark in der DDR Ersparnisse im Verhältnis 2:1 umzutauschen.

Sommer '90

Um Mitternacht zu Beginn des 1. Juli 1990 herrscht Riesenandrang vor der Deutschen Bank in Ost-Berlin. Dabei gehen sogar Scheiben zu Bruch und einige der Kunden erleiden Verletzungen. Der erste Tag der im Staatsvertrag vereinbarten Währungs-, Wirtschafts- und Sozialunion beginnt mit einem regelrechten Ansturm auf das begehrte neue Geld.

ternacht knallen Sektkorken und Feuerwerkskörper, Autokorsos rollen hupend, und Menschen jubeln. Auf dem Berliner Alexanderplatz drängeln sich seit Stunden Tausende Kunden ungeduldig vor der erst kürzlich eingerichteten Filiale der Deutschen Bank. Sie will ihre Tore Punkt 0 Uhr, in der ersten Minute des neuen Tages öffnen, um der Weltöffentlichkeit zu zeigen, wie DDR-Bürger ihr erstes Westgeld abheben. Der Andrang ist enorm, die Scheiben der Eingangstüren splittern, mehrere Wartende erleiden im Gewühl einen Schwächeanfall, der Polizei gelingt es nur mit Mühe, „den Ansturm in geordnete Bahnen zu lenken", wie das *Hamburger Abendblatt* berichtet. Als die Ersten mit den begehrten Scheinen wieder ins Freie treten, wird die Stimmung ausgelassen.

Nicht ganz so gelassen sitzt Hans Tietmeyer an diesem Sonntag in seinem Büro in Bonn. Der Ökonom, Anfang 1990 vom Bundesfinanzministerium ins Direktorium der Deutschen Bundesbank gewechselt, ist seit März auf Bitte der Bundesregierung von der Zentralbank freigestellt, um auf westdeutscher Seite die Verhandlungen über die Währungsunion zu leiten. Tietmeyer gilt als ausgewiesener Finanzexperte, der schon unter Wirtschaftsminister Ludwig Erhard seine ersten Erfahrungen gesammelt hat. Er wartet auf die Nachricht, ob funktioniert, was er mit seinen Mitarbeitern vorbereitet hat. Ein ganzer Staat wechselt die Währung, nimmt das Geld des Nachbarlandes an: Vergleichbares hat es noch nie gegeben. Tatsächlich verläuft die Union fast reibungslos, nur vereinzelt muss Geld nachgeliefert werden.

Am 2. Juli berichten die Zeitungen von dem historischen Ereignis. „Zum letzten Mal Schlange stehen", schreibt das *Hamburger Abendblatt* und zitiert Ministerpräsident Lothar de Maizière, der den Eindruck zerstreuen will, die DDR-Bürger litten an „Geldgier". Der 1. Juli sei auch der Tag der freien Grenzen, weil die letzten Kontrollen am einstigen Eisernen Vorhang wegfallen. Das *Neue Deutschland* schildert unter der Überschrift „Der Tag, als der ‚Regen' kam" die Feiern „auf dem Erfurter Anger, im Zentrum Potsdams, auf der Promenade in Schwerin oder in der Dresdener Altstadt". Gesungen worden sei „Money, Money, Money", der Abba-Hit. Das frühere SED-, nun der PDS nahestehende Blatt kritisiert, dass man sich in Potsdam schon sehr geschäftstüchtig gebe, „wie es sich für die Marktwirtschaft gehört". Verkaufsstände, eilig in der Nähe der Auszahlstellen aufgebaut, würden schon zu früher sonntäglicher Stunde Waren feilbieten. Auch Gaststätten hätten schon zeitig geöffnet. „Allerdings: Dort, wo der Kaffee gestern noch für 68 Pfennig Ost zu haben gewesen war, kredenzte man ihn heute in den alten Tassen zu 1,50 D-Mark." Das *ND* glaubt auch schon zu wissen, wie unterschiedlich locker das Geld sitzt. In Halle seien durchschnittlich 780 D-Mark ausgezahlt worden, „die Berliner hingegen verlangten im Durchschnitt 1200 bis 1500 D-Mark". Maximal 2000 D-Mark sind in der ersten Woche erlaubt.

Seit der Unterzeichnung des Staatsvertrages über die Währungsunion bis zum Stichtag sind nur sechs Wochen vergangen. Wenig Zeit für die logistische Vorbereitung. Um das überhaupt schaffen zu können, hat die Bundesbank Sonderrechte eingeräumt bekommen. Die Staatsbank der DDR hat 14 ihrer Zweigstellen für den Geldtransfer zur Verfügung gestellt, in denen Mitarbeiter westdeutscher Landeszentralbanken Quartier beziehen, um Transport und Umtausch der Geldscheine zu überwachen. Offensichtlich sind nicht alle ostdeutschen Mitarbeiter darüber informiert: Mancher wird beim Betreten der Großraum-Tresore von West-Bankern überrascht, die bereits die Räume vermessen. Sie müssen die Lagerkapazitäten kennen, um ihre hoheitlichen Aufgaben wahrnehmen zu können, wie sie den verblüfften Ost-Kollegen sagen. Immerhin sind mehrere Hundert Tonnen Geldscheine im Wert von knapp 28 Milliarden D-Mark zwischenzulagern. Um Platz zu schaffen, wird das noch vorhandene DDR-Geld – benutzte Banknoten, aber auch druckfrische 200- und 500-Mark-Scheine, die nie in Umlauf gelangt sind – in ein unterirdisches Lager der NVA in der Nähe von Halberstadt gebracht. Das angelieferte Westgeld stammt aus den Reserven, die Bundesbank und Landeszentralbanken für den regelmäßigen Austausch von abgegriffenen Scheinen bereithalten.

Sorgen wegen der technischen Umsetzung der Währungsunion hat Tietmeyer vorab kaum gehabt. Wohl aber Bedenken wegen der ökonomischen Folgen, denn der Volkswirt agiert zwar im Auftrag der Regierung, vertritt aber zugleich die Bundesbank. Und die hat der Bundesregierung vor der Währungsunion in einem vertraulichen Memorandum einen generellen Umtauschkurs von DDR-Mark in D-Mark von 2:1 vorgeschlagen. Die Banker fürchten, dass ansonsten die Wettbewerbsfähigkeit der ostdeutschen Wirtschaft gefährdet werden und Inflation entstehen könnte. Und selbst dieser Wert ist eigentlich zu hoch – andere Experten haben den Umtausch von 3,50 bis vier DDR-Mark in eine D-Mark vorgeschlagen. Der politisch gewünschte Kurs von 1:1 verstößt für Tietmeyer „gegen allen ökonomischen Verstand".

Doch als der Vorschlag der Bundesbank publik wird, gehen die Menschen in der DDR erneut auf die Straße. Und das Kabinett de Maizière besteht mit großem Nachdruck auf diesen Kurs. Daher entscheidet die Bundesregierung gegen den Rat der Ökonomen. Finanzminister Theo Waigel lässt alle Stufenpläne, die einen Zeitrahmen von zwei bis acht Jahren für eine vollständige Währungsunion vorsehen, in der Schublade. Sie erscheinen ihm völlig unrealistisch. Und einen Kurs von 2:1 hält er für politisch gefährlich. Angesichts des Einkommensgefälles zwischen Ost und West würde das die Unterschiede noch vergrößern. Könne man „erst die Mauer niederreißen und dann eine neue Grenze aus Zuzugsbeschränkungen, Zöllen und ähnlichem mehr errichten?", fragt sich Waigel. Die Antwort ist klar: Nein.

So werden zum Stichtag 1. Juli die Löhne und Gehälter, außerdem Renten und Mieten im Verhältnis 1:1 umgestellt. Gleiches gilt für Sparguthaben von maximal 2000 DDR-Mark für bis zu 14-Jährige, 4000 DDR-Mark für bis zu 59-Jährige und 6000 DDR-Mark für über 60-Jährige. Für alle anderen Forderungen und Guthaben, auch der Betriebe, soll der Kurs zwei DDR-Mark für eine D-Mark gelten, für jüngst eingezahlte Beträge 3:1. Als die Bemessungsgrenzen für private Guthaben bekannt werden, setzt eine große „Verschieberei" ein. Wer die Beträge nicht ausgenutzt hat, füllt seine Guthaben aus dem Familien- und Bekanntenkreis auf, um möglichst viel Westgeld zu sichern – oft gegen einen kleinen Obolus.

Dass die Bemessungsgrenzen ausgeschöpft werden, hat Tietmeyer erwartet. Unklar ist dagegen, wie sich die Währungsunion auf die Wirtschaft auswirken wird. Tatsächlich kommen die Betriebe und die DDR-Staatsbank nach dem 1. Juli in arge Bedrängnis. Die bisherigen Regeln des DDR-Finanzwesens sehen vor, dass die

Nach langem Schlangestehen vor einer Leipziger Bank freut sich dieser junge Mann über seine D-Mark-Banknoten. Im Sommer 1990 kommt es nach dem Umtausch zu einem regelrechten Kaufrausch.

Sommer '90

Pressekonferenz zur Währungsumstellung mit Bundesfinanzminister Theo Waigel (CSU, 2.v.r.) und DDR-Finanzminister Walter Romberg (2.v.l.) am 1. Juli 1990, dem Tag der Währungsumstellung in der DDR. In der Mitte die stellvertretende DDR-Regierungssprecherin Angela Merkel.

Betriebe ihre Einnahmen an den Staat abführen, der dann zu festen Terminen Geld für Löhne und Umlaufmittel aus dem zentralen Staatshaushalt zurücküberweist. Doch weil am 1. Juli dieses Geld nicht zur Verfügung stehen wird, haben Betriebe Mittel zurückgehalten. Die wiederum fehlen nach dem 1. Juli zum Begleichen laufender Kosten.

Außerdem steigen die meisten DDR-Bürger vom ersten Tag der Währungsumstellung an auf westliche Erzeugnisse um, was die Nachfrage nach Ost-Produkten und damit die Umsätze rapide sinken lässt. Trotzdem müssen DDR-Unternehmen die Löhne sofort in D-Mark zahlen. Nach einigen hektischen Flügen der zuständigen Staatssekretäre zwischen Bonn und Ost-Berlin wird der zusätzliche Geldbedarf auf 20 Milliarden D-Mark beziffert. Rund elf Milliarden gesteht Bonn zu – das reicht in der ersten Zeit jedoch nur für Löhne und Gehälter, nicht für Umlaufmittel. Liquiditätsprobleme sind die Folge. Da aus den Betrieben kaum mehr Geld fließt, um Kredite zu bezahlen, schlägt DDR-Finanzminister Walter Romberg Alarm. Sogar der Staatsbank droht die Zahlungsunfähigkeit. Erst als die Bundesregierung eine Bürgschaft übernimmt, stellen westdeutsche Großbanken Kredite bereit.

Angesichts dieser Folgen sehen sich jene Ökonomen bestätigt, die in der Diskussion andere Umtauschkurse für effektiver gehalten haben. Dann wäre der erste Ansturm auf Westprodukte viel schwächer ausgefallen, glauben sie. Auch sind sie der Meinung, man hätte sich Zeit nehmen sollen, um eine Alternative zur raschen D-Mark-Einführung und sorgfältigere Anpassungsschritte zu prüfen. Für sie wird die Währungsunion zum Musterbeispiel, wie das Primat der Politik über die Ökonomie einen hohen Preis verlangt. In der ganzen DDR werden am Tag der Währungsumstellung rund 3,5 Milliarden D-Mark abgehoben. Zwei Monate nach dem Umtausch haben die DDR-Bürger ihre Konten bereits um insgesamt 18 Milliarden D-Mark reduziert; viel Geld fließt in den Kauf von westlichen Gebrauchtwagen, die im Sommer 1990 einen wahren Boom erleben. Mit verstärkten Abhebungen hat Hans Tietmeyer durchaus gerechnet, „aber mit dieser Summe nicht". Doch die meisten Menschen in der DDR haben sich sehnlichst eine „harte" Währung gewünscht. Und dann kann es gar nicht schnell genug gehen.

„Eine beachtliche Leistung"

Der Einigungsvertrag soll für einen geordneten Übergang sorgen

Verhandlungen dienen gewöhnlich dazu, einen Ausgleich zwischen unterschiedlichen Interessen zu erzielen. Mitunter sind sie aber auch notwendig, wenn das Ziel zwar klar ist, der Weg dorthin aber Probleme bereitet. So geht es den beiden deutschen Staaten im Sommer 1990. Seit Monaten steht fest, dass die DDR nach Artikel 23 dem Geltungsbereich des Grundgesetzes der Bundesrepublik beitreten soll. Auf diese Weise braucht das kommende Gesamtdeutschland zwar keine neue Verfassung, wohl aber Regelungen, um die Wirtschafts- und Rechtssysteme anzugleichen. Einen geordneten Übergang.

„Was wir heute gut regeln, wird morgen allen nützen", bilanziert der erkennbar erschöpfte Bundesinnenminister Wolfgang Schäuble am Mittag des 31. August 1990 im Kronprinzenpalais Unter den Linden in Ost-Berlin. Und schiebt dann etwas nüchterner nach: „Keiner wollte den anderen über den Tisch ziehen." Das soll wohl ausdrücken, dass die Verhandlungen trotz des enormen Erwartungsdrucks harmonisch verlaufen seien. Immerhin hat die Politik mit maßgeblicher Unterstützung durch die Ministerialverwaltung gerade eine Meisterleistung vollbracht. Nicht einmal acht Wochen haben Schäuble, der westdeutsche Verhandlungsführer, und sein Gegenüber Günther Krause, Staatssekretär beim DDR-Ministerpräsidenten, gebraucht, um den Staatsvertrag zur Herstellung der Deutschen Einheit unterschriftsreif zu machen. Der völkerrechtlich bindende Kontrakt, kurz Einigungsvertrag genannt, ist ein voluminöses Werk von fast 1000 Seiten geworden.

Die erste Verhandlungsrunde zwischen den beiden Delegationen begann am 6. Juli 1990 im Alten Stadthaus, dem Sitz des DDR-Ministerpräsidenten in Ost-Berlin. Der fertiggestellte Vertrag wird in der Nacht zum 31. August im Bundesinnenministerium in Bonn paraphiert, genau um 2.15 Uhr, nur wenige Stunden vor der geplanten Unterzeichnung. Bis zuletzt ist an einzelnen Formulierungen gefeilt worden. „Es ist geschafft", notiert Schäuble anschließend in sein Tagebuch,

Ein Bild der Einheit: Gemeinsamer Händedruck des DDR-Ministerpräsidenten Lothar de Maizière (M.) mit Bundesinnenminister Wolfgang Schäuble (l.) und DDR-Staatssekretär Günther Krause am 31. August 1990.

bevor er sich kurz schlafen legt. Früh um acht Uhr segnet das Bundeskabinett das Werk ab – nun ist es reif für den offiziellen Akt. Übermüdet steigt der Minister gegen zehn Uhr morgens in eine Maschine nach Berlin und mit ihm alle, die auf westdeutscher Seite an den Verhandlungen beteiligt waren, sogar die Drucker. Gegen 13 Uhr kommt Schäuble im Palais Unter den Linden an und wird von Lothar de Maizière empfangen. Zwar hat sich die ostdeutsche Seite gewünscht, dass beide Regierungschefs an der Zeremonie teilnehmen, doch Helmut Kohl bleibt dem feierlichen Akt fern. Ist das Klima etwa doch nicht so harmonisch gewesen?

Der Einigungsvertrag ist der zweite Staatsvertrag, der die Umsetzung der Vereinigung festlegt. Mit dem ersten, am 18. Mai unterzeichnet und am 1. Juli in Kraft getreten, besteht in Bundesrepublik und DDR die Währungs-, Wirtschafts- und Sozialunion. Bei den entsprechenden Verhandlungen haben die Vertreter aus Ost-Berlin festgestellt, wie schwer es ist, eigene Vorstellungen einzubringen, wenn die andere Seite den Entwurf vorlegt, den sie natürlich für perfekt hält. Also dreht die DDR-Regierung beim ersten Sondierungsgespräch für den Einigungsvertrag den Spieß um: Günther Krause hat zuvor die Ministerien der DDR gebeten, Wünsche, Forderungen und Vorhaben aufzulisten. So kann er Schäuble einen umfangreichen Katalog auf den Verhandlungstisch legen: Verfassungsrecht, Wirtschaft, Finanzen, Innenpolitik, Außenpolitik, Rechtswesen und Bildung – auf diesen Gebieten sieht die DDR Regelungsbedarf. Krause, Mitglied der Ost-CDU und vor seinem Posten bei de Maizière an der Ingenieurhochschule Wismar tätig, will die Punkte Stück für Stück und bis ins Detail abarbeiten. Dieses Mal will er wirklich verhandeln, gleichberechtigt und auf Augenhöhe mit den Westdeutschen. Die Spanne reicht vom allgemeinen Verwaltungsrecht bis zu den Kehrbezirken der Bezirksschornsteinfeger. Dagegen hat Schäuble nur eine grobe Skizze zu „Grundstrukturen eines Staatsvertrags" zu bieten.

Manche Themen, die geklärt werden müssen, sind höchst kompliziert. Der Umgang mit Enteignungen von Grund und Boden und sonstigem Besitz in Ostdeutschland vor und nach der Gründung der DDR 1949 zum Beispiel. Oder der Wunsch nach Steuersonderzonen im Osten, um die Konjunktur in wenig entwickelten Regionen anzukurbeln. Andere absehbare Streitfragen betreffen die Anerkennung von Berufsabschlüssen, den Umgang mit dem Stasi-Erbe und das liberalere Abtreibungsrecht in der DDR.

Krause ist der Meinung, dass die Vereinigung doch eine günstige Gelegenheit wäre, überkomplizierte Regulierungen und veraltete Gesetze der Bundesrepublik gleich mit auf den Prüfstand zu stellen. Und muss wirklich das bundesdeutsche Recht sofort für das Gebiet der DDR in Kraft treten oder kann es auch stufenweise eingeführt werden? Schäuble vertritt zunächst wie sein Verhandlungspartner die Position, DDR-Bestimmungen dort, wo es möglich ist, weiter bestehen zu lassen. Der Innenminister kann sich vorstellen, dass die DDR-Bevölkerung mit der sofortigen Einführung einer ganz anderen Rechtsordnung überfordert wird, zumal viele der dafür notwendigen Strukturen noch fehlen. Doch die Mehrheit im Bonner Kabinett folgt Schäuble nicht und setzt sich mit der Formulierung durch: „Es gilt das Gesetz der Bundesrepublik, mit folgenden Ausnahmen..." Das ist formaljuristisch korrekt, wenn die Einheit nach Artikel 23 vollzogen wird. Allerdings schwingt die Haltung mit, schließlich sei die DDR gescheitert, nicht die Bundesrepublik. Mit anderen Worten: Die wollen zu uns, also müssen sie sich bewegen.

Offensichtlich bestehen zwischen West und Ost Missverständnisse über den Charakter der Verhandlungen. Das illustriert de Maizières Idee, man könne doch dem vereinigten Deutschland einen neuen Namen geben, um den Neuanfang zu signalisieren; auch regt er an, die Texte beider Nationalhymnen zusammenzuführen. Kohl ist empört, als er davon hört. Dagegen fühlt man sich im Innenministerium überrumpelt und erörtert intern ernsthaft, welche inhaltlichen, musikalischen und interpretatorischen Einwände gegen den Vorschlag ins Feld zu führen seien. Der DDR-Ministerpräsident will die erste Strophe von Johannes R. Bechers „Auferstanden aus Ruinen" zusammen mit der dritten Strophe „Einigkeit und Recht und Freiheit!" von August Heinrich Hoffmann von Fallersleben auf die Melodie von Joseph Haydn singen lassen. Schließlich findet sich ein Gegenargument: Bechers Text ist ein Neunzeiler, die Haydn-Melodie verlangt aber einen Achtzeiler. Na also, geht nicht.

Ost-Berlin gibt schließlich nach – als Krause im Urlaub ist. Der schluckt das, schließlich ist er am Erfolg interessiert. Doch auch Wolfgang Schäuble muss einiges aushalten. Durch die Niederlage der CDU bei der Landtagswahl in Niedersachsen am 13. Mai hat die Koalition aus CDU/CSU und FDP im Bundesrat ihre Mehrheit verloren. Zustimmungspflichtige Gesetze können hier fortan von der Opposition blockiert werden. Und da der Einigungsvertrag ohne Änderung des Grundgesetzes nicht rechtskräftig werden kann, braucht die Bundesregierung außerdem im Bundestag das Wohlwollen der Sozialdemokraten, um die notwendige Zweidrittelmehrheit zusammenzubekommen. Beides wird weidlich ausgenutzt. So weigern sich Länder, mehr zu zahlen als die im Mai 1990 vereinbarte Beteiligung am Fonds Deutsche Einheit. Gleichzeitig wollen sie aber an den weiteren Verhandlungen beteiligt werden. Etwa um zu verhindern, dass Berufsabschlüsse von DDR-Bürgern als gleichwertig anerkannt werden. Die SPD hält die Bundesregierung hin und stimmt erst kurz vor Mitternacht am 30. August dem letzten umstrittenen Passus zu, laut dem Schwangerschaftsabbrüche bis spätestens Ende 1992 neu zu regeln sind.

Dann endlich kann der Einigungsvertrag den beiden Kabinetten zur Annahme vorgelegt werden. Er enthält klare Festlegungen, völlig neue Bestimmungen, die Verfassungsänderungen erfordern, Regelungen für den Übergang, die den Einigungsprozess abfedern sollen – etwa für DDR-Institutionen wie den Staatsrundfunk. Andere Punkte sind bewusst offen gelassen worden, beispielsweise die Frage des künftigen Regierungssitzes: Berlin oder Bonn? Jeder weiß, dass bei dem umfangreichen Vertragswerk nicht jede Einzelregelung optimal ist. Den Vorwurf, der Vertrag habe unter dem Zeitdruck gelitten, lässt Schäuble trotzdem nicht gelten. „Was glauben Sie denn, was deutsche Verwaltungen daraus gemacht hätten, wenn sie zwei Jahre länger Zeit gehabt hätten?", hält er Kritikern entgegen. Er wäre noch komplexer und komplizierter geworden, aber sicherlich nicht besser. Für ihn ist der Einigungsvertrag „eine beachtliche Leistung".

Und sein persönlicher Erfolg. Die Verhandlungen zur Währungsunion haben auf westdeutscher Seite Finanzminister Theo Waigel und Kanzleramtsminister Rudolf Seiters geführt. Spötter mei-

Das Einigungsgesetz, unterschrieben von Bundespräsident Richard von Weizsäcker, Bundeskanzler Helmut Kohl und sämtlichen Ministern des Bundeskabinetts, das den Einigungsvertrag mit der DDR ratifiziert hat.

nen, Schäuble habe sich deshalb beim Einigungsvertrag geradezu vorgedrängt. Derlei pariert der CDU-Politiker trocken: „Ganz formal ausgedrückt ist laut Geschäftsordnung der Regierung für eine derartige Überleitungsgesetzgebung der Innenminister zuständig." Gleichwohl hat er sich geärgert, dass er nach Jahren deutsch-deutscher Politik ausgerechnet in der Zeit des Mauerfalls nicht mehr als Kanzleramtschef die Fäden in der Hand hat. Er ist im Frühjahr 1989 an die Spitze des Innenressorts gewechselt. Seine Arbeit am Einigungsvertrag sieht er dennoch weniger als Entschädigung für Verpasstes, sondern eher als Vollendung dessen, was er mitgestaltet hat. Der Moment der Unterzeichnung ist für Wolfgang Schäuble, bei aller Anstrengung, daher ein bewegender Moment.

Die Ost-Berliner Gastgeber beweisen ein Gefühl für Symbolik: Der in Bonn hergestellte Vertrag soll mit goldenen Füllfederhaltern der DDR-Marke „Markant" unterschrieben werden. Zum Anstoßen wird westdeutscher Sekt in DDR-Kristallgläsern gereicht. Lothar de Maizière ergreift das Wort: „Auch nach dem Einigungsvertrag werden sich nicht sofort alle Blütenträume verwirklichen. Aber wir sind auf dem richtigen Weg." Nach der Unterzeichnung und dem kleinen Empfang, der durch eine Bombendrohung getrübt wird, fährt Wolfgang Schäuble zu seinem ostdeutschen Verhandlungspartner Günther Krause nach Hause, um noch etwas zusammenzusitzen, die Füße auszustrecken und eine Pfeife zu rauchen. Die goldenen Füller haben beide eingesteckt.

Herbst '90

Ein Staat löst sich geordnet auf

Die Außenminister der beiden deutschen Staaten und ihre Kollegen der Siegermächte unterzeichnen am 12. September 1990 in Moskau den Zwei-plus-Vier-Vertrag. V.l.n.r.: Eduard Schewardnadse, Roland Dumas, Hans-Dietrich Genscher, Michail Gorbatschow, Lothar de Maizière, Douglas Hurd und James Baker.

1. September: Viele Ausländer, die in der DDR leben, wollen unbedingt noch die DDR-Staatsbürgerschaft bekommen, damit sie am 3. Oktober automatisch Bürger der Bundesrepublik werden. Sie haben Angst, sonst ausgewiesen zu werden oder ihre Arbeit zu verlieren.

4. September: Bürgerrechtler besetzen in Berlin-Lichtenberg das Archivgebäude, in dem ein Großteil der Stasi-Akten verwahrt wird. Sie wollen erreichen, dass die bespitzelten DDR-Bürger Einsicht in die über sie angelegten Unterlagen der Geheimpolizei erhalten.

5. September: Westliche Medien enthüllen, dass DDR-Grenztruppen an vielen Übergängen auf der Jagd nach Flüchtlingen Autos mit Gammastrahlen durchleuchtet haben – ohne Rücksicht auf die radioaktive Belastung der Transitreisenden und Touristen.

6. September: Die Volkskammer berät den Einigungsvertrag. Die Frage des Umgangs mit den Stasi-Unterlagen sei durch Nachbesserung in Form eines Briefwechsels „zufriedenstellend gelöst", sagt Ministerpräsident Lothar de Maizière.

9. September: Die am 5. Juni 1945 von den Oberbefehlshabern der Vier Mächte unterzeichnete „Erklärung über die Übernahme der obersten Regierungsgewalt in Deutschland" wird formell außer Kraft gesetzt.

Chronik Herbst '90

12. September: In Moskau unterzeichnen die Außenminister der beiden deutschen Staaten und ihre vier Kollegen aus den Siegermächten den Zwei-plus-Vier-Vertrag.

12. September: In seiner letzten Sitzung beschließt die DDR-Regierung ein Nationalparkprogramm. 14 landschaftliche Gebiete werden unter Schutz gestellt.

14. September: Die Renten in Ostdeutschland werden 1991 doppelt so stark steigen wie in der Bundesrepublik, teilt Arbeitsminister Norbert Blüm mit. Allerdings liegt das Rentenniveau in der Noch-DDR weit unter dem in Westdeutschland.

17. September: Richter, die in der DDR Recht sprechen, sollen auch nach dem 3. Oktober im Amt bleiben. Sie werden bis zu ihrer Überprüfung durch die parlamentarischen Richterwahlausschüsse weiterarbeiten und nicht entlassen werden.

18. September: In den Einigungsvertrag wird eine Zusatzklausel aufgenommen. Sie beauftragt den Bundestag, ein Gesetz nach den Richtlinien des Volkskammergesetzes vom 24. August auszuarbeiten und einen von der Volkskammer benannten Sonderbeauftragten für die Stasi-Unterlagen zu ernennen.

20. September: Beide deutschen Parlamente ratifizieren mit der notwendigen Zwei-Drittel-Mehrheit den Einigungsvertrag.

24. September: Die DDR verlässt den Warschauer Pakt. Der Minister für Abrüstung und Verteidigung, Rainer Eppelmann, unterzeichnet die Urkunde.

27./28. September: Die SPD in West und Ost schließt sich auch formal zusammen. Rechtlich hat es sich noch um zwei verschiedene Vereine gehandelt.

28. September: Die Volkskammer schlägt „bei wenigen Gegenstimmen und einigen Stimmenthaltungen" vor, Joachim Gauck in das Amt des „Sonderbeauftragten der Bundesregierung für die personenbezogenen Unterlagen des

Soldaten der ehemaligen Nationalen Volksarmee, die jetzt zum Bundeswehr-Kommando Ost gehören, in ihren neuen Uniformen, allerdings noch mit ihren alten Kalaschnikows, bei einem Appell in der Kaserne „Potsdam-Eiche" am 4. Oktober 1990.

Im September 1990 findet in Brüssel das letzte Fußball-Länderspiel der DDR statt. Der zweifache Torschütze Matthias Sammer (r.) führt sein Team zum Sieg.

Chronik Herbst '90

ehemaligen Staatssicherheitsdienstes der DDR" zu berufen.

30. September: Der Freie Deutsche Gewerkschaftsbund, die Einheitsgewerkschaft der DDR, löst sich auf.

2. Oktober: Die Ständige Vertretung der Bundesrepublik in der DDR stellt ihre Tätigkeit ein. Bei der letzten Sitzung der „Alliierten Kommandantur in Berlin" unterzeichnen die drei westlichen Stadtkommandanten ein Schreiben an den Regierenden Bürgermeister, in dem sie erklären, dass ihre Aufgabe um Mitternacht „erfüllt" sei.

3. Oktober: Am Tag der Deutschen Einheit tritt die DDR der Bundesrepublik Deutschland bei.

bis zum heutigen Tag ungefähr eine Million Übersiedler aus der DDR in der Bundesrepublik gehabt hätten und dass diese Entwicklung zu katastrophalen Verwerfungen in der Gesellschaft der Bundesrepublik wie in jener der DDR geführt hätte."

5. Oktober: Klaus Kuron, Mitarbeiter des Bundesamtes für Verfassungsschutz und Spion der DDR, trifft sich zum letzten Mal mit seinem Stasi-Führungsoffizier. Er bekommt eine Prämie und die Empfehlung, sich in die Sowjetunion abzusetzen. Stattdessen stellt sich Kuron, nachdem er mit seiner Frau gesprochen hat, am 7. Oktober.

Die Parteien haben mitunter nur begrenzt Einfluss auf die Wirkung ihrer Wahlwerbung. Unter einem Plakat der PDS – aufgenommen im November 1990 in Cottbus – für die ersten gesamtdeutschen Bundestagswahlen hängt Reklame für Waschmittel.

Mehr als anderthalb Millionen Menschen feiern zwischen Reichstag und Schlossplatz die Wiedervereinigung.

4. Oktober: Im Reichstagsgebäude konstituiert sich der erste gesamtdeutsche Bundestag, in den die frei gewählte Volkskammer 144 Abgeordnete delegiert hat. Bundeskanzler Helmut Kohl gibt eine Regierungserklärung zum Einigungsprozess ab: „Die Wahrheit ist, dass wir, wenn wir die Währungs-, Wirtschafts- und Sozialunion am 1. Juli nicht eingeführt hätten,

12. Oktober: Die Bundesregierung und die sowjetische Regierung schließen einen völkerrechtlichen Vertrag über den Abzug der Roten Armee aus Deutschland bis spätestens 1994. Dafür zahlt die Bundesrepublik eine Milliarde D-Mark. Ausgeklammert bleibt, wie das Problem Erich Honecker geregelt werden soll. Der frühere SED-Chef hält sich weiterhin im sowjetischen Militärkrankenhaus in Beelitz auf.

14. Oktober: In den fünf neuen Bundesländern finden zum ersten Mal Landtagswahlen statt.

Chronik Herbst '90

Überall gewinnt die CDU, nur in Brandenburg wird die SPD mit ihrem Spitzenkandidaten Manfred Stolpe stärkste Fraktion.

19. Oktober: Die Berliner Staatsanwaltschaft lässt in den frühen Morgenstunden die Parteizentrale der SED-Nachfolgepartei PDS durchsuchen. 60 Kripobeamte fahnden nach Unterlagen zu Überweisungen in Höhe von 107 Millionen Mark auf die Konten der sowjetischen Außenhandelsfirma Putnik in Holland und Norwegen allein im September und Oktober 1990. Laut PDS-Chef Gysi handelt es sich um „Altlasten der SED". 82 Millionen seien für Stipendien von 350 Studenten in Moskau, 25 Millionen für das Zentrum der internationalen Arbeiterbewegung überwiesen worden.

26. Oktober: Wolfgang Pohl, der Schatzmeister der PDS, wird wegen der undurchsichtigen Überweisungen verhaftet. Politiker aller demokratischen Parteien verlangen, die PDS aufzulösen und ihr komplettes Vermögen einzuziehen. Parteichef Gregor Gysi kann diese berechtigten Forderungen aber entschärfen, indem er die Rückzahlung von mehr oder minder großen Teilen des Parteivermögens anbietet.

9. November: Ein Jahr nach dem Fall der Mauer konstituiert sich in Berlin der erste gesamtdeutsche Bundesrat, zum ersten Mal mit Vertretern aller jetzt 16 Bundesländer.

9./10. November: Der sowjetische Staats- und Parteichef Michail Gorbatschow kommt zum dritten Mal in 15 Monaten zum Staatsbesuch nach Deutschland. Im Juni 1989 ist er in der Bundesrepublik gewesen, im Oktober in der DDR.

10. November: Die PDS verzichtet pauschal auf 80 Prozent ihres Parteivermögens. Angeblich gibt es keine Auslandskonten mehr. Diese Behauptung erweist sich als falsch: Allein in Österreich liegen auf Konten von Tarnfirmen rund 450 Millionen D-Mark.

14. November: Die Bundesrepublik und Polen schließen einen Vertrag über den Verlauf der Grenze zwischen beiden Staaten. Damit sind alle Revisionsansprüche auch formal erledigt.

19. November: Die Staats- und Regierungschefs der Nato-Staaten und des Warschauer Pakts erklären in Paris den Kalten Krieg offiziell für beendet.

21. November: Der seit Anfang Juli amtierende Chef der Treuhandanstalt, Detlev Karsten Rohwedder, wird zum „Manager des Jahres" gewählt. Er habe sich „mutig und entschlossen für die schwierigste Aufgabe, die es in der Wirtschaft gibt, zur Verfügung gestellt", heißt es in der Begründung.

2. Dezember: Zum ersten Mal wird die Zusammensetzung des Bundestages in allgemeinen, freien, gleichen und geheimen Wahlen in ganz Deutschland bestimmt. Die CDU gewinnt mit 43,8 Prozent der Stimmen; ihr Koalitionspartner FDP erringt etwa elf Prozent. Die westdeutschen Grünen scheitern an der Fünfprozentklausel, dem ostdeutschen Bündnis 90/Die Grünen und der PDS gelingt mit 6,2 und 11,1 Prozent im separat berechneten Osten der Sprung ins Parlament.

Bundeskanzler Helmut Kohl (M.), neben ihm seine Frau Hannelore, sowie Gerhard Stoltenberg (ganz rechts) stehen nach der ersten gesamtdeutschen Bundestagswahl im Zentrum des Medieninteresses. Die CDU/CSU erreicht am 2. Dezember 1990 43,8 Prozent der Stimmen.

Herbst '90

„Meine Akte gehört mir"

Bürgerrechtler hungern für die Öffnung der Stasi-Unterlagen

Erbschaften können ein Segen sein oder ein Fluch; manchmal allerdings auch beides zugleich. Besonders kompliziert wird es, wenn man gar nicht weiß, was für Geheimnisse die Hinterlassenschaft bereithält. Dann muss die Devise sein, jeder vorschnellen Entscheidung vorzubeugen, vor allem, wenn sie irreversible Folgen hat. Um dieses Prinzip zu wahren, besetzen am 4. September 1990 etwa 20 Bürgerrechtler die vormalige Zentrale des aufgelösten Ministeriums für Staatssicherheit und treten, als ihr Protest nicht ernstgenommen wird, sogar in den Hungerstreik.

Die Staatssicherheit ist das Feindbild der Friedlichen Revolution schlechthin gewesen; nicht die SED, als deren „Schild und Schwert" sich der DDR-Geheimdienst Zeit seiner Existenz verstanden hat. Deshalb sind in den turbulenten Monaten zwischen Mauerfall und freier Volkskammerwahl die Gebäude der früheren Staatspartei nur selten Ziel von Protesten geworden, während fast hundert Liegenschaften der Stasi von Bürgerkomitees übernommen und fortan gesichert worden sind. Auslöser der Aktionen im Dezember 1989 und Januar 1990 ist meist die Vernichtung von Beweismitteln gewesen, die auf Befehl von Erich Mielke schon Anfang November begonnen hat. Wochenlang sind daraufhin Schredder heiß gelaufen, hat dunkler Rauch aus den Schornsteinen die Verbrennung von Akten signalisiert. Die Bürgerrechtler haben nicht kalkulieren können, wie der bestens bewaffnete Geheimdienst auf Besetzungen reagieren würde. Doch es ist friedlich geblieben, zur allgemeinen Überraschung – nur in Berlin-Lichtenberg hat es am 15. Januar 1990 kleinere Ausschreitungen gegeben. Die MfS-Mitarbeiter sind vom Umbruch zutiefst verunsichert, der so völlig anders abläuft als die vermeintlich faschistische Gegenrevolution, die ihre Vorgesetzten ihnen über viele Jahre als drohende Gefahr beschrieben haben.

Doch nach der erzwungenen Auflösung der Stasi steht die Demokratiebewegung vor Bergen von Akten und weiß nicht, wie damit umzugehen ist. Grundsätzlich, so viel scheint klar, lassen sich drei Wege des Umgangs mit diesen Unterlagen unterscheiden: Man kann sie entweder unter-

Bild links: Am 4. September 1990 besetzen Bürgerrechtler das Gebäude des ehemaligen Ministeriums für Staatssicherheit in der Normannenstraße, am Fenster links Katja Havemann.

Bild rechts: Demonstrationen Anfang September auf dem Stasi-Gelände in der Ruschestraße in Berlin. Die Bürger fordern die Herausgabe der Stasi-Akten.

schiedslos vernichten, oder man legt sie vollständig und ohne Rücksicht auf die darin enthaltenen Informationen offen. Die dritte Möglichkeit ist, diese Papiere wie die Akten anderer wichtiger Staatsorgane zu behandeln. Das bedeutet, sie in ein Archiv einzulagern und für die kommenden 30 Jahre für Öffentlichkeit, Wissenschaft und Medien weitgehend zu sperren – so lange nämlich dauert die in zahlreichen Ländern seit Langem bewährte Schutzfrist. Sie verhindert, dass solche Unterlagen in der aktuellen politischen Auseinandersetzung instrumentalisiert werden.

Die ehemaligen Stasi-Mitarbeiter und ihre Spitzel sind fast ausnahmslos für die Vernichtung der Papiere, denn die Akten dokumentieren ihre meist menschenrechtswidrige Tätigkeit. Die Totalvernichtung der Akten aber haben die Bürgerkomitees vorerst verhindert. Deshalb versuchen die Ex-Geheimdienstler alles, um doch noch „tabula rasa" zu machen, und haben auch einigen Erfolg damit. So können vermeintliche Sachverständige, die fast immer offiziell oder inoffiziell Teil des riesigen Mielke-Apparates gewesen sind, die unerfahrenen Bürgerrechtler am Runden Tisch überzeugen, die Akten des DDR-Auslandsnachrichtendienstes Hauptverwaltung Aufklärung (HVA) zu zerstören. Denn diese Abteilung, jahrzehntelang geleitet von Markus Wolf, habe nichts anderes getan als die entsprechenden Institutionen der meisten anderen Staaten. Obwohl es warnende Stimmen gibt, kommen die Stasi-Kader mit diesem Argument durch: Bis auf die in Leipzig gelagerten Unterlagen der regionalen Abteilung der Auslandsspionage werden im Sommer 1990 alle HVA-Akten vernichtet. Die Aufarbeitung der erhaltenen Unterlagen wird zudem enorm erschwert, weil andere Experten empfohlen haben, die elektronischen Datenträger des MfS zu zerstören. Auf diese Weise soll angeblich westlichen Geheimdiensten der schnelle Zugriff auf Stasi-Daten unmöglich gemacht werden. Entgegen den Behauptungen der Fachleute gibt es aber keine Sicherungskopien. So müssen sich fortan alle Forschungen, die Stasi-Unterlagen heranziehen, zeitraubend auf die überlieferten Karteien stützen – wie in der DDR zuletzt Ende der 1960er-Jahre.

Ebenso wenig wie die vollständige Vernichtung der Stasi-Papiere ist ihre völlige Offenlegung eine angemessene Lösung. Denn es stehen unendlich viele private, oft auch intime Details in den Papieren, zusammengetragen ohne Wissen der Betroffenen und fast immer auf menschenrechtswidrige Weise, durch Abhören, Verletzung des Briefgeheimnisses oder Verrat. Niemand möchte, dass alle Welt Zugriff auf seine persönlichen Daten hat. Wozu das führen kann, haben die Debatten in den vergangenen Monaten gezeigt. Ganz gleich, ob es dabei um enttarnte tatsächliche Stasi-Mitarbeiter in der Politik wie den zeitweiligen SPD-Vorsitzenden Ibrahim Böhme gegangen ist oder um bloße Verdächtigungen, etwa gegen den auffallend um das Wohlergehen früherer Stasi-Mitarbeiter bemühten Innenminister Peter-Michael Diestel. Die Empörung über den staatlich geförderten Verrat hat dazu geführt, dass der „Inoffizielle Mitarbeiter" zum Hauptziel des Unmuts über die Diktatur wurde. Als die linke *Tageszeitung* Mitte Juni 1990 eine Sonderbeilage mit über 9000 ehemaligen Adressen veröffentlicht, die die Stasi zeitweise oder dauernd genutzt hat, etwa als „konspirative Wohnung" für Treffen mit Spitzeln, ist die Entrüstung groß. Es gibt auch die Befürchtung, mit der Veröffentlichung der Namen von Verrätern könnte Selbstjustiz Vorschub geleistet werden: Geheimdienstopfer

Ministerpräsident Lothar de Maizière (M.l.), CDU-Fraktionschef Günther Krause (M.r.) und Joachim Gauck diskutieren Ende August 1990 in der Volkskammer über das Stasi-Unterlagengesetz.

Herbst '90

Der offene Umgang mit den Stasi-Akten ist für den Rostocker Pfarrer Joachim Gauck, der 1990 Bundesbeauftragter für die Unterlagen des Staatssicherheitsdienstes wird, wichtig. Die Interessen der Opfer stehen erstmals über dem Persönlichkeitsrecht der Täter und Mitläufer.

könnten ihre konspirativen Gegner zur Rede stellen, was schlimmstenfalls bis zum Lynchmord führen würde, wie manche warnen. Unterschiedslose Offenlegung ist also auch kein Weg.

Bleibt der dritte Weg: Die Behandlung dieser Dokumente als ganz normale staatliche Akten, mit einer Sperrfrist. Das Verfahren ist in Rechtsstaaten üblich und juristisch normiert. Wenn die demokratisch legitimierten DDR-Gremien nichts anderes beschließen, wird es automatisch mit der Vereinigung in Kraft treten. Das aber wollen die Bürgerrechtler auf keinen Fall – aus mehreren Gründen. Sie möchten Zugriff auf die über sie angelegten Akten haben, um festzustellen, wer aus ihrem Umkreis über sie berichtet hat – nur so kann die Friedliche Revolution vollendet werden. Sie wissen außerdem, dass eine gesetzliche Sperrfrist den ehemaligen Stasi-Mitarbeitern, die entweder Akten „abgezweigt" haben oder sich noch an genügend Details aus ihren Papieren erinnern, ein gewaltiges Erpressungspotenzial in die Hände spielen wird. Solche Macht wollen die Bürgerrechtler den ehemaligen MfS-Mitarbeitern keinesfalls einräumen.

Deshalb hat die Volkskammer nach harten Beratungen am 24. August 1990 ein „Gesetz über die Sicherung und Nutzung der personenbezogenen Daten des ehemaligen Ministeriums für Staatssicherheit" verabschiedet. Es soll eigentlich Unvereinbares kompatibel machen. Die „politische, historische und juristische Aufarbeitung" der Stasi-Tätigkeit ist zu gewährleisten, gleichzeitig aber soll das Gesetz „den Einzelnen davor schützen, dass er durch unbefugten Umgang mit den über ihn gesammelten personenbezogenen Daten in seinen Persönlichkeitsrechten beeinträchtigt" wird. Außerdem sollen die Akten der Rehabilitierung von Stasi- und SED-Opfern und der Strafverfolgung von Tätern dienen. All das soll unter „parlamentarischer Kontrolle" erfolgen. Das Gesetz mit gerade 14 Paragrafen ist nicht mehr als eine Willensbekundung. Handfest ist es nicht.

Für Joachim Gauck, Volkskammer-Abgeordneter und Vorsitzender des Stasi-Auflösungsausschusses, ist es jedoch weitaus mehr: ein epochaler Schnitt. Zum ersten Mal in der Politikgeschichte soll ein Geheimdienst-Archiv öffentlich zugänglich gemacht werden. Außerdem stelle ein Parlament die Interessen der Unterdrückten und Opfer über die Persönlichkeitsrechte der Täter und deren Helfer, schwärmt der Rostocker Pfarrer. Für ihn bieten sich hier ganz neue Wege der Auseinandersetzung mit der Vergangenheit, weil sich anhand der Akten ganz konkret Herrschaftsstrukturen offenlegen ließen.

Doch für Juristen steht fest, dass die komplexe Materie nach der Vereinigung der beiden deutschen Staaten gesetzlich angemessen geregelt werden muss. Im Blick darauf vermeiden die Unterhändler der Bundesregierung genaue Festlegungen im Einigungsvertrag. Faktisch wird das Gesetz der Volkskammer ignoriert. Gauck versucht das zunächst zu verhindern. Er strebt eine Entschließung der Volkskammer an, dass das Parlament auf das Fortwirken seines Gesetzes auch nach Ende der DDR beharrt. Außerdem redet er DDR-Verhandlungsführer Günther Krause ins Gewissen, denn schließlich trage auch dessen CDU-Fraktion nicht die Linie der Regierung in Bonn mit.

Dort besteht die Sorge vor Enthüllungen von Regierungsinterna. Denn dass die Stasi über Jahrzehnte Kanzleramt, Ministerien und Bundestag ausgespäht hat, ist klar. Wie viel die HVA-Spione dabei in Erfahrung gebracht haben, bleibt aber weitgehend unbekannt. Im Bundesinnenministerium sorgt sich vor allem Eckart Werthebach vor Enthüllungen, denn niemand weiß, ob und in welchem Umfang Akten über die Bundesrepublik doch irgendwo erhalten sind. Teile von Unterlagen kursieren bereits, erste Zeitschriften zitieren daraus, etwa aus Protokollen abgehörter Telefonate von Westpolitikern. In einer deutsch-deutschen Regierungskommission hat er sich daher über die Akten zu westdeutschen Bürgern geäußert und argumentiert, „dass diese vom ehemaligen MfS rechts- und menschenrechtswidrig erarbeitet worden sind, folglich keine Rechtsgültigkeit besitzen und daher zu vernichten seien, um betroffene Bundesbürger von dieser Last zu befreien". Allerdings hat sich Werthebach mit diesem Ansinnen nicht durchsetzen können. Im DDR-Protokoll heißt es: „Die Herren der Regierungskommission kamen überein, dem Antrag auf Vernichtung der BRD-bezogenen Unterlagen nicht zu entsprechen."

Doch schon die Aussicht, dass der Zugang zu den Stasi-Unterlagen auf Jahre hinaus einem rechtlichen Kleinkrieg ausgesetzt sein könnte, löst Befürchtungen und Unwillen bei jenen aus, für die der Zugang zu den eigentlich prinzipiell unzugänglichen Geheimdienst-Akten zu den symbolischen Errungenschaften der Revolution gehört. Deshalb besetzen Bürgerrechtler das zentrale Archiv in Berlin-Lichtenberg. Mit dabei ist Reinhard Schult, der als Mitarbeiter des MfS-Auflösungskomitees einen Ausweis hat. Damit verschafft er sich Zugang zum bewachten Gebäude und blockiert die Tür mit einem Holzkeil, sodass ungefähr 20 Bürgerrechtler in das Gebäude eindringen, darunter Bärbel Bohley vom Neuen Forum und Frank Ebert von der Umweltbibliothek. Sie verbarrikadieren sich in einem Raum mit nur einer Tür und fordern auf Flugblättern und Spruchbändern die Herausgabe ihrer persönlichen Akten.

Die Volkspolizei rückt mit Mannschaftswagen und einem Wasserwerfer an; die Räumung beginnt, doch Volkskammer-Präsidentin Sabine Bergmann-Pohl verhindert, dass es zur offenen Konfrontation kommt. „Ich akzeptiere die Haltung der Bürgerrechtler", erklärt die höchste DDR-Repräsentantin. In persönlichen Gesprächen verlangt sie von den Besetzern zwar, ihre rechtswidrige Aktion zu beenden. Zugleich verspricht sie aber, die Volkskammer über die Forderungen zu informieren; auch mehrere Abgeordnete versuchen zu vermitteln. Doch die Besetzer wollen bis zu einer „vernünftigen Klärung" des Aktenzugangs, die auch in Zukunft gilt, ausharren. In den Abendnachrichten fällt das Schlagwort „Meine Akte gehört mir!" Die Parole umschreibt nicht ganz genau, worum es geht, bringt aber das Ziel der Besetzer auf einen verständlichen, kampagnefähigen Nenner.

Angesichts der andauernden Besetzung bleibt die Zukunft der Stasi-Akten umstritten. Die Regierungen in Ost-Berlin und Bonn verhandeln nach, doch den Besetzern in der ehemaligen Stasi-Zentrale geht das nicht schnell genug. Jens Reich vom Neuen Forum lehnt jede Einflussnahme aus Westdeutschland ab und lobt das Gesetz der Volkskammer, das „sehr detailliert ausgearbeitet worden" sei: „Ich halte es für unmöglich, dass mit ein paar dahingewischten Bemerkungen aus Bonn bessere Lösungen kommen können." Der Biologe, der sich zu Zeiten der SED-Herrschaft aus der Politik herausgehalten hat, konstatiert eine vorrangige Zuständigkeit der Ostdeutschen: „Das ist unsere schmutzige Wäsche und unser Mief – den müssen wir selber ausräumen."

Dieser Meinung ist auch Joachim Gauck, doch er lehnt die gesetzwidrige Aktion ab. Er hält die Besetzung für überflüssig, da doch die Haltung der Volkskammer eindeutig sei. Außerdem fürchtet er, dass die Verhandlungen mit Bonn erschwert werden. Erst spät besucht er die Besetzer und muss sich deshalb Vorwürfe von Bärbel Bohley gefallen lassen.

Die haben inzwischen den politischen Druck erhöht: Am 12. September treten die meisten von ihnen in einen unbefristeten Hungerstreik. Parallel gibt Reinhard Schult bekannt, dass die

Die etwa 20 Besetzer der ehemaligen Stasi-Zentrale in der Normannenstraße fordern in einer Presseerklärung am 5. September 1990 alle Parteien und Fraktionen der Volkskammer und des Bundestages in einem offenen Brief auf, „die Interessen der Aktenopfer zu vertreten, anstatt vorschnelle Entscheidungen zu treffen".

Stasi-Akte über Lothar de Maizière nicht mehr auffindbar sei. Verschwunden seien zudem die Karteikarten von einzelnen führenden Politikern. Weil die Akten nicht alphabetisch geordnet sind, sondern nach Registriernummer, ist jedenfalls ein rasches Auffinden unmöglich. Ein interner Kampf beginnt: De Maizière übernimmt von seinem Stellvertreter Diestel die Zuständigkeit für die Stasi-Auflösung. Gleichzeitig werden Gerüchte gestreut. Etwa, der ehemalige „Staatsfeind Nr. 1" der DDR und jetzige Abrüstungsminister Rainer Eppelmann sei ein Spitzel gewesen. Gauck hält direkt dagegen: Es handele sich nur um eine böswillige Verleumdung.

Schließlich einigen sich Ost-Berlin und Bonn auf einen Kompromiss. In einer nachträglich eingefügten Zusatzklausel zum Einigungsvertrag halten beide Seiten am 18. September fest, dass der künftige gesamtdeutsche Bundestag verpflichtet wird, ein neues Gesetz zu erarbeiten, das sich an der Regelung der Volkskammer vom 24. August orientieren soll. Diese wird aber mit dem Beitritt unwirksam. Zuvor soll von der Volkskammer ein Ostdeutscher zum unabhängigen Sonderbeauftragten für den Umgang mit den Stasi-Akten gewählt werden. An der Kompromissformel mitgewirkt hat auch Joachim Gauck, der eigens für die Schlussabsprachen nach Bonn gereist ist. Seine Position zur Besetzung der Stasi-Zentrale ist dort bekannt, das bringt ihm das Vertrauen der rechtstreuen Gesprächspartner im Westen – im Osten jedoch wird er verdächtigt, aus opportunistischen Gründen nachgegeben zu haben.

Laut Einigung soll ein „angemessener Ausgleich" zwischen der „politischen, historischen und juristischen Aufarbeitung", der „Sicherung der individuellen Rechte der Betroffenen" und dem „gebotenen Schutz des Einzelnen vor unbefugter Verwendung seiner persönlichen Daten geschaffen" werden. Gesetzgeberisch eine kaum zu bewältigende Aufgabe. Doch den Besetzern reicht das nicht; sie hungern weiter. Ihre Hauptforderungen seien nicht erfüllt. Mittlerweile ist die Unterstützung für ihr Anliegen gewachsen, in Eingaben aus den Regionen werden die Positionen der Besetzer bekräftigt, selbst Abgeordnete, die zunächst skeptisch gegenüber der Aktion gewesen sind, schwenken um.

Bärbel Bohley beharrt darauf, dass jeder von der Stasi bespitzelte Bürger über sein Personendossier selbst entscheiden solle und das Volkskammer-Gesetz ohne Abstriche in den Einigungsvertrag übernommen werde. Doch diese Maximalforderungen sind unerfüllbar: Was tun mit Akten, die von verschiedenen Personen handeln? Und wenn die Akten einmal herausgegeben sind, stehen sie ja für die weitere Aufarbeitung nicht mehr zu Verfügung.

Schließlich setzt sich auch bei den Besetzern in Lichtenberg die Überzeugung durch, dass sie mehr als die Aufmerksamkeit und das breite öffentliche Interesse für das Problem der Stasi-Akten mit ihrem Hungerstreik wohl nicht erreichen können. In der letzten Arbeitssitzung der Volkskammer kommt es am 28. September zu tumultartigen Szenen, als mehr als 50 Abgeordnete mit dem Vorwurf der Spitzeltätigkeit konfrontiert werden. Schließlich stimmen alle per Handzeichen über die geplante Position eines Sonderbeauftragten der kommenden gesamtdeutschen Bundesregierung für die Stasiunterlagen ab. Einziger Kandidat ist Joachim Gauck. Mit wenigen Enthaltungen und Gegenstimmen, fast ausschließlich aus den Reihen der PDS, wird er für den Posten nominiert. Gauck bekennt sich zu der „Drecksarbeit, die getan werden muss".

Fast wird daraus nichts. Am Vorabend der Vereinigung findet im Ost-Berliner Schauspielhaus ein Festakt statt. Das Gedränge ist groß. Gauck, offenbar darauf bedacht, keinen schlechten Sitzplatz zu bekommen, reagiert erst überrascht, dann zunehmend verärgert auf einen Bonner Beamten, der ihn aufhält und mit den Worten „Ich muss Ihnen noch eine Urkunde aushändigen" partout eine Mappe in die Hand drücken will. Darin liegt die Ernennungsurkunde zum Bundesbeauftragten für die Stasi-Unterlagen. Gauck mag nicht, er weiß nicht, dass dieser Rechtsakt noch vor dem 3. Oktober notwendig ist, damit er sein Amt überhaupt antreten kann. Doch der Beamte lässt nicht locker, und so nimmt Joachim Gauck schließlich rechtzeitig vor Mitternacht auf dem Flur des Schauspielhauses die Urkunde entgegen.

„Tafelsilber der Deutschen Einheit"

Auf der Zielgeraden der Wiedervereinigung beschließt die DDR-Regierung ein Nationalparkprogramm

Wenn in den letzten Minuten des Spiels eine Mannschaft das Siegtor schießt oder der entscheidende Punkt gelingt, dann ist die Freude besonders groß. Und auch die Erleichterung, es doch noch geschafft zu haben. Ähnlich fühlt eine kleine Gruppe von Biologen, Boden- und Wasserkundlern sowie Naturschützern am 12. September 1990. An diesem Mittwoch findet die letzte Sitzung der Regierung der DDR statt. Obwohl der Beitritt zur Bundesrepublik am 3. Oktober bereits in Sichtweite liegt, will die Regierung von Lothar de Maizière noch einiges beschließen. Als letzter Punkt der Tagesordnung wird das Nationalparkprogramm abgesegnet, das 14 Gebiete als besonders schützenswert einstuft und als fünf Nationalparke, sechs Biosphärenreservate und drei Naturparke ausweist – zusammen immerhin etwa 4,5 Prozent der Fläche der DDR.

Offenbar gibt es sie doch noch: einzigartige und intakte Landschaften, in der sich die Natur weitgehend ungestört entfalten kann. Dies mag überraschen angesichts der massiven Umweltschäden, die noch im Herbst 1990 zu sehen und zu spüren sind. Schäden, die so bedrückend wirken, dass kaum jemand zu prognostizieren wagt, ob und in welchem Zeitraum sich die Umwelt wird erholen können. Die neuen Schutzgebiete, die oft im ehemaligen Grenzstreifen, in einstigen Staatsjagden und auf Truppenübungsplätzen liegen, machen jedoch Hoffnung. Sie sind gewissermaßen der Lohn für die oft ehrenamtlich tätigen Naturschützer, die zu SED-Zeiten vielfach vergeblich für ihr Anliegen gestritten und die Chance in den Monaten nach dem Mauerfall einfallsreich und konsequent genutzt haben.

Die Grenze als Rückzugsgebiet für seltene oder vom Aussterben bedrohte Tier- und Pflanzenarten: Im oberen Bild die innerdeutschen Grenzanlagen mit Grenzpfahl und Wassersperre im Drömling nahe Kaiserwinkel (Niedersachsen) an der Grenze zu Sachsen-Anhalt im Juli 1982. Das untere Bild zeigt die gleiche Stelle im März 2007. Bis zum Herbst 1989 verläuft hier die innerdeutsche Grenze, der größere Teil im Osten ist seit 1990 ein Naturpark.

Herbst '90

Bereits im November 1989 hat eine Bürgerinitiative in Waren an der Müritz, dem größten See der DDR, auf sich aufmerksam gemacht. Sie fordert die Auflösung der nahen Staatsjagd auf einem Areal, das jahrzehntelang hermetisch abgeriegelt gewesen ist, und schlägt vor, es unter Schutz zu stellen. Unterstützt wird die Initiative durch engagierte Naturschützer vor Ort wie Hans-Dieter Knapp. Die Gesellschaft für Natur und Umwelt im Kulturbund, einem Sammelbecken verschiedener kultureller Gruppen, fordert gar ein selbstständiges Naturschutzministerium. Selbst in der SED-dominierten Volkskammer wird das Thema angesprochen, und zwar durch den Biologieprofessor Michael Succow, einen Moor-Experten, der seit Jahren staatliche Stellen wie Bürgerrechtler in Sachen Naturschutz berät. Der 48-jährige Mitarbeiter am Institut für Bodenkunde der Akademie für Landwirtschaftswissenschaften sitzt für die Blockpartei LDPD im Parlament. Im Dezember 1989 tritt er in der ersten kritischen DDR-Fernsehsendung zum Naturschutz auf – und wird zu dessen Gesicht. Hier und auch bei weiteren Auftritten in den Medien stellt er immer wieder die gleiche Frage: „Wo bleiben unsere Nationalparke?"

Michael Succow, hier in einer Aufnahme von 1991, erarbeitet 1990 ein umfassendes Programm für die Nationalparke und Biosphärenreservate in der DDR, das zum Teil in den Einigungsvertrag eingeht.

Auf dem Papier hat der Naturschutz in der DDR schon immer einen hohen Stellenwert. Er ist im Artikel 15 der Verfassung verankert und Thema in den Schulen, es gibt ein Umweltministerium und eine Naturschutzordnung mit verschiedenen Schutzkategorien, hauptamtlich und ehrenamtlich tätige Naturfreunde in den Regionen und ein Institut für Landschaftsforschung und Naturschutz, die erste wissenschaftliche Einrichtung dieser Art in ganz Deutschland. Ernüchternd wirkt allerdings der Blick in die Landschaft. Chemische Industrie, Bergbau und intensive Landwirtschaft haben die Umwelt systematisch geschädigt und dazu beigetragen, die Artenvielfalt von Pflanzen und Tieren zu reduzieren. Das „Primat der Produktion" steht beim SED-Regime über dem Schutz der Natur, die in den Augen der DDR-Führung keinen eigenen Wert besitzt. Das zeigt die Tatsache, dass sich die DDR zwar ein Umweltministerium leistet, der Bereich Naturschutz aber dem Landwirtschaftsressort zugeordnet worden ist – mit gerade einmal zwei Planstellen. Verbittert, aber treffend formuliert der Aktivist Reimar Gilsenbach: „Wo unter Roten Grüne ein Ärgernis sind, büßt es die Erde."

Umweltprobleme hat das SED-Regime verharmlost und sie als unkritisch dargestellt. Daten sind unter Verschluss gehalten und besonders „hartnäckige" Naturschützer mit Repressalien überzogen worden. Was nicht verhindert hat, dass in der Bevölkerung das Interesse an der Umwelt stetig gewachsen ist – und die Kritik an der staatlichen Heimlichtuerei. Zunächst in Kirchenkreisen, dann in Ökogruppen, die Teil der Opposition werden. Die Sorge um die Natur und die Angst vor einer vergifteten Umwelt sind Ende der 1980er-Jahre ein wichtiger Motor für das Aufbegehren.

Nach seinem Auftritt im Fernsehen ist Michael Succow ein gefragter Mann. DDR-Umweltminister Hans Reichelt bietet ihm den Posten als stellvertretender Minister an. Die Zeit der Funktionäre sei zu Ende, entscheiden würden nun „Glaubwürdigkeit und fachliche Kompetenz". Bürgerrechtler drängen ihn, das Angebot anzunehmen. Aus Bonn meldet sich Bundesumweltminister Klaus Töpfer und lädt Succow zu einem Treffen mit den bundesdeutschen Umweltverbänden ein. Der reist mit einer kleinen Delegation an, zu der auch Matthias Platzeck gehört, Sprecher der erst wenige Wochen alten Grünen Liga. In Bonn legt Töpfer Succow nahe, die Wissenschaft ruhen zu lassen: „Sie müssen jetzt richtig in die Politik gehen."

Das überzeugt Succow. Nur dort, ist er sich sicher, kann man jetzt wirklich etwas bewegen. Er, der schon länger in einer Gruppe kritischer Wissenschaftler um den Erhalt der natürlichen Lebensgrundlagen gekämpft hat, tritt am 15. Januar 1990 seinen Posten als Vizeminister für den Bereich Ressourcenschutz und Landnutzungsplanung an. Er folgt damit, wie schon mit seiner Kandidatur für die Volkskammer, dem Rat seines Vorbilds Kurt Kretschmann, des Naturschutz-Pioniers der DDR und Erfinder der Naturschutz-Eule. Der hat bereits in den 1950er-Jahren für Nationalparke gestritten und Succow geraten: „Als außenstehender Kritiker nützt man dem Naturschutz nichts." Einen Tag nach seinem Amtsantritt telefoniert Succow mit Freunden und Weggefährten. „Kommt zu mir: Wir können endlich unsere Ideen durchsetzen." Die meisten von ihnen sind Wissenschaftler ohne Erfahrung in der administrativen Arbeit, aber sie eint ein Ziel: Räume vor dem Zugriff des Menschen zu sichern, ohne ihm jedoch die Gelegenheit zu Naturerlebnissen zu nehmen. Er soll aber der Natur nicht mehr schaden.

Bald füllt sich die Etage im Ministerium, die komplett für Succow geräumt worden ist: Zuvor hat hier die Stasi-Abteilung des Ministeriums residiert. Bereits auf der ersten Dienstberatung am 24. Januar geht es um das Naturschutzprogramm. Succow und seine Mitstreiter fangen nicht bei null an. Im Dezember 1989 hat die Müritzer Initiative um Hans-Dieter Knapp, jetzt auch Ministeriumsmitarbeiter, einen mehrseitigen Entwurf für einen Nationalpark an der Müritz sowie für ein „Nationalparkprogramm für besonders schützenswerte Landschaften" vom Darß im Norden bis zur Sächsischen Schweiz im Süden, vom Spreewald im Osten bis zum Hochharz im Westen an die Volkskammer, an Ministerpräsident Hans Modrow und den Zentralen Runden Tisch geschickt.

Dieser Entwurf bildet nun die Grundlage der Arbeit. Eine Woche nach der ersten Beratung liegt ein Konzept für ein Naturschutzprogramm der DDR vor. Im Februar stellt Succow es dem Runden Tisch vor, der begeistert ist und die Regierung bittet, für die Umsetzung zu sorgen. Succow macht sich sofort an die Arbeit, denn die Volkskammerwahl ist schon am 18. März, und niemand weiß, wie die neue Regierung über das Thema denken wird. Keiner redet ihm hinein, denn viele altgediente Mitarbeiter des Apparats sind verunsichert angesichts der unklaren Aussichten für die eigene Karriere und daher mit sich selbst beschäftigt. Zudem hat im Ministerium die Beseitigung der Umweltschäden durch die Industrie Priorität.

Succow nutzt die Chance. Er arbeitet fast rund um die Uhr mit seinen etwa 20 Mitarbeitern, die mitunter im Büro übernachten. Die Gruppe hat nur vage Vorstellungen, was ein Nationalpark ist, und sucht daher intensiv den Kontakt zu Naturschutzorganisationen im Westen. In der Diskussion wird ihnen auch klar, dass Kulturlandschaften, in denen Menschen leben, einer eigenen Schutzkategorie bedürfen. Sie nutzen die von der Unesco entwickelte Kategorie Biosphärenreservat sowie Naturpark für besondere Kulturlandschaften mit regionaler Bedeutung. Lange Diskussionen gibt es nicht, dazu drängt die Zeit zu sehr. Ernst Pries, ein Forstexperte aus Templin, der Heimatstadt von Angela Merkel, soll das vorgesehene Biosphärenreservat Schorfheide-Chorin konzipieren – und erhält dafür gerade einmal zehn Tage Zeit. Succow sagt ihm: „Wenn du das lieferst, wird es dieses Biosphärenreservat geben. Wenn nicht, dann nicht." Zwei Tage vor der freien Volkskammerwahl stimmt die Modrow-Regierung dem Nationalparkprogramm auf ihrer letzten Sitzung

Im Februar 1990 besucht Klaus Töpfer (M.), Bundesminister für Umwelt, den VEB Sächsisches Kunstseidenwerk Pirna. Töpfer macht sich dafür stark, dass der Biologieprofessor Succow aktiv die Umweltpolitik der DDR mitgestaltet.

Herbst '90

Ein Bild, das sich auch den bundesdeutschen Beamten 1990 einprägt und sie sensibilisiert: der „Silbersee" in Bitterfeld. Er wird so genannt, weil er biologisch tot ist und silbern glänzt. In die ehemalige Braunkohlen-Grube sind die Abwässer der Filmfabrik Wolfen geleitet worden.

zu. Damit stehen zunächst rund zehn Prozent der Fläche der DDR, aufgeteilt in 23 Gebiete, unter vorläufigem Schutz. Alles ist noch grob geschnitten, es fehlen konkrete Verordnungen und funktionierende Aufbaustäbe. Doch das Wichtigste, die Sicherung der Gebiete, ist geschafft. Das Übrige wird sich in den kommenden Jahren zeigen, denken die Naturschützer. Ein Irrtum.

Die neue Regierung von Lothar de Maizière lehnt viele Beschlüsse und Gesetze der Modrow-Regierung ab – das Nationalparkprogramm sieht sie skeptisch. Succow bleibt zunächst im neu konzipierten Ministerium für Umwelt, Naturschutz, Energie und Reaktorsicherheit, doch schon nach kurzer Zeit gibt es Meinungsverschiedenheiten zwischen ihm und dem neuen CDU-Umweltminister Karl-Hermann Steinberg, einem Chemiker der Universität Leipzig. Weil die Chemie zwischen beiden nicht stimmt und Succow im Amt nicht bestätigt wird, geht er im Mai 1990.

Ungefähr zur selben Zeit reist Arnulf Müller-Helmbrecht vom Bundesumweltministerium zu einem Symposium über Braunkohle-Folgelandschaften in der DDR nach Leipzig. Diese Reise, die den Bonner Beamten auch an Bitterfeld vorbeiführt, prägt sich ihm tief ein: Er findet alle Horrorberichte über die Umweltzerstörung bestätigt. Dass es auch landschaftliche Perlen geben könnte, vermag er sich nicht vorzustellen. Deshalb ist er nicht gerade begeistert, als ihn sein Minister Klaus Töpfer im Mai mitteilt, er solle sofort nach Ost-Berlin, um den DDR-Kollegen Steinberg sowie die Abteilung für Naturschutz zu beraten, die gerade ihren Antreiber Succow verloren hat. Nach einigen Tagen nimmt Steinberg den neuen Berater beiseite. Er bittet ihn, sich besonders um das Nationalparkprogramm zu kümmern. Laut Staatsvertrag über die Währungsunion vom 18. Mai 1990 wird die DDR auch das Umweltrecht der Bundesrepublik übernehmen. Tausende Seiten Gesetze und Verordnungen, Verwaltungsvorschriften und auch europäische Richtlinien sind den Bedingungen der DDR anzupassen. Beibehalten wird für eine Übergangszeit das Landeskulturrecht sowie die Naturschutzverordnung der DDR – und zwar für jene Bereiche, die durch das Bundesnaturschutzgesetz und andere Vorschriften nicht abgedeckt werden.

Die Umsetzung der neuen Rechtslage, die ab 1. Juli gilt, kann nur mit Hilfe westdeutscher Juristen erfolgen, die nun in den Osten strömen, um den Aufbaustäben für die 23 geplanten Großschutzgebiete zu helfen. Kein einfaches Unterfangen, zumal die Berater immer wieder ausgetauscht werden und die neuen mit eigenen Ideen für die Verordnungen kommen. Die DDR-Kollegen erleben auf diese Weise anschaulich, was Föderalismus bedeutet. Die neuen Gesetze schreiben vor, dass für jedes der Schutzgebiete eine eigene Verordnung mit eindeutig definierten Grenzen, mit klaren Ge- und Verboten zu schaffen ist. Obwohl es an Arbeit nicht mangelt, werden von Minister Steinberg Ende Juli drei weitere Gebiete einstweilig gesichert: der künftige Nationalpark Untere Oder und die Naturparke Niederlausitzer Heidelandschaft sowie Erzgebirge-Vogtland.

Dann kommt der 14. August. Ein Tag, den Arnulf Müller-Helmbrecht nie vergessen wird: Das DDR-Umweltministerium verkürzt unerwartet die Fristen. Als Grund wird angegeben, dass sich der Prozess der Vereinigung beider deutschen Staaten beschleunige; deshalb müsse auch die Zahl der vorgesehenen Schutzgebiete von 26 auf 14 reduziert werden. Ein Tag später kommt der nächste Schock: Die DDR-Regierung beschließt, am 12. September zum letzten Mal zusammenzukommen. Müller-Helmbrecht und die Naturschützer können es nicht fassen: Ihnen bleiben nicht einmal vier Wochen. Denn um den üblichen Verwaltungsweg einhalten zu können, muss Minister Steinberg die Verordnungsvorschläge bis zum 5. September unterschreiben, weil sie anschließend zur Abstimmung in die anderen Ministerien gehen.

Doch in den Stäben der künftigen Großschutzgebiete sind die Mitarbeiter längst nicht so weit. Gerade erst hat das Institut für Landschaftsforschung und Naturschutz den Auftrag erhalten, bis Ende 1990 Grundlagen für den Schutz der vorläufig gesicherten Gebiete zu erarbeiten. In seiner Not trommelt Müller-Helmbrecht alle Beteiligten – die Mitarbeiter der Verwaltungen, der Aufbaustäbe und des Ministeriums sowie die West-Juristen – an den letzten Augusttagen zusammen. Wie kann man das Nationalparkprogramm rechtlich wasserdicht machen? Dass er bei seinen Kollegen im Westen längst als Fantast gilt, weil er die Arbeiten vorantreibt anstatt sie einzustellen, stört ihn wenig. Als sich alle am Freitagnachmittag trennen, ist jedoch nichts festgelegt – man hat sich nicht einigen können. Was tun? Müller-Helmbrecht nimmt eine Einladung des Aufbaustabs Müritz an. Der Beamte fährt schon am nächsten Tag hin – zusammen mit einem Juristen aus Hamburg und einem Praktikanten, einem Jurastudenten – und wird von den Müritzern überrascht. Sie sind entschlossen, wenigstens ihr Gebiet zu sichern – auch wenn es das einzige sein sollte. Ihr Vorschlag für eine Verordnung erweist sich als brauchbar. Mehr noch: Nach einer gründlichen Überarbeitung noch am Samstag hält Müller-Helmbrecht plötzlich ein Muster für die anderen Gebiete in der Hand. Nun erweist sich als Vorteil, dass DDR-Umweltgesetze weiterhin gelten. Da sie als Landesrecht betrachtet werden, sind keine aufwendigen öffentlichen Verfahren notwendig.

Trotzdem sind noch nicht alle Hindernisse beseitigt. Für die Veröffentlichung der Verordnungen im DDR-Gesetzblatt sind jeweils 2000 Karten beizufügen. Müller-Helmbrecht lässt die 14 Schutzgebiete auf die offizielle Landkarte der DDR aufzeichnen und schickt die Vorlagen an die kartografische Abteilung der Bundesforschungsanstalt für Naturschutz und Landschaftspflege in Bonn zur Vervielfältigung. Einen Tag später ruft dessen Leiter aufgebracht zurück. Die DDR-Landkarten seien unbrauchbar, große Teile der Grenzbereiche weiß gelassen, zudem würden wichtige Landschaftspunkte wie der Brocken fehlen. Kurzerhand hilft die Bundeswehr mit korrekten Karten aus.

Am 5. September, morgens um sieben Uhr, liegen die Vorlagen bei Umweltminister Steinberg auf dem Tisch. Alles scheint gelaufen, als kurz vor der letzten Ministerratssitzung das Landwirtschaftsministerium Bedenken anmeldet und die Abstimmung beinahe noch von der Tagesordnung gestrichen wird. Das kann verhindert werden. Doch am Ziel sind die Naturschützer deshalb noch nicht. Da der Einigungsvertrag bereits am 31. August 1990 unterzeichnet worden ist, fehlt dort das Nationalparkprogramm. Es muss nach der Zustimmung im Kabinett am 12. September als sogenanntes fortgeltendes DDR-Recht nachträglich aufgenommen werden. Eigentlich eine Formalie, doch nun gibt es Widerstand aus beiden deutschen Landwirtschaftsministerien sowie dem westlichen Verkehrsministerium, das erst einlenkt, als dem Bundesverkehrswegeplan Vorrang gegenüber den Vorschriften der Nationalpark-Verordnungen eingeräumt wird. Ein Schönheitsfehler, aber was soll's. Am 18. September werden die 14 Verordnungen in einer Zusatzvereinbarung zum Einigungsvertrag bestätigt und als letzte Regelungen überhaupt im Gesetzblatt der DDR gedruckt. Sie treten schließlich am 1. Oktober in Kraft – zwei Tage vor dem Beitritt. Alle Beteiligten sind begeistert. Auch Bundesumweltminister Klaus Töpfer: Für ihn sind die geschützten Gebiete das „Tafelsilber der Deutschen Einheit".

Das letzte Gesetzblatt der DDR – die Nationalpark-Verordnungen, wie diese zum Naturpark Drömling, treten am 1. Oktober 1990 in Kraft.

Ein Hinweisschild im Feuchtgebiet Drömling bei Klötze: Friedrich der Große befahl vor mehr als 200 Jahren die Trockenlegung des sumpfigen Areals. Inzwischen wird in dem 30.000 Hektar großen Landschaftsschutzgebiet ökologischer Landbau betrieben. In einem rund 200 Hektar großen verbliebenen Feuchtgebiet finden seltene Pflanzen, Vögel und Kleinlebewesen Schutz.

Herbst '90

"Deutschland einig Vaterland"

Am 3. Oktober 1990 um Mitternacht tritt die DDR der Bundesrepublik bei

Der Festakt zum „Tag der Deutschen Einheit" im Schauspielhaus am Platz der Akademie (Gendarmenmarkt) am 2. Oktober 1990 in Berlin: auf dem Podium das Gewandhausorchester unter Leitung von Kurt Masur während der Ansprache von Lothar de Maizière.

Die besten Symbole sind einfach da; sie werden nicht geplant oder gar von Kommissionen diskutiert. Auch Nationalfeiertage sind, im besten Falle, symbolisch und selbstverständlich. Doch nicht alle Länder haben so natürliche Daten wie die USA mit dem 4. Juli, dem Tag der Unabhängigkeitserklärung 1776, oder Frankreich mit dem 14. Juli, dem Sturm auf die Bastille 1789. Im vereinigten Deutschland wird der Tag der Deutschen Einheit nicht mehr wie seit 36 Jahren in der Bundesrepublik der 17. Juni sein können. Obwohl das Datum, an dem in der DDR mehr als eine Million Menschen gegen die kommunistische Diktatur protestiert und erst von sowjetischen Panzern eingeschüchtert aufgegeben haben, als Tag eines wahren Volksaufstandes für Freiheit und Demokratie eine perfekte Wahl für das neue, größere Deutschland wäre. Doch im Osten hat das Datum nie eine positive Rolle gespielt, die SED-Propaganda über die angeb-

„Deutschland einig Vaterland"

liche „faschistische Konterrevolution" hat im Gegenteil Spuren hinterlassen. Der 17. Juni muss durch ein anderes Datum ersetzt werden, so viel ist klar – und der pragmatische Vorschlag in den Arbeitsgesprächen zwischen Ost-Berlin und Bonn lautet: Der Tag der Deutschen Einheit soll künftig der Tag der Wiedervereinigung sein, also des formellen Vollzugs des Beitritts der DDR zum Geltungsbereich des Grundgesetzes.

So weit, so einfach. Doch wann genau wird die Einheit vollzogen? Im Sommer 1990 hat die Volkskammer mehrere Anträge auf sofortigen Beitritt in die parlamentarische Warteschleife geschickt – bevor die Vereinigung stattfinden kann, müssen unbedingt die außenpolitischen Rahmenbedingungen stimmen. So wird bald offensichtlich, dass der früheste Beitrittstermin der Abend des 2. Oktober sein kann. Denn für diesen Nachmittag ist die letzte Runde der Zwei-plus-Vier-Verhandlungen angesetzt. Andererseits verlangt das bald schon gesamtdeutsche Wahlrecht Berücksichtigung: Wahllisten müssen volle acht Wochen vor der Abstimmung aufgestellt sein. Die erste gesamtdeutsche Bundestageswahl ist für den 2. Dezember 1990 eingeplant, dem letzten möglichen Termin vor dem Weihnachtsrummel; deshalb müssen die Kandidatenlisten spätestens am 8. Oktober vorliegen. Damit kommt der 9. Oktober, der Jahrestag des friedlichen Triumphs über die Staatsmacht bei den Leipziger Montagsdemonstrationen, für den Beitritt nicht infrage – denn wie sollen Wahllisten für eine Bundestagswahl aufgestellt werden, wenn in einem Viertel des Landes zu diesem Zeitpunkt das Grundgesetz noch gar nicht gilt? Anfechtungen der Wahl wären unausweichlich und auch erfolgversprechend.

Ein weiteres Argument für einen möglichst frühen Zeitpunkt innerhalb der infrage kommenden sechs Tage führt Reinhard Höppner an, der Vizepräsident der Volkskammer: Wenn die DDR noch einen 7. Oktober erleben wird – wie soll sie ihren 41. und letzten Jahrestag dann begehen? Das runde Jubiläum 1989 hat Erich Honecker als letzten Höhepunkt seines politischen Lebens inszeniert. Wird die PDS, die vehement gegen die Einheit ist und am liebsten die alte Bundesrepublik für fortdauernde Zweistaatlichkeit bezahlen lassen möchte, bei einem Beitritt am 7. oder 8. Oktober die Gelegenheit zu einer gewaltigen „Abschiedsparty" verstreichen lassen? Die Darbietung ihres Vorsitzenden Gregor Gysi in der Volkskammer am frühen Morgen des 23. August, nach dem formellen Beitrittsbeschluss, lässt derlei jedenfalls befürchten: „Das Parlament hat soeben nicht mehr und nicht weniger als den Untergang der Deutschen Demokratischen Republik beschlossen", hat der langjährige SED-Chefanwalt in einer „persönlichen Erklärung" deklamiert – und ganz entgegen der Gewohnheit damit jubelnden Applaus bei den konservativen Abgeordneten und Teilen der SPD-Fraktion geerntet.

Es bleibt nur die Nacht vom 2. auf den 3. Oktober 1990. Berlin putzt sich heraus für diesen besonderen Tag. In der Innenstadt sind die letzten Mauerelemente schon seit Tagen verschwunden, auch wenn man den Verlauf des ehemaligen Todesstreifens noch überall genau erkennen kann – an den dicht gereihten Laternenmasten, an Brachflächen und natürlich am Kontrast zwischen meist relativ gepflegten Häusern im Westen und oft recht relativ heruntergekommen Gebäuden im Osten. Doch in dieser Nacht spielt das keine Rolle. Gefeiert werden soll

Gestalter der Wiedervereinigung: Bundesaußenminister Hans-Dietrich Genscher (l.) und DDR-Ministerpräsident Lothar de Maizière im Gespräch beim Festakt der DDR-Regierung am 2. Oktober 1990 im Ost-Berliner Schauspielhaus.

Herbst '90

Unter den Linden wird in der Nacht zum 3. Oktober 1990 gefeiert. Die DDR ist dem Geltungsbereich des Grundgesetzes der Bundesrepublik Deutschland beigetreten und existiert nicht mehr.

dort, wo schon der Fall der Mauer am deutlichsten sichtbar geworden ist: beiderseits des Brandenburger Tors. Die notorisch bürokratische Verwaltung Berlins macht überraschend wenig Schwierigkeiten: Auf beiden Seiten des ehemaligen Todesstreifens können Imbissbuden aufgestellt werden. Schon am Nachmittag versammeln sich Hunderttausende Menschen, später dann mehr als anderthalb Millionen zwischen Siegessäule im Westen und Schlossplatz im Osten. Es herrscht eine fröhliche, teilweise ausgelassene Stimmung auf dem Boulevard Unter den Linden und vor dem Reichstagsgebäude: Alle freuen sich, dass nach mehr als vier Jahrzehnten Zweistaatlichkeit und elf Monaten Veränderung im Eiltempo eine neue, hoffentlich ruhigere Phase beginnen soll.

Die Politik weiß, dass der neue Tag der Deutschen Einheit festlich begangen werden muss – denn er wird nicht wiederkommen. Das vereinigte Deutschland soll einen würdigen Start bekommen. Zuerst wird im Osten die DDR im Schauspielhaus auf dem Gendarmenmarkt, der feinsten Adresse für Festakte, gewissermaßen offiziell verabschiedet. Dann wird um Punkt Mit-

„Deutschland einig Vaterland"

ternacht vor dem Reichstagsgebäude im Westen die Einheit vollzogen. Doch wie begeht man einen solchen Feiertag? Da Zeit während des gesamten Vereinigungsprozesses stets knapp gewesen ist, wird auch am 2. Oktober 1990 noch das politische Geschäft fortgesetzt. Die Nationale Volksarmee der DDR löst sich mit Appellen an allen größeren Standorten formal auf und holt dazu die schwarz-rot-goldenen Flaggen mit Hammer, Zirkel und Ährenkranz ein; die meisten Soldaten werden ab dem kommenden Morgen vorläufig der Bundeswehr angehören. Auch die beiden stärksten Regierungsparteien mit dem gleichen Namen vereinigen sich vor dem Land: In Hamburg vollziehen Helmut Kohl und Lothar de Maizière den Zusammenschluss der CDU West und der CDU Ost. Der scheidende DDR-Ministerpräsident wird zum einzigen stellvertretenden Parteivorsitzenden gewählt.

Doch die Musik spielt an diesem Abend in Berlin, weshalb es am frühen Nachmittag per Regierungsflugzeug zurückgeht. Um 19 Uhr gibt Volkskammer-Präsidentin Sabine Bergmann-Pohl ihren Abschiedsempfang als amtierendes Staatsoberhaupt der DDR, danach dirigiert Kurt Masur sein Gewandhausorchester im Schauspielhaus. Auf dem Programm steht, das hat de Maizière entschieden, Beethovens 9. Sinfonie. Eine weise Wahl, denn schon oft ist das bekannteste Werk des gebürtigen Bonners bei gesamtdeutschen Ereignissen gespielt worden – bis 1952 als provisorische Hymne der Bundesrepublik und bei den Olympischen Spielen 1956, 1960 und 1964 als gemeinsame Melodie gesamtdeutscher Sportlermannschaften.

De Maizière ist mulmig: „Ich habe ja solches Fracksausen", sagt er vor Beginn des Staatsaktes um 21 Uhr zu Kurt Masur, der gesteht, dass es ihm ähnlich geht. „Herr Professor, Sie doch nicht, Sie haben die ‚Neunte' Beethovens schon x-mal in Ihrem Leben dirigiert", muntert ihn der Ministerpräsident auf. Doch Masur antwortet nur ebenso knapp wie treffend: „Ja, mein Junge, aber noch nie zur Deutschen Einheit." Beide machen ihre Sache gut: Der Leipziger Kapellmeister liefert eine bewegende Interpretation ab, und der Ost-Berliner Politiker hält eine Rede, die viele Zuhörer überrascht.

Herbst '90

Die Ehrentribüne auf der Freitreppe des Reichstagsgebäudes (v.l.n.r.): Alt-Bundeskanzler Willy Brandt, Hans-Dietrich Genscher, Hannelore Kohl, Helmut Kohl und Bundespräsident Richard von Weizsäcker, daneben Lothar de Maizière und im Profil Theo Waigel.

Sie gibt der DDR in ihren letzten Stunden eine Würde, die sie nie zuvor gehabt hat. De Maizière sagt aber auch: „Nicht, was wir gestern waren, sondern, was wir morgen gemeinsam sein wollen, vereint uns zum Staat." Ein kluger, zukunftsgewandter Gedanke.

Dann geht es auf Umwegen zum Reichstag – die direkte Strecke ist für Autos unpassierbar, so viele Menschen tummeln sich Unter den Linden. Vor dem Reichstag unterhält seit 23 Uhr ein Livekonzert weit mehr als hunderttausend Menschen auf dem Platz der Republik. Um 23.55 Uhr haben alle Honoratioren die Tribüne vor dem Westportal betreten. Die Freiheitsglocke im Schöneberger Rathaus, Symbol der Teilung und des Willens zur Einheit, beginnt zu läuten, und um Mitternacht wird eine riesige schwarz-rot-goldene Flagge an einem speziell errichteten Mast aufgezogen. Dann steigen Feuerwerksraketen in den Himmel. Die beiden Staaten auf deutschem Boden sind wiedervereinigt; eine neue Epoche hat begonnen: „Deutschland einig Vaterland".

Jugendliche hissen in der Nacht des 3. Oktober 1990 die Deutschlandfahne vor dem Berliner Reichstagsgebäude. Rund eine Million Menschen feiern in dieser Nacht in Berlin die wiedergewonnene Deutsche Einheit.

Bildnachweis

Archiv Bundesstiftung Aufarbeitung: Fotobestand Harald Schmitt, Bild 82 0212 001FV S. 74
Archiv Bürgerbewegung Leipzig/Fotograf Bernd Heinze: S. 50; Christoph Motzer: S. 80
Archiv Reiner Calmund: Gert-Achim Fischer S. 205
Bundesarchiv: Bild 183-1982-1123-416, S. 61; SAPMO DY 30/2333, Blatt 22 S. 101; Bild 183-1990-0217-311 Elke Schöps S. 131 u.; Bild 183-1990-0215-307 Elke Schöps S. 131 o.; Bild 183-1989-1216-015 Peer Grimm S. 204; Bild 183-1990-0622-326 Elke Schöps S. 254
BStU, MfS: HA XX/Fo/59 Bild 12 S. 29; Ast Berlin, Abt XX Nr. 2740 S. 230; Ast Berlin, Abt. XX Nr. 2748 S. 30; HA VIII Nr. 7774 S. 30; Plakate S. 40ff.; AOP 1224/91, Bd. 6 Seite 29 S. 85; HA XIX 4774 Seite 2 S. 92; HA VI 1308 S. 113; HA IX 377 Bd. 2 Bild 61, 68, 67 S. 156
Martin Flach: S. 171
Bernhard Freutel: S. 39
Grenzlandmuseum Eichsfeld: S. 212, 213, 214
Martin Gutzeit: S. 132
Robert-Havemann-Gesellschaft: S. 83, 84
Wolfgang Koch: S. 180
Philipp Lengsfeld: S. 86 r.
Peter Martins: S. 160 l.
Martin Naumann: S. 160 r., 161
Neues Deutschland Druckerei und Verlag GmbH: Neues Deutschland, 43. Jahrgang/Nr. 40 S. 47; 43. Jahrgang/Nr. 274 S. 88; ND vom 25.11.1988/Seite 2 S. 91; 44. Jahrgang/Nr. 17 S. 100; 44. Jahrgang/Nr. 107 S. 120; Artikel aus der Ausgabe vom 21. September 1989 S. 141
Picture alliance/dpa: S. 8, 9, 10, 11, 12, 13, 14, 15, 16, 17, 18, 19, 20, 21, 22, 23, 24, 25, 26, 27, 28, 31, 32, 33, 34, 35, 36, 37, 38, 43, 44, 45, 48, 49, 51, 52, 53, 54, 55, 58, 59, 60, 62, 63, 64, 65, 66, 67, 68, 69, 71, 72, 73, 75, 77, 78, 79, 81, 86, 87, 89, 93, 94, 95, 96, 97, 98, 102, 107, 108, 109, 111 u.r., 111 o., 112, 114, 115, 121, 123, 124, 125, 126, 127, 129, 130, 134, 135, 136, 137, 138, 140, 143, 144, 145, 146, 148, 149, 150, 151, 152, 153, 154, 155, 158, 159, 163, 164, 165, 166, 167 u., 168, 169, 173, 174, 175, 176, 177, 178, 181, 182, 184, 185, 186, 187, 189, 192, 193, 194, 195, 196, 197, 198, 199, 200, 201, 202, 203, 208, 209, 210, 215, 216, 217, 218, 219, 220, 221, 222, 223, 224, 225, 226, 227, 228, 230, 231, 233, 234, 235, 236, 237, 238, 240, 241, 242, 243, 244, 245, 248, 249, 250, 251, 253, 255, 257, 258, 259, 260, 261 u., 263, 264, 265, 266, 267
Rigo Pohl: S. 142
Polizeihistorische Sammlung, Berlin: S. 106
Wolfgang Schmidt: S. 170
Joachim Siegert: S. 99
Gunnar Tessarczyk: S. 167 o., 172
ullstein bild: Rondholz S. 57 o., 103; ullstein bild/dpa S. 57 u.; Ritter S. 69 o.M.; Bladt S. 82; Mehner S. 104, 119, 133, 147; Spiegl S. 11 u.l.; Zöllner S. 111 r.u.; vario images S. 116; AP S. 117, 207, 247; Ulrich Baumgarten S. 162; P/F/H S. 179; Schraps S. 188; Succo S. 190; Bonn-Sequenz S. 191; BPA S. 206; ADN-Bildarchiv S. 211, 252 l., r., 262; Christian Bach S. 229; Böning S. 239

Impressum

Die Edition Lingen Stiftung erscheint im Lingen Verlag, Köln
©2014 by Helmut Lingen Verlag GmbH & Co. KG,
Brügelmannstr. 3, 50679 Köln
Autoren: Lars-Broder Keil, Sven Felix Kellerhoff
Projektleitung und Redaktion: Heinrich Hengst
Titelfoto: picture alliance/zb, Paul Glaser

Printed in EU
Alle Rechte vorbehalten.
www.edition-lingen-stiftung.de
www.facebook.com/ELSMagazin

Das Werk, einschließlich aller seiner Teile, ist urheberrechtlich geschützt. Jede Verwendung außerhalb der engen Grenzen des Urheberrechts ist ohne Zustimmung des Verlages unzulässig und strafbar. Das gilt insbesondere für Vervielfältigungen, Übersetzungen, Mikroverfilmungen und die Verarbeitung in elektronischen Systemen.

Jugendliche hissen in der Nacht des 3. Oktober 1990 die Deutschlandfahne vor dem Berliner Reichstagsgebäude. Rund eine Million Menschen feiern in dieser Nacht in Berlin die wiedergewonnene Deutsche Einheit.

Anhang

Quellen und Literatur

1. Quellen

Andert, Reinhold / Herzberg, Wolfgang: Der Sturz. Honecker im Kreuzverhör. Berlin – Weimar 1990

Calmund, Reiner: Fußballbekloppt. Gütersloh 2008

Dokumente zur Deutschlandpolitik: Deutsche Einheit. Sonderedition aus den Akten des Bundeskanzleramtes 1989/90. München 1998

Eberle, Henrik / Wesenberg, Denise (Hrsg.): Einverstanden, E.H. Parteiinterne Hausmitteilungen, Briefe, Akten und Intrigen aus der Honecker-Zeit. Halle 1999

Eppelmann, Rainer: Fremd im eigenen Haus. Mein Leben im anderen Deutschland. Köln 1993

Ders.: Gottes doppelte Spur. Vom Staatsfeind zum Parlamentarier. Holzgerlingen 2007

Führer, Christian: Und wir sind dabei gewesen. Die Revolution, die aus der Kirche kam. Der Pfarrer der Nikolaikirche erzählt sein Leben. Berlin 2008

Gauck, Joachim: Winter im Sommer – Frühling im Herbst. Erinnerungen. München 2009

Gorbatschow, Michail: Wie es war. Die deutsche Wiedervereinigung. Berlin 1999

Höppner, Reinhard: Wunder muss man ausprobieren. Der Weg zur deutschen Einheit. Berlin 2009

Kohl, Helmut: Die deutsche Einheit. Reden und Gespräche. Bergisch Gladbach 1992

Ders.: Ich wollte Deutschlands Einheit. Berlin 1996

Ders.: Erinnerungen. 1982–1990. München 2005.

Ders.: Erinnerungen. 1990–1994. München 2007

Ders.: Vom Mauerfall zur Wiedervereinigung. Meine Erinnerungen. München 2009

Krenz, Egon: Herbst 1989. Berlin 1999

Krone, Tina (Hrsg.): „Sie haben so lange das Sagen, wie wir es dulden". Briefe an das Neue Forum September 1989 bis März 1990. Berlin 1999

Lange, Bernd-Lutz: Dämmerschuppen. Geschichten von drinnen und draußen. Berlin 1999

Maizière, Lothar de: Anwalt der Einheit. Ein Gespräch mit Christine de Maizière. Berlin 1996

Ders.: Ich will, dass meine Kinder nicht mehr lügen müssen. Meine Geschichte der deutschen Einheit. Freiburg – Basel – Wien 2010

Schabowski, Günter: Wir haben fast alles falsch gemacht. Die letzten Tage der DDR, im Gespräch mit Frank Sieren. Berlin 2009

Schäuble, Wolfgang: Der Vertrag. Wie ich über die deutsche Einheit verhandelte. Stuttgart 1991

Schorlemmer, Friedrich: Träume und Albträume. Einmischungen 1982–1990. München 1993

Schröder Richard: Die wichtigsten Irrtümer über die deutsche Einheit. Freiburg i. Br. 2007

Seidel, Karl: Berlin-Bonner Balance. 20 Jahre deutsch-deutsche Beziehungen. Erinnerungen und Erkenntnisse eines Beteiligten. Berlin 2002

Succow, Michael / Jeschke, Lebrecht / Knapp, Hans Dieter: Naturschutz in Deutschland. Rückblicke – Einblicke – Ausblicke. Berlin 2012

Teltschik, Horst: 329 Tage. Innenansichten der Einigung. Berlin 1991

Thaysen, Uwe (Hrsg.): Der Zentrale Runde Tisch der DDR. Wortprotokoll und Dokumente. 4 Bde. Köln 2000

2. Periodika

Berliner Morgenpost; Berliner Zeitung; Bild; Deutsches Ärzteblatt, Frankfurter Allgemeine Zeitung; Gesetzblatt der DDR; Leipziger Volkszeitung; Neue Chronik DDR; Neues Deutschland; Der Spiegel; Der Stern; Der Tagesspiegel; Die Welt; Süddeutsche Zeitung; Die Zeit

3. Online-Adressen

http://1989.dra.de/
http://www.2plus4.de
http://www.archiv-buergerbewegung.de
www.bpb.de
www.argus.bundesarchiv.de/dy30bho/index.htm (Büro Honecker)
www.argus.bundesarchiv.de/dy30bkr/index.htm (Büro Krenz)
www.bstu.bund.de/DE/Wissen/DDRGeschichte/Revolutionskalender
www.bundesstiftung-aufarbeitung.de
www.bundestag.de/volkskammer
www.chronik-der-mauer.de
www.chronikderwende.de
www.demokratie-statt-diktatur.de
www.deutsche-einheit-leipzig.de
www.ddr-im-blick.de
www.havemann-gesellschaft.de
www,herbst89.de
www.jugendopposition.de
http://php2.arte.tv/wundervonleipzig
http://revolution89.de
http://www.zeitzeugenportal8990.de

4. Literatur

Appelt, Andreas H. / Grünbaum, Robert / Schöne, Jens (Hrsg.): 2 x Deutschland. Innerdeutsche Beziehungen 1972–1990. Halle 2013

Axel Springer Verlag (Hrsg.): Guten Morgen, Deutschland. Das Tagebuch der Freiheit. Hamburg 1989

Bahrmann, Hannes / Links, Christoph: Wir sind das Volk. Die DDR zwischen dem 7. Oktober und 17. Dezember 1989. Eine Chronik. Berlin – Weimar 1990

Dies: Bilderchronik der Wende. Erlebnisse aus der Zeit des Umbruchs 1989/90. Berlin 1999

Dies: Wir sind das Volk. Die DDR zwischen dem 7. Oktober und 17. Dezember 1989. Eine Chronik. Neuausgabe Berlin 1999

Dalos, György: Der Vorhang geht auf. Das Ende der Diktaturen in Osteuropa. München 2009

Galkin, Aleksandr / Tschernjajew, Anatolij (Hrsg.): Michail Gorbatschow und die deutsche Frage. Sowjetische Dokumente 1986–1991. München 2011

Grabner, Wolf-Jürgen / Heinze, Christiane / Pollack, Detlef: Leipzig im Oktober. Kirchen und alternative Gruppen im Umbruch der DDR. Analysen zur Wende. Berlin 1990

Gros, Jürgen: Politikgestaltung im Machtdreieck Partei, Fraktion, Regierung. Zum Verhältnis von CDU-Parteiführungsgremien, Unionsfraktion und Bundesregierung 1982–1989 an den Beispielen der Finanz-, Deutschland- und Umweltpolitik. Berlin 1998

Gutzeit, Martin (Hrsg.): Auf dem Weg zur Friedlichen Revolution? Ost-Berlin in den Jahren 1987/88. Berlin 2008

Hertle, Hans-Hermann: Vor dem Bankrott der DDR. Dokumente des Politbüros des ZK der SED aus dem Jahre 1988 zum Scheitern der „Einheit von Wirtschafts- und Sozialpolitik". Berlin 1991

Ders. / Weinert, Rainer / Wilke, Manfred: Der Staatsbesuch. Honecker in Bonn: Dokumente zur deutsch-deutschen Konstellation des Jahres 1987. Berlin 1991.

Ders.: Chronik des Mauerfalls: Die dramatischen Ereignisse um den 9. November 1989, Berlin 1996

Ders. / Stephan, Gerd-Rüdiger (Hrsg.): Das Ende der DDR. Die letzten Tage des Zentralkomitees, Berlin 1997

Ders.: / Elsner, Kathrin (Hrsg.): Der Tag, an dem die Mauer fiel. Die wichtigsten Zeitzeugen berichten vom 9. November 1989. Berlin 2009

Hollitzer, Tobias / Bohse Reinhard (Hrsg.): Heute vor zehn Jahren. Leipzig auf dem Weg zur Friedlichen Revolution. Bonn u. a. 2000

Ders. / Sachenbacher, Sven (Hrsg.): Die Friedliche Revolution in Leipzig. Bilder, Dokumente und Objekte. 2 Bde. Leipzig 2012.

Jankowski, Martin: Der Tag, der Deutschland veränderte. 9. Oktober 1989. Leipzig 2007

Keil, Lars-Broder / Kellerhoff, Sven Felix: Deutsche Legenden. Vom „Dolchstoß" und anderen Mythen der Geschichte. Berlin 2002

Dies.: Gerüchte machen Geschichte. Folgenreiche Falschmeldungen im 20. Jahrhundert. Berlin 2006

Kiessler, Richard / Elbe, Frank: Der diplomatische Weg zur deutschen Einheit. Baden-Baden 1996

Kowalczuk, Ilko-Sascha: Endspiel. Die Revolution von 1989 in der DDR. München 2009

Küchenmeister, Daniel (Hrsg.): Honecker, Gorbatschow: Vieraugengespräche. Berlin 1993

Küttler, Thomas / Röder, Jean Curt (Hrsg.): Die Wende in Plauen. Plauen 1991

Kuhn, Ekkehard: „Wir sind das Volk!". Die friedliche Revolution in Leipzig, 9. Oktober 1989. Berlin 1999

Kuhrt, Eberhard / Buck, Hannsjörg F. / Holzweißig, Gunter: Die Endzeit der DDR-Wirtschaft. Analysen zur Wirtschafts-, Sozial- und Umweltpolitik. Opladen 1999

Kunze, Thomas: Nicolae Ceaușescu. Eine Biographie. Berlin 2000

Links, Christoph / Nitsche, Sybille / Taffelt, Antje: Das wunderbare Jahr der Anarchie. Von der Kraft zivilen Ungehorsams 1989/90. Berlin 2004

Luft, Christa: Zwischen Wende und Ende. Reminiszenzen einer Zeitzeugin. 3., erweiterte Auflage. Berlin 1999

Mayer, Thomas: Der nicht aufgibt. Christoph Wonneberger – eine Biographie. Leipzig 2014

Meckel, Markus / Gutzeit, Martin: Opposition in der DDR. Zehn Jahre kirchliche Friedensarbeit – kommentierte Texte. Köln 1994

Mitter, Armin: „Die Tragödie ist vorbei". Die Alliierten in Berlin 1989/90. Berlin 2011

Münkel, Daniela / Gieseke, Jens (Hrsg.): Die DDR im Blick der Stasi. Die geheimen Berichte an die SED-Führung, 1988. Göttingen 2010

Nakath, Detlef / Stephan, Gerd-Rüdiger: Von Hubertusstock nach Bonn. Eine dokumentierte Geschichte der deutsch-deutschen Beziehungen auf höchster Ebene 1980–1987. Berlin 1995

Dies.: Countdown zur deutschen Einheit. Eine dokumentierte Geschichte der deutsch-deutschen Beziehungen 1987–1990. Berlin 1996

Ness, Klaus (Hrsg.): 20 Jahre SPD. Wie der Wiederaufbau der Sozialdemokratie in Brandenburg gelang. Perspektive21. Brandenburgische Hefte für Wissenschaft und Politik Nr. 43 (Sonderausgabe). Potsdam 2009

Neubert, Ehrhart: Geschichte der Opposition in der DDR 1949–1989. Bonn 1997

Ders.: Unsere Revolution. Die Geschichte der Jahre 1989/90. München – Zürich 2008

Pausch, Andreas Peter: Widerstehen. Pfarrer Christoph Wonneberger. Berlin 2014

Plato, Alexander von: Die Vereinigung Deutschlands – ein weltpolitisches Machtspiel. Bush, Kohl, Gorbatschow und die geheimen Moskauer Protokolle. Berlin 2002

Potthoff, Heinrich: Im Schatten der Mauer. Deutschlandpolitik 1961 bis 1990. Berlin 1999

Rebner, Manfred: Frau Präsidentin hat Geburtstag. Bonmonts & bad words aus 200 Tagen Volkskammer. Berlin 1990

Richter, Michael: Die Staatssicherheit im letzten Jahr der DDR. Weimar – Köln – Wien 1996

Ritter, Gerhard A.: Der Preis der deutschen Einheit. Die Wiedervereinigung und die Krise des Sozialstaats. München 2007

Rödder, Andreas: Deutschland einig Vaterland. Die Geschichte der Wiedervereinigung. München 2009

Rösler, Markus / Schwab, Elisabeth / Lambrecht, Markus: Naturschutz in der DDR. Bonn 1990

Schöne, Jens: Erosion der Macht. Die Auflösung des Ministeriums für Staatssicherheit in Berlin. 2. Aufl. Berlin 2008

Ders.: Die friedliche Revolution. Berlin 1989/90. Der Weg zur deutschen Einheit. Berlin 2008

Ders.: Revolution. Die DDR im Jahr 1989. Berlin 2010

Schroeder, Klaus: Der SED-Staat. Geschichte und Strukturen der DDR 1949–1990. 3. Neubearbeitete Aufl. Köln – Weimar – Wien 2013

Schuller, Wolfgang: Die Deutsche Revolution 1989. Berlin 2009

Stephan, Gerd-Rüdiger / Küchenmeister, Daniel (Hrsg.): „Vorwärts immer, rückwärts nimmer!". Interne Dokumente zum Zerfall von SED und DDR 1988/89. Berlin 1994

Strehlow, Hannelore: Der gefährliche Weg in die Freiheit. Fluchtversuche aus dem ehemaligen Bezirk Potsdam. Potsdam 2004

Sturm, Daniel Friedrich: Uneinig in die Einheit. Die Sozialdemokratie und die Vereinigung 1989/90. Bonn 2006

Suckut, Siegfried: Honeckers Besuch in der Bundesrepublik 1987. Wie die DDR-Bevölkerung darüber dachte. Erkenntnisse des MfS. In: Deutschland-Archiv. Zeitschrift für das verei-

nigte Deutschland, 5/2007, S. 855–858
Süß, Walter: Staatssicherheit am Ende. Warum es den Mächtigen nicht gelang, 1989 eine Revolution zu verhindern. Berlin 1999
Thijs, Krijn: Drei Geschichten, eine Stadt. Die Berliner Stadtjubiläen von 1937 und 1987. Köln – Weimar – Wien 2008
Veen, Hans-Joachim (Hrsg.): Lexikon Opposition und Widerstand in der SED-Diktatur. Berlin – München 2000
Victor, Christoph: Oktoberfrühling. Die Wende in Weimar. Neuausgabe Weimar 2009.
Weidenfeld, Werner / Korte, Karl-Rudolf (Hrsg): Handbuch zur deutschen Einheit: 1949–1989–1999. Frankfurt am Main 1999
Wolle, Stefan: Die heile Welt der Diktatur. Alltag und Herrschaft in der DDR 1971–1989. Berlin 1998
Wunnicke, Christoph: Wandel, Stagnation, Aufbruch. Ost-Berlin im Jahr 1988. Berlin 2008
Zelikow, Philip / Rice, Condoleezza: Sternstunde der Diplomatie. Die deutsche Einheit und das Ende der Spaltung Europas. Berlin 1997
Zur Person: Sechs Porträts in Frage und Antwort von Günter Gaus. 2. Auflage. Berlin 1990

Danksagung

Jedes Buch beruht auf einer Idee. Manchmal kommt sie den Autoren, manchmal dem Verlag. Mit der Idee, in einem Bildband an den Mauerfall 1989 zu erinnern, ist Werner Schulte, der Verleger der Edition Lingen Stiftung, an uns herangetreten. Dafür und für das Vertrauen in uns danken wir seinem ganzen, stets sehr hilfreichen Team und ihm persönlich. Alle formalen und rechtlichen Fragen professionell abgewickelt hat unser Agent Dr. Ernst Piper – dank ihm konnten wir uns auf die Inhalte und Bilder konzentrieren. „Der Mauerfall. Ein Volk nimmt sich die Freiheit" beruht sowohl auf persönlichen Erlebnissen der beiden Autoren als auch auf mehr als zwei Jahrzehnten zeithistorischer und journalistischer Auseinandersetzung mit der ersten friedlichen und ersten erfolgreichen Revolution in der deutschen Geschichte. Wir danken pauschal allen Gesprächspartnern auf diesem Weg, die uns geholfen, die unsere mitunter bohrenden Fragen bedacht und beantwortet haben. Viele von ihnen, sicher aber nicht alle, sind in den Kapiteln dieses Buches namentlich genannt. Wir danken auch unseren Freunden sowie den Kollegen in unserer Redaktion, die oft über Jahre unsere Arbeit unterstützt, mit guten Einfällen bereichert oder mit eigenen Texten wesentlich erweitert haben. Der letzte und wichtigste Dank aber geht an unsere Familien. Ohne Euch wäre auch dieses Buch, das bislang vierte unseres Autorenduos, nicht möglich gewesen. Das ist uns sehr bewusst.

Lars-Broder Keil   *Sven Felix Kellerhoff*

Bildnachweis

Archiv Bundesstiftung Aufarbeitung: Fotobestand Harald Schmitt, Bild 82 0212 001FV S. 74
Archiv Bürgerbewegung Leipzig/Fotograf Bernd Heinze: S. 50; Christoph Motzer: S. 80
Archiv Reiner Calmund: Gert-Achim Fischer S. 205
Bundesarchiv: Bild 183-1982-1123-416, S. 61; SAPMO DY 30/2333, Blatt 22 S. 101; Bild 183-1990-0217-311 Elke Schöps S. 131 u.; Bild 183-1990-0215-307 Elke Schöps S. 131 o.; Bild 183-1989-1216-015 Peer Grimm S. 204; Bild 183-1990-0622-326 Elke Schöps S. 254
BStU, MfS: HA XX/Fo/59 Bild 12 S. 29; Ast Berlin, Abt XX Nr. 2740 S. 230; Ast Berlin, Abt. XX Nr. 2748 S. 30; HA VIII Nr. 7774 S. 30; Plakate S. 40ff.; AOP 1224/91, Bd. 6 Seite 29 S. 85; HA XIX 4774 Seite 2 S. 92; HA VI 1308 S. 113; HA IX 377 Bd. 2 Bild 61, 68, 67 S. 156
Martin Flach: S. 171
Bernhard Freutel: S. 39
Grenzlandmuseum Eichsfeld: S. 212, 213, 214
Martin Gutzeit: S. 132
Robert-Havemann-Gesellschaft: S. 83, 84
Wolfgang Koch: S. 180
Philipp Lengsfeld: S. 86 r.
Peter Martins: S. 160 l.
Martin Naumann: S. 160 r., 161
Neues Deutschland Druckerei und Verlag GmbH: Neues Deutschland, 43. Jahrgang/Nr. 40 S. 47; 43. Jahrgang/Nr. 274 S. 88; ND vom 25.11.1988/Seite 2 S. 91; 44. Jahrgang/Nr. 17 S. 100; 44. Jahrgang/Nr. 107 S. 120; Artikel aus der Ausgabe vom 21. September 1989 S. 141
Picture alliance/dpa: S. 8, 9, 10, 11, 12, 13, 14, 15, 16, 17, 18, 19, 20, 21, 22, 23, 24, 25, 26, 27, 28, 31, 32, 33, 34, 35, 36, 37, 38, 43, 44, 45, 48, 49, 51, 52, 53, 54, 55, 58, 59, 60, 62, 63, 64, 65, 66, 67, 68, 69, 71, 72, 73, 75, 77, 78, 79, 81, 86, 87, 89, 93, 94, 95, 96, 97, 98, 102, 107, 108, 109, 111 u.r., 111 o., 112, 114, 115, 121, 123, 124, 125, 126, 127, 129, 130, 134, 135, 136, 137, 138, 140, 143, 144, 145, 146, 148, 149, 150, 151, 152, 153, 154, 155, 158, 159, 163, 164, 165, 166, 167 u., 168, 169, 173, 174, 175, 176, 177, 178, 181, 182, 184, 185, 186, 187, 189, 192, 193, 194, 195, 196, 197, 198, 199, 200, 201, 202, 203, 208, 209, 210, 215, 216, 217, 218, 219, 220, 221, 222, 223, 224, 225, 226, 227, 228, 230, 231, 233, 234, 235, 236, 237, 238, 240, 241, 242, 243, 244, 245, 248, 249, 250, 251, 253, 255, 257, 258, 259, 260, 261 u., 263, 264, 265, 266, 267
Rigo Pohl: S. 142
Polizeihistorische Sammlung, Berlin: S. 106
Wolfgang Schmidt: S. 170
Joachim Siegert: S. 99
Gunnar Tessarczyk: S. 167 o., 172
ullstein bild: Rondholz S. 57 o., 103; ullstein bild/dpa S. 57 u.; Ritter S. 69 o.M.; Bladt S. 82; Mehner S. 104, 119, 133, 147; Spiegl S. 11 u.l.; Zöllner S. 111 r.u.; vario images S. 116; AP S. 117, 207, 247; Ulrich Baumgarten S. 162; P/F/H S. 179; Schraps S. 188; Succo S. 190; Bonn-Sequenz S. 191; BPA S. 206; ADN-Bildarchiv S. 211, 252 l., r., 262; Christian Bach S. 229; Böning S. 239

Impressum

Die Edition Lingen Stiftung erscheint im Lingen Verlag, Köln
©2014 by Helmut Lingen Verlag GmbH & Co. KG,
Brügelmannstr. 3, 50679 Köln
Autoren: Lars-Broder Keil, Sven Felix Kellerhoff
Projektleitung und Redaktion: Heinrich Hengst
Titelfoto: picture alliance/zb, Paul Glaser

Printed in EU
Alle Rechte vorbehalten.
www.edition-lingen-stiftung.de
www.facebook.com/ELSMagazin

Das Werk, einschließlich aller seiner Teile, ist urheberrechtlich geschützt. Jede Verwendung außerhalb der engen Grenzen des Urheberrechts ist ohne Zustimmung des Verlages unzulässig und strafbar. Das gilt insbesondere für Vervielfältigungen, Übersetzungen, Mikroverfilmungen und die Verarbeitung in elektronischen Systemen.